Susanne Hanika

Der Tod hat immer Hauptsaison

Weitere Titel der Autorin

Der Tod versteht auch Dialekt
Der Tod kriegt niemals kalte Füße
Der Tod braucht keinen Brötchendienst
Der Tod liegt unterm Sonnenschirm
Der Tod ist heut in Quarantäne
Der Tod singt laut O Tannenbaum
Der Tod taugt nicht als Bräutigam
Der Tod schläft heut im Pferdestall
Der Tod bekommt heut Influencer
Der Tod spricht heute mit Akzent
Der Tod reist mit Verspätung an
Der Tod trinkt seinen Kaffee schwarz

Titel auch als Hörbuch erhältlich

Über die Autorin

Susanne Hanika, geboren 1969 in Regensburg, lebt noch heute mit ihrem Mann und ihren vier Kindern in ihrer Heimatstadt. Nach dem Studium der Biologie und Chemie promovierte sie in Verhaltensphysiologie und arbeitete als Wissenschaftlerin im Zoologischen Institut der Universität Regensburg. Die Autorin ist selbst begeisterte Camperin.

SUSANNE HANIKA

Der Tod hat immer Hauptsaison

CAMPINGKRIMI

lübbe

Dieser Titel ist auch als Hörbuch und E-Book erschienen

MIX
Papier aus verantwortungsvollen Quellen
FSC® C014496
FSC www.fsc.org

Vollständige Taschenbuchausgabe
der bei Bastei Lübbe erschienenen E-Books

Dieses Werk wurde vermittelt durch die agentur literatur
Gudrun Hebel.

Umschlaggestaltung: U1berlin / Patrizia Di Stefano unter
Verwendung von Illustrationen von © shutterstock: Sonsedska Yuliia |
Veniamin Kraskov | PNG BOARD; © iStock: Avalon_Studio;
© getty-images: ThomasVogel | Chris Hackett/Tetra Images;
© Alamy Stock Photo
Satz: 3w+p GmbH, Rimpar
Gesetzt aus der Palatino
Druck und Verarbeitung: GGP Media GmbH, Pößneck
Printed in Germany
ISBN 978-3-404-18782-9

5·4·3·2·1

Sie finden uns im Internet unter www.luebbe.de
Bitte beachten Sie auch: www.lesejury.de

SUSANNE HANIKA

Der Tod kommt mit dem Wohnmobil

Kapitel 1

Noch immer hing das dunkel gemaserte Holzschild mit der weißen Aufschrift »Rezeption« über der Tür. Sogar der metallene schwarze Fußabkratzer in Form eines langgestreckten Dackels hatte die Jahre überlebt. Entkräftet von dem langen Fußmarsch vom Bahnhof setzte ich mein Gepäck direkt vor der Tür ab, und unwillkürlich tauchten ein paar Bilder von früher vor meinem geistigen Auge auf: Schlammige Schuhe, die ich als Kind an dem Dackel gereinigt hatte. Sonnige Nachmittage, die ich auf der Bank neben der Rezeption liegend verbracht hatte – die Holzbank gab es auch noch. Wo hatte ich nur den Schlüssel hingesteckt, den ich zugeschickt bekommen hatte?

Da ich ihn in den Untiefen meiner überdimensionierten Handtasche nicht gleich fand, warf ich automatisch einen Blick nach oben. Wie oft hatte sich meine Nonna, die Mutter meiner Mutter, aus diesem Fenster gebeugt und gerufen, ich möge doch endlich zum Essen kommen! Das Fenster war leicht zu erkennen, weil direkt darüber ein Hirschgeweih aufgehängt war. Der Vierzehnender, wie mein Großvater immer gesagt hatte.

Endlich hatte ich mich in der Tasche zu dem alten Schlüssel vorgetastet und schob ihn ungeschickt mit der linken Hand in das Schlüsselloch. Doch das wäre gar nicht nötig gewesen: Die Tür ließ sich einfach aufdrücken. Dabei bimmelte die Türglocke melodisch, genau wie früher. Richtig, Nonna hatte die Rezeption nie abgeschlossen, wieso sollte also sonst jemand damit angefangen haben.

Meine Arme fühlten sich an, als reichten sie bis zum Boden, und nur widerstrebend hob ich den Koffer und die Tasche wieder hoch. Als ich hinter mir Schritte hörte, drehte ich mich um und sah eine aufgetakelte, ältere Frau mit wiegenden Hüften Richtung Toilettenhäuschen gehen. Schnell trat ich durch die Tür, zog sie hinter mir zu und atmete erleichtert auf. Nach fast neun Stunden Zugfahrt hatte ich keine Lust mehr auf Begegnungen mit Campinggästen. *Ich bin die Enkelin, ich habe den Campingplatz geerbt. Und nein, keine Angst, ich werde den Campingplatz nicht führen, ich werde nur die Dinge regeln, den Platz verkaufen und anschließend wieder das Weite suchen.*

Soweit jedenfalls mein Plan.

Nichts gegen Bayern, ich hatte fast jeden Sommer bei meiner Nonna verbracht, und meine besten Kindheitserinnerungen stammten von hier. Aber ich hatte weder kaufmännische noch sonstige Kenntnisse, die mich qualifizierten, einen Campingplatz zu leiten. Außerdem war ich es inzwischen gewohnt, in einer Großstadt zu leben. Totenstille und stockfinstere Nächte waren wirklich nicht mehr mein Ding.

Mit einem Seufzen stellte ich mein Gepäck einfach mitten in den Raum und sah durch das schmutzige, von rotkarierten Vorhängen umrahmte Fensterchen auf den Campingplatz hinaus. Eigentlich hatte sich hier überhaupt nichts verändert. Selbst das Toilettenhäuschen stand noch dort wie vor zwanzig Jahren, und ich würde all mein Bares darauf verwetten, dass die Fliesen noch immer kackbraun waren. Dass die Leute sich nicht schon längst einen moderneren Stellplatz gesucht hatten, war mir ein Rätsel. Vielleicht, weil sie noch immer der Meinung waren, das große Campinglos gezogen zu haben, schließlich blickte der Campingplatz bereits auf 60 Jahre zurück. Zwei Kilometer weiter befand sich zwar noch ein Campingplatz, aber der hatte einfach keinen Stil, wie Nonna nicht müde gewesen war zu betonen.

Und außerdem: Die Lage von Nonnas Platz war wirklich fantastisch. Nicht weit von Hirschlingen, gleichzeitig direkt neben ausgedehnten Wäldern, unglaublich idyllisch am See gelegen.

Der See am Hirschgrund.

Ich hörte mich selbst ganz leise aufseufzen. Selbst von hier aus konnte man hinter den hohen Schwarzerlen die spiegelglatte Wasserfläche in den letzten Sonnenstrahlen glitzern sehen. *Reiß dich zusammen, Sofia,* dachte ich mir. *Jetzt nur nicht schwelgen, oder noch besser, rumheulen. Und dir darüber Gedanken machen, was du hier schon alles erlebt hast!*

In dem Moment hörte ich Motorengeräusche und sah, wie ein Mercedes mit Wohnwagen auf den Vorplatz gefahren kam und anhielt.

Wenn ich jetzt schnell genug war, konnte ich von der Rezeption direkt ins Haus laufen, das ging ganz einfach, man musste nur die alte, hintere Holztür aufdrücken. Aber noch bevor ich auch nur die Chance hatte, über meinen Koffer zu fallen, hörte ich das vertraute Bimmeln der Türglocke, und ein älterer Herr trat hinter mir ein.

»Guten Tag.« Er klang, als käme er aus ganz im Norden. »Ich brauche einen Platz für einen Wohnwagen und ein Auto. Ein Erwachsener samt Hund.«

Der Hund war ein winziger Rauhaardackel und versuchte, hinter den Tresen zu kommen.

»Wir schließen«, sagte ich. *Wenn auch nicht heute. Aber demnächst.*

»Wie bitte? Es ist erst fünf Uhr am Abend.«

Ich erklärte ihm nicht, dass ich das mit dem Schließen für »immer und ewig« gemeint hatte. Je weniger ich mit ihm herumdiskutierte, desto schneller konnte ich hinüber ins Haus gehen und mir die Bettdecke über den Kopf ziehen. Stattdessen murmelte ich etwas von »Na, dann schauen wir doch mal«. Ich wusste zwar nicht, was ich mit Schauen erreichen konnte, trat aber trotzdem hinter den Tresen. Dort stellte ich als allererstes fest, dass auch die Kasse nicht abgeschlossen war, sondern halb offen stand. Sie war gefüllt mit Scheinen und vor allen mit unzähligen Ein- und Zwei-Euro-Münzen. Ein Lageplan des Campingplatzes lag auf dem Tresen, daneben ein Stapel etwas aufgewellter Postkarten. Neben dem Computer, der ungefähr aus der Steinzeit der Informationstechnologie stammen musste, lag ein Zettel mit der Aufschrift »aktuelle freie Plätze.«

Der Zettel war dem Datum nach acht Monate alt und enthielt somit keine nützlichen Informationen. Die Plätze am See waren rot umkreist, und darunter stand, ebenfalls in roter, zackiger Schrift, »Schmidkunz vormerken«. Es sah so aus, als hätte meine Nonna das in ziemlicher Rage hingeschrieben.

»Und?«, fragte der Mann, da ich nichts sagte. »Brauchen Sie meinen Ausweis?«

»Nicht nötig«, sagte ich. Ich hatte keine Ahnung, wie das meine Nonna gehandhabt hatte. Außerdem war es mir egal, ob der Typ sich morgen früh aus dem Staub machte, ohne zu zahlen. Eigentlich wäre mir das lieber gewesen, weil ich dann nicht hätte nachschauen müssen, wie viel eine Übernachtung kostete.

»Ich heiße Manfred«, sagte er trotzdem, da er es anscheinend nicht fassen konnte, sich nicht ausweisen zu müssen. »Manfred Murinski.«

»Also. Hm. Was halten Sie davon, Herr Murinski, wenn Sie einfach mal über den Campingplatz schlendern und schauen, ob es Ihnen hier überhaupt gefällt«, schlug ich vor.

»Überhaupt gefällt?«, wollte der Mann mit großen Augen wissen.

»Ja. Das soll's geben, dass einem ein Campingplatz nicht zusagt. Zum Beispiel die Toiletten. Könnte ja sein, dass die nicht sauber sind. Oder die Fliesen zu braun.« Die waren nämlich nicht nur braun, sondern auch noch in sich gemustert, sodass man nie genau wusste, ob es sich um Spinnen, Dreck oder Muster handelte.

Ich legte eine bedeutsame Pause ein, und noch immer sah mich der Mann mit sehr großen Augen an. Gerade für die Toiletten wollte ich nicht meine Hand ins Feuer legen. Eine gute Putzfrau zu bekommen war schon schwierig, wenn man einen Zwei-Personen-Haushalt führte.

»Einen richtigen Strand haben wir auch nicht. Das Wasser ist noch kalt.«

Allerdings ging man im hohen Norden auch bei Wetterverhältnissen baden, bei denen Süddeutsche konsequent Pullover und Anoraks trugen. Da er nicht gleich das Weite suchte, seufzte ich tief. »Dann suchen Sie sich eben einen Platz. Wenn Sie einen freien finden, dann können Sie bleiben.«

»Und dann komme ich wieder her und melde mich an?«, fragte er sehr zuvorkommend.

»Nein, nein. Dann stellen Sie Ihren Wohnwagen ab und machen sich einen schönen Abend.«

Das würde ich nämlich jetzt auch gerne machen.

Dem Mann fiel nichts mehr ein, er sah mich an, als wäre ich ein Alien, oder zumindest jemand mit einer tiefen psychischen Störung. Trotzdem drehte er sich um und ging kommentarlos.

Eine Weile blickte ich ihm nach. Er lief als erstes zu seinem Auto und setzte sich wieder hinein, um auf dem Beifahrersitz etwas zu suchen. Vielleicht hatte ich ihn ja wirklich verschreckt, und er fuhr gleich wieder ab.

Müde setzte ich mich auf den uralten Drehstuhl. Das Häkeldeckchen auf dem Sitzpolster entlockte mir erneut ein wehmütiges Lächeln. Wie sehr hatte Nonna dieses Geschenk eines Campinggastes in Ehren gehalten. Bestimmt war die Schenkerin inzwischen auch verstorben. Müde streifte ich meine Ballerinas ab und schlüpfte in die Flipflops, die hier standen. Meine Großmutter hatte den Sommer über kaum andere Schuhe getragen. Am liebsten hätte ich geheult.

Nicht nur wegen Nonna. Auch wegen des Schlafmangels, denn ich hatte die ganze letzte Nacht kein Auge zugemacht. Schließlich verließ man nicht alle Tage seinen angetrauten, untreuen, bescheuerten Ehemann. Jetzt, wo ich auf meinem – meinem, wie sich das anhörte! – Campingplatz angekommen war, schien die Anspannung der letzten Tage zu zerbröseln, und ich ließ meinen Kopf auf den Schreibtisch sinken. Nur für ein kleines Momentchen die Augen schließen. Dann würde ich mich aufraffen und ins Haus gehen. Ganz bestimmt.

Du wirst das alles regeln, dachte ich mir, und das Gefühl, nicht mehr aufstehen zu können, wuchs. *Das ist der erste Tag meines neuen Lebens*, prophezeite ich mir selbst, auch wenn ich nicht so recht wusste, wohin ich gehen würde, wenn der Campingplatz erst einmal verkauft war. Und dann fielen mir die Augen zu.

Später rekonstruierte ich, dass ich gegen sechs Uhr abends eingeschlafen sein und dreizehn Stunden mehr oder weniger fest geschlafen haben musste. An einem Schreibtisch sitzend einzuschlafen war mir das letzte Mal mit zwölf Jahren im Mathe-Unterricht passiert. Peinlicherweise hatte ich damals auch noch geschnarcht und mir damit einen Verweis eingehandelt. Den bekam ich dieses Mal natürlich nicht. Einmal in der Nacht war ich kurz aufgeschreckt – da zeigte die Uhr neben mir gerade vier Uhr. Ein Hund hatte gebellt, oder vielmehr geheult wie ein Wolf.

Aber im nächsten Moment war ich schon wieder hinüber ins Land der Träume gesegelt.

Plötzlich befand ich mich auf einem riesigen Campingplatz, wo wirklich alles dunkelbraun-fleckig gefliest war, das Klohäuschen, das Wohnzimmer und die Küche. Selbst das Badezimmer, das ich den Rest meines Lebens benutzen würde.

Dann klingelte es in meinem Traum, und es klang genau wie die frühere Klingel der Rezeption meiner Großmutter, doch mein seliger Schlaf wurde durch ein lautes Krachen unterbrochen. Mit einem theatralischen Stöhnen wurden direkt vor mir auf den Tresen zwei Plastikkörbe geknallt. Verschwommen nahm ich eine Dame mit knallrot gefärbten Haaren wahr, die von einer Party zu kommen schien. Und die Brötchen mitgebracht hatte, aus welchem Grund auch immer.

»Hallo. Schätzchen«, stieß sie auf eine Art hervor, die vermuten ließ, dass ich etwas falsch gemacht hatte.

Ihre Stimme war ziemlich tief und männlich. Als hätte sie ihr ganzes Leben zu viel geraucht, getrunken oder geschrien. Oder auch alles drei.

»Hallo«, antwortete ich automatisch.

»Ganz die Elli«, sagte die Frau mit der rauchigen Stimme.

»Du bist doch Ellis Enkelin?«

Ich nickte. »Sofia Ziegler.«

»Gut, dass du da bist, Schätzchen. Ich bin vollkommen außer mir!«, besann sie sich auf ihre ursprüngliche Mission.

Vage meinte ich, mich von früher an sie zu erinnern. Konnte es sein, dass sie schon seit zwanzig Jahren hier auf den Campingplatz kam?

»Und wer sind Sie?«

Sie musterte mich von oben bis unten, als hätte ich Angelina Jolie gefragt, wer sie sei.

»Evelyn«, antwortete sie kurz angebunden. Evelyn trug eine knallenge Lederjacke mit Fransen, dazu eine enge Jeans und Cowboystiefel mit Glitzersteinchen, alles eine Nummer zu klein, aber damit schien sie gut leben zu können. An ihren Ohren baumelten derart riesige Glitzerohrringe, dass sich ihre Ohrläppchen nach unten dehnten.

»Du musst dir das unbedingt ansehen. Jetzt. Auf der Stelle.«

Ich war viel zu verwirrt, um zu widersprechen. Stattdessen starrte ich leicht irritiert in den kleinen Spiegel, der direkt hinter dem Tresen hing und mir sehr gut ermöglichte, mein Äußeres im Sitzen zu kontrollieren. Meine Großmutter hatte sehr auf ihre Erscheinung geachtet. Überall im Haus hingen Spiegel bereit, um jederzeit Frisur und Make-up korrigieren zu können. Mir offenbarte sich ein ziemlich zerknittertes Gesicht. Anscheinend hatte ich auf etwas geschlafen, das ein wirres Muster auf meiner rechten Wange hinterlassen hatte. Doch mein Körper fühlte sich trotz der unmöglichen Schlafstellung sehr entspannt an, vielleicht, weil ich schon eine ganze Weile nicht mehr derart lange am Stück geschlafen hatte.

»Ich möchte auf jeden Fall einen Zeugen bei mir haben, wenn du verstehst, was ich meine.« Sie benahm sich mir gegenüber so, als würden wir uns schon ewig kennen. Aber ich wusste, dass das eine seltsame Angewohnheit der Bayern war: Sie laberten mit jedem wie ein Norddeutscher mit seiner engsten Verwandtschaft.

»Nein. Verstehe ich nicht«, sagte ich ehrlich.

»Schätzchen, Zeit mit mir mitzukommen!«, befahl sie, ohne die Sache mit dem Zeugen näher zu erläutern. Ich stand einfach auf und folgte ihr.

Als Evelyn die Tür öffnete und mich die Sonnenstrahlen blendeten, fühlte ich mich einfach nur erfrischt. Es fühlte sich an, als würde ich schweben, als ich bergab über den Campingplatz schlurfte. Die alten Schlappen meiner Nonna klatschten bei jedem Schritt auf den Asphalt, während neben mir energisch Evelyns hohe Absätze klackerten, die mit einem sehr aggressiven Stakkato das Tempo vorgaben.

Der Weg, der hinunter zum See führte, war gesäumt von üppig blühenden Blaukissen in unterschiedlichen Blau- und Violetttönen. Der Rasen war saftig grün, und auch die Bäume waren dicht belaubt. Die Äste der Birken hatten hellgrün ausgetrieben, und die Sonnenstrahlen kitzelten die schönsten Farben heraus. Ich spürte, wie die Anspannung der letzten Tage immer weiter von mir abfiel.

Was für ein wunderbarer Tag im Mai, hätte jetzt meine Nonna geschwärmt. Und vielleicht noch hinzugefügt, dass der Mai wirklich die einzige Jahreszeit war, die sie Neapel vergessen ließ.

Na gut, meist sagte sie das auch im April, im Juni, Juli und August. Wenn es im Winter Schnee hatte, dann auch. Nur wenn der Nebel sich festsetzte, behauptet sie steif und fest, »jede einzelne Sekunde« zu bereuen, die sie je in Bayern verbracht hatte.

Was mir selbst in Bayern fehlte, war der Wind. Zumindest an der Elbe ging immer eine steife Brise, das hielt den Kopf klar.

»Manchmal brauche ich ein bisschen mehr Trubel«, unterbrach Evelyn mich in meinen Gedanken, »gestern war bei der Erna Ladies' Night. Deshalb war ich heute Nacht nicht zuhause. Wenn du mal …«

»Jaja«, unterbrach ich sie, noch völlig erstaunt, dass ich vergessen hatte, wie schön es hier war. Ich betrachtete wohlwollend die roten und gelben Tulpen neben dem Toilettenhäuschen. Das Beet sah wirklich reizend aus. Einmal abgesehen von der hässlichen Konifere direkt daneben.

»Wenn du mal mitkommen willst«, ließ sie sich nicht unterbrechen, »man kann so viele Cocktails trinken, wie man will.«

Deswegen also die leichte Fahne. Es roch ein klein wenig nach Fichtennadeln und nach Sommer, obwohl es Mai war und noch nicht richtig Sommer. Vielleicht sollte ich den Campingplatz nicht sofort verkaufen. Ich könnte auch erst noch ein paar nette Wochen hier verbringen.

Wir steuerten auf ein riesiges Wohnmobil zu, das etwas abseits stand und vor dem zwei noch zusammengeklappte graue Campingstühle an einem Campingtisch lehnten. Wir standen schon fast davor, als die Tür eines benachbarten Wohnwagens aufgestoßen wurde und ein ungekämmter alter Mann heraustrat.

»Gottfried«, sagte Evelyn, sich selbst unterbrechend.

Etwas irritiert verlangsamte ich meinen Schritt. Hatte er einen Schlafanzug an?

»Hmpf«, gab Gottfried von sich und steuerte eiligen Schrittes Richtung Klohäuschen.

»Also, pass auf«, fuhr Evelyn an mich gewandt fort. Über Gottfrieds Aufmachung schien sie sich nicht im Geringsten zu wundern.

»Und heute in der Früh komme ich nach Hause, und du stellst dir nicht vor, was ich dort finde!«

Meine Schritte wurden ein wenig langsamer. Das erinnerte mich nämlich an die Klagen meiner Nonna darüber, was für ein buntes Völkchen die Camper doch seien. Und dass sie jeden Tag mit anderen Problemen zu kämpfen hatte. Vielleicht hatte sich letzte Nacht jemand vor Evelyns Camper erbrochen, und sie erwartete jetzt von mir, dass ich das wegmachte.

Das würde ich auf gar keinen Fall tun! Ich würde nämlich den Campingplatz mitsamt dem Erbrochenen verkaufen, dass das nur klar war!

Doch bevor ich protestieren konnte, öffnete Evelyn die Tür ihres Wohnmobils und schob mich energisch hinein.

Kapitel 2

Ich weiß nicht genau, wie ich mir das Innere ihres Wohnmobils vorgestellt hatte, aber allein ihr extravagantes Auftreten hätte mir eine Warnung sein sollen. Mein Blick fiel als erstes auf ein geöffnetes Barfach, das blau beleuchtet war und diverse Alkoholika enthielt. Daher vermutlich die tiefe Stimme. Ich bestaunte für einen Moment die glitzernden Gläser, danach den extravaganten, knallbunten Perser, auf dem ich stand, und außerdem die dazu passenden Vorhänge. Ihre Liebe zu Glitzer war omnipräsent. Wenn man sich von dem Barfach abwandte, sah man sich riesigen Goldspiegelfolien gegenüber. Sie schienen schlank zu machen, denn ich sah erfreulich dünn aus. Als ich schließlich die blitzblanke Küche bestaunte, fragte Evelyn etwas ungehalten von draußen, was ich dazu sagte.

Ziemlich viel Glitzer, fiel mir dazu nur ein, aber ich fragte diplomatisch: »Ähm, zu was genau?«

»Du musst die Schiebetür öffnen«, rief sie von draußen, nachdem sie anscheinend keine Lust hatte, ihr eigenes Wohnmobil zu betreten. Ich öffnete eine Schiebetür und blickte in ein glitzerndes Bad mit einer riesigen Dusche. Ich hatte in meinem ganzen Leben noch keinen so großen Duschkopf besessen. Klassischer Campingurlaub war wohl nicht so das ihre. Wobei die Frage war, ob sie hier jemals geduscht hatte. Alles war so blitzblank gewienert, dass man keinen einzigen Wasserspritzer sah. Aber auch hier konnte ich nichts Ungewöhnliches entdecken, zumindest hatte sich keiner in ihrer Dusche erbrochen.

»Und?«, fragte sie. Ihre rauchige Stimme klang inzwischen schon ziemlich ungehalten.

Erst da kapierte ich, dass der riesengroße Spiegel im hinteren Teil des Wohnmobils ebenfalls eine Schiebetür war, und dass ich die wohl öffnen sollte. Zunächst starrte ich nur auf mein derangiertes Äußeres. Auch dieser Spiegel machte schlank, aber der Anblick war trotzdem nicht so erfreulich. Man sollte sich abgewöhnen, auf Rechnungsbüchern einzuschlafen, die rote Kanten auf der Stirn hinterlassen.

Brav öffnete ich die glitzernde Spiegel-Schiebewand und sah auf ein riesengroßes Bett mit dunkelroten Kissen und Bettdecken. Wow. Riesig. Echt kuschelig hier. Zwar überhaupt nicht mein Geschmack, aber trotzdem …

Dann erblickte ich einen kahlen Kopf und einen nackten Arm und konnte nur knapp einen Aufschrei unterdrücken.

»Da schläft jemand!«, flüsterte ich, nachdem ich mit einem gewaltigen Satz zurück zum Eingang des Wohnmobils gesprungen war.

»Und wieso flüsterst du dann?!«, fragte Evelyn ziemlich laut und ärgerlich. »Der kann sich nicht in mein Bett legen und da übernachten! Weck ihn auf.«

Wieso hatte sie das selbst noch nicht getan? Und gehörte das wirklich zu meinen Aufgaben? Dass ich fremde – womöglich komplett nackte – Männer aus einem fremden Bett zerrte?

Sie schob mich zurück ins Wohnmobil.

»Wie ist er denn da hineingekommen?«

»Ja wie wohl. Er wird die Tür geöffnet haben und hineingegangen sein.«

»Aber die Tür war abgesperrt«, sagte ich.

»Nein. Ich sperre nie ab. Das ist nicht nötig.«

»Wie man sieht, schon«, bemerkte ich schlecht gelaunt.

»Und jetzt schmeiß ihn raus.«

»Und warum machen Sie das nicht selbst?«

»Dazu braucht man eine offizielle Person«, behauptete Evelyn.

»Ich bin keine offizielle Person«, wehrte ich mich.

»Offizieller als ich jedenfalls schon.«

Vielleicht litt ich noch mehr unter dem Brave-Mädchen-Syndrom als gedacht, denn ich näherte mich dem tief schlafenden Mann noch ein zweites Mal.

»Hallo?«, fragte ich vorsichtig. »Hallo? Könnten Sie bitte aufstehen? Sie befinden sich in einem … ähm, fremden Bett.«

Unsicher kehrte ich zu Evelyn zurück, um sie über den Stand der Dinge zu informieren.

»Vielleicht sollten wir draußen warten. Der Typ ist vermutlich nackt und will sich erst einmal anziehen.« Ich hatte zwar keine Kleidungsstücke gesehen, und er hatte sich bis jetzt auch nicht bewegt, aber irgendwann würde er auch von alleine aufwachen. Manchmal musste man eben ein bisschen Geduld haben.

»Das ist mir egal«, erklärte sie mir böse.

Diesen Campingplatz loszuwerden war mir plötzlich ein ganz dringendes Anliegen. In Gedanken begann ich, mir die Anzeige für den Verkauf des Platzes auszumalen. »*Wollen Sie beruflich neu durchstarten?*«, formulierte ich. »*Haben Sie einen besonderen Bezug zur Natur? Ihre neue Camping-Immobilie ist die perfekte Wahl! Immer mehr Menschen wollen dem Stress der Zeit entfliehen, raus aufs Land, in die Natur.*« Bis vorgestern hatte ich nämlich als Texterin in der Firma meines Mannes gearbeitet, und ich war wirklich gut, wenn ich genügend Motivation dahinter hatte.

Und gerade im Moment war ich wirklich extrem motiviert!

»Das wäre unhöflich«, sagte ich, während ich überlegte, in welchen Zeitungen ich die Anzeige veröffentlichen würde.

»Das ist egal«, wiederholte Evelyn mir böse. »Zieh ihm die Decke weg.«

Ich würde oft das Wort »anheimelnd« benutzen. Anheimelnde Atmosphäre! Dabei hatte ich seltsamerweise sofort den Gottfried im Schlafanzug vor Augen. Die Renaissance des Campingplatzes! Zurück zur Natur! Entschleunigung! Anheimelnde Entschleunigung in anheimelnder Natur! Mit einem anheimelnden Gottfried und fremden Männern in anheimelnd fremden Betten!

»Elli hätte ihm die Decke weggezogen. Und ihn hinausgestampert.«

Davon war ich überzeugt. Meine Nonna war eine wirklich resolute Person gewesen, und ihr italienisches Temperament hatte das seine dazu getan.

»Das ist genau genommen IHR Wohnmobil«, sagte ich und ermahnte mich selbst dazu, keine Rücksicht auf Camper-Gefühle zu nehmen, schließlich wollte ich den Campingplatz ja verkaufen!

»Ich zahle regelmäßig meine Platzgebühren«, wandte Evelyn pikiert ein. »Und das seit Jahren.«

»Danke«, antwortete ich automatisch und verbesserte

mich danach gleich hastig: »Aber das Rausschmeißen fremder Männer aus den Wohnmobilen ist nicht in der Platzgebühr enthalten.«

»Das sehe ich anders.«

»Das steht nicht im Platzvertrag«, behauptete ich, obwohl ich mir nicht hundertprozentig sicher sein konnte.

»Im Platzvertrag steht auch nicht, dass ich hier aufs Klo gehen kann«, fauchte sie mich an.

»Naja, schön, dass ich da ein Auge zudrücke«, konterte ich.

Weil ich keine Lust auf weitere Diskussionen hatte, kehrte ich um und riss die Bettdecke im Wohnmobil sehr beherzt herunter. Eine Weile starrte ich sprachlos auf einen alten, haarigen Hintern. Vielleicht hätte ich die Decke nicht gleich komplett herunterziehen müssen, aber Seide rutscht ja bekanntlich sehr gut.

»Entschuldigung«, sagte ich spontan zu dem nackten Hintern. »Aber. Hallo. Sie sind im falschen Bett.«

»Oh Gott. Der Musch«, sagte Evelyn fassungslos, die mir inzwischen über die Schulter lugte. Anscheinend konnte sie ihn anhand seines nackten Hinterns identifizieren.

Angestrengt fixierte ich die einzigen bekleideten Körperteile: seine Füße. Die steckten noch in schwarzen Nylonsocken. Kein Wunder. Die Nächte konnten hier auch im Mai noch empfindlich frisch werden.

»Musch! Musch!«

Musch hatte einen gesegneten Schlaf. Vielleicht hatte er in der Nacht genauso wenig geschlafen wie Evelyn und deswegen ein paar Schlaftabletten eingenommen.

»Musch!«, wiederholte sich Evelyn energisch. »Das kann doch wohl nicht wahr sein!«

Ich in seiner Situation hätte mich für den Rest des Vormittags schlafend gestellt, nur um mich nicht der

Peinlichkeit auszusetzen, vor Evelyn und mir aus dem fremden Bett zu kriechen.

Evelyn kannte diese Schamgefühle offensichtlich nicht. Bei ihr konnte ich mir sehr gut vorstellen, dass sie nackt aus fremden Betten kroch. Energisch fasste sie an mir vorbei an die Wade des Mannes, um ihn wachzurütteln. Aber im nächsten Moment zuckte sie schon zurück und schnappte nach Luft.

»Oh Gott.«

Ihre Hände umschlossen meinen rechten Oberarm wie ein Schraubstock. Für einen Augenblick dachte ich, sie würde ohnmächtig werden, aber sie runzelte nur die Stirn. Ich brauchte keine weiteren Informationen von ihr. Mir war auch schlagartig klar geworden, wieso der arme Musch nicht seine Bekleidung zusammenraffte und verschwand.

»Er ist tot«, stellte Evelyn fest, inzwischen wieder mit gefasster Stimme. Sie war offensichtlich nicht kurz davor gewesen, ohnmächtig zu werden. Man darf nicht von sich auf andere schließen. »Okay. Das erklärt alles.«

»Was. Alles?«, fragte ich und starrte noch immer auf die Socken.

»Dass er nicht aufsteht«, stellte sie scharfsinnig fest.

»Ich muss die Polizei rufen«, sagte ich.

Der Satz erstaunte mich ein klein wenig. Also, der Satz an sich nicht, sondern, dass ich diejenige war, die zu dieser Schlussfolgerung gekommen war. Denn es fühlte sich an, als würde ich mir selbst zuhören. Besser gesagt, jemand ganz anderem, der vollkommen professionell und ruhig reagierte, während alles um ihn herum in Panik versank. Meine Beine schienen als erste bemerkt zu haben, dass etwas ganz gewaltig nicht stimmte, denn sie waren so zittrig, als würden sie mich bald nicht mehr tragen wollen. Als ich wieder klarer denken konnte, stand ich vor dem Wohnmobil, konnte mich aber nicht daran erinnern, wie ich dort hingekommen war.

Ich atmete einmal tief auf, dann bemerkte ich, dass Evelyn mir nicht gefolgt war.

»Evelyn?«

»Ja.«

»Wo sind Sie?«

Dumme Frage, nachdem sie mir nicht gefolgt war, ich weiß. Aber da ich gerade nur das Bedürfnis gehabt hatte, fluchtartig den Wagen zu verlassen, und nie, nie wieder zu betreten, kam mir die Frage doch nicht so komisch vor.

»Evelyn?«

Vorsichtig stieg ich wieder in das Wohnmobil.

»Was machen Sie da?«

Sie antwortete nicht, weil sie gerade mit dem halben Oberkörper in einem Staufach unter einer Bank steckte.

»Suchen Sie was?«

»Nein, ich bin ein ordentlicher Mensch.«

Sie stellte schweratmend eine pinkfarbene Reisetasche mit Rollen neben sich ab und ließ mit einem energischen Klacken sämtliche Wohnmobilfächer in Kopfhöhe aufspringen.

»Ordnung ist das halbe Leben«, informierte sie mich, den Blick fest auf die Wäschefächer gerichtet. In den Fächern war es nur halb so ordentlich, wie Evelyn tat.

»Evelyn.«

Mit in den Hüften gestemmten Fäusten blieb sie vor ihrer Tasche stehen und ignorierte mich.

»Evelyn. Wir müssen hier raus.«

Ich hatte keine Ahnung von Polizeiarbeit. Aber ich hatte schon ein paar Mal *Tatort* geschaut, und da schien es unglaublich wichtig zu sein, dass man an dem Ort des

Verbrechens nichts veränderte. Vielleicht war Musch auch eines natürlichen Todes gestorben. Aber das konnten wir noch gar nicht wissen!

»Ja. Moment.«

»Ich muss die Polizei rufen«, erinnerte ich sie.

»Ich brauch dich hier nicht, ruf nur die Polizei«, sagte sie, ohne sich zu mir umzudrehen.

Sollte sie nicht besser mit mir rausgehen? Wahllos, wie mir schien, begann sie Wäsche in die Reisetasche zu werfen.

»Wollen Sie jetzt abhauen?«, fragte ich interessiert.

»Nein.«

»Verändern Sie den Tatort?«

»Nein.«

Das sah aber ganz danach aus! Ich sah ihr ratlos zu, wie sie energisch die Wäsche in der Tasche zusammendrückte, damit mehr hineinpasste.

»Und wieso packen Sie dann?«, fragte ich, als sie sich zu keiner Antwort bequemte.

»Das ist kein Tatort, sondern mein Wäscheschrank«, antwortete sie schließlich.

»Das erklärt nicht, wieso Sie gerade packen.«

»Schätzchen«, seufzte sie, und drehte sich nun doch zu mir. »Ist doch klar, was passiert, wenn jetzt die Polizei kommt. Was werden sie wohl als erstes machen?«

»Den Täter suchen?«, fragte ich.

Sie ging in die Hocke und öffnete den Kühlschrank. Wollte sie jetzt auch noch frühstücken, bevor die Polizei kam?

»Die Polizei wird das Fahrzeug versiegeln«, erklärte sie mir mit dumpfer Stimme, weil sie in den Kühlschrank hinein sprach.

»Okay.« Und deswegen nahm sie sich noch ein bisschen etwas zu Essen mit, oder wie?

Hinter einem Stück Emmentaler holte sie drei Stapel mit Geldscheinen hervor. Es schienen lauter Hundert-Euro-Scheine zu sein.

Jede Menge Geld also.

»Sicher, dass Sie nicht verschwinden wollen?«, fragte ich nach.

»Wie sollte ich denn verschwinden, wenn in meinem Wohnmobil eine Leiche liegt, hm?«, fragte sie und warf die Scheine in die Reisetasche. »Sehe ich so aus, als würde ich mit Leichen eine Spazierfahrt machen?«

In ihrer Handtasche verschwanden Spritzen und ein Fläschchen mit klarer Flüssigkeit. Oh je, was war das? Drogen? Hatte sie damit etwa Musch umgebracht? Vorsichtig trat ich einen kleinen Schritt zurück.

Hatte mir meine Nonna in den letzten Jahren irgendetwas über ihre Gäste erzählt? Ich kannte ein paar Namen, noch von früher. Schmidkunz zum Beispiel. Die mussten schon ewig hier sein. Oder der Gröning mit seinem Naturfimmel. Und logischerweise Frau Meier-Schönlein, die nach außen hin super nett war, aber hinten rum echt ätzend. Und Evelyn? Nonna und ich hatten hin und wieder miteinander telefoniert, und manchmal hatte sie von den Gästen erzählt. Zum Beispiel, dass der Maarten, der Niederländer, der sich an keine Mittagspause hatte halten wollen, verstorben war. Aber kein Wort zu Evelyn. Ich trat noch einen kleinen Schritt näher zum Ausgang.

»Das eine hat mit dem anderen nichts zu tun«, sagte ich trotzdem, und nahm mir vor, schreiend davon zu laufen, sollte sie mich mit der Spritze traktieren wollen.

Sie schloss den Kühlschrank.

»Ich fahre doch nicht mit einer Leiche im Wohnmobil los«, erläuterte sie mir, während sie sich noch einmal umsah. »Höchstens, du hilfst mir, ihn draußen abzulegen.«

»Aha«, entfuhr es mir kraftlos.

»Eigentlich eine gute Idee.«

Gute Idee? Ich starrte ihren Rücken an und brachte keinen Ton hervor.

»Wir könnten behaupten, wir hätten ihn hinter dem Wohnmobil gefunden.«

Genau. Einen nackten Mann mit schwarzen Nylonsocken.

»Nein. Könnten wir nicht«, bekam ich schließlich gesagt.

»Stimmt. Das wäre total schwachsinnig. Wir sollten ihn lieber noch ein paar Meter weiter tragen, zu seinem eigenen Wohnwagen, und ihn auf seiner Sonnenliege parken. Dann wäre ich ganz raus aus der Sache.«

»Nein!«, stieß ich jetzt ziemlich energisch hervor.

»Jeder würde denken, er hätte sich ein klein wenig ausgeruht, bevor er dann leider im Schlaf gestorben ist.«

Genau. Weil sich die meisten Camper unglaublich gerne nackt auf die Liege vor ihren Wohnwagen legten!

»Gar nicht so unwahrscheinlich«, erwärmte sie sich für diese Theorie. »Das hätte durchaus so passieren können.«

»Nein.«

»Wäre also nicht wirklich gelogen. Nur weil er sich vor seinem Tod in mein Bett gelegt hat, hat das noch lange nichts mit mir zu tun.«

Das sollte ich mir merken. Alles, was auch anders hätte sein können, war also nicht gelogen. Ich verfluchte Martin, meinen Noch-Ehemann, der mir das alles eingebrockt hatte. Hätte er mich nicht betrogen, hätte ich die Angelegenheit einem Makler übergeben und nicht die Erbschaft zum Anlass genommen, alles selbst zu regeln.

Dann wäre ich heute nicht hier. Evelyn müsste alleine die Polizei rufen oder Gottfried bitten, den Musch aus ihrem Wohnmobil zu tragen, und ich hätte überhaupt nichts damit zu tun!

»Auf gar keinen Fall«, verkündete ich mit so viel Autorität, wie ich konnte.

»Kleiner Scherz«, behauptete sie, konzentrierte ihren Blick aber weiterhin darauf, was sie sonst noch alles einpacken könnte.

»Allerdings sehe ich nicht so ganz ein, wieso gerade ich die Sache mit dem toten Musch an der Backe haben soll«, murmelte sie, starrte auf die Küchenzeile, nahm die drei Sektgläser, die dort standen, und spülte sie routiniert ab.

»Moment«, schaffte ich endlich etwas zu sagen, aber da war es schon zu spät.

»Was ist?«

»Ich dachte, die Polizei muss das ... alles nach Fingerabdrücken ...« Meine Stimme verebbte.

»Meine Fingerabdrücke gehen doch nun wirklich niemanden etwas an«, stellte Evelyn fest, klang dabei aber nicht beleidigt, sondern so, als würde sie mir nach wie vor beim Verstehen der Situation unter die Arme greifen.

Mit ernster Miene packte sie noch einige String-Höschen und ein Glitzertop – alles leopardengemustert – in die Rollreisetasche. Nach einem abschließenden Blick ins Wohnmobil nahm sie ein umgekipptes Weckglas mit Pralinen vom Tisch und stellte es ordentlich in ein Küchenfach.

»Okay, Schätzchen«, sagte sie, während sie den Reißverschluss des Rollkoffers mit einem lauten Ratschen schloss. Meinen Namen konnte sie sich offensichtlich nicht merken. »Wir können gehen.«

Kapitel 3

Während ich zum Haus zurückging, rasten die Gedanken in meinem Kopf umher wie verirrte Silvesterraketen. So etwas wie das hier war mir in meinem ganzen Leben noch nicht passiert.

»Mir ist schlecht«, sagte ich.

»Kein Wunder«, antwortete Evelyn halb hinter mir. »Es ist wirklich ungewöhnlich heiß für diese Jahreszeit.«

Vor allen Dingen wehte kein Wind. Das war wirklich störend an Bayern! Evelyns Reisetasche rollerte hinter uns her und kippelte von einer auf die andere Seite. Auf einmal stupste etwas kaltes Nasses an meine Hand, und ich quietschte los.

»Ach Gottchen, Milo«, sagte Evelyn. Hinter uns stand ein riesiger schwarzer Hund mit einem traurigen Blick. Sie redete auf ihn ein, als wäre er ein Kleinkind. »Wo kommst du denn her? Du armes Waisenhundchen! Dein Papilein ist tot!« Nach zwei Tätschlern stand sie wieder auf und sagte mit normaler Stimme zu mir: »Das ist der Hund vom Musch. Jetzt vollkommen mittellos auf dieser Welt …«

Ich atmete einmal tief durch. *Polizei, denk nur an die Polizei!*

»Ist das die Enkelin von der Elli?«, fragte eine Stimme links von mir.

Mir wurde noch flauer im Magen.

»Ich brauche sofort einen Gesprächstermin«, sagte eine andere Stimme rechts von mir.

Meinte der mich?

»Schmidkunz«, sagte Evelyn mit ziemlich autoritärer Stimme. »Lass sie in Ruhe, sie ist gerade erst angekommen.«

»Hat ja auch lang genug gedauert«, behauptete der Schmidkunz. »Sie hätte auch schon vor zwei Wochen kommen können.«

»Vor zwei Wochen war Elli noch nicht einmal unter der Erde«, sagte Evelyn spitz.

Vor zwei Wochen war ich nach der Beerdigung feige abgereist, ohne mit meiner Mutter und meinen Geschwistern hier vorbeizuschauen.

»Egal«, sagte Schmidkunz grimmig und blieb mir dicht auf den Fersen.

»Ich rufe als Allerallererstes die Polizei«, sagte ich mit fester Stimme. »Da gibt es nichts dran zu rütteln.«

Ich drehte mich nach rechts, wo der Schmidkunz stand und mich ansah, als wäre ich nicht ganz dicht.

»Guten Morgen«, sagte der links von mir. »Meier-Schönlein. Und ich finde, der erste Gesprächstermin steht mir zu.«

Gesprächstermin? Ich warf ihm einen kurzen Blick zu und erkannte ihn als den Gottfried mit dem gestreiften Schlafanzug. Dankenswerterweise hatte er sich inzwischen angezogen.

Meier-Schönlein ließ sich nicht den Mund verbieten. »Frau Ziegler, der oberste Vorrang sollte der Erhalt des

Campingplatzes sein. Sie sind unsere Interessenvertreterin und sollten alles tun, um unseren Verbleib zu ermöglichen.«

Wie bitte?

»Guten Morgen«, sagte ich zusammenhanglos und ging einfach weiter.

»Außerdem, es ist schon vier nach acht«, fuhr er fort, und eine Frau, vermutlich die Ehefrau, fügte hinzu: »Auf meiner Uhr schon fünf nach. Und die Semmeln gab es bei Elli immer Punkt …«

Vor der Rezeption warteten weitere vier Personen. Wollten die etwa auch »Gesprächstermine« mit mir ausmachen? Ich drückte wortlos die Tür auf und knallte sie dem Schmidkunz direkt vor der Nase zu.

Alles in Ruhe. Der schwarze Hund hatte sich mit mir durch die Tür gedrückt. Seine Leine hing noch am Halsband, er setzte sich vor mich und sah mich hechelnd und erwartungsfroh an.

Telefon.

Die 110. Oder die 112?

Einen Augenblick lang herrschte Stille.

Dann wurde die Tür wieder aufgedrückt, und der kleine Raum füllte sich mit Menschen.

»Also, die Elli hat die Semmerln drüben im Laden verkauft.«

»Die Elli hat um Punkt Acht aufgemacht.«

»Raus!«, schrie ich die Leute an. Wie konnten sie nur an Brötchen denken, wenn ich gerade mit der Polizei telefonieren musste!

»Sie ist ein wenig hysterisch«, erklärte Evelyn, während sie den pinken Rollkoffer direkt neben dem Tresen abstellte. »Wegen dem Musch.«

»Dem Musch?«, fragte Herr Meier-Schönlein.

»Ja. Der ist nämlich tot.«

Atemlose Stille erfüllte den Raum bis in den letzten Winkel.

»Gestern hat er aber noch gelebt«, wandte ein älterer Camper ein, als wäre das ein Grund, weshalb er jetzt nicht tot sein konnte.

»Ja. Und jetzt ist er halt tot«, sagte Evelyn mit entnervter Stimme, obwohl ich mir gut vorstellen konnte, dass sie die Situation sogar genoss.

Der Lärmpegel in der kleinen Rezeption explodierte. Ich sank auf den alten Drehstuhl und nahm den Telefonhörer in die Hand.

Ich wählte die 110.

»Ich habe gerade eben eine Leiche gefunden. Eine tote«, informierte ich die etwas apathische Frau am anderen Ende der Leitung. Nervös verschob ich die Zettelchen unter meiner Hand, und mein Blick fiel auf einen, den Nonna geschrieben hatte. »Evelyn im Auge behalten« stand darauf.

»Leichen sind immer tot«, informierte mich Meier-Schönlein.

»Der Musch. Woran ist der gestorben?«, fragte die Frau direkt neben Meier-Schönlein, die Augen weit aufgerissen.

»Woher sollen wir das wissen? Wir haben jetzt erst mal den Tod festgestellt«, sagte Evelyn, als wäre sie ein Rechtsmediziner. »Den Rest muss jemand anderer übernehmen. Die Polizei. Der Leichenbeschauer. Was weiß ich, wer dafür zuständig ist. Jedenfalls nicht ich.«

»Und, der Name?«, fragte die Frau am anderen Ende so langgezogen, als würde sie nebenbei auch noch Kaugummi kauen.

»Musch«, sagte ich.

»Frau Musch«, wiederholte die Frau. »Sie haben also eine Leiche gefunden.«

»Krieg ich heute auch noch Semmeln?«, fragte ein Alter, der sich vorgedrängelt hatte und so laut schrie, dass ich die Frau am Telefon gar nicht mehr verstand.

»Nein«, korrigierte ich sie, inzwischen sprach auch ich viel zu laut. »Nicht ich heiße Musch, sondern der Tote.«

»Keine Semmeln«, sagte der Alte kopfschüttelnd. »Aber da sind sie doch.«

»Oder?«, wollte ich von Evelyn wissen. »Der heißt doch Musch?«

Was war das überhaupt für ein seltsamer Name?!

»Nein, ich bin der Gröning Alfred«, erklärte der Alte noch immer kopfschüttelnd.

Evelyn nickte mir zu und formte mit den Lippen etwas, das ich als »Musch« identifizierte. Daraufhin begann sie lautstark die Semmeln zu verteilen, garniert mit platten Weisheiten wie »ja, so schnell kann das gehen« und »da sieht man mal wieder, dass jeder Tag dein letzter sein kann.«

Mir schwirrte von der Doppelbeschallung schon der Kopf.

»Das ist doch die Enkelin von der Elli«, schrie Evelyn den Alten an.

»Das hab ich mir schon gedacht«, antwortete dieser kopfschüttelnd. »Die Augen sind genau wie die von der Elli.«

Die anderen nickten beifällig.

»Die Elli hat aber einen schöneren Hintern gehabt«, verriet mir der Alte und deutete mit den Händen an, wie groß der geworden war. Und machte eine Miene, als könnte meiner da unmöglich mithalten.

»Und wo ist die Leiche?«, fragte die Frau am anderen Ende der Leitung, noch immer gelangweilt. Vielleicht bekam sie ja jeden Tag mehrere Anrufe, bei denen Leute Leichen meldeten.

»Campingplatz am See«, antwortete ich und spürte den Drang, den Hörer aufzulegen, aufzustehen und zu gehen.

»Und Sie sind sich sicher, dass er tot ist?«

»Ja«, sagte ich und legte den Hörer einfach auf. Danach fiel mir ein, dass ich vielleicht noch auf weitere Fragen hätte warten sollen.

»Zwei fünfzig«, ergänzte Evelyn und nahm das abgezählte Geld entgegen.

Kapitel 4

Während ich vor dem Stimmengewirr ins Wohnhaus flüchtete, wünschte ich mir, meine Großmutter wäre hier und würde mir sagen, was zu tun sei. Ich versuchte mir vorzustellen, wie sie mir riet, das alles einem Immobilienmakler zu übergeben, aber komischerweise klappte das nicht richtig. Stattdessen sah ich vor mir, wie sie die Hände in die Hüften stemmte, ihre dunklen, ausdrucksvollen Augen zusammenkniff und vor lauter Energie Funken versprühte. Und dann über den Gröning keifte, was für ein unverschämter Kerl der sei! Ihr Hintern sei nicht dick!

Ich seufzte.

Im Wohnhaus hatte sich auch nichts verändert. Die alten Schreinermöbel waren zwar staubbedeckt, und es musste dringend gelüftet werden, aber mit etwas Geputze wäre es schnell eine freundliche, einladende Wohnung. Vorsichtig trat ich ans Fenster und öffnete es. Von hier aus, dem Esszimmer im ersten Stock, konnte man fast den gesamten Campingplatz überblicken: die erste Reihe direkt am See, komplett belegt mit Dauercampern, die zweite Reihe, auch hier noch viele Dauercamper, aber auch einige leere Plätze. Das Wohnmobil von Evelyn stach richtig heraus. Es stand zwar in einem versteckten Winkel, aber es war riesig. Wenn man wollte, konnte man sich auch ein bisschen aus dem Fenster lehnen, dann sah man noch den Kirchturm vom Ort. Mein Blick ging noch mehr in die Weite, und sah dort nur noch Baumgipfel, in unterschiedlichen Grüntönen, in weiter Ferne versanken in bläulichem Dunst die Berge. Das war mindestens so beruhigend wie die Elbe und weckte dieses spezielle Ferien-Gefühl in mir.

Schon wenige Minuten später kamen mit Sirene und Blaulicht in schneller Folge der Rettungsdienst, der Notarzt und ein Streifenwagen. Evelyn war in ihrem Element und erzählte den Neuankömmlingen, was geschehen war. Ich blieb lieber erst einmal oben und beobachtete von hier, was dort unten weiter passierte. In meiner Handtasche dingelte mein Smartphone. Die Nachricht war von meinem Noch-Ehemann und lautete: »Hoffe, du bist gut angekommen und es geht dir gut!« Hatte er vor, so zu tun, als hätte ich ihn nie mit der reizenden Nachbarin erwischt, nackt, in meinem Bett? Auf seine Frage fielen mir nur sehr kräftige Flüche ein, deswegen ließ ich es mit der Antwort lieber bleiben. Evelyn ging gerade wieder ins Haus – ich hörte sie unten in der Rezeption, dann auf der Treppe, und schließlich betrat sie Nonnas Wohnung, beunruhigenderweise mit ihrem Koffer. Dicht auf ihren Fersen folgte Milo, noch immer mit seiner Leine am Halsband.

»So. Ich hoffe, du hast noch ein Plätzchen für mich«, sagte Evelyn. »Welches Zimmer nimmst du?«

Mit den Schultern zuckend ergab ich mich meinem Schicksal. Auch Milo schien davon auszugehen, bei mir ein Plätzchen zu bekommen, er brach neben mir zusammen, als wäre er wie sein Herrchen soeben verstorben.

»Die werden doch hoffentlich nicht meine teuren Sektgläser kaputt machen«, sagte Evelyn mit düsterer Stimme. »Wetten, dass sie die kaputt machen und das rote Kleid einfach hängen lassen?«

Was sollten sie auch mit dem roten Kleid?

»Das wollte ich sowieso wegwerfen«, erklärte sie mir. »Wenn ich es sehe, habe ich ein Gefühl, als hätte ich eine verdorbene Auster gegessen.«

Ich fragte nicht, wieso.

»Die Frau des Bürgermeisters hatte das gleiche rote Kleid. Genau das gleiche. Ich hatte es aus einer Boutique in Regensburg, da kann doch keiner ahnen, dass hier jemand mit exakt diesem Kleid auftaucht und dann noch so tut, als hätte sie es Monate vor mir …«

Ich schaute Evelyn fassungslos an und atmete tief durch. Anschließend starrten wir eine Weile gemeinsam auf das Chaos von Fahrzeugen auf dem Campingplatz. Die Sanitäter und der Notarzt standen inzwischen mit verschränkten Armen da und unterhielten sich mit einem Polizisten in Uniform. Dann fuhr ein dunkler PKW auf das Gelände und parkte neben dem Streifenwagen. Ein schlanker, jugendlich wirkender Mann stieg aus und ging zielstrebig an der Seite des Streifenpolizisten zum Wohnmobil.

»Das ist bestimmt der Kommissar«, flüsterte Evelyn, als der Mann wieder aus dem Wohnmobil kam. Er trug eine schwarze Jeans und eine Lederjacke, und der morgendliche Wind vom See blies in sein dichtes, dunkles Haar. Fast, als hätte er unsere Blicke bemerkt, hob er den Kopf und sah zum Haus hinüber. Vielleicht hatten ihm die Rettungssanitäter auch einfach verraten, wo er die Besitzerin des Campingplatzes finden konnte.

»Der sieht vielleicht gut aus«, schwärmte Evelyn.

»Soll ich dir was sagen? Den würde ich nicht von der Bettkante schubsen.«

Das konnte sie handhaben, wie sie wollte. Ich an ihrer Stelle würde nicht mehr an die Kante ihres Bettes denken.

»Den hab ich hier noch nie gesehen«, flüsterte sie mir verschwörerisch zu.

»Wieso auch«, fragte ich in normaler Lautstärke.

»Naja. So ein gutaussehender Kerl. Wäre mir bestimmt aufgefallen.«

»Aber …«

»Allein die hohen Wangenknochen. Richtig aristokratisch«, befand sie.

»Aber es hat doch gar keinen Mord gegeben«, wandte ich ein. »Welche Veranlassung besteht für einen Hauptkommissar, hier zu erscheinen?« Ich hätte mich am liebsten dafür geohrfeigt, dass ich auf Evelyns verquere Aussagen überhaupt einging.

»Bestimmt war es kein Mord«, sagte sie. »Ich weiß gar nicht, wieso die Polizei überhaupt da ist.«

»Weil wir sie gerufen haben«, erinnerte ich sie.

»Und wieso haben wir sie nochmal gerufen?«

Eine lange Weile hielt ich die Luft an und zählte im Stillen bis zehn.

»Weil du nachdrücklich erklärt hast, dass es ein Ding der Unmöglichkeit ist, dass Musch bei dir im Wohnmobil liegt.« Mir fiel plötzlich auf, dass ich sie duzte. Das wollte ich eigentlich nicht, aber das war jetzt einfach passiert. Evelyn kniff die Lippen zusammen.

»Du meinst, ich hätte sagen müssen, Musch übernachtet regelmäßig bei mir, und dann wäre überhaupt keine Polizei gekommen?«

Ich zuckte mit den Schultern. »Ich habe keine Ahnung. Aber du hast gesagt, dass aus unerfindlichen

Gründen der Musch tot und nackt bei dir liegt – und dass ich die Polizei rufen soll. Natürlich wird dann ermittelt.«

»Mist.«

»Wie bitte?«

»Naja, so unerklärlich ist es auch wieder nicht«, relativierte sie sämtliche ihrer früheren Aussagen. »Es hat mich zwar irritiert, dass er tot ist, aber dass er da war …« Sie unterbrach sich selbst. »Andererseits ist es dann verwunderlich, dass seine Kleidung weg ist.«

»Muschs Kleidung?«

»Ja. Die hatte er einfach auf den Boden geworfen«, empörte sie sich. »Und jetzt ist sie weg.«

Mich überlief ein eiskalter Schauder. Während ich zusah, wie der Kommissar Richtung Rezeption ging, sagte Evelyn: »Ich denke, ich kümmere mich mal um den Kommissar, Schätzchen. Ich meine, so hysterisch wie du bist.«

Diese Frau machte mich in einem Maße fassungslos, wie ich es selten erlebt hatte.

»Wenn du willst, kannst du von mir ein paar Beruhigungsmittelchen bekommen, das würde dich vielleicht entspannen.«

»Kein Bedarf«, sagte ich schnell, als sie ihre Reisetasche öffnete. Aber sie zog nur ein Paar ziemlich auffällige pinke Pumps heraus, die aussahen, als könnte man damit keinen Meter gehen.

»Schade. Das dazu passende Kleid habe ich leider im Wohnmobil gelassen.«

Sie stemmte eine Hand in die Hüfte und schien tatsächlich zu überlegen, wie sie an das Kleid kommen konnte. Ich traute ihr mittlerweile alles zu!

Kurz darauf hörte ich das Klackern ihrer Pumps hinunter zur Rezeption und drehte mich zum Fenster, um es zu schließen. Mit der Hand am Fenstergriff beobachtete ich, wie der Kommissar auf die Tür der Rezeption zuging, sie aber nicht erreichte, weil ihm das Ehepaar Meier-Schönlein den Weg abschnitt. Ich bedauerte den armen Kerl, dass er als allererstes mit so einem Klugscheißer zusammentraf. Aber was er dem Kommissar zu sagen hatte, interessierte mich jetzt doch.

»Herr Kommissar«, sagte Frau Meier-Schönlein mit weit aufgerissenen Augen und begann wild, seine Hand zu schütteln. Zumindest vermutete ich, dass es Frau Meier-Schönlein war, denn sie hing am Arm von Herrn Meier-Schönlein. Sie hatte sich in der letzten halben Stunde ziemlich in Schale geworfen. Ihre schwarz gefärbten Haare waren auftoupiert, als wäre sie auf dem Weg in die Oper. Und selbst vom ersten Stock aus konnte ich erkennen, dass sie dick Make-up aufgetragen hatte.

»Ich bin vollkommen am Boden zerstört! Sie werden doch bald den Mörder gefasst haben?«, stieß sie hervor, und ich beschloss, noch ein Weilchen mit dem Schließen des Fensters zu warten. Ihre Stimme klang so, als würde sie normalerweise Dialekt sprechen und sich gerade ganz viel Mühe geben, Hochdeutsch zu verwenden.

»Ich meine, man fühlt sich ja überhaupt nicht mehr sicher, solange der Mörder nicht hinter Schloss und Riegel ist!«

»Wir wissen nicht, ob es ein Mord war«, gab der Kommissar zu bedenken.

Das würde ich doch auch mal sagen. Männer in dem Alter starben manchmal einfach so.

»Kein Mord«, echote Frau Meier-Schönlein und sah hilflos von ihrem Mann zum Kommissar. Diese Möglichkeit hatte anscheinend noch niemand in Betracht gezogen.

»Ja. Es kann auch ein natürlicher Tod gewesen sein.«

Der Kommissar entwand ihr seine Hand auf eine Art, die verriet, dass er im Hände-Entwinden große Übung hatte, und versuchte sich zur Tür durchzuschlängeln.

»Natürlicher Tod«, wiederholte sie erneut und trat ihm in den Weg, sodass ihm die Flucht misslang. Ungläubig schüttelte sie den Kopf. »Das kann ich mir nicht so richtig vorstellen. Denn wieso sollte er zum Sterben in Evelyns Wohnwagen gehen?«

»Nun, er ist vielleicht nicht explizit zum Sterben ins Wohnmobil gegangen«, schlug der Kommissar mit freundlicher Stimme vor. »Wenn Sie mich jetzt entschuldigen.«

Und Schwups, war er in der Rezeption verschwunden. Meier-Schönlein packte seine Frau an der Hand und zog sie mit sich mit. Was er ihr zuzischte, konnte ich nicht verstehen, aber sie antwortete darauf empört, jetzt im Dialekt: »Wennst alle Bind meinst, dass dich einer umbringt.«

»Wer sollte denn dich ermorden?«, wunderte er sich mit lauter Stimme.

»Und wer sollte den Musch ermorden?«, fragte die Meier-Schönlein pikiert.

»Das ist nicht unser Problem«, erklärte er ihr.

»Wennst dein Lebtag nur noch Angst hast, dann ist des mein Problem!«, keifte sie ihn an. »Und solang'st ned weißt, ob's ein natürlicher Mord war, da kannst di ja glei eingraben!«

Hatte sie allen Ernstes »natürlicher Mord« gesagt?

Ich sah plötzlich mein weiteres Leben vor mir.

Mit einer Frau Meier-Schönlein, die nur Quatsch redete, und einem Herrn Meier-Schönlein, der der totale

Klugscheißer war. Den Campingplatz zu verkaufen war wirklich das Vernünftigste, das ich machen konnte. Ich beeilte mich, so schnell wie es barfuß ging, Evelyn nach unten zu folgen. Hinter mir hörte ich die Pfoten von Milo und seine schleifende Leine auf der Treppe.

Kapitel 5

Als ich in die Rezeption kam, fiel Evelyn dem Kommissar mit den Worten »Gut, dass Sie da sind!« gerade fast um den Hals. Ihre Stimme klang plötzlich eine ganze Oktave höher, und wenn ich mich nicht irrte, zog sie den Bauch ein. »Sie können sich nicht vorstellen, was wir heute Morgen alles mitgemacht haben!«

Der arme Kommissar schien Zielscheibe für sämtliche Frauen über fünfzig zu sein.

»Jonas Schneider, Hauptkommissar«, stellte er sich vor und schien Evelyns Avancen nicht einmal zu bemerken. »Von der Polizeiinspektion Regensburg.« Dabei sah er von mir zu Evelyn, als könnte er sich nicht entscheiden, mit wem er Kontakt aufnehmen sollte.

»Evelyn Kaminski«, rief Evelyn aus und klammerte sich an die Hand des Kommissars, als hätte er sie gerade persönlich vor dem Tod gerettet.

»Wer ist … für den Campingplatz zuständig?«, wollte der Kommissar wissen, während er erneut geschickt seine Hände in Sicherheit brachte und einen Schritt zurücktrat.

»Ich.« Am liebsten hätte ich mich in Luft aufgelöst.

Jetzt kamen bestimmt lauter Fragen, die ich nicht beantworten konnte.

Sein Blick schweifte über mein Gesicht zu meiner Bluse bis zu meinen nackten Füßen. Das erinnerte mich daran, dass ich in meinen Kleidern geschlafen hatte, meine linke Wange vermutlich immer noch den Abdruck eines Aktenordners aufwies und die Bluse nicht mehr als ein einziges Faltenmeer sein konnte. Ansonsten sah ich immerhin nicht schlecht aus: eine seltsame Mischung aller italienischen Vorfahren meiner Großmutter, die gebräunte Haut, die großen dunklen Augen und die vollen Lippen, von meinem norddeutschen Vater das blonde Haar. Vorsichtig trat ich hinter den Tresen der Rezeption, um ein bisschen Abstand zwischen uns zu bringen.

»Und Ihr Name?«

»Sofia Ziegler«, sagte ich.

»Sie haben die Leiche gefunden?«

»Naja«, sagte ich. »Eigentlich nicht. Die erste, die ihn gesehen hat, war Evelyn.«

»Aber da wusste ich doch überhaupt noch nicht, dass er eine Leiche ist«, tadelte Evelyn und warf mir einen ziemlich strengen Blick zu. »Da dachte ich, der Musch hat sich in der Tür geirrt und ist in meinem Bett eingeschlafen.«

»Nachdem sie den Musch gefunden hat, hat sie mich geholt …«, unterbrach ich den Schwachsinn. »Und wir sind gemeinsam …« Diese Tatsache musste ich jetzt schon einmal betonen.

»Nein«, widersprach Evelyn energisch. »Sofia ist alleine hineingegangen und hat versucht, den Musch aus dem Bett zu werfen.«

Jetzt war ich es, die Evelyn einen drohenden Blick zuwarf. »Ich habe ihn aufgefordert, das Wohnmobil zu verlassen. Und zwar auf Wunsch der Camperin Evelyn Kaminski hin. Dieser Aufforderung hat er aus bekannten Gründen nicht Folge geleistet.«

Mannomann, was schwafelte ich denn für Irrsinns hochgestochenes Zeug! Etwas verlegen senkte ich den Blick auf den Tresen, und ein kleiner, handgeschriebener Zettel stach mir schon wieder ins Auge: »Evelyn im Auge behalten«.

»Na gut«, seufzte Herr Schneider, den unsere Ausführungen anscheinend doch ein klein wenig verzweifeln ließen. »Bis jetzt haben wir noch keine Anzeichen für einen Mord ...«

»Bis auf die fehlende Kleidung!«, warf ich ein, und Evelyn kniff wütend die Augen zusammen.

Jonas Schneider sah mich intensiv an. »Wessen Kleidung?«

»Des Toten«, ignorierte ich Evelyns Blick.

Er fischte sein Handy aus der Jackentasche und ging nach draußen. Wahrscheinlich forderte er Verstärkung an. Mit einem Dingeln fiel die Tür hinter ihm ins Schloss.

»Was für ein Kerl«, schwärmte Evelyn, während sie begann, die Kaffeemaschine zu befüllen. »Von dem würde ich mich gerne verhaften lassen.«

Scharf sah ich sie von der Seite an. »Besteht dazu eine Veranlassung?«

»Nein. Aber allein der Gedanke, mit ihm im Polizeiwagen. Und dann mit Sirene und Blaulicht durchs Dorf.«

Ich fixierte den Zettel vor mir. »Evelyn im Auge behalten«. Es war eindeutig Nonnas Handschrift. Was Nonna konkret gemeint hatte, konnte ich mir noch nicht zusammenreimen. Der tote Musch und die Spritzen in Evelyns Kühlschrank ließen jedoch nichts Gutes ahnen.

»Das macht mich eben an«, sagte Evelyn und zuckte

mit den Schultern. »Das ist nichts, weswegen ich mich schämen müsste.«

Ich verdrehte die Augen.

»Wenn du das machst, siehst du aus wie Elli.«

Eleanore. Meine Nonna. Vermutlich war sie im Beisein von Evelyn vor lauter Augenrollen zu nichts anderem mehr gekommen.

Im selben Moment kam der Kommissar wieder in die Rezeption und lächelte mich unverbindlich an. »Wir brauchen eine Liste der anwesenden Camper.«

»Ja«, sagte ich schnell. Dann fiel mir ein, dass ich nicht wusste, ob ich überhaupt eine Liste hatte.

»Habe ich eine Liste?«, fragte ich Evelyn, die noch immer reichlich lasziv hinter mir im Türrahmen lehnte und den Kommissar mit einem Schlafzimmerblick bedachte.

»Natürlich«, zwitscherte sie freundlich.

Herr Schneider sah unschlüssig zwischen Evelyn und mir hin und her. »Wer ist denn jetzt für den Platz zuständig?«

»Ich bin erst seit gestern da«, erklärte ich. »Ich habe den Campingplatz geerbt.« Der Kommissar hatte etwas an sich, das mich dazu brachte, ihm alles erzählen zu wollen. Vielleicht hatte er das jahrelang trainiert, und jeder erzählte ihm alles. Vielleicht hatte ich auch nur eine Leiche zuviel gefunden und brauchte jetzt dringend jemanden, bei dem ich mich ausheulen konnte. Quasi ein Therapiegespräch. Denn ich hatte plötzlich den unglaublichen Drang, ihm auch noch von Martin zu erzählen, und von der jungen, hübschen Nachbarin, die ich bei ihm im Bett gefunden hatte, und welche Farbe ihr String hatte, den sie aus meinem Wohnzimmersessel gezogen und einfach in ihrer Handtasche hatte verschwinden lassen. Nämlich pink.

Außerdem hätte ich ihm noch gerne von meiner Nonna erzählt, die mir leider nicht detailgetreu aufgeschrieben hatte, wie ich nach dem Tod mit ihrem Erbe umgehen sollte. Ob sie oben im Himmel richtig sauer sein würde, wenn ich den Platz einfach verkaufte, ohne wenigstens versucht zu haben, ihn zu leiten.

»Ok«, sagte er, und das klang ziemlich aufmunternd. Evelyn schob mich vom Computer weg.

Während der Drucker die Liste der Camper ausdruckte – das dauerte –, sah ich zum Fenster hinaus. Gerade fuhren der Notarzt und der Rettungsdienst langsam vom Campingplatz.

»Wir sind zwanzig Dauercamper«, sagte Evelyn und schaltete die Kaffeemaschine ein. »Aber diese Woche waren wir nur zu sechst, das Wetter, Sie wissen schon, manche sind da ein bisschen empfindlich. Zum Beispiel die Mayers, die sind beide neunzig, und die sagen, dass sie immer Rheuma bekommen, wenn sie bei den niedrigen Temperaturen im Wohnwagen schlafen.«

Das interessierte den Kommissar bestimmt brennend.

Neben mir markierte Evelyn in der Liste die Anwesenden mit gelbem Marker.

Karl Muschinski, Platz 1

Korbinian Schmidkunz, Platz 3

Franz Gröning, Platz 5

Friedhard Kraus, Platz 9

Gottfried Meier-Schönlein, Platz 23.

Evelyn Kaminski, Platz 72.

»Das sind die Dauercamper«, erklärte sie ihm. »Die Gäste, die nur für ein paar Tage da sind, da muss ich Ihnen die Ausweise raussuchen…«

Draußen hörte ich noch ein Auto wegfahren. Den Leichenwagen.

Kapitel 6

Der Vormittag verging wie im Flug. Ich war hauptsächlich damit beschäftigt, im Haus umherzugehen, Sachen in die Hand zu nehmen und wieder wegzustellen und mich möglichst nicht auf dem Campingplatz blicken zu lassen. Dabei fiel mir auf, dass Nonna mehr Patchworkkissen und -decken besaß, als ich jemals gesehen hatte. Hin und wieder stellte ich mich ans Fenster und sah hinunter auf den Campingplatz. Es hatten sich zwei Gruppen gebildet: Die Dauercamper, die wirkten, als wollten sie auf Biegen und Brechen zusammenhalten. Und die anderen Gäste, die aussahen, als würden sie sich allesamt vor den Dauercampern gruseln. Es waren noch nicht viele andere Gäste da, nur vier Paare und ein Mann, alle mit Wohnmobilen unterwegs. Wenn ihnen der Kommissar nicht schon längst verboten hätte, im Moment abzureisen, würde ich nur noch die Rückleuchten sehen, da war ich mir sicher!

Am frühen Nachmittag wagte ich mich ins Freie, lief aber fast Frau Meier-Schönlein in die Arme, weswegen ich mich ins Toilettenhäuschen rettete. Es sah innen wie außen tatsächlich so aus wie früher, inklusive der grässlichen Fliesen.

»So einen Tod wünsche ich mir auch«, sagte gerade ein Mann drüben in der unmittelbar angrenzenden Männer-Toilette. Schmidkunz? Er war sehr gut zu verstehen, weil die Wände nämlich nicht bis zur Decke durchgezogen waren.

»Was?«, fragte der alte Gröning. Den erkannte ich schon an der Stimme.

»In den Armen einer nackten Frau zu sterben«, sagte ein dritter Mann.

»Wieso? Wie ist es denn passiert, Friedhard?«, fragte der Gröning.

»Das kannst du dir doch vorstellen.«

Es trat eine Gesprächspause ein, in der sich der Gröning anscheinend versuchte vorzustellen, was sich die andern beiden gerade dachten.

»Ich sag nur: Nackt. Bei der Evelyn im Wohnmobil«, erklärte der Schmidkunz. Schmidkunz und Friedhard, der es auch kapiert hatte, lachten. Meines Erachtens ziemlich dreckig.

»Das könnt ihr doch gar nicht wissen«, wandte der Gröning ein.

»Doch. Ich kenn den Ferdinand, den Leichenwagenfahrer. Und der hat mir erzählt, dass sie ihn nackt rausgeholt haben.«

»Der darf euch das nicht sagen«, sagte der Gröning.

»Und der erzählt keinen Unsinn, der erzählt nie einen Witz. Nicht einmal, wenn er seine Uniform auszieht«, beharrte Friedhard und lachte erneut.

»Die hat den einfach liegengelassen.«

»Nachdem sie mit ihm fertig war.« Wieder lachten die beiden äußerst anzüglich.

»Wahrscheinlich ist er erst abgegangen wie eine Rakete, und dann …«

Sie schienen das Gespräch visuell fortzusetzen, denn der Mann sagte nicht, was danach hätte sein können, aber das zustimmende Gebrummel machte klar, dass er etwas gestikuliert hatte.

»Dann hat die Pumpe nicht mehr mitgemacht …«

»Kein Wunder, der Musch war nicht mehr der fitteste. Letzten Sommer ist er gar nicht mehr geschwommen.«

»Und kannst dir ja denken, was er machen musste, dass das noch geklappt hat.«

»Was?«

»Naja, der hat doch bestimmt was genommen, dass das mit der Evelyn überhaupt funktioniert hat.«

Wieder lachten die beiden Männer.

»Was genommen?«, fragte der Gröning verständnislos.

»Viagra.«

Irgendwie interessierte es mich gerade enorm, wer sich da drüben unterhielt. Ich drehte vorsichtig den Putzeimer um und stellte mich darauf.

Der Schmidkunz. Einer mit einem wilden Bart, der ein bisschen verwahrlost aussah, das war der Friedhard, und der nichts-kapierende Gröning.

»Das hat der doch regelmäßig gemacht.«

»Viagra eingeworfen?«

»Das weiß ich nicht«, gab Schmidkunz zu. »Aber bei der Evelyn habe ich ihn öfter gesehen.«

»Stimmt«, bestätigte der Bärtige.

»Hätte ich auch mal, aber momentan kann ich es mir nicht leisten.«

Mit Evelyn? Was konnte er sich da nicht leisten?

»Aber die kann den doch nicht einfach liegen lassen«,

empörte sich Gröning in Überlautstärke. »Ich meine, wenn der schlapp macht, nach dem Sex, dann muss sie doch wenigstens den Krankenwagen rufen.«

»Naja, vielleicht hat sie gesagt, bleib nur noch liegen, ich geh schon mal zur Erna feiern.«

»Und der Musch ist bei ihr im Bett geblieben? Und gestorben?«, vergewisserte sich Gröning.

»Was weiß ich«, sagte Schmidkunz. »Dabei war ich Gott sei Dank nicht.«

»Sofia?«, hörte ich Evelyn von Ferne rufen. »Der Kommissar möchte dich sprechen.«

Der Kommissar wollte wissen, wo er die Camper befragen konnte. Da ich von nichts eine Ahnung hatte, entschied Evelyn, dass der kleine Campingladen ein geeigneter Ort sei. Geschäftig zog sie einen Klapptisch in die Mitte des Raums und schob zwei Stühle hin. Ich blieb ratlos an der Tür zu dem kleinen Laden stehen, in dem meine Großmutter von Tütensuppen über Kekse und Zahnbürsten bis hin zu Wein und Bier alles verkauft hatte, was man als Camper gerne zu Hause vergaß. Er befand sich direkt neben der Rezeption, sodass meine Großmutter gleichzeitig Rezeption und Laden hatte betreuen können.

Mein Herz schlug mir im Hals, als ich als Erste gegenüber vom Kommissar Platz nahm. Das war natürlich völlig unangebracht, schließlich war ich nicht des Mordes verdächtig. Doch die späte Einsicht, dass Musch tatsächlich ermordet worden oder wahlweise von Evelyn sterbend nach dem Sex zurückgelassen sein konnte, machte mich fix und fertig.

Ich erzählte noch einmal ausführlich von meiner Ankunft, dass ich ab ungefähr 18 Uhr geschlafen hatte – wo, das ließ ich mal lieber weg – und wie ich dann den

Musch gefunden hatte. Außerdem betonte ich noch ein paar Mal, dass ich von nichts etwas wusste.

»Sie haben also nichts gehört?«, fragte der Kommissar, obwohl ich ja eben gesagt hatte, dass ich geschlafen hatte.

»Nein. Gar nichts. War wohl ziemlich platt an dem Tag«, antwortete ich.

»Auch nicht einmal aufgewacht, wegen irgendetwas aufgeschreckt?«

»Der Wolf«, sagte ich nach längerem Überlegen, weil ich dem Kommissar dringend helfen wollte. »Ich habe einen heulenden Wolf gehört. Oder einen heulenden Hund.«

Wir sahen beide Milo an, der wie ein Scheintoter unter mir lag und nur ein Ohr halb aufgeklappt hatte.

»Können Sie mir etwas über Konflikte zwischen den Campern erzählen?«

»Ich kenne die Camper kaum, auch den Toten nicht. Das letzte Mal war ich vor einem Jahr hier. Mit den Gästen hatte ich da aber nichts zu tun.«

Lediglich die Meier-Schönleins kamen mir in den Sinn, die waren nämlich schon immer die Pest gewesen. Frau Meier-Schönlein hatte immer ganz süßlich getan und mir beispielsweise Kinderschokolade geschenkt. Aber trotzdem war ich mir schon als junges Mädchen sicher gewesen, dass sie mich nie hatte leiden können. Und zwar nicht erst seit dem Moment, als ich ihr einen Fußball durch das Vorzelt gebolzt und ein Windrad umgeknickt hatte. Dass die ganze Freundlichkeit nur nach außen war, weil sie sich mit meiner Nonna gut stellen wollte. Leider konnte ich mich nicht erinnern, was Nonna über sie gesagt hatte.

»Ich war in meiner Kindheit ganz oft hier. Da kannten die Camper aber eher mich als anders herum…«, ich lächelte den Kommissar an, und hatte das Bedürfnis, ihm auch noch zu erzählen, dass ich die Lieblingsenkelin von Nonna gewesen war. Vielleicht weil ich die einzige gewesen war, die jede freie Minute hier verbringen wollte. War das der Grund, weswegen sie mir alles vermacht hatte?

Milo stupste mich an und sah treuherzig zu mir auf.

»Das ist der Hund vom Musch«, erklärte ich dem Kommissar. »Und fragen Sie mich nicht, wieso er ständig mit Leine herumläuft, das habe ich auch noch nicht herausbekommen.«

Dann war Evelyn dran, und ich setzte mich erschöpft vor den Computer in der Rezeption.

»Wie lange kannten Sie den Toten?«, fragte der Kommissar. Ich hörte seine Stimme glasklar durch die Wand. Das konnte doch nicht sein, dass ich das alles mithörte, als säße ich im selben Zimmer!

Aber richtig … Meine Großmutter hatte den Raum nachträglich verkleinert, um eine Rezeption und einen Campingladen zu haben, und die Wand, vor der ich saß, war nur eine dünne Rigipswand. Mit mir auf der einen Seite und dem Kommissar und Evelyn auf der anderen.

Das wäre jetzt genau der Moment gewesen, aufzustehen und sich diskret zu verkrümeln. Denn ich hatte überhaupt nichts am Computer zu erledigen. Aber ich blieb sitzen.

»Ich komme seit zwanzig Jahren her«, sagte Evelyn. »Damals war ich praktisch ein junges Mädchen …« Das wollte ich mal bezweifeln, ich schätzte sie auf Mitte fünfzig. »Und der Musch war auch noch um einiges besser in Schuss.«

»Sie kennen sich also seit zwanzig Jahren?«

»Ja. Damals hatte er noch eine Frau. Aber das ist schon lange her.«

»Sie verbringen hier den ganzen Sommer?«

»Ja. Ein paar der Camper sind ständig im Sommer da. Manche kommen nur, wenn schönes Wetter ist. Und manche nur am Wochenende. Das sind die, die noch arbeiten müssen«, erklärte Evelyn. »Wir hier vor Ort, wir sind der harte Kern. Wir würden vermutlich auch im Winter bleiben, wenn das möglich wäre. Aber angeblich frieren die Leitungen vom Klohäuschen ein, wenn es zu kalt wird.«

»Hat Herr Muschinski denn schon öfter bei Ihnen übernachtet?«

»Nein«, antwortete Evelyn ziemlich ungesprächig. Eine Stille trat ein.

»Aber?«, bohrte der Kommissar weiter.

»Natürlich ist der Musch nicht zum Übernachten zu mir gekommen.«

»Er hat sich also auch noch nie in Ihr Bett gelegt?«, fragte der Kommissar mit liebenswürdiger Stimme weiter. Anscheinend hatte er kapiert, dass Evelyn die Angewohnheit hatte, die Aussagen so zu formulieren, dass sie doppeldeutig waren.

Evelyn seufzte so tief, dass selbst das durch die Wand drang.

»Wissen Sie, ich lasse keine Männer übernachten. Man schläft da so schlecht«, erläuterte sie, und ihre Stimme klang dabei tief und rauchig. »Sie müssen immer gehen, bevor sie einschlafen.« Sie schien zu lächeln. »Männer würden ja zu gerne hinterher einschlafen, aber das lasse ich nicht zu.«

»Er hat also schon einmal bei Ihnen im Bett gelegen?«, vergewisserte sich der Kommissar mit neutraler Stimme.

»Ja, das hat er«, antwortete sie mürrisch. »Er war nicht so schlecht, wie man vom Aussehen meinen könnte. Also, von der Ausstattung, meine ich, und wie er damit …«

Einen kurzen Moment lang erwog ich, mir die Ohren zuzuhalten.

»Aha«, unterbrach der Kommissar sie eilig. »Also, es war nicht ungewöhnlich, dass er Sie besucht hat.«

Evelyn schien zu nicken, denn sie erwiderte nichts.

»War er auch an dem besagten Abend bei Ihnen?«

Wieder eine Weile Stille. *Du solltest jetzt aufstehen und gehen,* ermahnte ich mich und spitzte die Ohren.

»Ja«, seufzte Evelyn schließlich. »Ja, das war er. Aber wir hatten keinen Sex.«

Kurze Pause.

»Aber das kann doch kein Verbrechen sein, oder?«

»Nein«, bestätigte der Kommissar liebenswürdig und legte wieder eine seiner Pausen ein, was er anscheinend gerne machte, um einen zum Weiterreden zu bringen.

»Ich hatte keine Lust. Ich habe gesagt, dass er gehen soll, und dass ich noch Spaß haben will. Bei Erna war doch Ladies' Night, und die wollte ich nicht verpassen.«

»Aha.«

»Ich war schon geschminkt«, fügte Evelyn hinzu. »Und geduscht. Und wollte nicht wieder von vorne anfangen.«

Das leuchtete natürlich ein. Planung ist das halbe Leben.

»Und Ladies' Night ist nicht so oft«, erklärte Evelyn bissig. »Aber, ganz im Vertrauen, ich hatte ihm zwar gesagt, er kann gerne bleiben, wenn er will, aber das sollte doch nicht wirklich heißen, dass ich möchte, dass er bleibt. Das war doch nur eine Höflichkeitsfloskel. Und er wusste genau, dass ich erst im Morgengrauen zurückkommen würde!«

Sie war jetzt wirklich empört über das Verhalten von Musch. »Aber er hat nicht mit Ihnen zusammen das Wohnmobil verlassen.«

»Er war nackt. Splitter-Faser-Nackt!«, erklärte Evelyn und betonte jede einzelne Silbe, als handelte es sich um eine Ungeheuerlichkeit. »Natürlich hat er da nicht gleichzeitig mit mir das Wohnmobil verlassen. Und ich wollte auch nicht darauf warten, bis er sich wieder komplett angezogen hatte.«

Jetzt war ich mindestens so empört wie Evelyn. Ihre Schauspielkünste waren beachtlich. Eine Riesenshow mir gegenüber abziehen, weil dieser Kerl nackt in ihrem Bett liegt, dabei hatte sie ihn einfach zurückgelassen.

Schade, dass ich ihr meine Meinung über sie nicht unter die Nase reiben konnte. Da hätte ich nämlich zugeben müssen, dass ich still und leise vor dem PC sitzen geblieben war. Aber es machte sie für mich wirklich verdächtig. Was genau hatte sie noch im Wohnmobil geräumt, als ich schon draußen war? Und warum hatte sie die Gläser gespült? Aber weshalb hätte sie den Musch in ihrem eigenen Wohnmobil ermorden sollen? Und vor allem: Wie? Blut war keines zu sehen gewesen …

»Er ist nämlich ein bisschen langsam geworden«, riss mich Evelyns vertraulich gesenkte Stimme aus meinen Überlegungen. Und auweia, auch das war prima durch die dünne Wand zu hören. Sie mussten direkt neben der Gipswand sitzen!

»Manchmal hatte er's so in der Schulter, dass ich ihm ins Hemd helfen musste. Ich hatte keine Lust, ihm noch stundenlang beim Anziehen zu helfen.« Sie schien Luft zu holen. »Das klingt vielleicht hartherzig, aber ich hatte ihn schließlich nicht eingeladen. Und vor allen Dingen hatte ich ihn in keinster Weise dazu ermuntert, sich zu entkleiden und sich nackt in mein Bett zu legen. Was hätten Sie denn gemacht, Herr Kommissar?«

Die Vorstellung eines Kommissars mit einem nackten Musch im Bett war ziemlich komisch.

Der arme Herr Kommissar wich der Frage geschickt aus: »Sie haben also um zwanzig Uhr das Wohnmobil verlassen. Zu der Zeit war Herr Muschinski noch am Leben und saß in Ihrem Bett.«

Mir fiel ein, dass ich zu dem Zeitpunkt vor dem Computer tief und fest geschlafen hatte. Während das Mörderpack über den Campingplatz schlich und ich nicht einmal die Tür der Rezeption abgeschlossen hatte.

»Ja. Natürlich war er da noch am Leben. Er hat geschimpft wie ein Rohrspatz. Dass ich das nicht machen könne. Und dass er jetzt schon mal da sei!«, schimpfte jetzt Evelyn wie ein Rohrspatz. »Als müsste ich mit ihm Sex haben, nur weil er schon mal nackt war.«

Wieder eine kleine Pause.

»Ich sag Ihnen eins, man muss sich gut überlegen, wie oft man mit jemandem ins Bett geht. Kaum ist man dreimal in Folge mit demselben Mann zugange, meinen die, man würde ihnen auch die Dreckwäsche machen und das Essen kochen.«

»Und wann sind Sie wiedergekommen?«

»So um sieben Uhr in der Früh bin ich bei Erna aufgebrochen. Hab noch einen Kaffee dort getrunken und war dann kurz vor halb acht beim Meierbeck, wo ich die Semmeln geholt habe. Danach bin ich zum Wohnmobil gegangen und wollte mich abschminken, und dann ist der Musch noch da!«

»Können Sie sich daran erinnern, wie seine Bekleidung ausgesehen hat?«

»Braune Hose und rot-weiß-kariertes Hemd. Hatte er

meistens an«, erwiderte Evelyn. Und da es sich so anhörte, als näherte sich die Befragung ihrem Ende, stand ich schnell auf und ging. Milo schlurfte hinter mir her.

Direkt vor der Tür lief ich in meiner Eile, nicht beim Lauschen ertappt zu werden, in einen Mann hinein.

»Sofia! Mi Amore!«, sagte der.

Oh. War das nicht … der kleine Alex? Der Sohn von Alexander Stöckel, dem das »Stöckelbräu« im Ort gehörte?

»Alexander?«

Von »klein« konnte zwar nicht mehr die Rede sein, inzwischen überragte er mich bestimmt um einen Kopf, aber sein nettes Grinsen von damals hatte er sich über all die Jahre bewahrt.

»Es ist mir zu Ohren gekommen, dass du wieder hier bist.«

Das hatte sich ja schnell herumgesprochen.

»Da musste ich natürlich gleich nachsehen, was aus dem kleinen Mädchen von damals geworden ist.«

»Ich war größer als du«, erinnerte ich ihn mit einem breiten Grinsen.

»Stimmt.« Auch er grinste breit. »Das waren noch Sommer. Nur Schwimmen, cool im Strandbad abhängen und Eis essen!«

Ich bückte mich, weil sich Milos Leine um meine Füße verheddert hatte. Wieso er wohl ständig die Leine am Halsband hatte? Nahm man die Hunden nicht auch mal ab?

»Du hast dich überhaupt nicht verändert.«

»Willst du damit sagen, dass ich noch immer aussehe wie zwölf?«, fragte ich lächelnd.

»Das nicht.«

Er hatte sich inzwischen sehr verändert, und zwar

nur zum Guten. Damals war er nicht nur klein gewesen, sondern auch viel dünner als ich. Manchmal hatte er – vielleicht um mich zu beeindrucken – seine Muskeln angespannt. Dabei hatte er mit einem Finger von hinten an den Muskel gedrückt, um den Bizeps größer erscheinen zu lassen. Damals hatte ich das total lächerlich gefunden, weil mein Bizeps nämlich ebenfalls viel größer gewesen war. Inzwischen hatte er es nicht mehr nötig, an seinen Muskeln herumzudrücken. Er sah aus, als würde er Kraftsport trainieren oder zumindest etwas arbeiten, was einem ziemliche Muckis bescherte. Sein Rücken war breit.

Wohlwollend ließ ich meinen Blick über seine kurzen, dunklen Haare und das etwas kantige Gesicht gleiten. Vor 24 Jahren hatte er lange Haare gehabt, die ich ihm manchmal zu Zöpfen geflochten hatte.

»Du hast noch die gleichen Sprenkel in den Augen wie damals«, sagte er und sah mir sehr tief in die Augen.

Aha, er war also auch ein geübter Charmeur geworden …

Das Klingeln seines Handys holte mich zurück in die Realität.

»Tschuldige«, murmelte er, meldete sich mit einem kurzen »Jo«, und »Komm gleich«, dann wandte er sich wieder an mich.

»Kann mir gar nicht vorstellen, dass du jetzt wieder so eine richtige Nachbarin wirst.«

»Ich werde keine richtige Nachbarin.«

Alex lächelte und tätschelte Milo den Kopf. »Wir sehen uns! Wenn du jemanden brauchst, der mit dir schwimmen geht, ich heiße noch immer Alexander Stöckel und wohne …«

»… im Stöckelbräu«, nickte ich und hob den Daumen.

Wohlwollend sah ich auf seinen knackigen Hintern, dann musste ich wohl oder übel Milo folgen, der mich Richtung See zog. Unterwegs begegneten wir Frau Schmidkunz, sie kam gerade mit einem blauen Abspüleimer aus ihrem Wohnwagen. Milo freute sich riesig über sie, und sie tätschelte ihm liebevoll den großen Schädel. »Mein armer Brummbär«, sagte sie. »Es ist einfach unglaublich!« Danach liefen wir dem Gottfried Meier-Schönlein über den Weg, den Milo ignorierte, und als letztes noch Gisela Meier-Schönlein. Die fuhr mich ziemlich an: »Der Hund muss weg! Wenn Sie mit ihm schon über den Platz gehen, dann aber bitteschön mit kurzer Leine! Und ich hoffe, dass Sie Ihren Hund bei Ihrem Wohnwagen anhängen!«

Ich war so perplex, dass ich vergaß, sie darauf hinzuweisen, dass dies erstens mein Campingplatz war mit meinen Regeln! Und ich zweitens weder Hund noch Wohnwagen besaß! Selbst Milo sah schlecht gelaunt aus. Endlich waren wir unten am See, wo Milo ziemlich ausführlich an eine Pappel pinkelte. Ich kontrollierte meine WhatsApp-Nachrichten und fand ungefähr zehn von meinem Noch-Mann Martin. Die meisten waren sachlich. Kannst du die Texte für die Kampagne »Gravenreuther und Söhne« schicken? Und so Dinge. Dachte Martin tatsächlich, dass ich in seiner Firma weiter als Texterin arbeitete? Bevor ich irgendetwas Blödes ins Handy tippen konnte, zog mich Milo energisch weiter, und ich schaffte es nicht, ihn davon abzuhalten. Im Laufschritt hinter dem Riesenköter war ich kurz davor, die Leine einfach loszulassen. Dankenswerterweise blieb er dann doch stehen. Er beschnüffelte etwas, das wie ein Haufen Kleider aussah, und setzte sich dann mit sehr glücklicher Miene direkt darauf.

Kleider?

Ich starrte das Bündel an. Es sah so aus, als wollte der Hund hier nicht wieder weg. Obwohl er sich darauf breit gemacht hatte, konnte ich erkennen, was es war. Eine dunkelbraune Stoffhose und ein rot-weiß-kariertes Männerhemd.

»Ja«, sagte Evelyn mit einem traurigen Zungenschnalzen. Sie hatte den Kommissar und eine Spurensicherungstante begleitet, um die Kleidung zu »identifizieren«. »Das ist die Kleidung von Musch. Die er gestern noch getragen hat.«

»Und wieso sitzt jetzt der Hund da drauf?«, wollte ich wissen.

»Das haben sie immer so gemacht«, erklärte Evelyn gerührt. »Musch hat seine Kleidung ans Ufer gelegt, und Milo hat sich darauf gelegt und sie bewacht.«

»Das heißt, Musch ist noch zum Schwimmen gegangen, mitten in der Nacht?«, fragte ich verständnislos.

»Der Musch geht nicht mitten in der Nacht zum Schwimmen. Dieses Jahr war er noch gar nicht im See. So gesund war er nicht mehr.«

»Und wieso liegt dann seine Kleidung da?«, fragte ich. Der Kommissar öffnete den Mund und schloss ihn wieder, vielleicht weil er gerne selbst etwas gefragt hätte.

»Stimmt. Das ist eigenartig«, stimmte Evelyn zu. »Dann hat der Mörder die Kleidung hier abgelegt.«

Milo sah uns vorwurfsvoll an und schien nicht gewillt, die Kleidung kampflos herauszurücken. Aber Evelyn hatte keine Hemmungen, sie packte den knurrenden Riesenköter am Halsband und flötete in den höchsten Tönen. »Ich weiß schon, Mausili, jetzt ist Papili tot und du bist ganz traurig.«

Milo drehte sich etliche Male um und wollte zurück

zu der scheußlichen braunen Hose von Musch, aber Evelyn zog ihn an der Leine einfach hinter sich her, um den Kommissar seine Arbeit tun zu lassen. Frau Schmidkunz schloss sich uns an, um uns »moralisch beizustehen«, wie sie es nannte.

»Wenn ich mir das vorstelle«, sagte Evelyn, als wir bei der Rezeption ankamen. Sie ließ die Leine von Milo einfach fallen, und der schlurfte mit Leidensmiene hinter den Tresen und legte sich vor meinen Drehstuhl. »Dass dieser Mörder so mir nichts dir nichts in meinem Wohnmobil war.«

»Ich glaube, du brauchst dir keine Sorgen um deine Sicherheit machen«, beschwichtigte die Schmidkunz sie.

»Ist das normal, dass man einem Hund ständig die Leine dran lässt?«, fragte ich irritiert.

»Nein. Milo hat sonst nie eine Leine dran.« Evelyn runzelte die Stirn. »Das muss der Mörder gemacht haben.«

So ein Unsinn! »Und wieso?«

»Vielleicht hat Milo den Musch verteidigt, und deswegen hat ihn der Mörder angeleint.«

»Quatsch«, sagte ich.

»Milo war doch in Muschs Wohnwagen«, stimmte die Schmidkunz mir zu. »Und Musch in deinem.«

»Vielleicht musste der Mörder den Hund aus dem Wohnwagen zerren. Und das geht nachts bestimmt nur mit Leine. Der arme Hund will ja in der Nacht schlafen.«

Und wieso sollte ein Mörder den Hund des Opfers aus dem Wohnwagen zerren?

Evelyn seufzte, während die Schmidkunz ihr die Hand tätschelte. »Das wird sich bestimmt alles auflösen, Evelyn. Wenn ich irgendwie helfen kann, sagt mir einfach Bescheid.«

»Wenn du einen Ramazzotti hättest, wäre das nicht schlecht. Ich habe meinen im Wohnmobil vergessen.«

Hatte Frau Schmidkunz nicht, und mit einem freundlichen Nicken verdünnisierte sie sich wieder, da es jetzt anscheinend mehr um Alkohol ging als um die Aufklärung von Morden.

»Und jetzt lassen sie mich bestimmt nicht mehr ins Wohnmobil.«

Recht hatten sie. Schließlich stand sie unter Mordverdacht, so wie ich das sah. Milo lag so vor meinem Drehstuhl, dass ich einen riesigen Schritt über ihn machen musste, um mich setzen zu können. Mein Magen fing zu knurren an, als ich den leckeren Kaffee roch, ich hatte komplett das Frühstück vergessen! Ich hielt nach einer Tasse Ausschau. Hinter dem Tresen warteten auf einem kleinen Tablett zwei saubere.

»Leg dich niemals mit einem Camper an, wir kennen Orte, an denen dich niemand findet«, stand auf der roten Tasse mit weißer Schrift, und ich beschloss, dass diese Tasse nicht besonders passend war.

Ich nahm stattdessen die blaue Tasse mit der Aufschrift: »Im Hotel sind wir Gast, hier sind wir zu Hause«.

»Wenn du schon keinen Ramazzotti hast: Ein Aperol würd's auch tun, im Moment«, hakte Evelyn nach.

Gott im Himmel, dachte ich mir. Ich bräuchte im Moment ganz viel Hopfen-Melissen-Tee, um herunterzukommen.

Angesichts meines Schweigens beschloss Evelyn, ihrem Wunsch nach einem Drink selbst nachzukommen. »Dann schau ich mal, was Elli alles da hat«, sagte sie, als würde meine Nonna noch leben, und drückte die Holztür zum Wohnhaus auf.

»Kann ich die Breze haben?«, wollte ich noch wissen.

Denn in dem Brotkorb neben den Bechern lagen noch immer eine Breze und eine einsame Kaisersemmel.

»Ja klar, die ist jetzt über«, antwortete Evelyn.

Ich bediente mich großzügig von dem Kaffee, den Evelyn gekocht hatte, und brach mir ein Stück von der Breze ab. Sie schmeckte absolut köstlich, so etwas bekam man bei uns im Norden nicht: Das richtige Maß an außen knusprig, innen schön weich, und genau richtig salzig. Erst da kapierte ich, was mit »die ist jetzt über« gemeint war … das war die Breze vom Musch gewesen. Gott hab ihn selig!

Kapitel 7

Obwohl ich den Rest des Tages nichts mehr mit der Polizei zu tun gehabt hatte, war ich am Abend wie gerädert. Die Polizei hatte alle Camper befragt, auch wenn noch immer nicht ganz klar war, ob es nicht doch ein natürlicher Tod gewesen war. Dann war das mit der Kleidung zwar schwer zu erklären, aber vielleicht war Musch ja tatsächlich in der Nacht noch schwimmen gewesen.

Die darauf folgende Nacht war schrecklich gewesen! Ich hatte mich ins Ehebett meiner Großeltern gelegt und kaum Schlaf gefunden, vermutlich wegen des riesigen, steifen Kissens von Nonna. Trotz der Gänsefedern im Inneren schien es betonhart zu sein und hatte dazu geführt, dass ich nur mit verrenktem Hals schlafen konnte. Außerdem hatte Milo sich abwechselnd gekratzt oder eine Wunde geleckt. Oder gepupst. Leider hatte er darauf bestanden, mit im Schlafzimmer zu nächtigen, und ich konnte seinen sechzig Kilo wenig entgegensetzen. Um drei Uhr hatte ich versucht, ihn aus dem Schlafzimmer zu komplimentieren, aber er hatte anscheinend spontan einen Hörsturz erlitten, denn selbst durch das Rascheln mit Hundefutter war er nicht zum Aufstehen zu bewegen gewesen. Dabei hatte ich jede Menge Zeit gehabt, über den letzten Tag nachzudenken, und mir fiel wieder mal auf, wie verdächtig Evelyn war. Sie hatte die Sektgläser gespült. Diese Spritzen aus dem Kühlschrank! Und dann noch der Zettel von Nonna mit der Aufschrift »Evelyn im Auge behalten«!

Um sieben Uhr wurde ich von der schrillen Haustürglocke geweckt. *Ich habe keine Semmeln geholt,* dachte ich voller Schreck. Hastig zog ich den alten Morgenmantel meiner Großmutter über, der mir zu kurz und zu breit war, und ihre riesigen Flausch-Puschen. Damit dürfte ich ziemlich seltsam aussehen. Aber ich wollte nicht daran schuld sein, dass der nächste Camper starb, ohne Hilfe zu bekommen!

Mir schlug das Herz im Hals, als ich die Tür aufriss. In der goldenen Morgensonne stand Kommissar Jonas Schneider und hatte schon wieder einen sehr speziellen Blick drauf.

»Ja?«, krächzte ich.

»Es tut mir leid«, sagte er distanziert. »Ich muss Sie bitten, die Schranke zu schließen.«

Hatte er eben gesagt, ich muss Sie bitten, die Schranke zu schließen?

»Vorerst dürfen keine Camper den Platz verlassen«, fügte er behutsam hinzu. »Außerdem müssten wir uns noch einmal unterhalten.« Es wirkte ein wenig, als wüsste er nicht, wo er hinsehen sollte. Das wunderte mich nicht im Geringsten. Der gesteppte, von riesigen Blumenornamenten übersäte Morgenmantel meiner Großmutter war einfach ein unsäglich hässliches Monstrum in Schweinchenrosa. Jeder normale Mann wäre schon längst in Ohnmacht gefallen. Aber Herr Schneider war schließlich Kommissar, taff, erfolgsorientiert und hielt die grausamsten Anblicke aus, ohne mit der Wimper zu zucken.

»Ich weiß nicht, ob das geht«, stellt Evelyn hinter mir mit lebensfroher Stimme fest. Ich fuhr erschreckt herum. Im Gegensatz zu mir war sie nicht nur schon hellwach, sondern auch angezogen, frisiert und geschminkt.

»Die Mechanik funktioniert seit Jahren nicht mehr so gut. Außerdem haben wir immer offen, falls der Gröning in der Nacht ins Krankenhaus muss. Hin und wieder hat er einen Angina-Anfall, und dann muss es schnell gehen. Sonst hätte er immer die Elli wecken müssen ...«

»Wir werden die Schranke schließen«, unterbrach ich sie. Was ging den armen Kommissar die Krankengeschichte vom halbtauben Gröning an! »Darf ich mich vielleicht noch umziehen?«

Das um seine Lippen war bestimmt kein Lächeln. Das wäre nämlich komplett unprofessionell gewesen.

Als ich wieder ins Esszimmer kam, stellte der Kommissar gerade das Hochzeitsbild meiner Nonna wieder auf das Sideboard. Evelyn hatte er anscheinend schon hinauskomplimentiert mit dem Auftrag, die Schranke zu schließen.

»Gibt es denn Neuigkeiten?«, fragte ich neugierig, während wir uns an den Esstisch setzten. »Ich befürchte, ich kann Ihnen noch immer nichts Hilfreiches sagen.« Milo schien auf mich gewartet zu haben, er stand verloren mitten im Raum und sah mich ziemlich traurig an. Musste ich ihn öfter füttern?

»Das hört sich jetzt bestimmt eigenartig an. Also ich meine, dass ich einschlafe, überhaupt nichts mitbekomme, während auf meinem Campingplatz ein Mann stirbt …«

»Nein, das denke ich nicht«, beruhigte er mich. »Ich hätte nur noch eine Frage zum Hund.«

Ja, da hätte ich auch ein paar Fragen. Allein zur Fütterung.

»Frau Kaminski hat erzählt, dass er nachts im Wohnwagen schlafen musste.«

»An dem Morgen war er allein mit Leine unterwegs, obwohl er sonst nie Leine trägt, wie mir gesagt wurde«, erklärte ich.

»Er hat Sie zu der Kleidung geführt«, überlegte der Kommissar.

»Möglich«, gab ich zu. »Er hat gepinkelt und mich dann dorthin gezerrt.« Aber ich war auch leicht irgendwo hinzuzerren.

Ich sah dem Kommissar in die Augen. Wirklich schöne Augen, das nur nebenbei. Sie waren grün und leuchteten in seinem Gesicht. Vielleicht sah er immer aus, als würde ihn alles und jeder interessieren, also nicht nur meine Aussage oder ich. *Sofia,* ermahnte ich mich. *Du bist von deinem Noch-Ehemann traumatisiert, du findest keine Männeraugen schön!*

»Wieso lag die Bekleidung des Toten am Seeufer?«, überlegte der Kommissar laut. Ich zuckte nur mit den Schultern. Das konnte nur ein durchgeknallter Mörder erklären, nahm ich an.

»Wann kann Evelyn zurück in ihr Wohnmobil?«, fragte ich hoffnungsvoll.

»Die Spurensicherung ist noch nicht fertig«, erklärte er entschuldigend. »Wir wissen jetzt zwar, woran er gestorben ist, aber nicht, wonach wir suchen müssen.«

»Und woran ist er gestorben?«

Ein wenig zögerte er, bevor er sprach: »Es war ein

Giftmord. Aber wie er das Gift aufgenommen hat, wissen wir nicht. Seine letzte Mahlzeit bestand anscheinend aus Weißwürsten, Schokolade und Sekt.«

»Uh«, machte ich und starrte ihn an. »Das hört sich wirklich unglaublich ... schlimm an.« An dieser Essenskombination konnte man ja auch schon ohne Gift sterben!

Der Kommissar sah eine Weile nur auf seinen Notizblock, er schien sich gar nichts notiert zu haben, was mich ein bisschen verzweifelt stimmte. Wie sollte ich diesen Campingplatz verkaufen, wenn die Polizei vor Ort war? Der Mordfall musste so schnell wie möglich gelöst werden! Wie konnte ich ihm nur helfen?

Ich hörte Evelyn im Nachbarzimmer herumkruschen und erinnerte mich wieder an meine nächtlichen Überlegungen. Milo legte mir seinen schweren Kopf aufs Knie und fiepte ein bisschen.

»Ich will Frau Kaminski in nichts hineinreiten«, sagte ich leise. »Aber bevor wir das Wohnmobil verlassen haben, hat sie Sektgläser gespült und aufgeräumt.«

»Wie viele?«, fragte er.

»Drei. Und dann gibt es da noch einen Zettel von meiner Nonna.« Ich räusperte mich. »*Evelyn im Auge behalten.* Evelyn ist Frau Kaminski.«

Endlich schrieb sich der Kommissar mal was auf! Ich kam mir trotzdem ziemlich mies vor. Wie ein Kameradenschwein.

»Außerdem hatte sie ... Spritzen im Kühlschrank, die sie mitgenommen hat ...«

Vielleicht gefüllt mit Gift. Aber wer wusste das schon.

Im Nebenzimmer war es verdächtig still geworden.

Als Evelyn ins Esszimmer kam, warf sie mir einen ziemlich drohenden Blick zu. Die Frage, ob sie mitgehört hatte oder nicht, erübrigte sich.

»Da fällt mir doch gerade ein«, setzte sie an – sie hatte voll auf Flirt-Modus umgeschaltet und blinkerte schon wieder mit ihren frisch getuschten Wimpern. »Da war doch noch dieser neue Camper vorgestern Abend.«

»Ja«, stimmte ich zu. Das hatte ich tatsächlich vollkommen verdrängt.

»Wann ist er angereist?«

»Vorgestern. Vorgestern um …« Wann war das gewesen?

»Fünf Uhr abends«, soufflierte Evelyn.

»Und heißt?«

Das konnte mir Evelyn nicht einsagen. Wie hatte der noch mal geheißen?

»Werner irgendwie. Oder Manfred.«

»Was jetzt, Werner oder Manfred?«, fragte Evelyn tadelnd, als würde sie die Befragung leiten.

»Keine Ahnung«, gab ich zu. »Ich weiß gar nicht, ob er da geblieben ist.«

Herr Schneider hob eine Augenbraue. Was sollte dieses Augenbrauenheben? Hatte er schon mal einen Campingplatz geführt, dass er jetzt so tun konnte, als hätte er das besser hingekriegt?

»Ich hatte eine Zugfahrt von acht Stunden und vierundzwanzig Minuten hinter mir«, erklärte ich spitz. So lange brauchte man nämlich von Hamburg hierher. »Außerdem bin ich zu Fuß vom Bahnhof bis hierher gestapft, weil …« … die zwei schwulen Taxifahrer beide mit einer Mordsgrippe im Bett lagen. Diese Information verschluckte ich. »Und wollte nur noch die Füße hochlegen.«

»Sie wissen also nicht, ob er hier geblieben ist«, stellte er sachlich fest.

»Nein«, sagte ich dankbar.

»Doch«, warf Evelyn mit sanfter Stimme ein. »Er ist da geblieben.«

Außer mir waren hier alle auf Zack.

»Der hat sich auf Platz 51 gestellt. Und danach einen Spaziergang gemacht. Vermutlich um den See.«

Ich warf ihr einen genervten Blick zu.

»Er war eine Stunde und 45 Minuten unterwegs.«

Ich schüttelte den Kopf. War sie bei der Stasi, oder was?

»Deswegen denke ich auch, dass er diesen Spaziergang gemacht hat. Das machen die meisten, wenn sie ankommen. Wenn man gut zu Fuß ist, ist das genau die Zeit, die man braucht, um den See zu umrunden. Und er wirkte wie ein sehr durchtrainierter Mann im besten Alter.«

Auf so einem Campingplatz blieb auch gar nichts geheim.

»Und was hat er dann gemacht?«, fragte ich etwas süffisant.

»Er hat den Fernseher eingeschaltet«, erklärte sie. »Und Galileo angeschaut.«

Ich starrte sie eine Weile an. »Warst du mit dabei, oder wie?« Inzwischen traute ich ihr alles zu.

»Nein. Aber das sieht man doch.«

»Dürfte ich die Fragen stellen?«, fragte Schneider. Seine Stimme klang etwas resigniert.

»Aha«, machte ich und ignorierte den Einwurf von Kommissar Schneider. »Und wie sieht man das? Vom Wohnmobil aus?«

»Ja. Und wenn man auf die Toilette muss, noch deutlicher.« Sie betrachtete gelangweilt ihre Fingernägel, als würde sie natürlich nie und nimmer zur Toilette gehen, nur um einem neuen Camper hinterherzuspionieren.

»Dann können wir ihn ja nach seinem Namen fragen«, unterbrach Herr Schneider unser Gespräch.

»Glaube ich nicht«, sagte Evelyn mit einem Augenaufschlag. »Er ist abgereist.«

»Ohne bezahlt zu haben?«, fragte Schneider und warf mir einen erstaunten Blick zu.

»Bei mir hat er nicht bezahlt«, gab ich zu. »Vielleicht bei Evelyn?«

»Nein.«

»Und er hat einfach seinen Ausweis hier gelassen?«, wollte er noch erstaunter wissen.

»Nein.«

»Wie, der hat sich seinen Ausweis aus der Rezeption geklaut?«, fragte Evelyn kopfschüttelnd. »Und das, wo du direkt davor geschlafen hast?«

Wieder dieser Blick von Schneider. Von mir zu Evelyn und zurück.

»Vor was geschlafen?«, fragte er vorsichtig.

Ich holte einmal tief Luft, aber Evelyn hatte keine Hemmungen. »Vor dem Computer in der Rezeption. Mit dem Kopf auf dem Stapel Papier«, zwitscherte sie in einer komplett anderen Tonlage, als sie mit mir sprach. »Aber das ist doch nur verständlich. Die lange Reise und so. Mit dem Koffer zu Fuß vom Bahnhof hierher, weil Karl und Stefan gerade die Grippe haben und gemeinsam im Bett liegen. Und dann noch der Stress. Und jetzt noch ein Gast, der seinen Ausweis klaut ...« Sie schüttelte dramatisch den Kopf, als würde ihr persönlich so etwas nie in den Sinn kommen.

»Er hat seinen Ausweis nicht geklaut«, lenkte ich von meinen Schlafgewohnheiten ab.

Schneider schwieg, und ich räusperte mich umständlich. »Er hat keinen Ausweis dagelassen.«

»Sehr verdächtig«, zwitscherte Evelyn und strahlte den Kommissar an.

Ihr Geflirte ging mir gewaltig auf den Geist. Der Typ war doch bestimmt zwanzig Jahre jünger als sie, wenn nicht gar dreißig! Den konnte sie doch jetzt nicht anbaggern, vor allen Dingen nicht, während ich daneben saß!

»Das hätte dich doch gleich stutzig machen sollen! Ein Typ, der keinen Ausweis abgeben will!«

Es klang ein bisschen so, als hätte ich einen Mord verhindern können.

»Das nächste Mal musst du darauf bestehen, dass die Camper einen Ausweis abgeben. Darauf hat deine Großmutter immer geachtet. Und abgereist wird grundsätzlich vor zwölf Uhr, dann kann man noch den Rasen mähen, bevor die neuen Campinggäste …«

»Er wollte seinen Ausweis ja abgeben«, unterbrach ich hastig ihre Ausführungen.

»Aber?«, fragte Evelyn anstelle des Kommissars.

»Aber nichts.«

Schneider sah mich noch immer einfach nur an. Das war eine ganz fiese Verhörtechnik, ich bekam von diesem Blick nämlich sofort Herzrasen.

»Naja, ich wollte den Ausweis nicht haben«, vervollständigte ich meine Ausführungen mit trockenem Mund. »Was hätte ich damit anfangen sollen?«

»Den Namen aufschreiben?«, schlug Evelyn vor, und ich konnte mich nicht entscheiden, ob um die Mundwinkel des Kommissars ein belustigtes oder ein genervtes Lächeln spielte.

»Ihn behalten, damit er nicht ohne zu zahlen wieder abfährt«, zählte sie weiter auf.

»Konnte ich ahnen, dass in derselben Nacht ein Mann ermordet werden würde?«, erwiderte ich mit liebenswürdiger Stimme. »Das wahrscheinlichste ist doch, dass der arme Gast damit gar nichts zu tun hatte.«

Und ich wäre fein aus der Sache.

»Der arme Gast hat dich um die Zeche betrogen«, berichtigte Evelyn das Ganze, jetzt wieder mit ihrer normalen, tiefen Stimme. »Das sind beim Platz 51 8,50 für den Stellplatz, 7,50 für die Person, 3 Euro für den Strom und 2,50 für seinen Dackel.«

Aha, den Dackel hatte sie also auch gesehen.

»Macht rund 20 Euro!«

»21 Euro 50«, sagten Schneider und ich gleichzeitig, und diesmal war wirklich ein Hauch von Lächeln um seine Lippen.

»Und war er schon einmal da?« Endlich kam auch der Kommissar zu Wort.

»Ich bin erst seit vorgestern hier«, antwortete ich. »Ich habe keine Ahnung, ob dieser Mann schon einmal da war. Evelyn? Hast du ihn gekannt?«

»Ich habe ihn noch nie gesehen. Aber er kam mir unglaublich bekannt vor.«

Mir war er überhaupt nicht bekannt vorgekommen.

»Ok. Unglaublich ist das falsche Wort.« Evelyn geriet ins Plaudern. »Er war ganz sicher keine Berühmtheit aus Film und Fernsehen.«

Ich seufzte.

»Ich meine damit auch zum Beispiel nicht, dass ich ihn jemals nackt gesehen hätte.«

Um Gottes Willen.

»Evelyn«, stieß ich hervor und hätte ihr gerne einen Tritt vors Schienbein gegeben. Sie konnte dem Kommissar doch nicht so einen Schwachsinn erzählen!

»Damit wollte ich sagen, dass ich mir nicht vorstellen kann, dass ich mit ihm jemals im Bett gewesen war«, konkretisierte sie ihren Schwachsinn, ohne sich zu schämen.

»Ich war ebenfalls nicht mit ihm im Bett«, fühlte auch ich mich bemüßigt, ins Thema einzusteigen, als Schneider mich schon wieder einen Moment zu lang ansah. Ich wurde schlagartig rot, weil ich verstand, dass das auch kein Mensch angenommen hatte. Das meinte ich mit diesem Verhörblick! Der Kommissar konnte einen ansehen, dass man sich sofort um Kopf und Kragen redete. Diesmal war ich ganz sicher, dass er grinste.

Danach verschwanden der Kommissar und Evelyn ein Stockwerk tiefer, weil er doch noch einige Dinge mit Evelyn klären wollte. Da es mich brennend interessierte, wie sie sich aus der Sache herausredete, setzte ich mich wieder vor den Computer. Natürlich nur, um mich endlich mit den ganzen Briefen zu beschäftigen.

»Sektgläser«, sagte Evelyn gerade. »Natürlich habe ich die gespült, wie sieht das denn aus, wenn die Spurensicherung kommt, und dann steht da noch das Geschirr herum. Ich kann Ihnen auch sagen, wessen Fingerabdrücke darauf waren: Meier-Schönleins und meine. Wir haben auf die neue Campingsaison angestoßen.«

»Und Herr Muschinski?«

»Der hat auch mit angestoßen.«

»Aber es waren drei Gläser«, erinnerte er sie.

»Die Meier-Schönleins haben sich eins geteilt.« Evelyns Stimme klang ziemlich ärgerlich, und ich kam mir gerade ziemlich gemein vor.

»Dann waren da noch Spritzen in Ihrem Kühlschrank. Die würde ich gerne sehen.«

Evelyn schwieg eine Weile. So. Jetzt hatten wir die Mörderin!

»Ich habe sie nicht mehr«, sagte Evelyn. »Das sind

meine homöopathischen Spritzen gegen Unruhezustände. Die habe ich mir die letzten Tage gespritzt. Das habe ich gebraucht.« Ich hörte einen dramatischen Seufzer. »Die letzten zwei Tage waren die Hölle für mich.«

Der Kommissar sagte dazu nichts, und ich fand es schade, dass ich nicht mit im Zimmer war. Zu gerne hätte ich gefragt, ob das gesund war, sich zehn Spritzen zu setzen. Und ausgesprochen unruhig hatte sie eigentlich auch nicht gewirkt!

»Wie hießen Ihre Medikamente?«, fragte er schließlich doch. »Und in welchem Abfall haben Sie die Spritzen entsorgt?«

»Etwas von Infirmarus«, sagte sie nach einer Denkpause. »Und das Mittel heißt ... Nux vomica. Und an den Abfalleimer kann ich mich beim besten Willen nicht erinnern.«

Kapitel 8

Es dauerte zwei Stunden, bis Evelyn wieder mit mir sprach. Sie schien mir meine Petzerei wirklich übel zu nehmen. Nachdem sie am Tag zuvor hauptsächlich über das gute Aussehen des Kommissars geschwärmt hatte, war das sogar angenehm. Erst als noch einmal die Spurensicherung anrückte, tauchte sie wieder in der Rezeption auf und tat, als wäre nichts gewesen. Wir stellten uns gemeinsam vor die Tür und sahen zu, wie die zwei Frauen von gestern sich routiniert in ihre weißen Plastikanzüge hüllten und im Wohnmobil von Evelyn verschwanden.

Schon wieder fiel mir ein, dass vermutlich niemand den Campingplatz würde kaufen wollen, wenn ich nicht bald die Polizei loswurde. Im Moment hatte ich aber noch keine Idee, womit ich die Ermittlungen beschleunigen konnte. Der Kommissar hatte mich noch nach dem Zettelchen von Nonna gefragt, aber unerklärlicherweise war das plötzlich verschwunden.

Stattdessen sah ich interessiert zu, wer jetzt alles neugierig aus den Wohnwägen kam. Der Gröning klopfte gerade an das Wohnmobil von Evelyn und schien Erklärungsbedarf zu haben. Die Frau von der Spurensicherung, die jetzt die Tür des Wohnmobils öffnete, sagte etwas und schüttelte dabei beständig den Kopf.

Dann kamen Frau Schmidkunz und Frau Meier-Schönlein in die Rezeption, um ihre Frühstückssemmeln abzuholen. Erstere trug schwarze Leggings und eine pinkfarbene, flauschige Fleecejacke, dazu bunte Flip-Flops. Meier-Schönlein hatte eine dunkle Jeans, ein kastenförmiges gelbes Oberteil und schwarze Crocs an.

»Ich habe furchtbar geschlafen«, sagte Frau Schmidkunz, während ich ihr die Bäckertüte reichte. »Mir jagt das richtig Angst ein.«

»Du hast aber auch vor allem Angst«, erklärte Frau Meier-Schönlein etwas pikiert.

»Mir jagt das auch Angst ein«, schlug ich mich auf Frau Schmidkunzens Seite.

»Was ist denn da draußen los?«, fragte Frau Meier-Schönlein nach, während ich die Brötchen einpackte.

»Spurensicherung«, erklärte ich.

»Dass sich der Musch das gefallen lässt. Die Spurensicherung in seinem Wohnwagen«, sagte sie kopfschüttelnd.

Ich sah sie verständnislos an.

»Der Musch ist tot«, flüsterte Frau Schmidkunz und tätschelte Meier-Schönleins Arm.

»Der Musch ist tot?«, bemerkte diese scharf. Ich sah sie erstaunt an, während die Schmidkunz sich bei ihr unterhakte, mit ihr hinausschlenderte und ihr in sanftem Tonfall erklärte, was passiert war. Ich war mir sicher, dass ich ungefähr fünf Sekunden den Mund offen stehen hatte.

»Ich sag's dir, irgendwann können die nicht mehr Camping machen. Das mit ihrem Gedächtnis ist eine einzige Katastrophe«, sagte Evelyn hinter mir, und ich schloss den Mund. »Ich glaube, sie hat Alzheimer. Er hat ein extra Schloss für die Wohnwagentür machen lassen, dass sie nicht herumläuft. Wenn wir nicht alle mitspielen würden, hätte er sie schon längst ins Heim geben müssen.«

»Sie wirkt eigentlich ganz normal«, sagte ich fassungslos, erinnerte mich dann aber daran, dass sie mich gestern anscheinend für einen Campinggast mit Hund gehalten hatte.

Evelyn hob eine Augenbraue. Wir beobachteten, wie die Meier-Schönlein in den Wohnwagen ging und die Schmidkunz zu ihrem Mann.

»Er ist Apotheker gewesen.«

»Wer?«

»Schmidkunz. Und sie war Lehrerin. Sie will eigentlich gar nicht campen, sondern macht nur alles mit, was er tut. Wird aber nicht müde, einmal wöchentlich zu erzählen, wie gut sie es zu Hause in ihrem schönen Häuschen haben. Und dass sie es nur macht, weil ihre Enkelkinder so gerne hierher kommen.«

Der Apotheker Schmidkunz hatte ein schwarzes T-Shirt mit der weißen Aufschrift »Status Quo« an, darunter ein Bildmotiv, das man von hier aus nicht erkennen konnte. Evelyn sagte etwas gelangweilt: »Sie nervt ziemlich.«

Frau Schmidkunz sah eigentlich ziemlich nett aus. Wuschelige blonde Haare, sehr wahrscheinlich gefärbt, und schon jetzt in aller Früh gut geschminkt. Vermutlich fand Evelyn alle Frauen nervig.

Evelyn verzupfte sich, wahlweise, um den Kommissar anzuschmachten oder sich einzuschleimen, um nicht unter Verdacht zu stehen. Ich beschloss derweil, mit Hochdampf Bürokram zu erledigen. Je schneller ich das alles hinter mir hatte, desto zügiger konnte ich den Verkauf des Platzes in Angriff nehmen. Als erstes sortierte ich die kleinen Zettelchen, die unter der Tastatur lagen. Alle waren in der zackigen Handschrift meiner Nonna beschrieben.

Das tat weh.

Es tat schon einmal deswegen weh, weil ich so lange nicht hier gewesen war. Und schuld war Martin, mein Göttergatte, mein baldiger Ex-Göttergatte, der nie Lust gehabt hatte, auf einem Campingplatz »abzuhängen« – seine Stimme klang in meinen Ohren. Noch mehr tat weh, dass ich das einfach hingenommen hatte, anstatt etwas an die Wand zu werfen, ihn mit Nulpe zu titulieren und einfach alleine hierher zu fahren. Das hätte nämlich meine Nonna getan. Vermutlich wäre nicht nur »etwas« an die Wand geworfen worden, sondern das gesamte Sonntagsgeschirr.

Und ich dachte, das Schlimmste wäre mit der Beerdigung vorbei gewesen. Von wegen.

Den Zettel »Evelyn im Auge behalten« fand ich auch diesmal nicht. Zwar konnte ich mittlerweile nachvollziehen, warum das eine gute Idee war, hätte jedoch trotzdem gerne gewusst, was Nonna konkret damit gemeint hatte.

»Klaus und Gruber kontaktieren« stand auf dem obersten Zettelchen.

Ein Einkaufszettel. Mehrere Zettel, auf denen Zahlen schriftlich addiert worden waren. Ein Gedicht. »Wie freu ich mich der Sommerwonne, des frischen Grüns in Feld und Wald. Wenn's lebt und webt im Glanz der Sonne, und wenn's von allen Zweigen schallt.«

Etwas frustriert legte ich die Zettelchen wieder unter die Tastatur. Ich hatte keine Ahnung, ob sie wichtig waren oder nicht.

Der erste Schluck Kaffee machte mich soweit munter, dass ich mich um die Briefe kümmern konnte, die neben der Tastatur lagen. Das musste ich als Erbin vermutlich tun. Die ersten fünf waren Rechnungen für Wasser und Strom. Der Bäcker hatte schon erbost die zweite Mahnung geschickt und die Putzfrau eine Liste von Putzmitteln aufgestellt, die sie dringend brauchte.

Ich beschloss, unterschiedliche Stapel zu machen. Rechnungen, die ich möglichst bald überweisen musste, Papierkram, der nur abgeheftet gehörte, und Dinge, bei denen ich jemand fragen musste, der Ahnung hatte. Wer das sein sollte, wusste ich nicht, aber darüber würde ich mir später Gedanken machen.

Als nächstes fiel mir eine dicke Mappe in die Hände, die sich als Kostenvoranschlag für die Sanierung des Toilettenhäuschens herausstellte. *Klaus und Gruber, Ihr Spezialist für innovative Haustechnik! Modern, kreativ und fachgerecht!* Diese Mappe machte mich furchtbar traurig.

Allein der Gedanke, dass meine Nonna noch Pläne hatte, die sie nicht mehr hatte realisieren können. Die Vorstellung, wie sie hier gesessen und sich überlegt hatte, wie sie es anpacken könnte.

Dass sie in ihrem Alter – schließlich war sie bei ihrem Tod schon 85 gewesen – überhaupt noch so eine Planung anging! Mir selbst graute es vor jeder baulichen Veränderung, aber anscheinend war meine Nonna innovativer und fortschrittlicher gewesen als ich. Ich spürte richtig, wie die Tränen hinter meinen Augenlidern zu brennen begannen. Gerade, als sie mir aus den Augen treten wollten, sah ich die Summe, die der Betrieb für die Sanierung verlangte. Der Kostenvoranschlag war so absurd überteuert, dass meine Tränen spontan trockneten. Ich konnte mir nicht vorstellen, dass meine Nonna mal eben so hundertfünfzigtausend Euro erübrigen konnte!

Für ein Klohäuschen! Auf ihrem Girokonto waren nach der Beerdigung gerade einmal zweitausend Euro geblieben. Das Konto hatte ich zwar auch geerbt, aber wie gesagt, damit konnte man keine weiten Sprünge machen! Hatte sie etwa vorgehabt, einen Kredit aufzunehmen? Ich konnte froh sein, wenn ich von dem verbleibenden Geld überhaupt die Rechnungen bezahlt bekam!

Ich blätterte um, denn an das Anschreiben war eine genaue Auflistung der Arbeitsschritte getackert samt der zum Einsatz kommenden Materialien.

»Oh je«, entfuhr es mir, als ich die senfgelben Fliesen sah. War meine Nonna farbenblind geworden, dass sie derartig grässliche Fliesen ausgesucht hatte? Oder hatten diese blöden Typen ihr irgendwelche teuren Fliesen untergejubelt, die sie endlich loswerden wollten, weil ihnen klar war, dass man sie keinem anderen aufdrücken konnte?

Wie auch immer, ich musste diesen innovativen Klaus und Grubers absagen, diesen Pappnasen. Die Rechnungen begleichen. Und einen Makler suchen, um den Campingplatz zu verkaufen. Automatisch blätterte ich weiter durch die Unterlagen, die die Firma beigelegt hatte, und regte mich innerlich noch ein bisschen mehr auf. Man konnte doch unmöglich die Außenfassade braun streichen! Unsäglich!

Wenn ich das zu entscheiden hätte, würde ich darauf achten, dass alles hell und licht war. Die Fenster müssten auf jeden Fall größer sein und die Fliesen im Inneren hell und groß. Und der Raum bis zur Decke hoch gefliest und nicht ab Brusthöhe in schimmelgrüne Ölfarbe übergehend! Vor allem dürfte nichts auf diesen Fliesen auch nur im Entferntesten an Schmutz erinnern. Als allererstes jedoch würde ich die riesige, dunkle, breitwüchsige Konifere vor dem Häuschen fällen! Die nahm viel zu viel

Platz weg und machte alles nur noch finsterer und unattraktiver. Wenn man an die Stelle dann Blumen pflanzen würde… naja, und ein paar Blumenkästen mit Geranien am Häuschen selbst würden auch helfen.

Moment, unterbrach ich meine Gedanken streng. Das ging mich alles nichts an. Der neue Besitzer würde all das entscheiden.

Kapitel 9

Bei Klaus und Gruber den unsäglichen Renovierungsauftrag stornieren würde meine allererste dringliche Aufgabe sein! Das war jede Menge Kohle, die ich besser brauchen konnte als Klaus oder Gruber. Und jedem musste klar sein, dass nach dem Tod meiner Großmutter kein Renovierungsbedarf mehr bestand.

Gerade, als ich zu diesem Zwecke zum Telefonhörer greifen wollte, öffnete sich schon wieder die Tür der Rezeption, und der Kommissar, Evelyn und Frau Meier-Schönlein kamen herein.

»Musch hatte keine Feinde«, erläuterte Evelyn gerade. »Vielleicht ein paar Neider, schließlich hatte er einen Seeplatz. Aber deswegen bringt man doch niemanden um.«

»Nun ja«, Frau Meier-Schönleins Stimme klang ziemlich spitz. »Leute werden auch wegen fünf Cent umgebracht.«

»Wenn das das Motiv ist, dann ist die Aufklärung des Mordes total easy peasy.«

»Weshalb?«, fragten der Kommissar und ich unisono.

»Weil es doch diese Warteliste gibt. Ich glaube, der

nächste auf der Liste ist Schmidkunz. Und damit hätten wir auch schon den Hauptverdächtigen«, erklärte Evelyn geduldig.

»Oh mein Gott«, sagte die Meier-Schönlein.

»Weil, am meisten profitiert natürlich der Schmidkunz von dem Todesfall. Er ist der Seeplatz-Killer.«

Der Kommissar kommentierte die schnellen Ermittlungsergebnisse nicht.

»Also, so einfach geht das bestimmt nicht«, sah ich mich genötigt einzuwenden.

»Aber wenn es, sagen wir mal, die Kerschers wären«, verteidigte Evelyn ihre Theorie. »Die stehen vielleicht auf Platz fünf. Die müssten ja gleich vier Leute umbringen. Das würde doch auffallen. Ich bin mir sicher, wenn es um den Seeplatz geht, dann ist der Schmidkunz der Schuldige.«

»Und die Leute wussten, auf welchem Platz sie auf der Liste standen?«, fragte der Kommissar nach.

»Ja, klar«, erklärte Evelyn zufrieden.

»Und Sie wollen jetzt die Todesliste haben«, fragte ich, nachdem er mich schon wieder so intensiv ansah.

Er sah irritiert aus.

»Ähm. Die Seeplatzliste natürlich«, entschuldigte ich mich. »Evelyn, hast du eine Vorstellung, wo die ist?«

»An der Wand«, sagten Evelyn und Frau Meier-Schönlein gleichzeitig. »Für jeden sichtbar, wenn du verstehst, was ich meine«, fügte Evelyn hinzu.

Verstand ich zwar nicht, aber ich stand trotzdem auf und stellte mich vor die Wand, an der alle möglichen Zettel hingen. Manche schon so lange, dass sie gelb und aufgewellt waren und bar jeglichen Informationsgehalts. Es waren auch unglaublich viele Postkarten darunter, die meine Großmutter wohl bekommen hatte. Alle hatten Camping zum Thema: Herzen und Wohnwagen und

»I love Camping« in diversesten Ausführungen. »Life is always better when I'm camping«, »Happy Camper«, »On the road again«. Sogar ein Happy Camper mit einem nackten Pärchen war dabei, was mich sehr wunderte, bei meiner Nonna. Mitten in diesem Kartendurcheinander hing auch ein vergilbter, eingerissener Zettel, auf dem groß »Seeplatz« stand.

»Da«, sagte Evelyn. »Das sollte bewusst jeder sehen können, damit es nicht hieß, es hat sich jemand heimlich dazugeschrieben.«

»Eigentlich hätte ich gedacht, dass jemand den Gröning umbringt«, verriet uns Frau Meier-Schönlein. »Weil es nicht ganz okay war, dass er den Platz bekommen hat, obwohl die Schmidkunzens dran waren.«

»Weil er halt so alt ist. Und das mit dem Seeplatz gar nicht mehr erleben würde«, erklärte Evelyn.

Nonna hatte mit ihrer ordentlichsten Schrift eine Liste erstellt. Die obersten vier Namen waren bereits durchgestrichen: Steiner, Kormann, Lautenschlager und Phillip. Danach kam Schmidkunz. Und danach wiederum der Gröning, der ebenfalls durchgestrichen war. Dann standen da noch Friedrich, Schmitt, Hetzenegger und Kerscher.

Vorsichtig löste ich die Klebestreifen und überreichte dem Kommissar den schmuddeligen Zettel.

»Der nächste auf der Liste ist also die Familie Schmidkunz«, sagte der Kommissar.

»Ja. Sie hatten eigentlich ganz schön Glück«, äußerte sich Evelyn erneut. »Der Steiner ist letztes Jahr die Treppe hinuntergestürzt und gestorben. Der Kormann hatte irgendein schweres Leberleiden und musste mit dem Campen aufhören. Die Lautenschlagers haben aufgehört, weil er von einem Seespaziergang nicht mehr zurückgekommen ist.« Sie machte eine bedeutsame Pause.

»Drüben im Moor haben sie ihn dann gefunden. Angeblich ein Herzinfarkt, aber das hat ja keiner untersucht damals. Und die Phillips sind bei einem tragischen Verkehrsunfall ums Leben gekommen.«

Sie lehnte sich lasziv gegen den Tresen und strich sich die ohnehin hautengen Leggings über den Hüften glatt.

»Sehr tragisch. Ein Unfall mit Fahrerflucht.« Etwas beunruhigt kniff sie die Lippen aufeinander. »Wenn ich es nicht besser wüsste, würde ich auch sagen, dass es eine Todesliste ist.«

»Ach, hör doch auf«, sagte ich.

»Die Bezeichnung stammt von dir«, erklärte sie mir. »Gerade eben erst.«

»Das war ein Versehen«, erwiderte ich energisch. »Ich habe überhaupt nicht an so etwas gedacht.« Höchstens ein kleines bisschen. Ich wurde ein wenig rot, weil mich Jonas Schneider schon wieder etwas zu lange ansah.

»Aber die Leute sterben wie die Fliegen. Da liegt doch der Name ›Todesliste‹ total nah. Und der nächste auf dieser Liste ist der Schmidkunz. In dessen Haut will ich wirklich nicht stecken!«

Der Kommissar enthielt sich eines Kommentars – das schien eine Kernkompetenz von ihm zu sein – und ging mit der »Todesliste« wieder nach draußen in die Sonne.

»Das sieht ja jetzt ganz schlecht für die Schmidkunzens aus«, sagte Frau Meier-Schönlein mit leuchtenden Augen. Dann eilte sie nach draußen, wahrscheinlich, um den Tratsch zu verbreiten.

»Das ist kompletter Unsinn!«, rief ich ihr nach, aber sie drehte sich nicht mehr um. Die wollten doch wohl nicht ernsthaft behaupten, die Schmidkunzens hätten schon mehrere Leute gemeuchelt! Wenn ich Glück hatte, hatte sie es vergessen, bis sie den nächsten Camper traf!

»Ich bin wirklich froh, dass ich nicht auf dieser Liste

stehe«, erklärte Evelyn. »In dieser Ungewissheit möchte ich nicht leben. Jederzeit die nächste zu sein, die der Seeplatzkiller um die Ecke bringt … Wenn die Schmidkunzens nicht die Mörder sind, dann sind sie vielleicht die nächsten Opfer…«

»Es gibt keinen Seeplatzkiller«, maßregelte ich sie ärgerlich. »So toll ist der Platz vom Musch nun auch wieder nicht, er liegt genau gegenüber vom Chemie-Klo.« Das war nämlich auch direkt neben dem Abspülhäuschen.

Evelyn zuckte mit den Schultern. »Sag ich doch. Man hört die Waschmaschinen aus dem Häuschen, wenn sie schleudern, und wenn alle Enkel von den Meier-Schönleins da sind, dann wird es ganz schön laut. Die springen ständig vom Steg und schreien dabei. Das würde mich irre stören.« Sie sprach ein wenig lauter, ganz offensichtlich an den Kommissar gerichtet, der draußen vor der Tür stehen geblieben war und die Liste studierte. Ich schwieg und dachte über den Seeplatz-Killer nach. Der Kommissar hatte mir anvertraut, dass Musch das Gift mit dem Essen aufgenommen haben musste. Wenn er Weißwürste, Sekt und Schokolade gegessen hatte, musste also eines davon vergiftet gewesen sein. Vermutlich waren deswegen die Spritzen von Evelyn nicht so verdächtig. Mal abgesehen davon, dass dieses Nux vomica, das sie erwähnt hatte, nicht zum Spritzen angeboten wurde und auch nicht gegen Unruhezustände half. Aber sie konnte ihm ja auch etwas zu essen gemacht haben. Ich konnte mir nicht vorstellen, dass Evelyn dem Musch Weißwürste angeboten hatte.

»Was hat Musch eigentlich bei dir gegessen?«, wollte ich wissen.

»Um Gottes willen, gar nichts«, verneinte sie ärgerlich, beugte sich dann zu Milo und tätschelte ihm den

Kopf. »Nur wegen des Seeplatzes wirst du zum Waisenhundi! Schlimm!« Dann segelte sie nach draußen, und ich blieb mit dem Waisenhundi allein zurück.

Seufzend erinnerte ich mich daran, Klaus und Gruber anzurufen.

»Frau Spitzinger«, dröhnte es aus dem Telefonhörer. »Dann sehen wir mal, was wir für Sie machen können.«

»Ziegler«, verbesserte ich Herrn Gruber. »Und machen brauchen Sie nichts.« Ich malte ein paar Männchen auf den Kostenvoranschlag. »Ich werde Sie für Ihre Baupläne nämlich nicht beauftragen«

»Soso«, sagte er, während er den Geräuschen nach am Computer herumscrollte. »Aha. Hmhm.«

Was gab es da zu diskutieren? Todesliste, dachte ich im nächsten Moment. Meine Güte, ich hatte hier eine Todesliste an der Wand hängen!

»Wie ich hier sehe …«, sagte Herr Gruber, nachdem er sich wohl über den Stand der Dinge informiert hatte, hielt dann inne und erklärte: »Ihre Frau Großmama. Das war eine sehr feine Dame.«

Das wollte ich bezweifeln. Meistens war sie sehr laut. Und sehr gerne hatte sie Geschirr an die Wand geworfen, auch aus nichtigen Anlässen. Wie sie einen Campingplatz hatte leiten können, war mir auf gewisse Art ein Rätsel.

»Sie hat auch schon längst überwiesen, das kann ich Ihnen leider nicht zurückzahlen«, setzte er hinzu.

»Den ganzen Betrag?«, fragte ich fassungslos.

»Ja. So wie ich das sehe … ja.«

Das war doch komplett unüblich, vor der offiziellen Beauftragung nur auf Basis eines Kostenvoranschlags im Voraus zu bezahlen!

»Aber. Wir haben keinen Renovierungsbedarf. Da können Sie doch das Geld nicht einfach behalten.«

»Nein, das natürlich nicht«, sagte er mit liebenswürdiger Stimme. »In dem Fall würde ich Ihnen einen Gutschein über den entsprechenden Betrag ausstellen.«

»Einen Gutschein«, echote ich und sah den sechsstelligen Betrag auf einem riesigen Lappen Papier stehen. »Und was soll ich dann mit dem Gutschein anfangen?«

»Nun ja. Er gilt für alle möglichen Leistungen aus unserem Betrieb«, erklärte er freundlich.

»Und was sind das für Leistungen?«

»Wenn Sie ein Bad modernisieren wollen. Wir machen aus Ihrer schmucklosen Nasszelle einen Wellness-Palast.«

Bei dem Preis, den Nonna anscheinend schon entrichtet hatte, bestimmt. Da konnte man schon damit rechnen, dass ich in Zukunft nur noch vergoldete Kloschüsseln benutzte!

»Und außer Bädern«, wollte ich wissen. »Vielleicht eine Toilette?«

»Natürlich«, antwortete er, meine Ironie hatte er nicht verstanden.

»Wenn ich also Bedarf für hundert Klos habe, könnte ich diesen Gutschein einlösen.«

»Zum Beispiel.« Er lachte beipflichtend.

»Ich will mein Geld zurück«, sagte ich dumpf. »Ich will keine hundertzwanzig Toiletten. Und auch wenn ich ein Toilettenhäuschen bräuchte, würde ich nicht Ihre Firma damit beauftragen.«

Entsetztes Schweigen am anderen Ende der Leitung.

»Das Waschhaus, so wie Sie es konzipiert haben, würde eine einzige Katastrophe! Haben Sie die Fliesen ausgesucht? Allen Ernstes? Wie konnten Sie meiner Großmutter so etwas andrehen?«, fragte ich, und ich fand, dass ich noch ziemlich ruhig sprach. Also ich meine, dafür, dass es um senfgelbe Fliesen ging. »Ich will mein Geld zurück«, wiederholte ich. »Sobald das mit den Mordermittlungen vom Tisch ist, werde ich mir einen Rechtsanwalt nehmen. Sie wissen so gut wie ich, dass ich im Recht bin!«

Das erschrockene Schweigen am anderen Ende der Leitung hielt an. Ob wegen der Mordermittlungen oder wegen des Rechtsanwalts, wusste ich nicht.

»Ich lasse mir das nicht bieten!«, schrie ich ins Telefon und knallte den Hörer auf. Gott sei Dank hatte Nonna noch ein richtig altes Telefon mit Wählscheibe. Das war richtig befreiend.

Bevor ich durchatmen konnte, stürmte Frau Meier-Schönlein herein.

»Ich hätte eine Mitteilung für den Herrn Kommissar. Wissen Sie, wo er ist?«

»Nein«, sagte ich. Milo ging hinter mir in Deckung.

»Das Klo ist nämlich verstopft.«

»Das ist doch keine Sache für den Kommissar«, sagte ich verständnislos. Ich konnte doch nicht die Polizei verstopfte Klos reinigen lassen!

»Na, dann machen Sie das doch«, sagte sie spitz, und ich bereute, die Angelegenheit nicht dem Kommissar überlassen zu haben.

Nachdem ich das Toilettenhäuschen besichtigt hatte, war ich mir hundertprozentig sicher, diesen Campingplatz verkaufen zu wollen. Ich wollte mir nie wieder im Leben eine Toilette ansehen, die absichtlich verstopft worden war. Selbst Milo hatte sich dem Ganzen entzogen, indem er nur bis zum Toilettenhäuschen mitgeschlurft war und dann unauffällig so getan hatte, als wäre an der Konifere dringend etwas zu beschnuppern. Ich wünschte, ich hätte mich zu ihm gesellen können.

Nachdem ich eine Weile mit einem Pömpel und riesigen rosa Handschuhen mein Glück versuchte hatte – irgendein Idiot hatte Medikamentenschachteln ins Klo geworfen – musste ich einsehen, dass mir nichts anderes übrigblieb, als mit den Händen hineinzufassen und alles herauszuholen, was dort drin steckte. Ich stopfte das Zeug angewidert in einen großen Plastikbeutel. Wieso man das ins Klo werfen musste, war mir ein Rätsel. Es waren ganze Packungen, mit Beipackzettel und allem Drum und Dran, alles eingeweicht und labberig.

»Versteht das irgendjemand?«, fragte die Meier-Schönlein, die mir aufmerksam zusah, spitz. »Wer macht so etwas?«

Ich verkniff mir einen Kommentar. Zum Beispiel konnte ich mich gut daran erinnern, dass Nonna alles Mögliche verbrannt hatte, und das war auch nicht so ganz korrekt.

»Was war das eigentlich?«, erkundigte sie sich.

»Wollen Sie es sich genauer ansehen?«, fragte ich, und ihrem Blick nach zu schließen konnte sie mich gerade überhaupt nicht leiden. Evelyn, die kurz zuvor ebenfalls das Waschhäuschen betreten hatte, verdrehte die Augen.

»Man sollte schon nachkontrollieren, was das war!«, befand die Meier-Schönlein säuerlich.

»Jeder, den es interessiert, darf sich das gerne genauer ansehen«, nickte ich.

»Und das soll Mülltrennung sein!«, beschwerte sich Meier-Schönlein weiter.

»Die spießige alte Schachtel«, flüsterte mir Evelyn so laut zu, dass die spießige alte Schachtel zu einem längeren Diskurs über die Schönheit und Erhaltungswürdigkeit unseres Planeten anhob. Ich sah zu, dass ich weiterkam, murmelte etwas von »Klopapiervorräte kontrollieren« und verzupfte mich in den Nachbarraum.

»Mir ist das unglaublich wichtig. Ich denke da auch immer an meine Enkel«, hörte ich von dort den Meier-Schönlein spitz kommentieren. »Was du ja nicht nötig hast.«

»Gott sei Dank«, sagte Evelyn, »kann ich mich zum Scheißen einfach aufs Klo setzen und brauch an nichts Anderes denken als meine Verdauung.«

Ich wartete eine Weile in dem kleinen Kämmerchen, das randvoll mit Klopapier war – zählen musste ich da gar nichts. Aber ich gab den beiden einen gewaltigen Vorsprung, um nicht Partei ergreifen zu müssen. Leider war hier kein Mülleimer, um die schreckliche Tüte zu entsorgen. Während ich mich an die braune Fliesenwand lehnte, meinen Arm mit der Tüte weit von mir gestreckt, näherten sich draußen knirschend Schritte auf dem Kiesweg. Drei Männer begrüßten sich mit einem dumpfen Gebrummel und schienen sich dann nebeneinander ans Pissoir zu stellen.

»Einen Vorteil hat es ja, wenn der Musch tot ist«, erklärte der Meier-Schönlein gerade. »Solange die Polizei da ist, kann sie nicht verkaufen.«

»Die verkauft doch nicht.« Das war der Gröning.

»Natürlich verkauft die. Und ich kann dir auch sagen, an wen.«

Das hätte ich jetzt aber zu gern gewusst.

»Und ich kann dir sagen, was der als allererstes macht. Der kündigt uns allen.« Ah. Der Schmidkunz!

»Der kann uns nicht kündigen«, sagte der alte Gröning unglaublich laut. »Ich habe einen Vertrag auf Lebenszeit.«

Die beiden anderen lachten laut, als wäre das jetzt ein

guter Witz. Leider sagte mir keiner, an wen ich sicher verkaufen würde. Da würde ich mir nämlich jede Menge Arbeit sparen.

Das Gelächter verstummte abrupt, als man Evelyn draußen rufen hörte. »Sofia, wo steckst du denn?«

Mit erhobenem Haupt marschierte ich aus dem Waschhäuschen und warf Evelyn einen ungehaltenen Blick zu. Milo, der sich vor den Eingang des Häuschens gelegt hatte, stand bei meinem Anblick auf und schlurfte wieder hinter mir her. Irgendwie schien er mich als neue Bezugsperson anzusehen.

»Lass dich von dieser vertrockneten alten Hexe nicht fertig machen«, sagte Evelyn freundlich, und ich kam mir plötzlich blöd vor, dass ich sie in Verdacht hatte. »Sie hat einfach viel zu wenig Spaß am Leben. Kein Wunder. Ich meine, wenn ich mit Meier-Schönlein verheiratet wäre, hätte ich wahrscheinlich auch keinen Spaß.«

Das bezweifelte ich. Evelyn hatte wahrscheinlich immer und überall Spaß, und vermutlich würde sie auch Meier-Schönlein dazu bringen, Spaß zu haben.

»Weißt du, wer den Campingplatz unbedingt kaufen will?«, fragte ich noch.

»Campingplatz kaufen?«, wiederholte sie, als wäre ihr das vollkommen neu. »Nein. Keine Ahnung.«

Ich war mir ziemlich sicher, dass sie log.

Kapitel 10

»Was war denn jetzt in der Toilette?«, fragte Evelyn nach.

Ich hielt ihr die Tüte so hin, dass man den Inhalt sehen konnte. Mein vorrangiges Ziel war es, die Ermittlungen voranzutreiben. Es musste doch eine Möglichkeit geben, den Campern Informationen zu entlocken! Im Toilettenhäuschen konnte man anscheinend allerhand erfahren.

»Oh«, machte Evelyn und senkte die Stimme. »Wenn sich das mal nicht der Kommissar ansehen sollte. Sind da nicht Spritzen dabei?«

Ich schüttelte das Zeug auf den Platz vor dem Toilettenhäuschen und verteilte den Inhalt der Tüte mit spitzen, gummibehandschuhten Fingern auf dem Boden. Die Medikamentenpackungen waren L-Thyroxin 50, auf einer der Schachteln stand noch handschriftlich »1 x täglich 50«. Außerdem waren drei Spritzen dabei und noch eine leere Packung Dutasterid. Frau Meier-Schönlein blieb bei uns stehen und machte große Augen.

»Spritzen«, sagte Evelyn triumphierend. »Das ist des Rätsels Lösung. Ihm wurde Gift gespritzt.«

Aha. Sie musste es ja wissen!

»Wer nimmt Thyroxin?«, fragte ich in die Runde.

»Die Sylvia«, flüsterte die Meier-Schönlein. »Gegen Schilddrüsenunterfunktion. Und Dutasterid nimmt man, wenn man als Mann nicht mehr richtig bieseln kann.«

»Schmidkunz«, erklärte Evelyn mit lauter Stimme. »Das sieht ja jetzt echt schlecht für die beiden aus! Sie haben ein Motiv, und sie werfen Spritzen ins Klo.«

Ganz so einfach erschien mir die Sache nicht, aber das war jetzt egal, ich musste dringend den Kommissar darüber informieren. Evelyn und die Meier-Schönlein schworen mir, das unsägliche Zeug notfalls mit ihrem Leben zu verteidigen.

Mit klatschenden Flipflops rannte ich über den Campingplatz und sah, dass eine der Spurensicherungsdamen gerade aus dem Wohnwagen vom Musch kam. Musch hatte den Seeplatz Nr. 1 gehabt. Früher hatte ich hier auch manchmal gespielt, vor allem in dem kleinen angebauten Schuppen neben dem Geschirrspülhäuschen, in dem meine Nonna alles Mögliche aufgehoben hatte, was man in jedes Spiel integrieren konnte. Aus dem Häuschen trat gerade die zweite der Spurensicherungsdamen, sie hatte sich bestimmt die Hände geschrubbt. Das hätte ich auch gerne gleich noch einmal getan.

»Ist Herr Schneider da drin?«, wollte ich von ihr wissen und deutete auf den Wohnwagen.

»Ja.«

Perfekt. Dann konnte ich gleich auch einen Blick in den Wohnwagen vom Musch werfen!

Als die Wohnwagentür aufging, sah ich mehr, als mir lieb war. Es war absolut grauenhaft! Hatten die den gesamten Wohnwagen zerlegt? Es sah aus, als würde seine gesamte Wäsche auf dem Bett liegen, oben auf lagen noch drei Pizzakartons. Direkt im Eingang standen drei Flaschen Wein.

»Das waren wir nicht«, sagte der Kommissar entschuldigend.

»Hat da jemand den Wohnwagen durchwühlt?«, fragte ich kopfschüttelnd.

»Möglicherweise.« Er schien nicht überzeugt. Milo drängelte sich an mir vorbei und sprang in sein angestammtes Zuhause. Eilig folgte ich ihm und packte ihn am Halsband. Dabei stieß ich mit dem Kommissar zusammen, der beinahe ins Schwanken geriet.

»Tschuldigung«, stotterte ich und versuchte, so viele Details wie möglich in dem Wohnwagen zu sehen. Vielleicht fiel mir ja etwas auf, das ihm helfen würde!

»Oh je. Was für ein Geruch!«

Der Wohnwagen hätte auch in einer Dokumentation über Messies vorkommen können.

»Ich hab da was für Sie«, sagte ich, während mich der Kommissar zusammen mit Milo aus dem Wohnwagen schob. In der Tür stießen wir schon wieder zusammen. Ich wurde rot, er lächelte nur zuvorkommend. Etwas verlegen streifte ich die rosa Gummihandschuhe ab, die ich noch immer trug.

»Ich habe es nicht dabei, ich habe es … vor das Toilettenhäuschen gekippt.«

Sein Lächeln wurde etwas angestrengt

»Hat die Toilette verstopft«, sagte ich. »Und ich dachte, das könnte mit dem Mord zu tun haben.«

»Oh.« Sein Lächeln war verschwunden, und ich meinte, einen gewissen Ekel in seinen Augen zu sehen. »Ich komme sofort.«

Nachdem ich dem Kommissar den unappetitlichen Haufen gezeigt hatte, holte er die Spurensicherungsdamen und ließ das Zeug wieder in Tüten abfüllen. Ich verzog mich schleunigst wieder in Richtung Rezeption und lief als erstes hoch ins Badezimmer, um mich gründlich zu reinigen. Milo stand neben mir und hechelte. Während ich mir mit viel Rosenduschbad meine Hände schrubbte, kam Evelyn dazu.

»Ich glaube, wir müssen die Polizei unterstützen«, sagte Evelyn, als hätte sie eben meine Gedanken gelesen. »Jetzt verdächtigen sie bestimmt Sylvia und den Korbi. Das ist ja furchtbar!«

»Wieso das denn?«

»Sie sind diejenigen, die ein Motiv haben, den Seeplatz. Sie haben die Todesspritzen in der Toilette entsorgt …«

»Was in diesen Spritzen war, wissen wir doch gar nicht …«, wandte ich ein.

»Und sie kommt mit Milo gut klar«, fügte Evelyn hinzu. »Schließlich muss der Mörder auch noch Milo eine Leine angelegt haben und mit den Kleidern vom Musch hinunter zum See gegangen sein.«

Das war mir zum Beispiel immer noch ein Rätsel. Wieso ein Mörder das machen sollte. Vielleicht war Musch doch noch in der Nacht zum Baden gegangen und hatte seinen Hund mitgenommen. Und ihn dann mit der Kleidung am See vergessen.

»Ok. Dann wollen wir mal sehen, wie wir der Polizei helfen können.«

»Wie genau stellst du dir das vor?«, fragte ich, als wäre ich noch nie auf die Idee gekommen.

»Als erstes musst du in Muschs Wohnwagen nach Hinweisen suchen«, verriet mir Evelyn. »Die Polizei ist da drin ja komplett überfordert!«

»Ich? Ich werde garantiert nicht in den Wohnwagen einbrechen!«, sagte ich streng.

»Natürlich nicht einbrechen«, sagte Evelyn kopfschüttelnd. »Wir müssen Milos Sachen holen. Sein Fressnäpfchen, sein Fressi und sein Schlafkissen. Und dabei fällt unser Blick eben auf dies und das.«

Zweifelnd sah ich sie an.

»Schließlich bist du jetzt sein neues Frauchen.«

»Moment!«, protestierte ich energisch.

»Deine Nonna hätte das so gemacht«, behauptete Evelyn. »Sie hat Milo geliebt.« Milos Augen schienen ganz wässrig zu werden, und ein Spuckefaden segelte auf die Fliesen. »Sobald die Bullen weg sind, legen wir los!«

Kapitel 11

Das mit den »Bullen weg« verzögerte sich ziemlich, denn die Schmidkunzens wurden noch befragt. Anscheinend hatte der Kommissar ähnliche Rückschlüsse gezogen wie Evelyn. Jedenfalls konnten wir live mitbekommen, wie der Schmidkunz sehr erregt und hochrot aus der Vernehmung kam. Die Gesichtsfarbe passte überhaupt nicht zu seinem gelben T-Shirt mit den zusammenstoßenden Maßkrügen und der Aufschrift: *Kill Beer.*

Milo sprang auf und stellte sich wedelnd vor den Schmidkunz. Er konnte beide Schmidkunzens tatsächlich wahnsinnig gut leiden.

»Und?«, fragte Evelyn. »Gibt es was Neues?«

»Ich habe damit überhaupt nichts zu tun«, fauchte der Schmidkunz und ging einfach weiter.

»Habe ich auch nie behauptet!«, rief Evelyn ihm hinterher und schüttelte den Kopf. »Mann, ist der empfindlich!« Sie stupste mich an. »Den Wohnwagen von den Schmidkunzens müssen wir uns auch vornehmen …«

Am Nachmittag waren die Spurensicherungsdamen

schließlich fertig. Und auch der Kommissar verabschiedete sich von uns.

Die Meier-Schönlein gab ihm sogar die Hand sowie weitere Ermittlungstipps.

»Die Schmidkunzens waren ja wirklich extrem penetrant mit ihrem Seeplatz. Und dann hat Ihre Großmutter auch noch dem Gröning den frei werdenden Platz gegeben!«, sagte die Meier-Schönlein zu mir.

»Gemein«, erwiderte ich und sah zu, wie der Kommissar beherzt Gas gab, anscheinend froh, dem allgemeinen Getratsche entfliehen zu können.

»Sie hat gemeint, der stirbt sowieso bald. Aber solche Leute werden meistens hundert«, behauptete sie. »Und der Gröning stirbt sowieso hier am Platz, weil er in kein Altersheim gehen will.«

Damit drehte sie sich um und ging zu ihrem Wohnwagen. Ich hoffte, dass der Gröning mit seinen Sterbeplänen wartete, bis ich hier weg war.

»So, los geht's«, sagte Evelyn, die gerade aus dem Haus kam, und klatschte in die Hände. »Wir durchsuchen Muschs Wohnwagen.«

»Moment.«

Ich beeilte mich, ihr nachzukommen und sie noch einmal umzustimmen, aber sie blieb eisern dabei, dass nur so die arme Sylvia aus der Sache rauszuholen war. Ich hätte zu gern gewusst, weshalb sie plötzlich für Frau Schmidkunz derart große Sympathien hegte.

»Der Kommissar ist ein Wahnsinnkerl, aber mit Muschs Wohnwagen wäre jeder überfordert«, erklärte sie in vertraulichem Tonfall, während sie mit einem energischen Ratschen das polizeiliche Absperrband entfernte. Mist. Wie sollten wir das der Polizei erklären?

»Ich halte es nicht für sinnvoll, den Kommissar anzuflirten«, sagte ich, als Evelyn die Wohnwagentür hinter uns schloss und gerade weitere Lobeshymnen auf den Kommissar anstimmen wollte. Oh weia, roch es hier unappetitlich!

»Ach weißt du, es gibt nicht so viele tolle Männer hier. Das wirst du schon noch merken. Und wenn ich dir einen Tipp geben darf: Jüngere Männer sind nicht das Schlechteste. Besonders, wenn du mal im reiferen Alter bist.«

Sie kniete sich zielstrebig vor den Schrank und öffnete ihn. Der Geruch war bestialisch. Verweste da noch eine Leiche?

»Sex hält jung. Irgendwann trocknest du ein, nur weil du keinen Sex mehr hast.«

War es unhöflich, sich die Ohren zuzuhalten, während sie weitersprach? Im Schrank lag vollkommen zerknüllte Dreckwäsche, und alles roch nach schmutzigen Füßen. Da Evelyn sehr zielstrebig vorging, schien sie zu wissen, was sie tat.

»Mit dem Alex wäre ich allerdings etwas vorsichtig. Der vernascht eine Frau nach der anderen.«

»Auch dich?«, fragte ich spitz.

Statt zu antworten, warf sie mir einen Blick zu, der alles hätte bedeuten können. Dann zog sie einen Stapel Papierkram und ein Laptop heraus, direkt unter der dreckigen Wäsche. Pfui Teufel!

»Such du schon mal die Leine von Milo.«

»Die haben wir doch schon«, wandte ich ein und starrte mit angehaltenem Atem auf die Papiere.

»Dann eben sein Fressen.«

Ich drehte mich um und sah unter dem Bett nach, aber da lagen nur seltsame Flaschen, die Urin zu enthalten schienen. Vielleicht im Kühlschrank? Als ich mich umdrehte, bemerkte ich aus dem Augenwinkel, wie Evelyn gerade ein zusammengefaltetes Papier in der Hosentasche ihrer Jeans verschwinden ließ und dann so tat, als würde sie die Unterlagen vor ihr inspizieren.

»Sieh dir das an«, sagte sie, »er hat anscheinend geerbt.«

Inzwischen hatte ich das Gefühl, gleich zu kollabieren. Man konnte sich in diesem Gestank unmöglich länger als ein paar Minuten aufhalten, ohne ohnmächtig zu werden.

»Was hast du da gerade eingesteckt?«, fragte ich.

»Nichts«, behauptete sie. »Lass uns gehen. Das Wichtigste haben wir!«

Das ging ja schnell! Dass Musch seine wichtigen Dinge unter seiner Dreckwäsche aufhob, hätte sie ja auch dem Kommissar sagen können!

»Du hast gerade was eingesteckt«, beharrte ich, und seufzend holte sie einen zerknitterten Zettel heraus.

»21:45 bei mir«, stand darauf. Ich hob eine Augenbraue. »Und wieso lässt du das verschwinden? Weiß ja keiner, das der von dir ist.«

Sie zuckte mit den Schultern, und zerknüllte ihn wieder. »Hauptsache, wir haben das Testament«, behauptete sie.

Mit dem Testament unter dem Arm sowie dem Fressnapf und dem Fressen von Milo – das übrigens unter und nicht im Wohnwagen gewesen war – schlenderten wir zurück zur Rezeption, und ich meinte noch immer, bei jedem Schritt umkippen zu müssen.

»Vielleicht hat sich der Musch ja in seinem Wohnwagen vergiftet. Würde mich nicht wundern, allein die Urinflaschen unter seinem Bett«, spekulierte ich herum.

»Urinflaschen?«, fragte Evelyn kopfschüttelnd. »Das ist Hollersirup. Außerdem muss der Mörder doch in meinem Wohnmobil gewesen sein. Wer meinst du denn, hat die Kleidung vom Musch weggenommen?«

Woher sollte ich das wissen. Ich hatte schließlich geschlafen.

»Das Erbe einer Tante. Sie hat ihn als Alleinerben eingesetzt«, sagte Evelyn, die im Gehen das Dokument studierte. »Sein armer Bruder wird im Karree springen.« Nach einer kurzen Pause fügte sie hinzu: »Naja. Aber jetzt wird wohl der Bruder alles erben, insofern wird er wohl doch nicht im Karree springen.«

»Dann gibt es ja einen Verdächtigen!«, rief ich und blieb abrupt stehen.

»Der wohnt doch in Kiel«, sagte Evelyn kopfschüttelnd.

Bei Kiel hatte ich plötzlich ein unruhiges Gefühl, vielleicht weil ich an meinen Martin dachte und daran, dass Alex so nett war. Und der Kommissar …

Obwohl Evelyn der Meinung war, man müsse den armen Kommissar nicht wegen jeder Kleinigkeit herholen, rief ich trotzdem noch einmal bei der Polizei an und erzählte das mit dem Testament. Der Kommissar nahm mir das Versprechen ab, mich nicht von der Stelle zu bewegen und gefälligst nichts im Alleingang zu unternehmen. Ich versicherte ihm, artig zu sein und mich brav an die Rezeption zu setzen.

»Tut mir leid für dich«, sagte ich, nachdem Evelyn abwartend vor dem Tresen stehen blieb. »Ich meine, ihr habt euch schließlich geliebt …«

»Ach, Schätzchen«, seufzte sie, »danke. Aber es war nicht Liebe, sondern nur Sex.«

Um nicht einzutrocknen, wahrscheinlich. Mein Mitgefühl löste sich in Nichts auf.

»Aber das wollen sie ja alle«, seufzte sie. »Sex ist Männern eben unglaublich wichtig, das wird dir auch irgendwann einmal auffallen.«

Ja, vor allen Dingen mit jüngeren Frauen. Die Erfahrung hatte ich vor kurzem auch gemacht. Dabei bemerkte ich, dass ich, seit ich hier war, ganz unglaublich selten an Martin dachte. Eigentlich fühlte es sich so an, als wäre ich nie mit ihm verheiratet gewesen.

Nicht unbedingt ein schlechtes Gefühl ... Doch dann fiel mir ein, dass Martin mir bei Klaus und Gruber helfen könnte. Schließlich hatte er einen Rechtsberater!

»Ich warte hier auf den Kommissar«, sagte ich.

»Bestell uns noch was zu essen, ich spring unter die Dusche«, sagte sie, während sie sich umdrehte. »Und zwar keine Pizza. Die kann ich nicht mehr sehen.«

Ich starrte ihr hinterher und dachte an die Spritzen aus ihrem Kühlschrank, war mir plötzlich nicht mehr sicher, ob sie mir das richtige Papier aus Muschs Wohnwagen gezeigt hatte und natürlich an Nonnas Zettel, dass man Evelyn im Auge behalten musste. Dieses Stück Papier musste ich dringend suchen, denn bei aller Sympathie: Evelyn benahm sich ziemlich verdächtig!

Ich rief tatsächlich beim Vietnamesen an und bestellte Hühnerfleisch Gung Po scharf und Rindfleisch Suki-Yaki. Außerdem noch zwei Flaschen bayerisches Bier, das war zwar nicht klassisch vietnamesisch, aber ich brauchte jetzt etwas anderes als Wasser oder Wein. Als ich die Dusche im ersten Stock rauschen hörte, schlich ich mich aus der Rezeption ins Wohnhaus. Das war vielleicht nicht ganz das, was der Kommissar mit »nicht von der Stelle bewegen« gemeint hatte, aber wann sollte ich sonst suchen?

Im Badezimmer liefen das Radio und die Dusche, und ich bekam einen mittleren Schweißausbruch, als ich Evelyns Reisetasche so offen liegen sah. Das Papier musste in ihrer Jeans sein! Die Jeans lag schlampig hingeworfen über dem roten Sessel, und meine Hand schlüpfte in beide Taschen. Ich fischte das Papier heraus mit der Aufschrift: »21:45 bei mir«. Etwas enttäuscht steckte ich es wieder zurück.

Vorsichtig hob ich ein Kleidungsstück nach dem anderen aus dem Koffer, aber von Spritzen war nichts zu sehen. Auch die Geldschein-Rollen waren nicht da. Das Wasser in der Dusche ging aus, und ich sprang hastig auf und rannte aus dem Zimmer. Mein Herz hämmerte wie verrückt, als ich wieder in der Rezeption ankam. Verdammt! Nichts erreicht und fast einen Herzinfarkt erlitten!

Der Kühlschrank, fiel mir ein. Wahrscheinlich hatte sie alles in den Kühlschrank gelegt, so wie in ihrem Wohnmobil auch! Im nächsten Moment hörte ich das Auto des Kommissars draußen anhalten.

Als ich das Testament Jonas Schneider überreichte, war ziemlich viel Misstrauen in seinen Augen.

»Okay, wir haben uns hinreißen lassen«, erklärte ich. »Und eigentlich war es Evelyns Idee. Aber jetzt haben Sie wenigsten eine Spur. Außerdem musste ich den armen Hund füttern.«

Der arme Waisenhund saß neben mir und sah mich ziemlich intensiv an, wahrscheinlich, weil ich ihn noch nicht gefüttert hatte. »Das ist doch wichtiger, als so ein Absperrband der Polizei«, redete ich mich heraus.

Der Kommissar seufzte, sagte noch etwas von »bitte keine Alleingänge« und ging dann mit dem Testament vor die Rezeptionstür. Was eigentlich sinnlos war, weil ich es inzwischen schon dreimal gelesen hatte und ihm auch gleich hätte sagen können, dass der Musch Alleinerbe seiner Tante war. Der Kommissar setzte sich in Bewegung und ging langsam zu seinem Auto. Als er sich hineinsetzte, erinnerte ich mich wieder an den Vorsatz, meinen Noch-Ehemann Martin anzurufen. Auch wenn bei mir gleich wieder das Adrenalin hochkochte, wenn ich nur daran dachte, dass er behauptet hatte, er würde die Schlampe mit dem pinken String nicht lieben! Schließlich drückte ich auf dem Handy unsere Nummer und lauschte dem Tuten.

»Ziegler«, flötete eine Frauenstimme in den Hörer.

Mein Herz fing ganz wild zu klopfen an, und ich war nah dran, das Gespräch wegzudrücken. Doch ich riss mich am Riemen und sagte höflich: »Mit wem spreche ich gerade?«

»Mit Frau Ziegler«, flötete die Frauenstimme.

»Nein, SIE sprechen mit Frau Ziegler«, antwortete ich noch immer sehr freundlich.

»Oh«, machte das dumme Frauenzimmer am anderen Ende. »Sofia? Mist!«

Das »Sofia, Mist!« war anscheinend nicht an mich gerichtet gewesen. Danach hörte ich nur noch das Freizeichen, da ihr anscheinend vor Schreck der Daumen ausgerutscht war. Dumme Kuh! Milo stupste mich tröstend an. Vielleicht war es auch kein Trost, sondern seine Art, mir klarzumachen, dass er raus musste. Ich öffnete ihm die Tür, aber er blieb neben mir stehen, als würde er nur mit mir gemeinsam sein Geschäft verrichten. Dann klingelte mein Handy, und ich sah, dass mein Mann anrief.

»Na«, sagte ich. »Das war jetzt aber nicht die Nachbarin mit dem pinkfarbenen Slip.« Die erkannte ich nämlich an der Stimme.

»Das war die Putzfrau«, sagte er. »Schatz.«

Unsere Putzfrau war eine ältere Dame aus Kasachstan, die nach all den Jahren in Deutschland noch immer einen sehr starken Akzent hatte.

»Du hast eine neue Putzfrau?«, fragte ich mit meiner freundlichsten Stimme. »Ist Ellina krank geworden.«

»Ja«, sagte er kurz angebunden.

»Deine neue Putzfrau meldet sich mit Frau Ziegler?«, fragte ich mit interessierter Stimme nach. So ein Idiot! Es war direkt beleidigend, dass er sich keine anständige Ausrede einfallen ließ.

»Wo bist du gerade?«, wollte er wissen, statt auf meine Frage zu antworten.

»Camping am See«, erklärte ich und ließ meinen Blick über den stillen Campingplatz schweifen. Milo drückte mir seine Schnauze ans Knie und fiepte ein bisschen. »Das ist der Campingplatz, den ich von meiner Großmutter geerbt habe. Du weißt schon, die vor vier Wochen gestorben ist«, sagte ich freundlich, obwohl ich innerlich schäumte. »Es ist fantastisch hier. Das Wetter toll. Die Leute unglaublich nett.«

Manchmal wurden sie auch ermordet. Aber sonst, alles paletti. Jetzt hatte ich natürlich überhaupt keine Lust mehr, ihn um Rat zu bitten. Mich zu ersetzen war für ihn ja anscheinend das einfachste auf der Welt gewesen! Und da die mit dem pinkfarbenen Slip auch einen Ehemann zu Hause sitzen und von daher wenig Interesse daran hatte, jeden Tag mit Martin Händchen zu halten, hatte er sich eine Neue genommen. Sie hatte auch um einiges jünger geklungen.

Und dümmer, dachte ich böse.

»Das freut mich. Wann kommst du wieder nach Hause, Schatz? Das neue Projekt leidet ohne dich!«, fragte er. Hatte er mich jetzt allen Ernstes gefragt, wann ich nach Hause kam?

»Ich kann mir richtig vorstellen, dass ich länger hier bleibe. Vielleicht sogar für immer«, machte ich mit schwärmerischer Stimme weiter.

»Und ich?«, fragte er in bemitleidenswertem Tonfall.

»Bei dir scheint es ja auch bestens zu laufen. Freut

mich übrigens auch, dass du unsere Nachbarin gleich ersetzt hast«, stimmte ich zu. »Die war ein bisschen doof.«

Er antwortete nicht.

»Allerdings ist die jetzige wahrscheinlich auch nicht besonders helle. Ich meine, sich mit Frau Ziegler zu melden, ist doch wohl richtig blöd, oder?«

Damit beendete ich das Gespräch. Das mit Klaus und Gruber musste ich wohl oder übel alleine regeln. Milo stand noch immer vor mir und wedelte zaghaft mit seinem Schwanz.

»Schon gut«, sagte ich mürrisch. »Ich geh mit dir eine Runde.« Jedenfalls bis mein vietnamesisches Essen geliefert wurde.

Das Schwanzwedeln wurde stärker.

Kapitel 12

Der nächste Tag war noch heißer als der Vortag, und ich liebäugelte damit, endlich einmal schwimmen zu gehen. Kurzentschlossen zog ich mir nach dem Semmelverkauf meinen roten Bikini an und wickelte mich in ein uraltes Badehandtuch von Nonna. Ich schlenderte über den Platz, plötzlich von großem Wohlwollen erfüllt.

Es löste sich umgehend in Luft auf, als mich die Meier-Schönlein aufhielt. »Ich verstehe nicht, wieso die Schmidkunz nicht schon lange verhaftet ist!«, keifte sie. »Ich meine, wer muss noch alles umgebracht werden, bis die Polizei endlich reagiert!«

»Frau Schmidkunz ist bestimmt keine Mörderin«, sagte ich und versuchte mich an Frau Meier-Schönlein vorbeizuschieben.

»Alles deutet darauf hin! Sie hatte ein Motiv, den Seeplatz! Die Spritzen mit dem Gift hat sie mit ihren Medikamenten ins Klo geworfen! Und dann ist sie auch noch die einzige, die den Hund aus dem Wohnwagen geholt haben kann. Kein anderer will diesen Köter anfassen!«

Ich öffnete den Mund und schloss ihn wieder. Es stimmte, dass Milo Frau Schmidkunz ziemlich ins Herz geschlossen hatte. Weil sie ihm immer Leckerli zusteckte. Beschwichtigend nickte ich. Bevor ich Anlauf holen konnte, etwas zu sagen, stand auch schon Evelyn neben mir. »Wir reden noch einmal mit dem Kommissar«, erklärte diese bestimmt, was die Meier-Schönlein dazu brachte, beruhigt ihres Weges zu ziehen.

»Danke«, sagte ich erleichtert zu Evelyn.

»Bitte.« Evelyn ging neben mir Richtung See.

Bei Schmidkunzens Wohnwagen blieb sie stehen. Dort war der Frühstückstisch schon gedeckt, aber der Platz war verwaist.

»Sind beim Schwimmen«, sagte Evelyn und kniff die Augen zusammen. »Ich glaube, da strömt Gas aus. Du musst ganz schnell hinein und das Gas ausdrehen. Ich stehe Wache.«

Ich sah sie verständnislos an.

»Naja. Wir sagen, dass du das Gas kontrolliert hast. In Wirklichkeit siehst du dich nach Indizien um.«

»Du spinnst ja«, sagte ich ärgerlich. »Das kannst du selber machen.«

»Wer will denn schleunigst den Platz verkaufen?«, sagte sie. »Außerdem kann ich die Leute viel besser ablenken als du.«

»Ich dachte, du findest Frau Schmidkunz unverdächtig?«, hakte ich nach.

»Vorstellen kann ich es mir nicht. Aber manchmal passieren unvorstellbare Dinge! Los!«, zischte Evelyn. »Die Luft ist rein!«

Ich wickelte mich enger in das Badetuch. Das war nicht okay, in den Wohnwagen einzudringen. Aber vielleicht roch es doch ein klein wenig nach Gas?

Der Wohnwagen der Schmidkunzens war super ordentlich und minimalistisch eingerichtet. Ich hatte keine Ahnung, nach was ich Ausschau halten sollte. Jedenfalls strömte nirgendwo Gas aus. Auf dem Tisch lagen zwei Bücher – von Uwe Timm »Ikarien«, mit dem Buch hatte ich Frau Schmidkunz schon gesehen, und »Pest und Cholera« von Deville. Auf dem Küchenblock lehnte ein Brief an einem Weckglas mit rot-weiß getupfter Schleife. Der Brief ragte aus dem Umschlag, und man konnte den halben Brief lesen. »Camping Steglmaier« stand oben auf. So hieß der Nachbarcampingplatz! Als ich den Brief nahm, sah ich aus dem Augenwinkel etwas auf dem Boden liegen.

Bevor ich las, beugte ich mich hinunter und entdeckte tatsächlich etwas! Ein Zettel war unter das perfekt gemachte Bett gerutscht! Begeistert ging ich in die Hocke und holte ihn hervor.

»Sex nach einer Bandscheibenoperation«, stand groß darauf.

»Wir haben einige Positionen zusammengestellt, die rückenschonend angewandt werden können, ohne dem Partner Schmerzen zu bereiten.« Danach waren einige Skizzen von Sexstellungen gezeichnet.

»Hallo?«, sagte eine tiefe Stimme hinter mir. Ich stieß einen erschrockenen Schrei aus und fiel um. Dabei rutschte mir das Handtuch herunter, und ich steckte nur noch im Bikini zwischen Bett und Küchenblock. Mist! Jetzt hatte mich der Kommissar erwischt! Wollte Evelyn nicht Schmiere stehen?

»Was tun Sie da?«, fragte er und nahm mir das Blatt mit den Sexstellungen ab. Ich meinte, im Erdboden versinken zu müssen!

»Ich kontrolliere das Gas«, brachte ich hervor und wickelte mich wieder sehr eng in mein Tuch.

Er hob eine Augenbraue und sagte kopfschüttelnd: »Sie sollten nicht herumschnüffeln. Das bringt doch nichts.«

»Naja, das Testament hat Ihnen schon etwas gebracht«, wandte ich ein. Er gab mir mit gerunzelter Stirn das Sexstellungsblatt zurück und entzifferte dann mit schief gelegtem Kopf, was auf dem Zettel stand, den ich noch in der Hand hielt.

»Bewilligung eines Seeplatzes«, sagte er.

Jetzt las auch ich, was Camping Steglmaier geschrieben hatte. Anscheinend hatten die Schmidkunzens für die nächste Saison einen Seeplatz beim Steglmaier bewilligt bekommen!

»Dann mussten sie ja hier gar keinen umbringen«, schlussfolgerte ich zerknirscht.

Der Kommissar lachte.

»Das hätten die beiden ja viel früher schon erzählen können!«, erklärte ich empört. Dann hätte ich mich gar nicht so ins Zeug legen müssen.

»Das haben die beiden mir bereits erzählt. Außerdem waren sie am Tag des Mordes auf einer Hochzeit eingeladen und sind erst um halb sechs in der Früh zurückgekommen«, weihte mich der Kommissar in seine Ermittlungsergebnisse ein und warf mir einen knurrigen Blick zu. »Keine privaten Schnüffeleien mehr!«

Gott sei Dank erwischten uns die Schmidkunzens nicht. Evelyn hatte sich schon verzupft, und ich beschloss, ihr später die Meinung zu geigen. Auf dem Asphaltweg trennten sich unsere Wege. Ich tat, als wäre nichts gewesen, und ging zum See hinunter, und der Kommissar stiefelte Richtung Rezeption. Beim See begegneten mir die Schmidkunzens, die mich freundlich grüßten. Ich schämte mich ziemlich und beschloss, mich an den Ratschlag des Kommissars zu halten. Doch gerade, als ich meinen Fuß ins kalte Wasser stecken wollte, fiel es mir wie Schuppen von den Augen.

Das Weckglas, an dem der Brief gelehnt hatte! Das Weckglas mit den Pralinen! Ein ähnliches hatte Evelyn in ihrem Wohnwagen in den Schrank gestellt, als sie nach dem Leichenfund noch aufgeräumt hatte! Pralinen! Pralinen waren Schokolade, und ... ich wickelte mich wieder in mein Handtuch und rannte mit klatschenden Flip-Flops zum Campingplatz hinauf.

Nachdem ich dem Kommissar meine Ermittlungsergebnisse mitgeteilt hatte, suchte er das Glas, während ich mir ein T-Shirt und eine kurze Hose anzog. Vom Fenster aus sah ich, wie der Kommissar aus Evelyns Wohnmobil kam, das große Weckglas in der Hand. Eilig lief ich die Treppe hinunter zur Rezeption, wo ich auf Evelyn traf. Auch sie hatte sich schon wieder umgezogen. Jetzt trug sie zu einer hautengen metallisch schimmernden Leggings ein leopardengemustertes, ebenso hautenges Oberteil – vermutlich, um mit dem Muster ihre Rollen um die Leibesmitte zu tarnen.

»Ich war eben in Ihrem Wohnmobil«, sagte der Kommissar einführend, als er durch die Tür trat und das Glas auf dem Tresen abstellte. Evelyn unterbrach ihn mit großen Augen: »Ach Gottchen. Meine Pralinen.«

An dem Glas hing nämlich ein kleiner Zettel mit dem Aufdruck *Camping am See,* auf dem in ordentlicher, aber zackiger Schrift stand: *Alles Liebe! Für Evelyn.* Ich wollte nicht wetten, aber ich war mir fast sicher, dass das Nonna geschrieben hatte. In dem Weckglas befanden sich runde Pralinen.

»Dieses Glas«, flötete sie. »Das hat jeder von uns bekommen. Von der Großmutter unserer lieben Sofia hier. Ihr Geschenk zum Saison-Start. Eine kleine Aufmerksamkeit für uns Dauergäste.«

»Haben Sie die gegessen?«

»Nein. Nein, habe ich nicht.« Theatralisch holte sie Atem und zog dabei ein wenig ihren Bauch ein. »Wissen Sie, ich mache gerade eine kohlenhydratreduzierte Diät, da ist Schokolade ganz schlecht für mich ... Keine Sorge, Schätzchen,« sagte sie am mich gerichtet. »Das habe ich deiner Großmutter natürlich nicht gesagt. Ich habe mich bedankt. Mich gefreut. Obwohl ich damals schon eine Diät gemacht habe.« Sie holte tief Luft.

Der Kommissar nahm einen Beutel und verstaute das Geschenk meiner Großmutter darin.

»Sie hat sich so viel Mühe gemacht mit ihren Campern. Sogar an Weihnachten hat sie uns immer etwas geschenkt. Etwas Selbstgemachtes.«

»Das kann ich mir nicht vorstellen!«, rief ich, aber natürlich meinte ich damit, dass ich nicht glauben konnte, dass Nonna giftige Pralinen verschenkt haben sollte! Schließlich hatte Evelyn auch noch Sekt mit dem Musch getrunken. Und ihm vielleicht sogar Weißwürste angeboten.

»Doch. Eine schöne Tradition, die solltest du weiterführen. Letzte Weihnachten hat sie Stollenkonfekt gemacht.«

Einen Teufel würde ich tun und Stollenkonfekt für die Camper hier backen! Sobald die Ermittlungen vorbei waren, würde ich die Biege machen, so schnell konnte keiner auch nur »verkauft« schreien. Spätestens morgen würde ich herausbekommen, wer der ominöse Interessent für diesen Campingplatz war!

»Ich halte es für unwahrscheinlich, dass ich jemals Pralinen machen werde«, stellte ich klar. »Ich glaube auch nicht, dass auf diesem Campingplatz irgendjemand noch Pralinen geschenkt bekommen möchte, sollte sich herausstellen, dass sie tatsächlich vergiftet waren.«

»Ja. Damit könntest du Recht haben. Vielleicht wäre

ein Obstler für die Herren und ein Fläschchen Ramazzotti für die Damen ein geeigneteres Geschenk.«

Kapitel 13

Schon am nächsten Tag hatte sich der Verdacht bestätigt.

»Gift. In meinen Pralinen!«, sagte Evelyn mit dumpfer Stimme.

Wir standen beide im Wohnzimmer am Fenster und sahen hinunter auf den Vorplatz, wo normalerweise die neu angekommenen Camper mit ihren Gespannen anhielten, um sich bei der Rezeption zu melden. Hier standen momentan der Gröning, die Meier-Schönleins und die Schmidkunzens beisammen und diskutierten mit dem Kommissar. In dem Glas von Schmidkunzens befanden sich noch zwei Pralinen, das konnte man von hier aus sehen. Anscheinend hatte der Kommissar sie gebeten, ihre Geschenke zu suchen. Gröning hatte seine Pralinen schon aufgegessen. Ein paar der Campinggäste hatten sich mit etwas Abstand aufgestellt und schienen beunruhigt zu sein.

»Wieso um alles in der Welt will mich jemand umbringen?«, grübelte Evelyn.

»Vielleicht will dich ja überhaupt niemand umbringen«, wandte ich ein.

»Alle anderen Pralinen waren vollkommen in Ordnung«, sagte sie böse.

»Das weiß man doch noch gar nicht.« Schließlich hatte der Kommissar eben erst die Gläser eingesammelt.

»Also, die, die zum Saisonstart hier waren, haben die Pralinen bestimmt schon gegessen. Ewig halten die ja auch nicht! Und so wie ich den Musch kenne, hatte der schon längst alle gegessen.«

»Hm«, machte ich nur. Was für ein Witz, dass man nicht an den eigenen Pralinen starb, sondern an denen der Nachbarin!

Sie machte eine Pause und fuhr dann fort: »Und das, wo ich hier die netteste Camperin bin. Allseits beliebt.«

Nach den Blicken der weiblichen Camper zu schließen, war das nicht ganz der Fall.

»Und dann auch noch die, die am besten im Bett ist.«

Ich öffnete den Mund und schloss ihn wieder. Das schien sich zu meiner Standardreaktion auf Evelyns Kommentare zu entwickeln. Allerdings konnte ich mir ebenfalls nicht vorstellen, wer Interesse daran haben sollte, Evelyn umzubringen.

»Deine Nonna hat mir Giftpralinen geschenkt«, seufzte sie.

»Du willst doch nicht sagen, dass meine Nonna dich vergiften wollte?«, fragte ich beleidigt nach.

»Natürlich nicht«, beeilte sie sich zu versichern. »Aber ich bin heilfroh, dass ich eine Low-Carb-Diät mache.«

Aber auch bei mir blieb ein ungutes Gefühl. Nonna hatte ihr das Glas persönlich überreicht. Auf dem kleinen Geschenkband stand auch »für Evelyn«. Es war also nicht das Geschenk für Meier-Schönleins gewesen, oder das für die Schmidkunzens oder den Musch. Das war kein Versehen gewesen, sondern jeder wusste, dass das Glas für Evelyn gedacht war.

Hinter den geschlossenen Fenstern konnte man natürlich nicht hören, worüber sich die Camper mit ihren Pralinengläsern gerade unterhielten, aber ich konnte mir das sehr gut vorstellen.

»Die meinen also, Nonna hatte einen großangelegten Mordplan und wollte die gesamten Dauercamper vernichten?«

»Nicht alle«, sagte Evelyn. »Ich bin fest davon überzeugt, dass sie nicht alle umbringen wollte.«

»Was meinst du mit ›nicht alle‹? Doch wohl nicht, dass sie tatsächlich mehrere Leute ermorden wollte?« Ich hatte plötzlich so ein nerviges Summen im Kopf. Das durfte doch alles nicht wahr sein! Nonna war keine Mörderin! Nonna war die netteste Person unter Gottes Sonne. Okay, sie konnte sehr gut ihre Interessen durchsetzen, aber doch nicht mit Mord!

»Natürlich nicht«, beeilte sich Evelyn zu versichern. »Allerdings, bei Meier-Schönleins könnte ich mir das gut vorstellen, die nerven ja schon ewig rum. Aber wieso sie mich hätte umbringen wollen …«

»Jetzt bleib doch mal ernst.«

Sie schwieg. Anscheinend war das ernst gemeint gewesen.

»Die Meier-Schönlein hat sich in den letzten Jahren ziemlich verändert«, sagte sie schließlich. »Früher war sie so ein ruhiger Mensch. Und jetzt wird sie manchmal richtig … ätzend. Fängt zu schreien an, droht mit dem Anwalt. Im nächsten Moment ist wieder alles vergessen, und sie ist richtig nett.« Sie machte eine Pause. »Aber deine Großmutter hat sich mit ihr ziemlich gut verstanden. Deswegen glaube ich nicht, dass sie die Meier-Schönlein umbringen wollte.«

Da ich mich ausgerechnet an die Meier-Schönlein als einzige erinnerte, wusste ich, dass meine Nonna ziemlich angenervt gewesen war von dem »süßlichen Getue«, wie sie es nannte. Und ihr gerne aus dem Weg ging.

»Außerdem war es ja in deinen Pralinen, und nicht in denen von Meier-Schönleins«, erinnerte ich sie. »Vielleicht war es ein Versehen.«

Wir sahen weiter auf die Camper hinunter, die noch immer wild durcheinander diskutierten. Herr Meier-Schönlein hatte sich so heiß geredet, dass er einen roten Kopf hatte.

»Er war Lehrer«, erklärte Evelyn seine Sprachgewalt. »Er verwendet mehr Fremdwörter, als gut für ihn ist.«

»Und was war sie?«

»Sie war seine Stütze. Sie hat ihm immer den Rücken frei gehalten«, sagte Evelyn und imitierte damit eindeutig Frau Meier-Schönlein persönlich.

Das war mir alles egal. Hauptsache, der Fall war bald gelöst, die Polizei weg, und ich konnte verkaufen. Die Vorstellung, dass ich hier noch in hundert Jahren herumsitzen würde und das Grundstück nicht los wurde, setzte so viel Energie in mir frei, dass ich gleich ein paar gute Ideen hatte, wie ich die Ermittlungen beschleunigen konnte. Das Toilettenhäuschen schien ja gerade bei den Männern ein Treffpunkt für Informationsaustausch zu sein. Da würde ich ihnen auflauern! Außerdem konnte ich jederzeit alle Camper in unverfängliche Gespräche verwickeln. Da würde der Mord bestimmt ruckizucki geklärt sein!

»Apropos Stütze. Du musst jetzt zu ihnen gehen und ihnen eine Stütze sein«, behauptete Evelyn. »Deine Großmutter hätte das gemacht.«

»Meine Großmutter würde das Fenster aufmachen und Schimpfwörter hinunter schreien«, sagte ich, weil ich mir nicht vorstellen konnte, dass sie salbungsvolle Worte für ihre Camper gefunden hätte.

»Das kannst du halten wie du willst«, erwiderte Evelyn mit einem Achselzucken.

»Und du?«, fragte ich, als sie Richtung Badezimmer ging, wo sie wohl keine salbungsvollen Worte zu suchen gedachte.

»Ich lasse mir ein schönes Schaumbad ein«, sagte sie. »Das brauche ich jetzt. Da sieht man mal wieder, wie gesund eine kohlenhydratarme Diät ist. Ohne diese Diät wäre ich schon längst tot!«

Ich verdrehte die Augen und lief die Treppe hinunter. Vor der Tür holte ich noch einmal tief Luft, dann trat ich ins Freie. Die Camper schienen auf diesen Moment nur gewartet zu haben.

»Wird sie jetzt festgenommen?«, wollte Frau Meier-Schönlein sofort wissen und versuchte eine traurige Miene zu machen, was ihr nicht recht gelang. Es sah eher aus, als würde sie sich richtig freuen.

»Wer?«, fragte ich unschuldig.

»Evelyn Kaminski.«

»Und wieso?«

»Naja, wegen der Pralinen, die sie vergiftet hat.«

Kein Mensch wusste, wer diese Pralinen vergiftet hatte. Die Hauptverdächtige war Nonna – so wie es gerade aussah. Aber die konnte uns dazu nichts mehr sagen.

»Wir sollten versuchen, ruhig zu bleiben«, sagte ich und versuchte mich daran zu erinnern, was ein Bundespräsident in meiner Lage zum Volk gesagt hätte. »Ich stehe jetzt vor Ihnen als die Campingplatzbesitzerin, aber auch als ein Mitmensch, der sich genauso traurig fühlt wie Sie. Denn den Schmerz, einen geliebten Menschen verloren zu haben, kann man nicht einfach wegwischen, die Lücke die Musch hinterlassen hat, kann niemand schließen …«

Die Camper sahen mich mit offenem Mund an. Vielleicht hatte ich den Ton doch nicht ganz getroffen. Schließlich wusste ich nicht, ob irgendjemand den armen Musch überhaupt vermissen würde.

»Genau wie Sie frage ich mich: Was kommt jetzt noch auf uns zu? Aber wir sind eine Gemeinschaft, das sollten wir nicht vergessen! Menschen, die mitfühlen, zuhören, füreinander da sind. So werden wir jetzt die nächsten Tage bewältigen. Einen Tag nach dem anderen.«

Das Getuschel hatte aufgehört, und Frau Meier-Schönlein die Hand ihres Mannes erfasst. Plötzlich standen ihr Tränen in den Augen. Vielleicht war es doch gut gewesen, etwas zu sagen. Die Aufregung schien in sich zusammenzufallen.

»So eine Tat lässt uns fassungslos zurück«, machte ich weiter. Ich war eine richtig gute Texterin, vor allen Dingen unter Druck. »Wir erschrecken davor, was Menschen anderen Menschen antun können, nicht irgendwo, weit weg, sondern hier, direkt bei uns …«

Die Blicke der Camper glitten hinunter zum Platz Nummer 1, auf dem seit Jahren der Wohnwagen vom Musch stand.

»Es ist verständlich, wenn wir jetzt alle Angst davor haben, was noch auf uns zukommt. Aber ich weiß, dass die Polizei alles tun wird, um diesen Fall schnell aufzuklären und uns wieder die Sicherheit zurückzugeben, die wir für ein friedliches Miteinander so dringend brauchen …« Hatte ich eben friedliches Miteinander gesagt?

Aber Meier-Schönlein nickte wohlwollend, und das war schon viel wert. Ich sah bereits in Gedanken vor mir, wie er sein Notenheft hervorkramte und mir eine Bewertung gab für Vortrag und Stil.

»Wir sollten nicht vergessen, dass wir eine starke Gemeinschaft sind und dass wir auch diese schwere Situation meistern können, wenn wir zusammenhalten.«

Ein Buchfink flötete in meine kleine Rede hinein, und ich fühlte plötzlich, dass meine Knie zitterten, obwohl alle ganz brav zuhörten und kein Gezischel aus den letzten Reihen kam. Die Tagesgäste hatten sich mit einigem Sicherheitsabstand zu mir versammelt und sahen mich mit riesengroßen Augen an.

»Ich würde sagen, wir versuchen wieder Normalität in unseren Alltag zu bringen. Auch wenn die Polizei hier noch arbeitet.« Ich nickte dem Kommissar zu.

»Was hat das Mädel gesagt?«, wollte der Gröning wissen, nachdem es ein paar Sekunden ganz still gewesen war.

Während die Camper ihre Weckgläser bei der Spurensicherungstante abgaben, blieb der Kommissar bei mir stehen. Auch Frau Schmidkunz hatte Tränen in den Augen, als sie mir heftig die Hand schüttelte. »Das haben Sie wirklich schön gesagt. Das gibt mir wieder Mut und Hoffnung.«

Ich nickte hilflos.

»Das war eine schöne Ansprache«, sagte Jonas Schneider freundlich.

»Ja. Ich könnte Bundespräsidentin werden in meinem nächsten Leben«, sagte ich und tätschelte Milo den Kopf, den er während der Rede an mein Knie gedrückt hatte.

Jonas Schneider lachte und schlenderte neben mir her, während ich zurück zur Rezeption ging.

»Haben Sie noch weitere Gläser mit Pralinen?«, fragte er beiläufig.

»Sie meinen Gift-Pralinen?«, wollte ich wissen. Was dachte der Kerl eigentlich von mir?

»Es könnten doch noch mehr Geschenke da sein«, sagte er freundlich, obwohl ich ziemlich giftig geklungen hatte. »Es waren doch noch nicht alle Dauercamper hier. Vielleicht hatte Ihre Großmutter das eine oder andere Präsent schon vorbereitet?«

Jonas Schneider hatte Recht. Großmutter hatte bestimmt alle Pralinen auf einmal gemacht, und das bedeutete, dass vielleicht irgendwo in der Wohnung oder in der Rezeption noch weitere Gift-Pralinen herumstanden.

»Ich suche die anderen Mörderpralinen«, versprach ich. »Jetzt sofort.«

»Danke«, antwortete er freundlich und ging neben mir her Richtung Rezeption. »Die anderen Pralinen müssen ja nicht zwingend vergiftet sein.«

Hoffentlich! Da der Kommissar beharrlich an meiner Seite blieb, wollte er mir offensichtlich beim Suchen zusehen.

»Tut mir leid, dass ich keine richtige Hilfe bin«, sagte ich, während ich die Tür zur Rezeption aufdrückte.

»Kein Problem.«

Für ihn vielleicht nicht. Aber für mich. Ich ging hinter dem Tresen in die Hocke und öffnete die kleinen Türchen, die auf der Rückseite angebracht waren. Nein, ich schämte mich natürlich nicht für die Unordnung, die meine Großmutter hinterlassen hatte. Ich staunte, was Nonna alles aufgehoben hatte. Einen kleinen getrockneten Rosenstrauß. Eine Dose mit Bonbons. Staublappen und Geschirrtücher. »Der Pestpfarrer von Annaberg« und »Fifty Shades Of Grey«. Vielleicht wollte sie Letzteres Evelyn schenken. Aber so zerfleddert wie das Buch aussah, konnte es auch sein, dass sie es selbst gelesen hatte. Ich ging auf die Knie, um das unterste Fach zu durchsuchen. Milo schmiss sich neben mir auf den Boden, drehte sich auf den Rücken und drückte mir eine Vorderpfote in den Bauch. Da wollte wohl jemand gestreichelt werden. Ein kleiner Zettel flatterte heraus, auf dem »Amazon12345« stand. Sah ein wenig aus wie ein Passwort, und ich legte es neben die Computertastatur. Ganz links in dem Fach lag ein in rotes Geschenkpapier verpacktes Geschenk, das mit »Sofia« beschriftet war.

Nonna hatte mir schon ein Geburtstagsgeschenk besorgt! Ich konnte plötzlich die Tränen nicht zurückhalten.

»Alles in Ordnung?«, fragte Jonas Schneider besorgt. Er schien kurz davor zu sein, mir die Hand auf die Schulter zu legen.

»Ja. Alles klar«, schniefte ich und legte das Geschenk auch neben die Computertastatur. »Mein Geburtstagsgeschenk.«

Inzwischen hatte sich Jonas Schneider neben mich gekniet, und ich kam mir komplett bescheuert vor.

»Schon gut«, wehrte ich ab. »Nicht weiter tragisch.«

Er sagte nichts dazu, und ich fuhr damit fort, weitere Dinge aus dem untersten Fach zu holen. Mit einem Ächzen drehte sich Milo zurück auf den Bauch und drückte mir seinen riesigen Kopf auf den Oberschenkel. Bestimmt war das als Trost gedacht, aber ich konnte richtig spüren, wie sein Sabber meine Hose durchweichte.

»Was ist nicht tragisch? Wie sehr sie für dich vorgesorgt hat«, wollte Evelyn wissen und stützte sich oben auf dem Tresen ab, um auf uns hinunterzusehen. Sie roch nach Pfirsich-Duschbad, ihre roten Haare umwehten fluffig ihren Kopf, und sie war frisch geschminkt.

Gut, dass der Kommissar neben mir auf dem Boden kniete, das half mir dabei, mich zusammenzureißen. Wenn ich alleine gewesen wäre, hätte ich vermutlich geheult wie ein Schlosshund. Stattdessen räumte ich geschäftig die alten Briefumschläge und Kartons heraus, die meine Großmutter im untersten Fach gehortet hatte. Außerdem noch einige Stapel mit Prospekten, der oberste war von Klaus und Gruber, diesen elenden Nulpen.

»Die Pralinen hat Ihre Großmutter also kurz vor ihrem Tod gemacht?«, fragte der Kommissar.

»Keine Ahnung«, musste ich zugeben.

»Wahrscheinlich«, sagte Evelyn von oben. »Soviel ich weiß, hat sie das aber nicht mehr ganz alleine gemacht. Wir hatten zwar im letzten Sommer ewig herumdiskutiert, welche Pralinen geeignet wären, um sie länger aufheben zu können. Aber hergestellt hat sie die Pralinen ja erst im Februar, und da war sie körperlich nicht mehr so fit. Da hat ihr jemand geholfen.«

»Wer?«, fragten Jonas Schneider und ich gleichzeitig.

»Weiß ich nicht. Ich war's auf jedenfalls nicht«, sagte sie, »ich stell mich ungerne in die Küche.«

Das war mir überhaupt noch nicht aufgefallen.

»Eine Camperin?«, fragte der Kommissar.

Man merkte Evelyn an, dass sie gerade überlegte. Vermutlich wollte sie niemanden reinreiten.

»Sie meinen, diese Camperin könnte es auf mich abgesehen haben?«

»Nein. Das meine ich nicht.«

»Die Männer können wir schon einmal ausschließen«, sagte Evelyn nachdenklich. »Und soviel ich weiß, hat sie die Pralinen schon im Februar gemacht – schließlich waren es die Pralinen für diese Saison. Da ging es ihr ja nicht so gut. Sie war damals mit der Meier-Schönlein beim Einkaufen, das weiß ich sicher. Sie hat sie mitgenommen. Aber wie das mit dem Helfen bei der Pralinenherstellung war …«

Wir sahen sie beide gespannt an. Beim Nachdenken schloss sie die Augen, und plötzlich sah sie doppelt so alt aus. Wie eine in die Jahre gekommene, vollkommen überschminkte Frau, die jugendlich wirken wollte. Auch das brachte mich beinahe zum Heulen, obwohl es mir natürlich komplett egal sein konnte, ob sie sich zu stark schminkte oder nicht.

»Weiß ich leider nicht mehr«, gab Evelyn zu.

Während der Kommissar weitersuchte, packte ich das Geschenk meiner Nonna aus, obwohl ich noch nicht Geburtstag hatte. Mir brannten schon die Tränen in den Augen. Aber als ich sah, dass es das Buch »Management für Dummies« war, trockneten sie sofort. Dann wurde der Kommissar endlich fündig. Hinter den Stapeln mit Prospekten standen weitere Gläser mit Pralinen.

»Okay. Nicht anfassen«, sagte er. »Ich hole sie mir selbst.«

Kapitel 14

Der Tag verging wie im Flug. Vormittags räumte ich im Laden die abgelaufenen Nahrungsmittel aus. Mittags aß ich nur ein Mehrkornspitz vom Meierbeck mit Käse und Tomaten. Am Nachmittag brachte mir Frau Schmidkunz ein Stück Kuchen vorbei, den sie auch vom Meierbeck hatte. Ich war erst eine Weile misstrauisch, aber es sah ziemlich original nach Meierbeck aus, also aß ich ihn, und ich starb auch nicht daran. Dass mit mir alle so sprachen, als wären wir verwandt, machte mich ein bisschen fertig. In Bayern war das vermutlich Tradition. Im Norden hätte man mindestens vier Jahre Anlaufzeit gebraucht, bis man vom Meierbeck was mitgebracht bekam.

Danach erinnerte ich mich daran, dass ich Camper befragen wollte, und schlenderte über den Platz, um jemanden zu finden. Die einzigen, die draußen waren, waren die Meier-Schönleins.

Er spannte gerade sein Vorzelt neu, und ich bot mich an, die Leinen zu halten.

»Es ist einfach unbegreiflich«, sagte ich. »Wieso jemand Evelyn umbringen will, ist mir ein Rätsel.«

Frau Meier-Schönlein stemmte die Hände in die Hüften. »Das kann ich Ihnen schon sagen. Das wird an den Männergeschichten liegen. Irgendwann rächt sich das.«

»Welche Männergeschichten?«, fragte ihr Mann.

»Hast du das noch nicht mitgekriegt?«, fragte sie kopfschüttelnd. Sie senkte die Stimme. »Also ich bin mir ziemlich sicher, dass sie mit dem Schmidkunz eine Affäre hat. Und diesem Alex, der das mit den Bäumen macht.«

Herr Meier-Schönlein verdrehte schweigend die Augen in meine Richtung und schlug einen neuen Hering in den Boden. Dann nahm er mir die Leine aus der Hand.

Das war ja jetzt nicht besonders ergiebig gewesen. Ich konnte mir nicht vorstellen, dass Alex eine Affäre mit Evelyn hatte, auch wenn er danach aussah, als besäße er nicht die Kraft, all die Frauen, die sich ihm um den Hals warfen, abzuweisen. Das erinnerte mich wiederum an Martin, und ich sah mir zum wiederholten Male die WhatsApp-Nachrichten meines Mannes an – für einen Anruf hatte er wohl doch zu wenig Zeit mit der Neuen. »Wo sind die Texte zur Kalmann-Kampagne«, hatte er gestern geschrieben. »Ich dachte, das Projekt liegt dir am Herzen.« *Nein, Schnuckelchen,* dachte ich mir. *Dir liegt das Projekt am Herzen.*

Frustriert schlenderte ich zurück an die Rezeption.

Am frühen Nachmittag tauchte Evelyn wieder auf, und ich war sogar froh darüber.

»So, jetzt erst einmal einen kleinen Ramazzotti«, sagte sie zufrieden. Sie hatte eine Flasche unter der Achsel und zwei in den Händen, weswegen ich annahm, dass sie in ihr Wohnmobil hatte gehen dürfen. »Komm, lass uns ein wenig vor der Tür chillen.«

Ich fand ja, dass man in ihrem Alter das Wort »chillen« nicht verwenden sollte. Auch in meinem Alter nicht. Aber in solchen Dingen war Evelyn offenbar schmerzfrei.

Sie schob mich vom Tresen weg, stellte den Ramazzotti darauf ab und drängelte sich hinter mir vorbei an das Spülbecken, wo sie eine Flasche einfach entleerte. Der Alkohol verschwand gluckernd im Spülbecken.

»Was machst du da?«, fragte ich erstaunt. Schließlich hatte sie die ganze Zeit herumgenörgelt, dass sie nicht an ihre Ramazzotti-Vorräte kam.

»Der war offen«, flüsterte sie. Es roch plötzlich penetrant nach Alkohol in der Rezeption. »Und ich werde nur noch originalverpackte Dinge zu mir nehmen. Jedenfalls, solange der Mörder nicht gefasst ist.«

»Wieso?«

»Ein Mörder ist hinter mir her«, sagte sie düster. »Und sein Anschlag ist fehlgeschlagen.«

Ich wollte mich vor den Computer setzen, aber sie drückte mir eine Flasche Ramazzotti in die Hand und schob mich Richtung Tür.

»Solange er mich nicht umgebracht hat, wird er keine Ruhe finden.«

»Wir haben ständig Polizei auf dem Platz«, erinnerte ich sie. »Der wird doch nicht vor den Augen der ganzen Bullen die nächste Pralinenschachtel …«

»Ach was«, sagte sie und ließ die leere Flasche direkt bei der Spüle stehen. »Und jetzt weiß er auch noch, dass ich eine Low-Carb-Diät mache, und wird ganz sicher keine Pralinen mehr vergiften.«

»Hm«, machte ich nur unschlüssig, da der Mörder das mit der Diät bestimmt auch schon länger hatte wissen können.

»Dieser Marillenbrand von Elli ist irgendwie nicht so das meine«, sagte sie und schnappte sich zwei Wassergläser. Gestern Abend hatte sie nämlich aus Ermangelung anderer Alkoholika den Rest einer Flasche Marillenbrand in sich hineingeschüttet. Das ging so flugs, dass ich mich gar nicht hatte daran beteiligen können.

»Jetzt komm, wir setzen uns vors Haus«, sagte sie bestimmt. »Wir brauchen etwas Entspannung. Aber lass die Flaschen nie aus den Augen.«

Das Bänkchen vor der Rezeption lag gerade wunderbar in der Sonne. Und wieso nicht, schließlich hatte ich noch genug Zeit, um mich mit dem scheußlichen Papierkram zu beschäftigen. Von hier hatte man einen fantastischen Blick auf das Klohäuschen und die grässliche Konifere. Zwischen den Erlen glitzerte und blinkte der See in der Sonne, und ich merkte, wie mein Kopf plötzlich freier wurde.

Alles wird gut, dachte ich mir.

Direkt neben der Bank stand ein großer Baumstumpf, den man gut als Tisch nutzen konnte. Dort stellte ich den Ramazzotti hin und die zwei Gläser, die meines Erachtens viel zu groß für Ramazzottis waren. In Hamburg hätte man daraus Bier getrunken.

Ich beobachtete, wie Frau Meier-Schönlein Badetücher zum Trocknen aufhängte, und einer der Camper ein kleines, graues Wägelchen mit Abwasser hinter sich herzog.

»Und tu mir bloß keine Eiswürfel oder so einen Unsinn ins Glas«, wehrte sie ab.

»Meinst du, die Eiswürfel sind vergiftet?«, fragte ich erstaunt.

»Nein«, seufzte sie. »Aber wer will schon verdünnten Ramazzotti trinken.«

Was für ein wunderbarer Tag, dachte ich, während ich die Augen schloss. Die Sonne war schon sehr warm, die Vögel sangen, es war unglaublich ruhig und friedlich.

Milo kam gerade aus der Tür – anscheinend hatte er gerade erst bemerkt, dass ich nicht mehr da war – und ließ sich mit einem Grunzen direkt vor meine Füße fallen.

»Außerdem hat der Anschlag ja mir gegolten. Leider.«

»Und dafür gibt es keinen Grund.«

Wenn sie Ramazzotti trinken durfte, war Evelyn wirklich extrem ruhig. Fast schon angenehm.

»Aus Eifersucht?«, überlegte ich.

»Kein Mensch war auf Musch eifersüchtig«, seufzte Evelyn.

»Er war nackt in deinem Bett«, erinnerte ich sie.

»Jetzt bleib doch mal auf dem Teppich«, sagte sie, nun doch leicht ärgerlich.

»Gibt es nicht irgendeinen Mann, der auf Musch hätte eifersüchtig sein können?«, hackte ich weiter darauf herum.

»Nein«, sagte sie empört.

Schweigend ließ ich meinen Blick über den Campingplatz schweifen. Der Tag war schon so warm, dass man sogar nackte Männerwaden sehen konnte. Nicht, dass man sich darüber richtig gefreut hätte. Also beispielsweise der Meier-Schönlein hatte eine gestreifte knielange Hose an, die nicht besonders vorteilhaft war.

»Sie muss ihn hassen«, sagte Evelyn neben mir, während wir gemeinsam zusahen, wie der Meier-Schönlein im Klohäuschen verschwand.

»Seine Frau?«, fragte ich.

»Wer sonst. Wer meinst du, kauft Meier-Schönlein seine Klamotten?«

Woher sollte ich das wissen?

»Ich würde solche Hosen nur für Männer aussuchen, die ich wirklich hasse«, behauptete sie kopfschüttelnd. »Also, bei Meier-Schönlein könnte ich mir durchaus vorstellen, ihm solche Hosen zu kaufen. Wenn ich tippen sollte, wer als erstes auf unserem Campingplatz vergiftet würde, dann wäre Meier-Schönlein auf dem ersten Platz. Oder zumindest seine Frau.«

Ich gab ein Geräusch von mir, das weder Zustimmung noch Ablehnung war, und beobachtete, wie ein Windstoß die Oberfläche des Sees kräuselte. Den Kommentar, dass ihre Pralinen vergiftet gewesen waren und nicht die von den Meier-Schönleins, empfand ich als Evelyns Laune nicht zuträglich.

»Außerdem ist die Meier-Schönlein echt seltsam geworden, das hatte ich dir ja schon gesagt. Früher war sie immer bei allem so zurückhaltend, hat sich über nichts beschwert, und jetzt kann sie wirklich aggressiv werden.«

»Wie aggressiv?«

»Naja, früher war sie eher so subtil böse. Und jetzt lässt sie einfach alles raus.«

»Subtil böse« war ein guter Ausdruck.

»Ja, beispielsweise letzten Sommer. Da hatten andere Camper eine Wäscheleine gespannt, die um ihren Baum gewickelt war, da ist sie komplett ausgeflippt. Jeder hat gewusst, dass die nur zwei Tage bleiben, aber sie hat sich so mit ihnen angelegt, dass deine Großmutter vollkommen ausgeflippt ist. Und angedroht hat, sie würde die Meier-Schönleins rauswerfen.«

Das konnte ich mir bei meiner Großmutter lebhaft vorstellen. Sie war schnell in Rage gewesen, aber genauso schnell war sie auch wieder friedlich und hatte vergessen, dass sie sich jemals gestritten hatte.

»Vielleicht war es ja ein Auftragskiller«, sagte Evelyn düster, mit ihren Gedanken wieder bei dem Mord. »Ich bin mir meines Lebens nicht mehr sicher.«

Inzwischen war Frau Schmidkunz aus dem Wohnwagen gekommen. Sie trug einen Morgenmantel, der dem meiner Großmutter ziemlich ähnelte, nur dass ihrer hellblau war und nicht rosa. Ihr ganzer Kopf war mit rosa Papilloten voll, was sie aussehen ließ wie ein Alien mit rosa Antennen. Seit sie nicht mehr im Zentrum der Ermittlungen stand, war sie richtig aufgeblüht.

»Ich stecke total in der Scheiße«, machte Evelyn weiter, klang aber ganz entspannt. Vielleicht, weil sie ständig Ramazzotti nachfüllen konnte.

»Ach was«, sagte ich wie Evelyn es so oft tat, wenn ich einen Einwand hatte.

»Gut, dass ich bei dir wohnen darf. Bevor mich jemand umbringt, muss er erst einmal an dir vorbei.«

Dass sie bei mir wohnte, fand ich ziemlich daneben. Aber vielleicht war jetzt nicht der beste Moment, ihr zu sagen, dass das keine Dauerlösung war.

»Und an Milo.«

Milo war schon wieder in einen komatösen Schlaf gefallen. Ich bezweifelte, dass er irgendwelche Mörder abhalten würde. Und auch ich war kein richtiger Bodyguard. Die Vorstellung, dass jemand noch einen Mordversuch starten könnte und dabei erst einmal mich aus dem Weg schaffte, war höchst beunruhigend!

»Wir dürfen nur frisch gekochtes Essen zu uns nehmen. Und nur originalverpackte Getränke«, schärfte sie mir ein. »Du solltest das auch machen, schließlich könntest du aus Versehen etwas essen, das für mich bestimmt ist. Und dann ergeht es dir wie dem Musch.«

Ich sagte nichts dazu, weil ich sah, dass Herr Meier-Schönlein gerade zielstrebig auf uns zusteuerte.

»Gibt es was Neues?«, wollte er wissen.

»Nein«, erklärte Evelyn und nahm noch einmal einen großen Schluck Ramazzotti.

»Meine Frau ist ein einziges Nervenbündel.«

»Das ist sie doch immer«, schnurrte Evelyn, wieder im Ich-sprech-mit-einem-Mann-Modus. »Aber das muss sie doch gar nicht, mit so einem strammen Mann an ihrer Seite.«

»Ich müsste noch einmal mit Ihnen sprechen, Frau Kaminski«, vernahm ich die Stimme des Kommissars, der aus dem Nichts aufgetaucht war und auf einmal neben Evelyn stand.

Diese war nicht mehr im Flirt-Modus, als sie sich erhob und mir seltsamerweise einen drohenden Blick zu warf, als wäre ich an irgendetwas schuld.

»Ich frage mich gerade, ob ich einen Anwalt nehmen sollte«, sagte sie spitz.

»Das müssen Sie entscheiden, Frau Kaminski«, sagte Jonas Schneider mit freundlicher Stimme. »Sie werden nicht verdächtigt, wenn Sie das meinen.«

»Pass auf den Ramazzotti auf«, befahl Evelyn unwirsch. »Ich will nicht auch noch die nächste Flasche in den Ausguss kippen müssen.« Dabei warf sie dem Kommissar einen ungehaltenen Blick zu. »Man ist sich ja seines Lebens nicht mehr sicher.«

Kommissar Schneider nahm dazu keine Stellung. Die zwei verschwanden im Haus, und ich nahm die beiden Gläser und Flaschen Ramazzotti, um brav den Alkohol zu bewachen und weitere Mordanschläge zu verhindern.

Vielleicht sollte ich mich doch noch einmal an den Schreibtisch setzen. Ich musste mich schließlich dringend mit der Sache Klaus und Gruber auseinandersetzen. Außerdem konnte der ganze Papierkram unmöglich noch einen weiteren Tag warten …

Kapitel 15

»Wann war dieses Jahr der Saisonstart?«, fragte der Kommissar.

»Am 18. März«, erklärte Evelyn. »Der Campingplatz macht ja normalerweise erst im April auf. Dieses Jahr ausnahmsweise schon im März, weil Elli zu dieser Zeit ins Krankenhaus musste.«

»An dem Tag hat sie die Pralinen verteilt?«

Ich fand die nächste Rechnung, die ich in den Ablagekorb legte.

»Nein. Das hatte sie vergessen. Sie hat mich aus dem Krankenhaus angerufen, und mich darum gebeten, mich darum zu kümmern. Ich habe sie aber erst später verteilt. Kurz bevor Elli aus dem Krankenhaus gekommen ist.«

Und noch eine Rechnung, diesmal die Heizkostenabrechnung des letzten Jahres samt Nachzahlungsbescheid. Mir wurde ganz schummerig bei dem Gedanken, was ich alles zahlen musste, während Klaus und Gruber beharrlich auf Nonnas Geld saßen.

»Wann war das?«

»Ende März. Vielleicht am 28.«

»Haben Sie Pralinen gegessen?«

»Nein«, antwortete sie knapp, ohne Verweis auf irgendeine Diät.

»Danach standen die Pralinen vier Wochen lang bei Ihnen. Unberührt«, vergewisserte sich der Kommissar.

»Ich hatte sie auf meinem Tisch stehen. Direkt am Fenster.« Sie klang ungehalten. »Das Glas mit der Schleife sieht sehr nett aus, finden Sie nicht auch?«

Der Kommissar hatte dazu keine Meinung, sondern fragte: »War die Rezeption zu der Zeit immer verschlossen? Wieso hatten Sie Zugang?«

»Die Rezeption war für jedermann zugänglich, ich habe nie abgeschlossen.«

»Sie waren für die Rezeption zuständig?«

»Zuständig, zuständig ...«, sagte sie dramatisch. »So würde ich das nicht sagen. Aber ich habe das mit den Semmeln organisiert, da musste ich natürlich Zugang zur Kasse haben.«

»Sie waren diejenige, die in der Früh aufgemacht hat?«, vergewisserte sich der Kommissar.

»Ich habe in der Früh nicht aufgeschlossen«, seufzte Evelyn, »denn ich habe abends nie abgeschlossen.«

»Nie?«

»Nein. Bei uns passiert nie etwas«, erklärte sie. »Bis jetzt jedenfalls.«

Pause.

»Elli hat auch nie abgeschlossen«, rechtfertigte sie sich, jetzt überhaupt nicht mehr im Flirt-Modus. »Auch nicht in der Nacht, deswegen habe ich das ebenso gehandhabt. Das war einfach bis jetzt überhaupt nicht notwendig.«

»Es hätte also jeder in der Rezeption machen können, was er wollte ...«

»So viel kann man da jetzt auch nicht machen«, erwiderte sie ärgerlich. »Man kann die Kasse leerräumen und sich Kaffee und Kekse klauen. Das hat bis jetzt eben niemand gemacht.«

»Ich meine damit, dass jeder Zugang zu den Pralinengläser hatte.«

»Im Prinzip ja.«

Eine Weile war es still im Nachbarzimmer, und ich lauschte atemlos. Der Mörder hätte sich jederzeit ein Glas nehmen, eine oder mehrere Pralinen mit Gift präparieren und danach das Glas einfach zurückstellen können. Das erweiterte natürlich den Kreis der Verdächtigen.

»Am Todestag«, sagte der Kommissar nach einer längeren Pause.

»Ja?«

»Wo waren die Pralinen da?«

Wieder Pause.

»Eigentlich am Fenster. Als Deko.«

»Und Herr Muschinski hat davon gegessen?«

»Keine Ahnung«, sagte sie erst patzig, dann seufzte sie.

»Vermutlich ja. Ich hatte mir schon überlegt, wem ich die Pralinen schenken sollte. Wegen meiner Diät, Sie wissen schon.«

Ja. Das hatten wir inzwischen alle begriffen.

»War mir ein bisschen peinlich, sie zu verschenken, da sie ja von Elli, Gott hab sie selig, waren. Wusste ja auch jeder, von wem sie waren, und dass ich sie nicht essen würde.«

Ich konnte mir gerade nicht vorstellen, dass Evelyn irgendetwas peinlich war.

»Und dann lag da der Musch im Bett und winselte herum, ich könnte doch auch ein wenig später feiern gehen und noch ein bisschen da bleiben.« Plötzlich klang ihre Stimme bedrückt. »Ich dachte mir, die Pralinen müssen eh mal weg, der Musch isst sie bestimmt. Ich habe sie rüber auf den Küchenblock gestellt und ihm gesagt, er kann davon essen, wenn er will.«

Ich stand auf und blickte über den Tresen hinaus auf den Campingplatz.

»Er wollte aber nicht«, betonte sie. »Er nervte weiter, ich solle bleiben, blablabla. Ich ließ die Pralinen dann einfach stehen. Das hätte ich alles natürlich nicht gemacht, wenn ich gewusst hätte, dass sie vergiftet sind. Ich wäre nie auf die Idee gekommen, vergiftete Sachen anzubieten!«

»Natürlich nicht«, hörte ich den Kommissar sagen.

»Während ich da war, hat er sich auch keine genommen. Eigentlich war er auch nicht so ein Süßer.« Sie machte eine kleine Pause. »Ich meine damit, er aß nicht unbedingt gerne Süßkram. Aber anscheinend hat er es getan. Nachdem ich weg war.«

Wieder eine lange Pause.

»Wir bräuchten dann noch Ihre Fingerabdrücke«, sagte Schneider.

»Meine Fingerabdrücke?« Evelyn kreischte sofort los. »Jetzt werde ich plötzlich verdächtigt, Leute umzubringen! Ich werde mir einen Anwalt nehmen, der Ihnen gehörig den Kopf wäscht! Das ist einfach unglaublich, wie mit mir umgesprungen wird!«

»Sie sind nicht verdächtig«, erwiderte Schneider mit seiner Ruhig-Blut-Stimme. »Aber wir untersuchen die Fingerabdrücke auf dem Glas und müssen ausschließen, welche Ihre eigenen sind.«

»Meine eigenen sind natürlich auf dem Glas!«, giftete ihn Evelyn an.

»Natürlich sind die auf dem Glas. Wir benötigen Ihre eigenen, um Sie ausschließen zu können«, wiederholte er so ruhig, als hätte er ständig mit Leuten wie Evelyn zu tun. »Es wäre seltsam, wenn Ihre eigenen nicht darauf wären.«

»Eben.«

»Sie müssen es auch nicht machen«, sagte er. »Es wäre für uns nur einfacher.«

Im nächsten Moment wurde die Tür aufgerissen, und Evelyn stürmte heraus.

»Hast du das gehört!«, zischte sie mir zu. »Jetzt muss ich wie ein Verbrecher die Fingerabdrücke abgeben.«

»Aber du darfst mit ihm im Polizeiwagen fahren«, flüsterte ich zurück.

Evelyn hielt inne.

»Diese Gelegenheit kommt nie wieder.« Ich war voll in Fahrt.

»Aber …«, sagte sie, verstummte jedoch sofort wieder.

»Aber ist ein blödes Wort«, erklärte ich ihr mit fester Stimme. »Wenn es dein Ziel ist, dem Kommissar näher zu kommen, dann solltest du die Gelegenheit beim Schopfe packen!«

»Die werden mich ewig für schuldig halten, wenn ich jetzt mit aufs Polizeirevier fahre«, sagte sie, aber anscheinend hatte sie die Sache mit dem Polizeiwagen ein klein wenig getröstet, denn sie verschwand im Wohnhaus.

Hinter Evelyn ging die Tür auf, und Schneider kam in die Rezeption. Ich wurde schon wieder rot, weil ich befürchtete, dass er alles mitgehört hatte. Aber er sah nur etwas resigniert drein.

»An was ist er denn nun gestorben?«, fragte ich. »Ich will jetzt nicht übermäßig neugierig wirken.« Okay, ich war übermäßig neugierig, aber das war doch wohl verständlich.

»Also, nur dass wir wissen, worauf wir achten müssen. Ich bin nicht besonders besorgt ...«, log ich. »Aber ich will auf gar keinen Fall auch noch ermordet werden.«

»Sagt Ihnen Dimethoat etwas?«

»Nein, da muss ich gerade in der Schule gefehlt haben«, seufzte ich.

»Ein Insektizid. Gehört zu den sogenannten Organophosphaten und wirkt als Kontaktgift.«

Ich nickte. »Ein Gift also.«

»Ein sehr starkes Nervengift, das bei vielen Tieren tödlich wirkt. Aber nicht nur bei Insekten, sondern vor allen Dingen auch bei Säugetieren.«

»Und so etwas kann man in Deutschland einfach kaufen?«, fragte ich misstrauisch.

»Nein. Kann man nicht. Aber im Internet könnte man es bestellen. Es ist nicht weltweit verboten. Aber nachdem es in den 90er Jahren zu einer Reihe von Selbstmorden kam, wurde es in Deutschland verboten.«

»Das heißt aber auch, es könnte schon seit den 90er Jahren bei uns herumstehen.«

Nonna war vom Typ her schon eher der Sammler. Nichts hatte ihr mehr Spaß bereitet, als zu sagen: »Das müsste ich noch auf dem Dachboden haben«. Wie zum Beispiel mein altes Kinderbett, von dem der Lattenrost schon durchgebrochen war.

»Kann sein.«

»Der Mörder könnte es aber auch frisch bestellt haben«, fantasierte ich weiter.

Wir schwiegen beide, und das fühlte sich irgendwie sehr friedlich an, obwohl ich plötzlich nur noch an riesige Giftflaschen denken musste.

»Und es könnte für weitere Morde eingesetzt werden.«

»Möglich«, sagte er.

»Wie heißt es noch mal?«

»Dimethoat.«

»Wenn ich so etwas finde, werde ich es Ihnen sofort bringen«, signalisierte ich meine Hilfsbereitschaft. Das war jetzt echt eine Gelegenheit, ihm zu helfen!

Kommissar Schneider sah mich intensiv an. »Es wird unter unterschiedlichen Handelsnamen verkauft. Perfekthion. Bi58. Roxion. Lizetan.«

»Ich werde die Augen offenhalten«, sagte ich. »Und wie kommt das Zeug in die Pralinen?«

Er zuckte mit den Schultern. »Vielleicht mit einer Spritze.«

»Spritze«, sagte ich bedeutungsvoll. Jemand hatte versucht, eine Spritze im Klo zu entsorgen. Allerdings war das auch ein wenig komisch, weil die Praline vielleicht länger als zwei Monate lang präpariert gewesen sein musste. Eigentlich sollte man doch annehmen, dass ein Mörder die Spritzen sofort nach Gebrauch wegwirft. Oder jemand war bei Evelyn eingebrochen und hatte die Pralinen erst vor kurzem präpariert. Schließlich hatte sie das Pralinenglas ständig als Deko am Fenster stehen gehabt. Bestimmt hatte sie auch manchmal das Fenster offen stehen lassen.

Andererseits hatte Evelyn ja selbst Spritzen. Das mit den homöopathischen Spritzen hatte sie sicher erfunden! Ich musste dringend noch einmal unseren Kühlschrank durchsuchen! Meine Arme fühlten sich plötzlich an, als wären sie komplett mit Gänsehaut überzogen. Ein inneres Frösteln durchlief wellenförmig meinen Körper. Musste ich das jetzt dem Kommissar sagen? Oder sollte ich erst einmal selbst nachsehen, ob diese Spritzen mittlerweile tatsächlich zwischen meinen Joghurts lagen?

»Ich bin ja gerade am Ausmisten, wenn mir so eine

Flasche unterkommt, werde ich Sie Ihnen auf jeden Fall bringen«, versprach ich.

»Am besten nicht anfassen.«

»Oh Gott. Ja. Ich könnte sterben«, stieß ich hervor. War ja schließlich ein Kontaktgift.

Inzwischen schien er bessere Laune zu haben, denn er sah aus, als würde er sich ein Lachen verkneifen. »Nein. Wegen der Fingerabdrücke.«

Richtig.

Kapitel 16

Mein Magen knurrte, als ich neben der Schranke stehenblieb und dem Polizeiwagen hinterhersah, in dem Evelyn äußerst würdevoll, frisch geschminkt, frisiert und mit knallroten Fingernägeln saß. Wahrscheinlich war sie gerade richtig sauer, weil nicht der Kommissar neben ihr saß, sondern ein stinknormaler Polizeibeamter. Alle Camper standen geschlossen hinter mir, nicht nur die Dauercamper, und es wirkte fast, als würde Evelyn zu ihrer eigenen Hinrichtung fahren.

»Ist sie jetzt verhaftet?«, fragte Frau Meier-Schönlein zufrieden.

»Nein«, sagte ich und sah dem Kommissar nach, der ziemlich versiert sein Auto wendete und hinter dem Polizeiauto herfuhr. »Es besteht keine Veranlassung, Evelyn zu verhaften.« Nachdem ich alles erklärt hatte und die Wagen verschwunden waren, löste sich auch die Ansammlung auf.

Ich blieb stehen und dachte darüber nach, was ich als nächstes machen sollte. Essen. Essen wäre nicht schlecht. Und doch noch einmal eine Kühlschrankinspektion, vielleicht war ja noch die eine oder andere Spritze von Evelyn zu finden.

Doch da hielt direkt vor der Schranke ein dreckbespritzter Landrover, und ein wohlgestaltetes Mannsbild öffnete die Fahrertür.

Alex. Er beugte sich zurück ins Auto und holte eine große Pizzaschachtel hervor.

»Alex. Moin, moin!«

»Sofia. Servus!«, sagte er. »Lust auf Pizza?«

»Du bist der Retter in der Not«, sagte ich und musste lächeln. »Und du bist dir ganz sicher, dass die Pizza ganz frisch ist, niemand Zugang dazu hatte, und …«

»Sofia«, sagte er nur und zwinkerte mir zu.

»Sorry. Ich werde langsam paranoid. Woher weißt du, was meine Lieblingspizza ist?«

Es roch nach Thunfisch.

»Das habe ich mir natürlich gemerkt«, log er, denn ich war mir ziemlich sicher, dass ich mit 13 Jahren Thunfisch nicht hatte ausstehen können. Milo kam langsam aus der Rezeption geschlurft und blieb schwanzwedelnd vor Alex stehen.

»Ich glaube, er liebt dich«, überlegte ich.

»Und Pizza«, ergänzte er.

Wir lachten beide, und Alex war so nett und brach Milo ein Stückchen von seiner Pizza ab. »Wahrscheinlich wird er davon blind und taub«, meinte er.

»Das ist er schon«, winkte ich ab.

Wir lehnten uns mit den Hintern gegen die Motorhaube seines Autos und sahen über den Campingplatz. Milo ließ sich mit einem Ächzen vor uns fallen.

»Evelyn hat angedeutet, dass du mit ihr im Bett warst«, verriet ich ihm.

Alex nickte nur und nahm sich noch ein Stück Pizza aus der Schachtel.

Er biss hinein und sagte kauend: »Deine Konifere wird braun.«

»Diese Konifere ist ein absoluter Alptraum«, erklärte ich mit vollem Mund. »Wahrscheinlich ist sie todkrank.«

»Die meisten werden wegen Wassermangel braun«, sagte er. »Oder Pilzen.«

Demnächst würde ich eine Säge finden, dann hatte das Elend ein Ende, und es war egal, warum sie braun war.

»Koniferen lieben Licht«, erklärte er mir. »Wenn du sie schneidest, dann nicht in der prallen Sonne, das verbrennt die Nadeln und Triebe.«

»Ich werde sie fällen«, verriet ich ihm. »Ich habe nicht vor, sie noch weiter zu pflegen.«

Moment mal. Ich wollte verkaufen, erinnerte ich mich. Aber der Campingplatz war bestimmt um einiges mehr wert, wenn diese Konifere gefällt war. Eine Weile aßen wir schweigend vor uns hin, weil wir beide ziemlich Kohldampf hatten.

»Und lenk nicht ab«, sagte ich. »Hattest du eine heiße Affäre mit Evelyn?«

Er hob eine Augenbraue und fragte schließlich, als hätte er sich just in diesem Moment daran erinnert: »Du meinst, ob ich mit ihr schon im Bett war?«

»Ja.«

»Ja, war ich«, sagte er und biss gelassen in sein Pizza-Stück, als wäre damit alles gesagt.

Ich sah ihn mit offenem Mund an, dann nickte ich. »Sie hat mir bereits erklärt, dass sie der heißeste Feger auf dem Campingplatz ist.«

Alex blieb ernst. »Stimmt.« Bedächtig kaute er weiter, als sei damit alles gesagt. »Also, zumindest um diese Jahreszeit. So im August bei bestem Campingwetter gibt es schon hin und wieder ein paar heißere Feger ...«

Ich verdrehte die Augen. »Kannst du nicht mal ernst bleiben?«

»Sie wollte, dass ich mir die Tür von einem Fach ansehe, das geklemmt hat«, sagte er und grinste. »Dazu musste ich mich auf ihr Bett knien. Und sie hat sich daneben gehockt und mir zugeschaut.«

»Idiot«, lachte ich und schlug ihm auf den Oberschenkel.

»Wieso? Wir waren in ihrem Bett, ich schwöre. Es hatte einen blutroten Satinbezug.«

»Oh.«

»Dann öffnete ich das Fach. Ging tatsächlich schwer. Aber ich schaffte es.« Er warf mir von der Seite einen belustigten Blick zu. »Es waren nur Negligés drin.«

»Uh. Hör auf!«

»So ein Seiden-Dings hatte sich in den Schließmechanismus verwickelt, und ich musste es herauswickeln … Was meinst du, wie peinlich mir das war?«, sagte er entrüstet.

»Jaja«, machte ich und drehte mich zur Motorhaube, um mir das letzte Stück Pizza zu nehmen. »Ihr armen Männer. Du bist vermutlich traumatisiert.«

»Schwer traumatisiert«, grinste er.

»Angeblich will hier jemand den Campingplatz kaufen. Weißt du was davon?«

Seine Miene verdüsterte sich, und er zuckte nur mit den Schultern.

»Es könnte ermittlungsrelevant sein«, köderte ich ihn, da er aussah, als wollte er mir etwas verschweigen.

»Der Schwarz bringt doch keine Menschen um«, sagte er.

»Ha«, machte ich. »Schwarz!«

»Immobilien Schwarz. Du wirst nicht an ihn verkaufen!«

Ich runzelte die Stirn. Irgendwo im Hinterkopf hatte ich etwas in die Richtung abgespeichert, dass Nonna früher schon Konflikte mit diesem Typen gehabt hatte.

»Immobilien Schwarz«, wiederholte ich. »Muss ich den kennen?«

»Nein«, behauptete er. »Das ist ein elender, geldgieriger Fettsack, der nichts anderes im Sinn hat, als hier die Natur zu zerstören. Er will den Campingplatz platt machen, ein Luxushotel bauen und das Moor drüben austrocknen, um einen Golfplatz zu bauen.«

Ein Golfplatz im Moor? Was war das nur wieder für ein Schwachsinn.

»Damit kommt er nicht durch. Da gibt es doch … Naturschützer oder so.«

»Wenn du ihm den Campingplatz in den Rachen wirfst, wird er aus dem Moor einen Golfplatz machen.« Alex sah ziemlich angepisst aus. »Wenn du verkaufst, dann nur an jemanden, der den Platz weiterführt.« Er sah mich von der Seite an. »Und ich sag dir gleich, sobald du verkaufst, wird der Schwarz dem neuen Besitzer so viel Geld bieten, dass der wieder verkauft! Es führt alles dazu, dass es dieser Schwarz bekommt. Und der macht alles platt.«

Ich starrte auf die Konifere. Die platt zu machen wäre nicht das schlechteste.

»Oder du suchst dir einen Geschäftsführer. Oder noch besser, du machst das selbst.«

Nein, was für eine grässliche Vorstellung!

»Und du bist dir sicher, dass dieser Schwarz nicht alle meine Campinggäste umbringt, bis ich endlich verkaufe?«, fragte ich nach.

Er rollte nur mit den Augen, als wäre die Frage keine Antwort wert. »Und du so«, lenkte er vom Thema ab und schielte auf mein letztes Pizzastück, bei dem ich vorhatte, es mir auf keinen Fall abluchsen zu lassen.

»Was ich so?«

»Freund? Ehemann? Kinder?« Er sah etwas angespannt aus.

»Einen Ehemann.« Ich sah ihn böse an. »Aber er hat mich betrogen, und jetzt will ich ihn nicht mehr haben.« Ehrlicherweise sollte ich wohl ergänzen, dass wir schon eine ganze Weile nur noch nebeneinander her gelebt hatten.

Alex' Gesichtszüge entspannten sich wieder. »Wenn du hier den Campingplatz hast, kannst du sowieso nicht mehr zurück nach Kiel.«

»Hamburg.«

»Jacke wie Hose«, behauptete er und lachte. Es sah wirklich süß aus, wenn Alex lachte. Besonders wenn er so tat, als wäre er froh darüber, dass ich nicht zu meinem Ehemann zurückwollte.

»Kannst du mir etwas über Evelyn erzählen?«, fragte ich. »Du brauchst eine Verdächtige«, lachte er, als er mich durchschaute. »Evelyn war jedenfalls nicht auf einen Seeplatz aus. Schließlich wollte sie nicht, dass ihr die Leute ins Wohnmobil glotzen.«

»Echt?«

»Ja klar, bei ihren Männerbesuchen…« Alex grinste mich an.

»Du meinst den Musch.«

»Nicht nur den Musch.«

»Sie hatte wechselnde Männerbekanntschaften?«, staunte ich. Dann hatte die Meier-Schönlein vielleicht nicht so unrecht gehabt! Auch wenn ich das in Evelyns Alter schon etwas heftig fand. Wie alt mochte sie wohl sein, Mitte fünfzig?

Er zuckte nur mit den Schultern und klappte die Pizzaschachtel zu.

Das mit den Männerbekanntschaften war doch mal ein wirklich gutes Mordmotiv! Ich musste in diese Richtung weiter ermitteln! Evelyn würde dem Kommissar ihre Liebschaften niemals gestehen, aber bei mir hatte sie da gewiss keine Hemmungen!

Inzwischen hatte er sich zu mir gedreht und sah mich gedankenverloren an. »Könntest du dir vorstellen, mit mir abends mal essen zu gehen?«, fragte er.

»Als ein Date?«, fragte ich.

»Wenn du es so sehen willst.«

Alex war wirklich total süß. Und wenn er mich so ansah, bekam ich einen ganz kribbeligen Bauch. Aber andererseits war da noch immer Martin in Hamburg. Und der Musch war ermordet worden, und alles war so verworren in meinem Hirn.

»Ich weiß nicht«, wich ich aus. »Ich kann mich noch gut erinnern, dass du mir mal das ABC vorgerülpst hast. Ich glaube, das wäre mir inzwischen peinlich.«

Diesmal war er es, der mir einen leichten Schlag auf den Oberschenkel gab. »Damals war ich zwölf!«, sagte er empört.

Danach musste Alex dringend wieder weg, und ich dringend nach ermittlungsrelevantem Zeug zu suchen. Deswegen durchforstete ich Evelyns Zimmer noch einmal nach dem Zettel aus Muschs Wohnwagen, diesmal, um ihn mitzunehmen und dem Kommissar zu zeigen. Aber der Zettel war unauffindbar. Als nächstes nahm ich mir vor, so viele Türen wie möglich abzuschließen, damit es zukünftige Mörder nicht mehr so leicht hätten, und gleichzeitig nach Giften Ausschau zu halten. Dabei fand ich sogar die Schlüssel, mit denen man den alten Schuppen, der an das Abspülhäuschen und das Klopapier-Lager im Klohäuschen grenzte, absperren konnte. Dann kam Evelyn leider auch schon zurück, und ich ging hinter ihr ins Haus. Den Kühlschrank hatte ich leider dummerweise noch nicht durchwühlt.

»Und, hast du schwarze Hände?«, fragte ich. Die hatte sie aber nicht. Das ging inzwischen anscheinend alles digital.

»Ich habe Krapfen mitgebracht«, sagte Evelyn und brühte Kaffee auf.

Sie schüttete vier Krapfen auf einen Suppenteller und holte geschäftig Kaffeetassen aus dem Schrank.

»Du hast ja wirklich gute Laune.«

Ich wollte mich da raushalten und holte aus dem Kühlschrank die Milch. Dabei suchte ich gleich noch einmal die Spritzen.

»Ja. Der Polizist gerade hat gemeint, dass er sich nicht vorstellen kann, dass jemand auf eine wie mich einen Mordanschlag plant«, schwärmte sie.

Mir fiel auf, dass ich das Eisfach noch gar nicht auf Spritzen-Vorräte hin überprüft hatte! Dort fand ich allerdings nur Tiefkühlerbsen und Kaffee.

»Wo suchst denn du die Milch?« tönte Evelyns Stimme dicht an meinem Ohr, und ich quietschte los.

»Meine Güte«, sagte ich. »Ich sehe nur nach, was ich demnächst entsorgen muss …« Um sie von meinem Herumkruschen abzulenken, fragte ich: »Wie verhalten sich Krapfen zu deiner Low-Carb-Diät?«

»Ach was«, sagte sie, »hin und wieder braucht es einen Stoffwechsel-Booster.«

Dass Krapfen vom Meierbeck als Stoffwechsel-Booster durchgingen, war mir neu.

»Vielleicht war es ja ein Kerl, der auf Musch eifersüchtig war«, schlug ich vor, während ich die Milch auf den Tisch stellte.

»Welcher Kerl?«, fragte sie, auf die Krapfen fixiert.

»Ein Kerl, mit dem du schon mal im Bett warst.«

»Ach was.« Evelyns Lieblingsausdruck.

»Mit wem warst du denn schon im Bett?«, bohrte ich nach, weil es nicht danach aussah, als würde sie freiwillig mit diesen Informationen herausrücken. »Ich meine, hier vom Campingplatz«, fügte ich hinzu, um das alles ein wenig einzugrenzen.

Sie runzelte die Stirn und schien zu überlegen.

»Du meinst, in den letzten zehn Jahren?«

Oh je. Vielleicht hätte ich doch nicht fragen sollen.

»Mit jedem«, sagte sie freimütig. »Okay, mit dem Schmidkunz noch nicht.«

Sie war schon mit Meier-Schönlein im Bett gewesen?

»Der hat aber schon einige Zeit was am Herzen«, rechtfertigte sie diesen Mangel.

»Der Meier-Schönlein?«

»Nein. Der Schmidkunz. Ich glaube, der kriegt auch keinen mehr hoch.«

»Der Schmidkunz?«, vergewisserte ich mich.

»Ja.«

Ich verschluckte mich fast an meinem Kaffee und erinnerte mich an das Blatt mit den Sexstellungen im Wohnwagen der Schmidkunzens, das mir eher zu beweisen schien, dass bei Schmidkunzens alles bestens lief.

»Willst du mir damit sagen, dass du mit Meier-Schönlein schon im Bett warst?«, fragte ich stattdessen dumpf.

Sie zuckte mit den Achseln.

»Was ist das jetzt für eine Antwort?«

»Ja. Aber nicht oft«, erklärte sie mir, als würde es das besser machen.

»Damals hatte er Stress mit seiner Frau. Außerdem ist das schon Jahre her. Sie wollte ihn verlassen und ist zu ihrer Schwester nach Offenbach gefahren. Er hat sich jeden Abend besoffen. Jeden. Abend.«

»Du hast ihn praktisch nur daran gehindert, Alkoholiker zu werden«, sagte ich in verständnisvollem Tonfall, obwohl ich innerlich schon wieder mit den Augen rollte.

»War mehr so ein Mitleidsding«, bestätigte sie mir. »Denn für mich hat sich das nicht gelohnt.«

»Finanziell«, fragte ich.

»Lustmäßig«, sagte sie und rollte nun ihrerseits mit den Augen. »Sein Dingdong, wenn du weißt, was ich meine ...«

Oh je. Ich schwieg und versuchte so zu gucken, als würde mich das alles nichts angehen.

»Klein«, erklärte Evelyn vollkommen unnötigerweise.

»Schon gut«, wehrte ich ab.

»Winzig. Du weißt nicht, ob er gerade drin ist oder nicht«, fuhr sie fort, während sie uns Kaffee einschenkte.

Ich legte meine Hände vor die Augen. »Bitte«, sagte ich gequält. Igitt. Über so etwas konnte man mit mir einfach nicht sprechen. Ich würde mein Leben lang an kleine Dingdongs denken müssen, wenn ich dem Meier-Schönlein über den Weg lief.

»Schlimm, ja«, sagte sie, »Kein Wunder, dass sie nicht mehr will.«

Auch das wollte ich nicht wissen.

»Seit der Geburt ihres letzten Sohnes. Und das ist jetzt immerhin schon dreißig Jahre her. Dreißig Jahre keinen Sex, kannst du dir das vorstellen?«

Bei Frau Meier-Schönlein konnte ich mir nicht einmal vorstellen, dass sie jemals in ihrem Leben Sex gehabt hatte.

Kapitel 17

Am nächsten Morgen wurde ich davon geweckt, dass es vor meinem Schlafzimmerfenster ziemlich krachte und schepperte.

Die Sonne stand schon hoch am Himmel, und ich hatte mich in den Bettdecken verheddert. Das, was meine Füße so bleiern machte, war keine schwere Erkrankung, sondern Milo, der beschlossen hatte, mit mir im Bett zu schlafen. Im Gegensatz zu mir interessierte er sich nicht für den Tumult draußen und blieb einfach im Bett liegen. Das Scheppern kam von der Schranke, wie sich nach einem Blick aus dem Fenster zeigte. Der Kommissar, heute nur mit einem hellen Hemd und einer Jeans bekleidet, stand neben einem Mann, der gerade die Schranke reparierte. Eine Weile sah ich zu. Jonas Schneider hatte eine echt gute Figur. Nicht nur von vorne, sondern auch von hinten, wie ich von hier aus feststellen konnte. Ich riss mich schließlich von dem Anblick los, immerhin war ich eine verheiratete Frau. Nach einer kurzen Dusche zog ich mich an und tänzelte beschwingt hinunter in die Rezeption. Vielleicht, weil Jonas Schneider wieder da war. Das hörte sich jetzt blöd an, denn wenn er vor Ort war, bedeutete das natürlich auch, dass der Fall noch nicht geklärt war. Und außerdem sollte ich natürlich auch mehr an Martin denken als an Jonas Schneider. Affäre hin oder her – »in guten wie in schlechten Zeiten« hatte ich einst geschworen.

Es war schon zehn Uhr. Evelyn hatte für mich Kaffee gekocht und mir eine Breze und eine Dinkel-Vollkornsemmel gekauft. Ich war ihr irre dankbar dafür, dass sie den Semmelverkauf weiter betreute. Es war toll, einfach ausschlafen zu können. Inzwischen hatte auch Milo beschlossen, dass Aufstehen keine schlechte Idee war, und kam die Treppe heruntergeschlurft. Nachdem ich prasselnd Trockenfutter in seinen Napf geschüttet und mir die Semmel mit Erdbeermarmelade von Nonna geschmiert hatte, schaltete ich den Rechner ein, um die Sache mit Klaus und Gruber endlich in Angriff zu nehmen.

Ich klickte mich durch die E-Mails von Nonna, auf der Suche nach weiteren blödsinnigen Gruber-Mails, die mir jetzt mein Grab schaufelten, und löschte hin und wieder eine Werbemail. Anscheinend hatte meine Großmutter keinen besonders guten Spam-Filter, denn immer wieder tauchten Mails auf, die ihr eine Penisverlängerung vorschlugen. In dem Moment ging eine neue Mail ein, eine Firma aus Amerika, Jefferson International Trade Corporation aus Minnesota.

Fast hätte ich die Mail spontan gelöscht. Aber im Betreff standen die Worte: »New insecticide«.

Insektizid.

Musch war an einem Insektizid gestorben. Ich klickte auf die Mail der Firma, überflog sie erst einmal und erfuhr, dass ich als Besteller ab tausend Litern einen riesigen Preisrabatt bekommen würde. Der ausführende Hafen war Shanghai.

Hallo? Tausend Liter Insektenvertilgungsmittel? Ich

grinste ziemlich dümmlich auf den Bildschirm, während diese Information tiefer in mein Gehirn sickerte. Was hatte meine Großmutter vorgehabt? Wollte sie mit einer Sammelbestellung Insektizid gleich den gesamten Campingplatz, das Dorf und den angrenzenden Landkreis vergiften? Mein Grinsen gefror mir. Für einen Moment war mir richtig schlecht. Hatte Nonna vielleicht am Schluss doch Alzheimer gehabt? War sie bösartig geworden?

Ich las die Mail noch zweimal, bis ich kapierte, dass es sich lediglich um Werbung handelte. Natürlich hätte meine Nonna nie und nimmer tausend Liter Dimethoat bestellt, auch nicht aus Shanghai.

Die Erleichterung machte mich zittrig, und fast hätte ich die Mail doch gelöscht. Aber irgendetwas ließ mich zögern. Dass diese Firma Nonna Werbung für Dimethoat schickte, war wirklich sehr, sehr eigenartig. Wäre Musch nicht gestorben, hätte ich mir darüber keine Sekunde Gedanken gemacht. Woher hatte diese Firma zum Beispiel Nonnas E-Mail-Adresse? Natürlich bekam man auch vollkommen unaufgefordert Mails, die einem zu einer Penisverlängerung rieten. Oder zu Brustvergrößerung und Krediten. Aber eine Aufforderung, Dimethoat zu bestellen, hatte ich persönlich noch nie bekommen.

Durch das offene Fenster hörte ich das leise Gemurmel zweier Gäste, die am offenen Fenster vorbeigingen. Außerdem schmetterte gerade der Buchfink sein Lied. Es hörte sich alles so friedlich und nett an, aber hier in der Rezeption schien die Temperatur um etwa zwanzig Grad gefallen zu sein.

Jefferson International Trade Corporation.

Ich kopierte den Namen der Firma und gab ihn als Suchbegriff im Mailprogramm ein.

Tatsächlich. Es gab vier Mails zwischen Jefferson International Trade Corporation und meiner Großmutter. In der ersten bestellte sie einen Liter Perfekthion. Die zweite Mail war die Bestellbestätigung der Firma. In der dritten Mail fragte meine Großmutter nach, wann mit der Lieferung zu rechnen sei. Die vierte Mail beantwortete das. Die Lieferung war am 26. März dieses Jahres beim Zoll in Regensburg eingegangen.

Meine Großmutter hatte etwas in Amerika bestellt. Allein das war ja schon eine schockierende Nachricht. Aber anscheinend hatte sie allen Ernstes Dimethoat geordert. Trotz allem war das erst einmal unverdächtig, schärfte ich mir ein.

Schildläuse, minierende Kleinschmetterlingsraupen, das hatte Nonna im Sinn gehabt. Sie wollte garantiert nicht Musch um die Ecke bringen!

»Hallo«, sagte neben mir Jonas Schneider, und ich schrie einfach los. Meine Kaffeetasse fiel auf den Boden, und der Kaffee spritzte über alle Unterlagen. Das brachte sowohl den Kommissar als auch den Hund etwas aus dem Konzept. Milo war aufgesprungen und sah mich verstört an.

»Entschuldigung«, sagte Schneider in beruhigendem Tonfall. »Ich wollte Sie nicht erschrecken.«

»Entschuldigung«, murmelte ich. »Ich bin wohl etwas nervös.«

»Scheint so«, sagte er. Und obwohl er mich gerade nur nett ansah, hatte ich das Gefühl, dass er gerne auf meinen Bildschirm geguckt hätte. Vielleicht dachte er auch, dass ich auf irgendwelchen schweinischen Internetseiten unterwegs war. Am liebsten hätte ich den Rechner einfach ausgeschaltet. Aber das war irgendwie auch nicht richtig. Schließlich ging es darum, den Mörder vom Musch zu finden. Meine Gedanken schlugen ein paar Saltos, am liebsten hätte ich das jetzt alles vergessen. Ich warf ein paar Papiertaschentücher in die Kaffeesuppe am Boden und drehte mich zum Kommissar um.

»Ich bin total erschüttert«, sagte ich und sah Jonas Schneider in die Augen. Er hatte wieder diesen Blick drauf, der mir sagte, dass ich ihm alles anvertrauen konnte. Echt ein linker Trick!

»Ich habe gerade etwas in den Mails meiner Großmutter gesucht und bin auf das hier gestoßen.«

Ich drehte den Bildschirm des Computers so, dass er ihn sehen konnte. Er stützte sich mit den Ellbogen auf den Tresen der Rezeption und begann zu lesen.

»Die bieten meiner Oma Insektizide in Tausend-Liter-Chargen an. Aus Shanghai«, fügte ich mit dumpfer Stimme hinzu. Jonas Schneider sagte gar nichts, sondern blickte ins Leere.

»Sie denken doch jetzt nicht, dass meine Großmutter Leute ermordet hat?«, fragte ich besorgt.

Vielleicht war sie sogar eine Serienmörderin. Angeblich war doch der alte Steiner irgendeine Treppe hinuntergefallen, nicht auszuschließen, dass er vorher eine Insektizid-Praline verzehrt hatte.

»Jetzt wissen wir, wonach wir suchen müssen«, wich er meiner Frage gekonnt aus.

»Nach einem Liter Perfekthion?«, fragte ich.

»Außerdem sagt die Bestellung Ihrer Großmutter noch nichts darüber aus, zu welchem Zweck sie das Insektizid gekauft hat«, beruhigte er mich weiter.

Stimmt. Vielleicht war es geliefert worden, der Schmidkunz hatte die Gunst der Stunde erkannt und gleich ein paar Pralinen befüllt. Das hörte sich absurd an, aber schließlich gab es auch Absurditäten, die wahr wurden!

»Es ist doch eher unwahrscheinlich, dass sie kurz vor ihrem Tod noch Morde geplant hat, oder?«, schlug er vor und lächelte mir aufmunternd zu. Er war wirklich süß!

Um etwas Sichtbares zu leisten, beschloss ich mittags nach gefühlten Stunden der erfolglosen Suche nach dem Gift, die finstere Konifere zu entfernen. Während ich mich körperlich verausgabte, dachte ich weiter darüber nach, wo das Gift stecken könnte. Vielleicht war die Säge ein wenig zu kurz, denn ich rackerte mich ohne großen Effekt ziemlich ab. Dabei sägte ich wie eine Wilde. Schon nach kurzer Zeit war ich vollkommen verschwitzt und schmutzig, und trotz der Baumwollhandschuhe meiner Nonna spürte ich, dass ich vom Griff der Säge riesige Blasen bekommen würde.

Evelyn blieb neben mir stehen und sah mir zu wie einem Tier im Zoo.

»Weißt du, wie das mit den Mails von Nonna war?«, fragte ich, während ich mir den Schweiß von der Stirn wischte.

»Deine Nonna und Mails? Dass ich nicht lache. Deine Nonna hat alles per Telefon geregelt.«

»Sie hatte einen E-Mail-Account. Und einen Amazon-Account«, zählte ich auf und streckte mich ein wenig. »Zumindest habe ich in ihrem E-Mail-Account Amazon-Nachrichten gesehen.«

Evelyn zuckte mit den Schultern. »Darum habe ich mich nicht gekümmert. Ich kaufe auch nicht im Internet.«

Amazon-Konto von Nonna checken, notierte ich mir auf

meiner gedanklichen Checkliste und sah Evelyn freundlich an.

»Weißt du, ich sollte die nette Frau, die meiner Nonna am Schluss so geholfen hat, einmal zum Essen einladen.«

»Kannst du gerne machen«, nickte Evelyn. »Ich esse gerne Sushi.«

»Du hast sie ins Krankenhaus gefahren?«, fragte ich.

»Das war Alex.«

»Und warst mit ihr beim Einkaufen?«

»Das war die Meier-Schönlein«, gab sie zu.

»Und du bist ihr im Haushalt zur Hand gegangen?«

»Das habe ich tatsächlich gemacht.«

»Mein Geschenk eingepackt«, sagte ich, während ich wieder mit der Säge arbeitete.

»Das war auch die Meier-Schönlein.«

»Und die Pralinengläser gefüllt …«

Empört stemmte Evelyn ihre Fäuste in die Seite. »Hallo? Das lass ich mir jetzt nicht in die Schuhe schieben! Ich wette, das war die Meier-Schönlein, die hat sie auch ein paarmal zum Arzt gebracht.«

Ich seufzte nur. Das mit den Pralinen würde jetzt kein Mensch mehr zugeben. Und da das Gift jederzeit in die Pralinen hätte gespritzt werden können, war es schwierig, verdächtige Personen zu ermitteln. Evelyn verdünnisierte sich wieder, wahrscheinlich, weil sie weder auf den Tod der Konifere warten, noch sich meine haltlosen Verdächtigungen anhören wollte.

Danach tauchte fast umgehend die Meier-Schönlein auf, mit ziemlich missbilligender Miene, da die Konifere wohl unter Denkmalschutz stand, wie sie mir mitteilte.

»Wo, denken Sie, hat Nonna Insektenvertilgungsmittel aufbewahrt?«, fragte ich, weil ich den Eindruck hatte, dass sie sowieso in alles ihre Nase steckte.

»Ihre Großmutter besaß keine Insektenvertilgungsmittel«, zischte mich die Meier-Schönlein an. »Sie war eine umweltbewusste Frau. Sie hat die Fliegen mit der Hand gefangen und nach draußen gebracht.«

Da konnte ich mich an andere Dinge erinnern. Sie hatte einmal sogar eine Wespe im Flug mit einem Messer zerschnitten, voller Zorn, weil die ihr Tiramisu attackiert hatte.

»Sie hat eigens verboten, dass der Musch diese Wespenfallen aufstellt. Die, wo die Wespen drin ertrinken.«

»Das sieht auch ekelig aus«, sagte ich.

»Sie wollte nicht, dass die Wespen leiden.«

»Aber irgendetwas gegen … Schildläuse oder so. Könnte sie doch gehabt haben.«

»Woher sollte sie Schildläuse haben?«, fragte die Meier-Schönlein entnervt.

»Naja, ihre Pflanzen.«

»Welche Pflanzen? Ich würde mich darauf konzentrieren, was Evelyn so die ganze Zeit getrieben hat!« Die Meier-Schönlein drehte sich um und verkrümelte sich wieder.

Meine Ermittlungen waren alle für die Katz!

Kurz bevor ich entkräftet zusammenbrechen wollte, blieb Jonas Schneider neben mir stehen, und ich konnte mir nicht die Blöße geben und aufhören.

»Und. Was gefunden?«, wollte ich mit zusammengebissenen Zähnen wissen, während ich hartnäckig die stumpfe Säge vor- und zurück bewegte. Hin und wieder blieb sie auch stecken, und ich brauchte jedes Mal mehrere Anläufe, um sie wieder frei zu bekommen.

»Nein. Sieht tatsächlich so aus, als hätte Ihre Großmutter überhaupt nichts für Gifte übrig gehabt.«

»Das will ich wohl meinen«, brachte ich zwischen zusammengepressten Lippen hervor. Mein Gewerkel mit der Säge schien rein gar nichts zu bewirken! »Sie war ein herzensguter Mensch.«

Interessiert beobachtete er mich dabei, wie ich weitersägte, als ging es um mein Leben.

»Okay, manchmal war sie etwas cholerisch«, gab ich keuchend zu. »Konnte schon passieren, dass sie Leute angebrüllt hat. Selten. Selten, aber dennoch.«

Er nickte.

»Und dabei schlimme Wörter benutzt hat.«

Schon wieder konnte ich nicht aufhören, ihm Dinge zu erzählen, die ihn überhaupt nichts angingen.

»Schlimme Wörter«, wiederholte er.

Das mit dem Wiederholen meiner Sätze war auch so ein fieser Trick, um mich zum Weiterreden zu bewegen. Ich richtete mich auf und schob mir eine Haarsträhne aus dem verschwitzten Gesicht.

»So was wie … Stronzo oder Bagnaletto«, erzählte ich, weil er mich schon wieder ansah, als könnte er in meinem Kopf schauen. Ich wollte gar nicht wissen, wie es war, mit ihm befreundet zu sein. Das musste ganz, ganz schrecklich sein, wenn man ständig das Gefühl hatte, ihm alles erzählen zu müssen.

»Und, was heißt das?«

»Arschloch«, sagte ich, runzelte die Stirn und stockte ein wenig. »Und Bettnässer.«

Er lächelte, das sah wirklich total süß aus. Jedes Mal.

Okay, sie hatte in meinem Beisein auch schon »Sei una minghia secca« zu jemandem gesagt. Oder »dai, salti del ponte«. Letzteres hieß: »Komm, spring von der Brücke«, und ersteres wollte ich nicht übersetzen. Nonna hatte es nicht weiter schlimm gefunden, weil sie angeblich sowieso nicht verstanden worden war.

»Leute, die fluchen, bringen niemanden um«, behauptete ich. »Das ist eine altbekannte Regel.«

Er streckte die Hand aus und nahm mir die Säge weg. Vielleicht fühlte er sich von mir bedroht, oder so. Aber er schob mich nur zur Seite und krempelte sich die Hemdsärmel hoch.

»Die kannte ich noch gar nicht, die Regel«, bekannte er.

Mit viel Energie begann er nun seinerseits an der Konifere herumzusägen. Man muss vielleicht noch hinzufügen, dass ich unglaublich darauf stand, wenn sich Männer Hemdsärmel hochkrempelten. Kurzarmhemden waren eigentlich die Pest. Nichts war erotischer als ein hochgekrempeltes Männerhemd. Ich will nicht ins Schwärmen geraten, aber der Kommissar hatte perfekte Unterarme.

»Schimpfen reduziert das Gewaltpotenzial. Das ist eine alte indische Weisheit«, erklärte ich und versuchte, ihm nicht allzu auffällig auf die Unterarme zu glotzen. Ihm entwischte ein Lächeln, und ich konnte mir meines nicht verkneifen. Es sah wirklich toll aus, wenn so ein gut gebauter Kommissar eine Konifere niedermetzelte. Besonders wenn es sich um meine Konifere handelte, die mir ein Dorn im Auge war. Er hatte auf jeden Fall mehr Zug dahinter als ich.

»Wo haben Sie denn bis jetzt gesucht?«, fragte ich.

Außerdem sah es toll aus, wenn sich sein Bizeps unter dem weißen Hemd anspannte. Schade, dass ich die Sache mit Martin noch nicht geklärt hatte. Und Alex ein Date von mir wollte.

»Im Toilettenhäuschen«, brachte er etwas angestrengt hervor. »Und im Schuppen im Garten. Das stand übrigens alles offen.«

Den Schuppen hatte ich tatsächlich noch nicht abgeschlossen. Das war mir aber auch einigermaßen egal, nachdem selbst die Kassenschublade mit dem gesamten Geld offen gestanden hatte. Ich hatte 686 Euro und 32 Cent gezählt.

»Nonna war sehr vertrauensselig«, vermutete ich. Ich hatte sie zwar nicht so in Erinnerung, aber im Alter veränderte man sich ja bekanntlich noch.

»Es gibt da eine alte Scheune auf der Wiese auf der anderen Straßenseite«, fiel mir ein. »Die gehört auch meiner Nonna.« Da hatte sie meine alten Rollschuhe gelagert, sämtliche kaputten Fahrräder seit dem Jahre 1965 und wahrscheinlich noch dies und das.

»Wollen Sie meine Gartenhandschuhe haben?«, fragte ich besorgt.

»Danke. Nein«, presste er zwischen zusammengebissenen Zähnen hervor.

»Das gibt Blasen«, erklärte ich ihm und zog die Handschuhe aus. In diesem Moment kippte die blöde Konifere in meine Richtung und begrub mich unter einem riesigen Berg brauner und grüner Nadeln. Das Zeug stach mich im Gesicht und im Ausschnitt und nahm mir den Atem.

»Hallo?«, rief der Kommissar, und der Busch über mir begann zu wackeln. »Leben Sie noch?«

»Sehr witzig.«

Mit einem entschuldigenden Lächeln reichte er mir die Hand und zog mich zurück in die Vertikale. Milo, der alles für ein lustiges Spiel hielt, stand wedelnd vor mir und nutzte die Gunst der Stunde, um mir einmal quer über die Nase zu schlecken.

»Danke. Fürs Absägen«, sagte ich. Oben im Norden hätte man jetzt gesagt: »Da nich für.« Aber der Kommissar sagte nur: »Bitte.«

»Endlich ist diese blöde Konifere weg.«

Ich trat einen Schritt zurück.

»Das sieht doch jetzt richtig licht und hell aus«, schwärmte ich, während ich mir die Nadeln aus den Haaren zupfte.

Der Kommissar besah sich die Algenflecken auf dem Klohäuschen, die man dank der Konifere vorher nicht gesehen hatte. »Hm«, machte er nur, lächelte dann aber charmant und enthielt sich weiterer Kommentare. Ich beugte mich nach vorne und schüttelte meine Haare aus. Ein kleiner Berg Koniferennadeln rieselte gen Boden.

»Man müsste vielleicht mal streichen«, sagte ich, obwohl es mit Streichen wirklich nicht getan war. »Und die Fenster putzen.«

»Sie haben da einen schwarzen Fleck. Über dem rechten Auge«, sagte der Kommissar zusammenhanglos.

Ich wischte mir hastig über die Stirn, und nun grinste er tatsächlich.

»Jetzt ist es ein schwarzer Streifen«, verriet er mir lächelnd.

Kapitel 18

Ich fühlte mich nachgerade genötigt, ihm einen Kaffee anzubieten. Schließlich hatte er meine Konifere umgesägt. Während ich den Kaffee kochte, sah ich, dass er sich auf das Bänkchen vor der Rezeption gesetzt hatte und in seinem Notizbuch blätterte. Schnell wusch ich mir das Gesicht, weil ich tatsächlich einen breiten braunen Streifen quer über der Stirn hatte. Dann stellte ich ein Tablett mit Kaffeekanne, Bechern, Zucker, Milch und einem Schälchen Kekse neben ihn auf den Baumstumpf, und er schenkte uns beiden ein. Schweigend blickten wir über den Campingplatz hinunter zum See. Es war ein herrlich warmer Mittag. Heute würde mich niemand davon abhalten, schwimmen zu gehen. Bestimmt war das Wasser noch unglaublich kalt. Aber ich hatte gesehen, dass Frau und Herr Schmidkunz schon um zehn Uhr in Bademänteln zum See hinuntergeschlendert waren.

Der ganze Campingplatz war noch erfüllt vom Geruch nach gebratenem Fleisch von den mittäglichen Grillorgien, was mich ziemlich hungrig machte. Ich nahm zwei Kekse auf einmal und beschloss, heute Abend tatsächlich einmal zu kochen. Momentan war der

Campingplatz wie ausgestorben. Nonna hatte nämlich darauf bestanden, dass es mittags eine Pause gab. In der durfte keiner mit dem Auto herumfahren, Musik hören oder irgendetwas tun, das Lärm machte. Bestimmt fiel auch das Fällen einer Konifere unter die unzumutbaren Mittagstätigkeiten.

»Zu uns kommen die Leute, um zu entspannen. Und mittags wird geschlafen«, war schon in meiner Kindheit ihr unverrückbarer Standpunkt gewesen. Vermutlich, weil sie selbst mittags auf der Couch liegen wollte.

»Was ist eigentlich mit den Spritzen aus der Toilette?«, fragte ich zusammenhanglos in die Stille hinein.

»Da war tatsächlich Dimethoat drin«, antwortete der Kommissar.

»Ist das nicht komisch?«, sagte ich, während ich beobachtete, wie Frau Meier-Schönlein mit ihrem blauen Abspüleimer Richtung Abspülhäuschen unterwegs war. »Wieso tauchen plötzlich Spritzen mit Dimethoat im Klo auf?«

Das beantwortete mir der Kommissar nicht, aber ich konnte es mir zusammenreimen: Jemand hatte versucht, die Schmidkunzens verdächtig zu machen. Das bedeutete aber, dass der Mörder noch immer hier war! Das Handy des Kommissars klingelte, und ich ging zurück ins Haus. Ich war hochmotiviert, vor ihm das Gift zu finden.

In der Rezeption hatte ich nämlich noch nicht gründlich gesucht. Die sah zwar oberflächlich sehr aufgeräumt und sauber aus, aber es gab kleine Schränkchen, in denen man bestimmt super Gift verstecken konnte. Während ich auf allen Vieren in der Rezeption herumkrabbelte, kam Evelyn herein. Sie hatte drei Kekse in der Hand.

»Gehört deine Low-Carb-Diät endgültig der Vergangenheit an?«, fragte ich, während sie sich auf dem Tresen abstützte und dabei einen ganzen Stapel alter Post zum Absturz brachte.

»Diese Low-Carb-Diät hat irgendwie zu wenig Ballaststoffe«, erklärte sie, während ich das heruntergefallene Papier aufsammelte. »Zu wenig Ballaststoffe bedeutet, dass man einen Reizdarm bekommt.«

»Kekse gegen Reizdarm«, nickte ich beifällig, weil ich auch gerne Kekse aß.

Die Post schien einfach nicht weniger zu werden! Ich sammelte eine Telefonrechnung auf, eine Rechnung vom Krankenhaus von Februar, als meine Großmutter schon einmal im Krankenhaus gewesen war. Einen Umschlag, auf dem nur M. Murinski stand.

Da klingelte es in meinem Kopf. Der Name kam mir äußerst bekannt vor, und ich legte den Umschlag neben die Computertastatur. Nachdem ich ein paar Schubladen geöffnet hatte und mir aus einem Kästchen ein Berg vergilbtes Geschenkpapier entgegenrutschte, war meine Motivation für weiteres Suchen im Keller. Ich stopfte das Zeug zurück und setzte mich auf den Drehstuhl. Der Umschlag mit dem Namen M. Murinski sah mich vorwurfsvoll an.

»Hier ist kein Gift«, sagte Evelyn. »Das wäre mir doch aufgefallen.«

Energisch riss ich den Umschlag auf. 25 Euro, sonst nichts.

Ich hatte das ungute Gefühl, dass ich wissen sollte, wieso ein Umschlag mit 25 Euro hier herumlag.

»Sagt dir der Name Murinski was?«, fragte ich Evelyn, während ich weiter auf den Briefumschlag starrte.

»Ja. Das ist der Musch«, sagte sie, während sie den Wasserhahn voll aufdrehte und ihre Tasse darunter hielt.

»Der Musch? Der heißt doch … Muschinski.«

Evelyn lachte.

»Was ist?«

»Der heißt natürlich nicht Muschinski. Was soll denn das für ein Name sein?«

»Auf der Liste von Nonna steht Muschinski«, erinnerte ich sie. »Und ihr habt immer vom Muschinski geredet.«

»Ja, wir haben immer vom Muschinski geredet. Aber das ist trotzdem nicht sein Name.«

»Er heißt also Murinski.«

»Ja.«

»Und wieso habt ihr Muschinski gesagt?«

»Ist halt lustig. Und Murinski ist auch kein so irrer toller Name, oder?«

»Und wieso hat er mir 25 Euro in einen Umschlag hier in die Rezeption gelegt?«

»Keine Ahnung.«

»Oder wollte ihm Nonna das Geld geben?« Allerdings war es nicht ihre Schrift. »Was könnte er denn bezahlt haben? Was kostet hier denn 25 Euro?«

»Die Stellplatzgebühr war natürlich ein Lastschrifteinzug. Monatlich, versteht sich. Ich glaube nicht, dass er das in Raten bar gezahlt hat. Und die Semmeln hat er jeden Tag bei mir gezahlt, wenn er sie abgeholt hat, das weiß ich.« Evelyn stellte sich hinter mich und sah mir über die Schulter. »Außerdem heißt er nicht M. Murinski, sondern K.« Sie drehte sich wieder weg, und spülte auch noch meine Tasse ab. »K wie Karl, weißt du.«

M. Murinski. Der Name kam mir trotz allem sehr bekannt vor. »Das war seine Frau. Marianne Murinski.«

»Und wieso legt die mir Geld auf den Tisch?« Ich verstand überhaupt nichts mehr.

»Marianne ist doch schon lange tot.« Evelyn schüttelte über meine Unwissenheit den Kopf. »Aber Moment, sein Bruder, der hieß, glaube ich, Manfred. Das kannst du nachsehen, der hatte doch auch mal einen Stellplatz.«

Ich suchte in der Liste der Dauergäste, fand aber nur den Musch.

»Da gibt es noch eine Kartei. Vielleicht steht er nur noch nicht im Computer.«

Ich legte den Umschlag zurück.

»Manfred Murinski, sein unglücklicher Bruder aus Kiel. Der Musch macht riesige Erbschaften, und er geht leer aus.«

»Erbschaft«, wiederholte ich.

»Ja. Ziemlich ungerecht, wenn einer alles erbt.«

»Manfred Murinski aus Kiel«, wiederholte ich abgelenkt. »Vielleicht auch nicht Kiel. Irgendeine Stadt hoch im Norden«, verbesserte sich Evelyn.

Dann schrie ich fast: »Hoch im Norden! Manfred Murinski, klar! Das war der Kerl, der am Tag meiner Ankunft hier seinen Wohnwagen aufstellen wollte.«

»Bist du dir sicher?«, fragte Evelyn skeptisch. »Der wollte doch nie wieder herkommen!«

Ich sprang auf und lief hinaus in die Sonne, wo der Kommissar noch immer auf dem Bänkchen saß und über den See blickte.

»Jetzt hab ich ihn«, schrie ich stolz. Er zuckte derart zusammen, dass es aussah, als wurde er gleich von der Bank fallen. »Also, jetzt weiß ich, wie er geheißen hat, der Mann, der nur eine Nacht hier am Campingplatz war. Manfred Murinski.«

»Der sich ohne zu zahlen davon gemacht hat?«, wollte Jonas Schneider wissen.

»Naja. Ohne zu zahlen stimmt nicht«, gab ich zu, jetzt wieder in gemäßigtem Tonfall. »Er hat mir einen Umschlag mit Geld hingelegt.«

»Hingelegt«, wiederholte er und blinzelte in die Sonne.

»Ich hatte doch geschlafen. Vor dem Computer«, antwortete ich und wand mich innerlich ein klein wenig. »Wegen der langen Fahrt.«

»Und wegen der kranken Taxifahrer«, sagte er ernst, aber ich konnte mich trotzdem nicht des Eindrucks erwehren, dass er innerlich ziemlich breit grinste.

»Ja. Genau. Anscheinend wollte er mich nicht wecken und hat mir einfach Geld hingelegt.«

»Und ist dann einfach abgehauen«, fügte Evelyn zufrieden hinzu.

»Abgehauen stimmt ja nicht ganz«, wandte ich ein. »Schließlich ist es sein gutes Recht, abzureisen, wenn er gezahlt hat.«

»Soll ich dir was sagen«, erläuterte Evelyn, »ich habe doch gleich gesagt, dass er mir so bekannt vorkam. Wahrscheinlich hat er mich an den armen Musch erinnert. Familienähnlichkeit, du verstehst.«

»Das hätte dir auch früher einfallen können!«

Kapitel 19

Der nächste Tag war wirklich Horror.

Es begann damit, dass ich gewissenhaft die Semmeln holen wollte und versehentlich das Wort »Brötchen« in den Mund genommen hatte. Ein Fauxpas, den die Frau Meier – Ehefrau des »Meierbeck« – mit den Worten kommentierte: »Sie, des probiern mer glei noch amal. Da gehn's jetzad raus, kommen's wieder herein, und dann schaun mer mal.«

Ich war kurz davor gewesen, kommentarlos zu gehen, und überhaupt nicht mehr wiederzukommen. Aber der Gedanke, die wütenden Camper an der Backe zu haben, ließ mich brav erneut eintreten und Semmeln bestellen. Dann fuhr ich zurück zum Campingplatz, wo mich wüstes Geschrei empfing. Als ich aus dem Auto sprang, sah ich, dass Frau Meier-Schönlein eine schwarzhaarige Camperin an den Haaren gepackt hatte und herumschrie, während die andere lautstark heulte.

Da kam die Schmidkunz und packte die Meier-Schönlein an der Taille, schaffte es aber nicht, sie von der anderen wegzuziehen.

»Ja meint die, uns graust's vor gar nix?«, brüllte die Meier-Schönlein empört. »Die grauerische Bixn!«

Ich ließ die Semmeln sein und stürmte auch hinzu, um die Finger von Frau Meier-Schönlein auseinanderzubiegen. Als ich es geschafft hatte, rannte die malträtierte Frau einfach davon, wahrscheinlich um die Polizei zu holen, oder einen Psychiater.

»Das schau ich mir schon seit Tagen an!«, keifte Frau Meier-Schönlein als Erklärung. »Jeden Tag putzt sie ihre Zähne im Geschirrspülbecken!«

Herr Meier-Schönlein packte seine Frau und führte sie zum Wohnwagen, während ich mit zitternden Knien zurück zum Auto wankte. Evelyn lachte nur.

»So lustig ist das nicht«, erklärte ich bestimmt, während ich die »Semmeln« – Gott bewahre, dass mir noch jemals das Unwort des Jahres über die Lippen kam – auf den Tresen stellte.

»Stimmt«, sagte sie, aber sah trotzdem noch ziemlich amüsiert aus.

Am Nachmittag – wir hatten noch immer kein Gift gefunden – rief ich Alex an, um ihn zu bitten, die Konifere abzuholen. Zufällig hatte er gerade Zeit, und kaum eine halbe Stunde später sah ich ihn schon seinen Landrover samt Anhänger rückwärts mit großer Geschwindigkeit Richtung Klohäuschen rangieren. Gleichzeitig fuhr ein Wohnmobil vor: Die schwarzhaarige Frau mit ihrem Mann, die unbedingt abreisen wollte, nachdem Frau Meier-Schönlein sie angegriffen hatte. Da der Kommissar nichts gegen die Abreisepläne gehabt hatte, hob ich nur grüßend die Hand. Ich hatte ihnen die Hälfte der Gebühren erlassen, aber auch das schien die beiden nicht zu trösten. Die sah ich jedenfalls nie wieder.

»Du bist echt ein Schatz«, dankte ich Alex und sah

dem Wohnmobil nach. Einen Campingplatz zu leiten war einfach nur furchtbar!

»Ich hab was gut bei dir«, sagte er und zwinkerte mir zu.

»Und was?«

»Das liegt bei mir.«

»Moment, Moment …«

Er grinste und zog sich sein T-Shirt über den Kopf. Mit einem innerlichen Seufzen sah ich zu, wie er die Konifere einfach als Ganzes auf den Anhänger warf. Danach sammelte er noch ein paar Ästchen auf, und jedes Mal, wenn er sich streckte, formten sich ungemein wohlgestaltete Muskeln unter der Bauchdecke. Ich hatte schon lange keine Bauchmuskeln mehr gesehen. Bei Martin lag das nämlich alles unter einer etwas schwammigen Fettschicht verborgen, sofern dort überhaupt jemals Muskelmasse gewesen war. Und den Kommissar hatte ich noch nicht ohne Hemd gesehen.

»Also. Heute Abend essen wir zusammen«, sagte er und stellte sich so knapp vor mich, dass ich ihm beinahe die Hand auf die Brust gelegt hätte.

»Aha«, machte ich und zog eine Augenbraue nach oben. »Und was macht dich da so sicher?«

»Diese Konifere«, grinste er. »Oder soll ich sie dir wieder herkippen?«

Ich musste lachen.

»Ich hab dich voll in der Hand«, erklärte er selbstsicher. »Sieben Uhr. Und zieh dir was Schnuckeliges an.«

Pah.

»Ich heb mir die Konifere auf. Damit ich sie dir notfalls wiederbringen kann«, drohte er mir, aber in seinen Augen blitzte ein Lächeln. Ich lächelte zurück, trotz der Erpressung, und sah zu, wie er wieder in den Wagen sprang und mit ziemlichem Karacho den kleinen Hang zur Straße hinaufrauschte. Die Konifere im Anhänger hüpfte wild hin und her, als er, ohne groß vom Gas zu gehen, auf die Hauptstraße hinausfuhr. Bei jedem anderen wäre ich zumindest beleidigt gewesen, aber Alex kannte ich einfach schon zu lange.

Leider hatte ich nichts Schnuckeliges zum Anziehen dabei, naja, bis auf ein rotes Bodycon-Kleid von Marks & Spencer, das ziemlich gewagt war.

War das jetzt ein Date?

Nein, beschloss ich für mich. Er war mein Jugendfreund. Schließlich hatte er mir schon das ABC vorgerülpst.

Um sechs Uhr abends hatte ich schließlich die Rezeption nach meiner Giftsuche wieder einigermaßen aufgeräumt. Gerade wollte ich noch ein paar alte Kataloge in den Papierkorb legen, als ich zerrissene Fetzen von Papier darin liegen sah. Mir stach das Wort »Darlehensnehm…« ins Auge, und darunter das Wort »…lehensbetrag…«, was vermutlich Darlehensbetrag heißen sollte. Darunter waren noch die Worte: »nach Stellung« und »Konto« zu lesen. Alles mit der Hand in blauer Tinte geschrieben. Ich hatte kein derartiges Papier hier zerrissen und weggeworfen. Vorsichtig strich ich die einzelnen Papierteile glatt, fand noch Worte wie »mit seiner Unterschrift« und »Auszahlungsdatum«. War das ein Schuldschein? War das vielleicht in Wirklichkeit der Zettel, den Evelyn eingesteckt hatte? Aber anscheinend hatte ich ihn nicht vollständig in den Händen. Verdächtige Namen konnte ich nicht finden. Vorsichtshalber steckte ich die Papierfetzen in einen Umschlag, um sie dem Kommissar zu überreichen. Das Auto des Kommissars stand noch bei der Schranke, aber ich sah ihn nirgends. Außerdem musste ich jetzt zusehen, dass ich mich für mein Date umzog!

Aus Ermangelung anderer Optionen hatte ich mich tatsächlich in mein gewagtes Kleid geworfen und sogar hübsche Dessous angezogen. Evelyn warf sich derweil auf mein Bett und gab mir konstruktive Hilfestellungen. Nämlich Figur formende Spanx zu tragen, weil Dessous ihrer Meinung nach total überschätzt wurden. Falls es zum Äußersten kommen sollte, müsse ich das Licht runterdimmen und mich dann ganz schnell ausziehen. Dann wäre die Aufmerksamkeit der Männer nämlich ganz schnell bei anderen Dingen als Dessous. Ich verkniff mir die Antwort, dass ich mich bestimmt nicht vor Alex ausziehen würde.

Als ich schließlich in die Rezeption floh, um mich vor dem dortigen Spiegel zu schminken, kam Frau Schmidkunz herein. Ihre Augen waren rot, als hätte sie eben geweint. An der Hand trug sie ein großes Pflaster.

»Frau Schmidkunz, haben Sie sich verletzt«, sagte ich, während ich weiter an meinem Make-up arbeitete.

»Das war die Gisela. Als ich sie von der Frau wegziehen wollte«, erklärte sie. »Kann ich noch die Semmeln umbestellen?«

»Klar«, sagte ich und trug Wimperntusche auf. Ich sah über den Spiegel hinweg, dass sie ihre Brötchenbestellung ganz strich. »Wollen Sie abfahren?«

»Das geht ja nicht. Mein Mann und ich werden morgen zum Frühstücken nach Regensburg fahren.«

»Gute Idee«, pflichtete ich ihr bei und spitzte die Lippen, um Lippenstift aufzutragen. »Weiß gar nicht, was ich über Frau Meier-Schönlein sagen soll.«

Frau Schmidkunz nickte, schaute mir eine Weile beim

Schminken zu und sagte schließlich: »Das ist halt ihre Krankheit. Ich bin ihr nicht böse.«

Also, mir ging sie ganz gewaltig auf den Senkel. Krankheit hin oder her.

»Gottfried hat sich auch bei uns entschuldigt.«

Bei mir nicht.

»Das mit dem Alzheimer wird halt immer schlimmer«, flüsterte sie. »Manchmal ist sie ganz normal, und dann wird sie aggressiv. Gottfried hat gesagt, er weiß nicht, wie lange er noch auf dem Campingplatz bleiben kann. Sie würde mitten in der Nacht zu kochen anfangen, wenn er sie ließe.«

»Oh je«, flüsterte ich zurück. Ich fand sie die meiste Zeit ziemlich normal, bis auf die gelegentlichen Ausrutscher.

»Letztes Jahr hat sie mehrere Camper so zur Sau gemacht, dass zwei davon abgereist sind.«

»Das Ehepaar ist heute auch abgereist«, gestand ich ihr.

»Und wir dürfen nicht«, sagte sie. In ihrer Stimme lag leichte Hysterie.

Anscheinend konzentrierten sich die Ermittlungen jetzt ganz auf die Dauercamper.

»Vielleicht ist sie die Mörderin«, sagte ich schaudernd. »Vielleicht hatte sich der Musch auch die Zähne am Spülbecken geputzt!«

Frau Schmidkunz musste lachen und wischte sich eine kleine Träne unter dem Auge weg.

Draußen vor der Schranke hörte ich den Pick-up parken.

Alex stand neben seinem Auto, pfiff bewundernd durch die Zähne und lächelte mich an. Auch er hatte sich aufgebrezelt und trug eine dunkelblaue Stoffhose, ein

Hemd ohne Krawatte und darüber ein dunkelblaues Sakko. Das sah ziemlich lässig und gleichzeitig edel aus.

»Schick«, grinste er mich an. Er gab mir rechts und links einen Kuss auf die Wange und hielt mich einen Tick zu lange im Arm, was sich ziemlich gut anfühlte.

»Du kannst froh sein, dass ich überhaupt mitkomme«, informierte ich ihn, als ich mich wegdrückte und in seinen Pickup kletterte. »Irgendwo hier ist noch ein riesiges Giftdepot, das ich finden müsste. Frau Schmidkunz würde am liebsten abreisen.«

»Ach Unsinn. Ein richtiger Mörder hat seine Spuren doch schon längst beseitigt.«

Nun ja. Die Spritzen hatte er jedenfalls aufgehoben. Und sehr unsachgemäß entsorgt. Eine Weile fuhren wir schweigend Richtung Ort.

»Frau Meier-Schönlein hatte einen so schlimmen Aggressionsschub, dass eigentlich alle Campinggäste abreisen wollten.« Ich hatte schon gesehen, dass sich eine Frau warmes Wasser zum Wohnwagen geholt hatte, nur um nicht im Geschirrspülhäuschen abspülen zu müssen!

Außerdem hatte ich dem Kommissar noch das Kuvert mit den Papierfitzelchen als Denksportaufgabe in die Hand gedrückt. Soweit ich es zusammengesetzt bekommen hatte, handelte es sich um einen privaten Darlehensvertrag. Aber wer das Geld an wen verliehen hatte, hatte ich nicht rekonstruieren können. Vielleicht gab es ja bei der Kripo extra Puzzle-Spezialisten. Dem Kommissar schien jedenfalls mein Kleid zu gefallen haben, auch wenn er sich um eine möglichst neutrale Miene bemüht hatte.

Ich seufzte. »Meinetwegen können sie alle abreisen. Dann muss ich mir wenigstens keine Sorgen machen, dass jemand umgebracht wird.«

»Hat die Polizei einen Hauptverdächtigen?«, fragte Alex nach.

»Ich denke mal, der Bruder vom Musch. Der war genau an dem Tag vor Ort. Und laut Evelyn gab es da irgendeinen Erbstreit.«

Meine Hauptverdächtige müsste der reinen Lehre nach Evelyn sein. Die verschwundenen Spritzen. Die Durchsuchung von Muschs Wohnwagen und das Stück Papier, das sie mitgenommen hatte, das vielleicht doch ein Darlehensvertrag gewesen war und kein Zettelchen mit einer Uhrzeit! Allerdings konnte ich mir immer noch nicht vorstellen, dass Evelyn Leute umbrachte.

»Aber die Pralinen waren doch schon viel länger vergiftet, oder?«, fragte Alex, den Blick auf die Straße gerichtet.

Das stimmte auch wieder. Die Spritzen jedoch, in denen auch Dimethoat gefunden wurde, waren genau am Todestag weggeworfen worden. Was für ein Schwachsinn eigentlich! Wenn dieser Murinski der Mörder war, konnte ich mir nicht vorstellen, wie er das hätte bewerkstelligen sollen.

»Wo sollen wir hinfahren? Nach Regensburg?«

»Ich will nicht zu weit weg vom Ort des Geschehens. Kann sein, dass der Kommissar noch was braucht.«

Alex' Miene verfinsterte sich.

»Was hältst du davon, in euer Restaurant zu gehen?«, schlug ich vorsichtig vor.

»Ach komm«, sagte er. »Wenn ich da mit einer Frau auftauche, fängt meine Mutter an, eine Hochzeitsfeier zu organisieren.«

»Aber doch nicht bei mir.« Ich gab ihm einen leichten Stups mit dem Ellbogen. »Ich bin doch nur die Sofia.«

Brav bog er in die Einfahrt zum Brauereigasthof Stöckel ab und parkte auf dem Privatparkplatz der Familie.

Danach hielt er mir galant die Beifahrertür auf und pfiff schon wieder bewundernd durch die Zähne. »Du bist schon ein heißer Feger«, verriet er mir.

Ich schlug ihm kurz auf den Bauch, und er lachte.

Die Tür zum Bräustüberl war offen, und man konnte sehen, dass es voll besetzt war. »Stammtischrunde«, sagte Alex und legte mir seine Hand auf die Taille, um mich in das Seestüberl zu dirigieren. Dort war es erfreulich leer, die Aussicht auf den See war wirklich der Hammer, und auch wenn ich nur ein paar Mal mit meiner Großmutter hier mein Kinderschnitzel gegessen hatte, wusste ich, dass die Stöckels sehr darauf achteten, dass sie immer einen guten Koch hatten. Die Anspannung der letzten Tage verflog, als ich mich setzte. Leider musste Alex seinen Arm wegnehmen.

»Ist doch wunderbar hier«, sagte ich zu ihm und bemerkte seine Anspannung. Vielleicht lag es auch an der Bedienung, die riesige Brüste hatte und sie in ihrem Dirndl wie auf einem Teller präsentierte. Sie war etwas jünger als wir und schien größtes Interesse an Alex zu haben. Mir warf sie nämlich nur giftige Blicke zu.

»Was kannst du mir empfehlen?«, fragte ich Alex.

»Du meinst, neben dem weltbesten Weißbier?«

»Schweinemedaillons mit Schwammerlsauce«, sagte die Bedienung, wieder mehr an Alex gewandt. »Oder, wenn es Fisch sein darf, Maischolle Müllerin Art. Mit Salzkartoffeln.«

»Dann nehme ich das Schnitzel. Mit Kartoffelsalat«, lächelte ich die Bedienung an.

»Unbeeinflussbar. Für mich dasselbe«, sagte Alex. »Und zwei Helle.«

»Nein. Das ist mein traditionelles Essen hier«, erklärte ich, während die Bedienung etwas angesäuert verschwand. »Allerdings war es früher immer mit Pommes. Und einem Kracherl.«

Wir lachten beide. Bier mochte ich eigentlich nicht. Aber in einem Brauereigasthof konnte man wohl nichts Anderes trinken ohne aufzufallen.

»Morgen könnten wir uns ein Boot klauen«, sagte er nach einer kurzen Pause. »Da vorne am Steg liegt ein schönes. Dann machen wir uns einen tollen Tag am See.«

»Wessen Boot ist das?«

»Keine Ahnung, wir klauen es schließlich.«

Ich lachte nur, weil ich ahnte, dass es ihm gehörte. Die Bedienung trug gerade eine knusprige Schweinshaxe in den Nebenraum, und dem Geruch und dem Aussehen nach zu schließen, war die richtig lecker. Ich bereute, nicht Schweinshaxe mit Reiberknödel bestellt zu haben. Während ich noch sehnsüchtig dem Essen hinterher blickte, blieb neben uns jemand stehen und grüßte.

»Herr Schwarz«, sagte Alex kurz angebunden.

»Herr Stöckel«, antwortete dieser freundlich und wandte sich dann mit einem breiten Lächeln an mich. »Und die reizende Frau Ziegler.«

Na, der hatte ja seine Hausaufgaben gemacht! Das musste der Immobilien-Schwarz sein, vor dem ich schon gewarnt worden war. Er trug eine lange Lederhose mit aufwändigen Verzierungen, dazu ein weißes Hemd und eine grüne Weste. Dem Bauch nach ging er gerne zum Stammtisch beim Stöckelbräu, denn er wölbte sich gewaltig nach vorne und füllte das Hemd gut aus. Seine dunklen Haare waren etwas zu füllig, als würde er ein Toupet tragen. Außerdem war er mir spontan sehr, sehr unsympathisch.

»Darf ich mich setzen?«, fragte er in einem Tonfall, als wäre es vollkommen klar, dass wir nichts dagegen haben könnten.

»Nein«, antwortete Alex reichlich ruppig, während mir schon ein »Aber gerne« auf der Zunge lag. Das war jetzt wirklich ziemlich unhöflich! Der Schwarz behielt sein breites Grinsen bei.

»Ich werde demnächst einmal bei Ihnen vorbeikommen«, verriet er mir. »Ich denke, wir haben einiges zu besprechen.«

»Das denke ich nicht«, erklärte Alex ihm eisig.

»Ich bin mir sicher, Frau Ziegler wird das alleine entscheiden wollen. Das Angebot, das ich Ihnen unterbreiten möchte, ist unschlagbar. Ich melde mich.«

Er nickte mir mit freundlicher Miene zu, aber mir war klar, dass das alles nur aufgesetzt war. Das war einfach kein freundlicher Mensch. Er wollte meinen Campingplatz, und dafür würde er sich einiges einfallen lassen. Plötzlich verstand ich die Ängste der Camper. Ich überlegte, ob er so fies sein konnte, Leute auf meinem Campingplatz zu ermorden, nur damit ich auch wirklich verkaufte. Ich verwarf diese Idee. Das hatte er bestimmt nicht nötig. Schließlich hatte er mir noch überhaupt kein Geld geboten.

Das Bier wurde gebracht, und wir nahmen beide einen großen Schluck. Es schmeckte tatsächlich fantastisch. Vielleicht sollte ich meine Abneigung gegenüber Bier überdenken.

Eine Weile saßen wir einander nur stumm gegenüber, dann sagte Alex mit ziemlich brummiger Stimme: »Du wirst nicht an ihn verkaufen. Wenn, dann verkauf den Platz mir.«

»Was willst denn du mit einem Campingplatz?«

»Keine Ahnung«, gestand er. »Aber ich finde, der gehört da hin. Ich kann dir nur nicht so viel Geld bieten wie der Schwarz.«

Wenn ich zum Bräustüberl hinübersah, konnte ich

den Schwarz sehen. Er gestikulierte wie ein selbstgefälliges Arschloch. Plötzlich war ich mir auch sicher, dass er das Moor für einen Golfplatz trockenlegen lassen würde. Und so einen alten, unrentablen Campingplatz einfach einstampfen ließ. Aber nicht jetzt, wo das Klohäuschen auf dem Wege der Besserung war!

Alex lächelte mich an. »An was denkst du gerade?«

»An das Klohäuschen«, gab ich zu, und er begann zu lachen. »Ich dachte, du denkst gerade an mich wunderbaren Mann.«

In diesem Moment kam schon unser Essen und entband mich einer Antwort. Einer der Vorteile, wenn man mit dem Sohn des Besitzers zum Essen ging, war, dass man ganz schnell bedient wurde. Das Schnitzel war knusprig, der Kartoffelsalat genau, wie ich ihn mochte. Das Bier schmeckte, und der Alex war wirklich ein fesches Mannsbild.

Das schönste war, dass ich mit Alex zusammen hemmungslos reinhauen konnte, ohne mir Gedanken darüber zu machen, ob ich jetzt blöd dastand, weil ich so viel gegessen hatte. In seiner Gegenwart fühlte ich mich einfach immer rundum wohl und hatte nie das Gefühl, den Bauch einziehen oder langsam essen oder nur Salat bestellen zu müssen.

Als ich meinen Blick hob, sah ich den Kommissar in der Tür stehen. Er ließ seinen Blick über die Gäste schweifen und kam dann direkt auf uns zu.

»Tut mir leid, dass ich Sie stören muss«, sagte er und schwieg dann unangenehm lange.

»Doch nicht eine weitere Leiche?«, fragte ich atemlos.

»Nein. Das nicht. Aber etwas, das keinen Aufschub duldet.«

Alex hatte mich mit einem Seufzen gehen lassen. Recht

lange musste er sich wahrscheinlich nicht langweilen, denn schon im Hinausgehen sah ich eine dralle Blonde an seinen Tisch marschieren und eine Unterhaltung anfangen.

Ich bereute ein klein wenig, dass ich in meinem Versperr-Wahn alles Mögliche abgeschlossen hatte, denn der Kommissar wollte unbedingt den kleinen Schuppen hinter dem Geschirrspülhäuschen kontrollieren. Den riesigen Schlüsselbund hatte ich natürlich nicht mit dabei, sondern versteckt. Irgendwohin, wo auch Evelyn ihn nicht zufällig finden konnte. Wo genau das war, hatte ich jetzt spontan allerdings nicht auf dem Schirm.

Als ich neben dem Kommissar im Auto saß, sah er eine Weile nur das Lenkrad an. »Wir haben heute die Ergebnisse der Fingerabdrücke bekommen. Auf den Pralinengläsern, die noch nicht verschenkt worden sind, konnten wir ausschließlich Evelyn Kaminskis Fingerabdrücke feststellen. Nicht nur auf ihrem eigenen.«

Ich sah ihn von der Seite an.

»Haben Sie sie jetzt verhaftet?«

»Nein. Sie gibt zu, die Gläser befüllt zu haben, behauptet aber, sie danach nie wieder gesehen zu haben.«

Ich nickte. Noch ein Hinweis auf Evelyn als Mörderin?

»Außerdem habe ich eben den Anruf bekommen, dass Herr Murinski wieder aufgetaucht ist«, sagte er.

»Musch?«, fragte ich erschrocken.

»Nein, sein Bruder.« Der Kommissar blickte mir recht angestrengt ins Gesicht, vielleicht, weil mein rotes Kleid so einen gewagten Ausschnitt hatte.

»Dann haben Sie ja den Mörder«, sagte ich. Auch wenn mir Evelyn ziemlich auf den Geist ging, war es mir lieber, sie wäre keine Mörderin.

»Einen Zeugen«, verbesserte er mich.

»Einen Zeugen«, wiederholte ich, und dann fuhren wir los.

Ich musste mich jetzt auf die Schlüssel konzentrieren, ich hatte noch immer keine Ahnung, wo ich sie hingelegt hatte. Am Campingplatz angekommen, ging ich mit dem Kommissar im Schlepptau in die Rezeption, kniete mich auf den Boden vor das kleine Regälchen und zog das Verpackungsmaterial heraus, das Nonna dort gehortet hatte.

»Ich habe die Schlüssel versteckt«, sprach ich in das Regal hinein. »Und ich bin mir nicht sicher … Ah. Doch.«

Ich drehte mich zu ihm um und hielt ihm einen Schlüsselbund entgegen. Diesmal hatte der Kommissar keine neutrale Miene, sondern sah ausgesprochen irritiert aus. Vielleicht weil ich mit meinem roten engen Kleid auf dem Boden herumkroch.

»Ist was nicht in Ordnung?«

»Nein, nein«, beeilte er sich zu versichern und nahm mir den Schlüssel ab. Als er draußen war, zog ich mir schnell die Pumps und die Seidenstrumpfhose aus und schlüpfte in die Flipflops. Bevor er beim Abspülhäuschen gegenüber von Muschs Wohnwagen angekommen war, hatte ich ihn schon wieder eingeholt.

»Und wie kommen Sie jetzt auf diesen Abstellraum?«, fragte ich.

»Ein Tipp eines Campers.« Er warf einen kurzen Blick auf meine nackten Beine.

»Einer Camperin?«, fragte ich, während ich zusah, wie er die verschiedenen Schlüssel durchprobierte. »Vielleicht einer Camperin, die Angst um ihr Leben hat?«

»Sie sollten zur Polizei gehen«, grinste er, »Meisterin der suggestiven Fragen.«

»Geben Sie mal her«, sagte ich und nahm ihm den Schlüsselbund ab. Ich hatte das Schloss in Nullkommanichts geöffnet. In dem kleinen, fensterlosen Raum war so allerhand gehortet, und ich beschloss, mich nicht zu schämen. War nicht mein Gerümpel. Der Kommissar holte eine Taschenlampe heraus.

»Steht Ihnen gut«, sagte er, ohne mich anzusehen.

»Was? Abstellräume?«

»Nein, die Farbe Rot«, sagte er, wieder in den Raum hinein. »Am besten bleiben Sie draußen, da drin machen Sie sich nur schmutzig.«

Seufzend lehnte ich mich draußen an die braune Bretterwand und sah hinüber zu den Wohnwägen. Nur zwei Meter weg stand Muschs Messi-Wagen. Was ich mit dem jetzt wohl machen sollte? Jeder normale Mensch würde so ein Erbe ablehnen.

»Sie können das gerne alles mit in Ihre Asservatenkammer nehmen«, probierte ich, meinen Problemmüll bei der Polizei loszuwerden.

»Netter Versuch«, hörte ich seine Stimme. »Ich glaube nicht, dass ich hier etwas finde, das uns weiterbringt.«

Gut, dass ich wenigstens das Schnitzel schon verdrückt hatte. Das hätte mich jetzt wirklich geärgert, wenn ich hier nutzlos herumstehen müsste, während mein Schnitzel kalt wurde. Mein Blick glitt zum Wohnwagen der Schmidkunzens. Ich war mir hundertprozentig sicher, dass Frau Schmidkunz dem Kommissar die Existenz dieser Kammer verraten hatte. Bei ihnen sah es überhaupt nicht so aus, als müsste mal jemand entrümpeln. Alles ordentlich, die Gartenzwerge in Reih und Glied. An der Wäschespinne baumelten die Schmidkunzeschen T-Shirts. Er stand offensichtlich auf Werbe-T-Shirts und sonstige beschriftete Textilien. Ich legte meinen Kopf schief. Hinter ihrem Wagen war ordentlich

Kinderspielzeug gestapelt. Zwei Spielzeugtraktoren, ein rotes Eimerchen mit Sandspielzeug und ein gelbes Plastik-Imkereimerchen, in dem eine Flasche stand. Eine blaue Flasche mit einem weißen Deckel. Darunter war ein oranges Viereck mit einem schwarzen Kreuz darauf.

»Wer ist denn Ihr Hauptverdächtiger?«, fragte ich, als etwas in der Rumpelkammer umfiel.

»Und Ihrer?«, fragte er, als hätte er meine Frage schon beantwortet.

»Ich habe ganz viele. Seit Sie mir das mit den Fingerabdrücken erzählt haben, überlege ich mir, in der Nacht eine Kommode vor die Tür zu schieben.« Und wahlweise, Evelyn dazu zu zwingen, im Hotel »Grüner See« zu übernachten.

»Und der Herr Murinski?«

»Der wird noch heute befragt«, verriet er mir. »Wenn ich hier fertig bin, fahre ich zurück nach Regensburg …«

»Und inzwischen schmort Herr Murinski in U-Haft?«, fragte ich neugierig.

Aus dem Schuppen kam ein Geräusch, als würde jemand lachen, dann sagte der Kommissar mit ernster Stimme: »Nein. Er wird als Zeuge befragt.«

Ich seufzte. Irgendwie hatte ich mir das alles spektakulärer vorgestellt.

»Wie glauben Sie, sieht diese Giftflasche aus?«, gähnte ich.

Der Kommissar kam aus der Kammer. Er sah aus, als hätte auch er keine Lust mehr zu suchen. Aus seiner Hosentasche fischte er sein Handy und googelte nach »Perfekthion«. Er lehnte sich neben mich an die Bretterwand, während ich sein Handy nahm und mir die zahlreichen Bilder ansah.

Aha. Blaue Flasche. Weißer Deckel. Orange Gefahrensymbole.

»Oh je«, sagte ich und gab ihm sein Handy zurück. »Vielleicht habe ich es gerade gefunden.«

Er folgte mir, als ich zu Schmidkunzens Wohnwagen ging und die Flasche aus dem kleinen Imker-Eimer holte.

Kapitel 20

Am nächsten Tag läutete am Vormittag ununterbrochen das Telefon. Kein Wunder, bald waren Pfingstferien. Dann würden nicht nur neue Campinggäste ankommen – vermutlich mit Unmengen kreischender Kinder –, sondern auch die anderen Stammgäste. Und der Fall war noch immer nicht gelöst! Das Gift war zwar gefunden, aber einen großen Ermittlungserfolg stellte das trotz allem nicht dar. Vielleicht würden ja die Fingerabdrücke etwas ergeben, aber bei dem Glück, das ich momentan hatte, würde die Familie Schmidkunz bei ihrer Fassung bleiben, dass sie nämlich diese Flasche noch nie in ihrem Leben gesehen hatten, ebenso wenig wie den ominösen Imkereimer, den überhaupt niemand vom Campingplatz jemals gesehen hatte.

Was mir das alles klar gemacht hatte, war: Der Mörder kam vom Campingplatz. Und er versuchte jetzt, jeden verdächtig zu machen. Am liebsten Familie Schmidkunz. Oder der Apotheker war so klug und machte sich selbst verdächtig, um besonders unverdächtig zu sein.

Zornig knallte ich den Hörer auf, Klaus und Gruber weigerten sich, mit mir zu sprechen! Ich hatte noch immer nicht verkauft. Vermutlich würde ich Pfingsten schwitzend hinter der Theke sitzen und Semmeln und Steckerleis verkaufen und was weiß ich noch alles für unangenehme Tätigkeiten machen, nur weil nichts voran ging! Eine Weile erwog ich sogar, mich bei Immobilien Schwarz zu melden. Wahrscheinlich würde der sogar dann noch kaufen, wenn mehrere Leichen frisch herumlagen!

Ich starrte böse die Rechnungen an. Wie der Fall zu lösen war, wenn Nonna die Mörderin war, wusste ich auch nicht. Ich rief noch einmal die Mail auf, in der Nonna nachgefragt hatte, wann das Gift geliefert werden würde.

Aber war das wirklich Nonna gewesen? Wer kam an den Computer des Campingplatzes denn heran? Wohl jeder hier. Oder hauptsächlich Evelyn?

Evelyn im Auge behalten, dachte ich mir, und suchte in dem Zettelwust nach dieser Nachricht meiner Großmutter. Das kleine Zettelchen war weg. Vielleicht hatte ich es auch selbst versehentlich weggeworfen. Energisch versuchte ich nicht mehr an meine persönlichen Ermittlungen zu denken und beschäftigte mich mit den Rechnungen. Schon wieder tauchte eine Rechnung aus dem Universitätsklinikum Regensburg auf. Ich hatte natürlich gewusst, dass meine Nonna an Krebs gestorben war. Seltsamerweise hatte ich das erst nach ihrem Tod erfahren, sie hatte nie davon gesprochen, und wenn ich mir die Rechnungen ansah, bekam ich ein ganz schlechtes Gefühl. Ich hätte für sie da sein sollen. Hatte ich vielleicht nur nicht zugehört, und sie hätte doch meine Hilfe gebraucht? Ende März war sie noch einmal eine Woche im Krankenhaus gewesen. Vom 21. März bis zum 28. März. Das Fachchinesisch verstand ich nicht, aber vermutlich hatte sie dort noch eine Chemotherapie erhalten. Es lagen auch noch Befunde und Laborwerte bei, die mir überhaupt nichts sagten. Sie war am 10. April gestorben, nach dem Aufenthalt im Krankenhaus hatte sie anscheinend keine Lust mehr auf Behandlungen gehabt. Ich fand nur noch eine Rechnung ihres Hausarztes, der ihr Astronautennahrung gebracht hatte und ein starkes Beruhigungsmittel.

Ach Nonna.

Ich legte die Rechnung über 3.700 Euro auf den Stapel mit den anderen Rechnungen. Heute Nachmittag würde ich zur Bank fahren und alles bezahlen. Wie das gehen sollte, wusste ich nicht, weil auf dem Konto definitiv keine 3.700 Euro waren, geschweige denn so viel, um alle anderen Rechnungen zu bezahlen. *Herausfinden, wie das mit der Krankenkasse funktioniert,* notierte ich mir, und listete mir auf einem Zettel die Arzt- und Krankenhaus-Rechnungen auf, die zu zahlen waren.

Dann suchte ich erneut die Mail meiner Nonna zum Insektenvertilgungsmittel. Schon eigenartig, dass sie sich schwerkrank noch mit so einem Mist beschäftigt hatte. Nach der Chemo war es ihr bestimmt nicht gut gegangen. Ich suchte nach dem Datum der Bestellung.

23. März stand dort. Sie war am 10. April gestorben. Wie groß war die Wahrscheinlichkeit, dass sie sich drei Wochen vor ihrem Tod Gedanken über die Ermordung von Evelyn gemacht hatte? Und vor allen Dingen, wieso? Auch wenn Evelyn tierisch nerven konnte, sie hatte definitiv ihre guten Seiten. Sie hatte in der Rezeption geholfen und das mit den Semmeln und dem Verkauf organisiert.

Außerdem – plötzlich fiel es mir wie Schuppen von den Augen – hatte sie das Gift garantiert nicht bestellt, denn sie war zu dem Zeitpunkt im Krankenhaus gewesen! Aufgeregt trommelte ich mit den Fingern neben der

Computertastatur. Wann hatte der Campingplatz geöffnet? Normalerweise machte meine Nonna das immer um Ostern herum, es sei denn, Ostern war so früh, dass sowieso keiner campen wollte. Diesmal war Ostern Ende März gewesen, und sie hatte schon früher eröffnet, vermutlich weil sie wusste, dass sie ins Krankenhaus musste. Wer war zu dem Zeitpunkt da gewesen?

Ich suchte die Anmeldelisten heraus und fand auch den 18. März, den Tag, an dem meine Nonna wieder geöffnet hatte. Ungeachtet der Tatsache, dass sie drei Tage später offensichtlich eine Chemo gehabt hatte. Oder gerade deswegen? Angereist waren an dem Tag Evelyn, die Schmidkunzens, die Meier-Schönleins und der Gröning. Kurz darauf waren noch die Hetzeneggers für ein paar Tage da gewesen.

Evelyn, dachte ich mir. Sie hatte eine Art Schuldschein zerrissen. Hatte ihr Musch Geld geliehen? Evelyn hatte sich die ganze Zeit um alles gekümmert. Sie hatte die Passwörter für den Computer, Zugang zum Geld. Aber wie konnte ich ihr eine Falle stellen?

Seltsamerweise machte es mich richtig fertig, dass Evelyn daran beteiligt sein könnte. Vielleicht weil ich jetzt mit ihr zusammen in dem Haus wohnte. Ihr Rosen-Duschbad benutzt hatte und ihre Zahnpasta. Dass Evelyn von dem Gift in den Pralinen gewusst haben musste, wurde schon dadurch wahrscheinlich, dass sie nie von den Pralinen probiert hatte. Schließlich hatte ich festgestellt, dass sie das mit der Low-Carb-Diät nicht so eng sah!

Ich trommelte immer schneller mit meinen Fingern. Ich könnte dem Mörder eine Falle stellen. Bis jetzt wusste ja keiner, dass ich diese E-Mails entdeckt hatte. Und dass ich herausgefunden hatte, dass Nonna genau zu dem Zeitpunkt der Giftbestellung im Krankenhaus gewesen war. Draußen hörte ich den alten Gröning etwas sagen. Anscheinend war er schon wieder auf dem Weg zur Toilette. Die Schmidkunz sagte etwas, das ich auch nicht verstand, das aber etwas weinerlich klang. Vermutlich fühlte sie sich noch immer bedroht. Oder sie war eine besonders geschickte Schauspielerin. Oder wusste einfach nicht, was ihr Mann gemacht hatte. Letztendlich konnte ich wirklich keinen der anwesenden Camper ausschließen.

Plötzlich hatte ich eine Idee.

Ich schaufelte Kaffeepulver in die Kaffeemaschine und schaltete sie ein.

Kapitel 21

Die Camper waren begeistert von meiner plötzlichen Aufgeschlossenheit. Ich hatte Kaffee gekocht und jede Menge Kekspackungen aufgerissen, die ich aus dem Campingladen geholt hatte, und die Kekse auf Teller verteilt. Inzwischen waren alle da, nur der Gröning war schon wieder auf dem Klo, aber der würde bestimmt bald wiederkommen. Um zu zeigen, dass alles frisch und keineswegs vergiftet war, öffnete ich vor allen Leuten demonstrativ die Kaffeesahne und die Milch. Jeder hatte sich seine eigene Tasse mitgebracht, und Evelyn schenkte großzügig Kaffee ein.

»Ich bin mir sicher, der Fall ist bald geklärt«, sagte ich, während ich dem Meier-Schönlein Prinzenrollen-Kekse vor die Nase hielt.

»Kann ich mir nicht vorstellen«, erklärte die Schmidkunz weinerlich. Ihr Mann, heute in einem schwarzen T-Shirt mit dem Aufdruck: *Jack Daniels, Tennessee Whiskey*, tätschelte ihr vorsichtig die Schulter.

»Doch. Ich habe nämlich heute ein ganz wichtiges Beweismittel gefunden. Am Computer«, erklärte ich stolz.

Evelyn sah mich skeptisch an. »Und was soll das sein?«

»Jemand hat das Gift bestellt. Vom Computer aus.«

»Das sollten wir schnellstens der Polizei sagen!«, riefen die Schmidkunz und die Meier-Schönlein gleichzeitig.

»Das habe ich natürlich auch schon«, nickte ich. »Morgen in der Früh kommt der Kommissar mit der Spurensicherung und holt sich den Computer ab.«

»Wieso kommt da die Spurensicherung mit?«, fragte Evelyn noch skeptischer.

Ich warf ihr einen grimmigen Blick zu. Eigentlich könnte sie auch mal den Mund halten.

»Weil die immer mit dabei sein müssen, wenn etwas eingetütet wird«, erklärte ich ihr, obwohl ich nicht wusste, wie man Computer eintütete. Ich nahm mir fest vor, den Kommissar über meine Falle zu informieren. »Wegen der Fingerabdrücke.«

»Da sind doch jetzt doch wohl hauptsächlich deine drauf«, sagte sie scharfsinnig.

»Das kannst du morgen in der Früh alles den Kommissar fragen«, erwiderte ich bemüht freundlich und hielt ihr den Keksteller hin. Sie nahm sich gleich drei Kekse, und ich verkniff mir den Kommentar zu ihrer Diät. Jetzt hieß es aufmerksam sein. Vielleicht würde sich gleich jemand verraten.

»Und was sollen die da rausfinden?«, fragte der Gröning, der mit einer Tasse angerückt war, die so groß war wie ein mittelgroßes Aquarium.

»Da gibt es eine Abteilung, forensische Informatik«, erfand ich und schenkte ihm das Aquarium voll. »Milch? Zucker? Die können da alles Mögliche herausfinden. Vielleicht sieht man sogar, wer vor dem Computer sitzt.«

»Schwarz«, erklärte der Gröning.

»Wie soll das denn funktionieren?«, interessierte sich die Meier-Schönlein.

»Mit der Webcam«, behauptete ich. »Die schießt alle fünf Minuten ein Bild, oder so, und dann kann man genau sehen, wer wann vor dem Rechner gesessen ist.«

Evelyn lachte und schüttelte den Kopf. Hatte sie mich etwa längst durchschaut?

»Hatte deine Großmutter einen Computer mit Webcam?«, fragte der Schmidkunz erstaunt.

»Klar. Wir haben doch immer wieder geskypt.« Wenn man schon mal im Lügen drin war, wurde es immer einfacher.

»Mir hat sie gesagt, dass sie dich schon ewig nicht mehr gesehen hat«, verriet Evelyn.

»In Natura hat sie damit natürlich gemeint.«

Langsam musterte ich einen nach dem anderen, um zu sehen, wer ertappt aussah. Aber alle sahen aus, als wären sie von meinen Ermittlungsergebnissen rundum begeistert. Nur Evelyn, die sah nach einem riesigen Kopfschütteln aus.

Nach dem Abendessen mit Evelyn setzte ich mich schlecht gelaunt vor den Computer in der Rezeption. Während ich unmotiviert herumklickte, dachte ich darüber nach, was ich machen würde, wenn der Mörder vor dem Rechner saß. Plötzlich wurde mir mulmig. Evelyn Herr zu werden, konnte ja vielleicht funktionieren. Aber angenommen es war der Schmidkunz, der war mir körperlich haushoch überlegen! Ich könnte ihn natürlich heimlich filmen und dann die Polizei anrufen. Das Ganze war, im Nachhinein betrachtet, eine ganz bescheuerte Idee gewesen! Aber jetzt schon die Polizei anzurufen und meinen Plan mit der Falle zuzugeben, dafür schämte ich mich dann auch zu sehr.

Eine Weile betrieb ich selbst forensische Informatik. Ich öffnete das Amazon-Konto meiner Großmutter, dankenswerterweise hatte es das gleiche Passwort wie der E-Mail-Account. Ich sah mir an, was meine Nonna bestellt hatte. Ein Low-Carb-Kochbuch für Einsteiger, sicher nichts, was sich meine Nonna gekauft hätte! Jamies Superfood für jeden Tag. Adler Olson Selfies, ein Lucinda-Riley-Roman und »Die Schule der magischen Tiere« Band 4. Der gleiche Lucinda-Riley-Roman war an vier verschiedenen Tagen jeweils einmal bestellt worden, was etwas eigenartig war. Außerdem eine Expander-Wäscheleine mit zwölf integrierten Wäscheklammern. Rosa Mikrofasertücher für die Reise. Und ein schwarzes T-Shirt in L mit der Aufschrift *Born to camp.* Eine Weile starrte ich auf das weiße Logo auf schwarzem Hintergrund und fragte mich, woran es mich erinnerte.

Jedenfalls war es komplett abwegig, dass Nonna dieses Zeug bestellt hatte! Es war zwar ihre E-Mail-Adresse, auch die Lieferadresse war ihre gewesen, und die Bestellungen gingen schon seit drei Jahren an Nonnas Adresse. Aber ich konnte mir beim besten Willen nicht vorstellen, wozu sie eine Expander-Wäscheleine in Pink hätte brauchen können, schließlich hatte sie eine Wäschespinne im Garten stehen!

Wer war es dann gewesen? *Low carb* sprach für Evelyn. Aber sie hatte behauptet, dass sie nicht las. Andererseits sprach der Mix von Krimi, Frauenroman und Kinderroman dafür, dass es jemand war, der Geschenke gesucht hatte. Ob derjenige, der bei Amazon auf den Namen meiner Großmutter bestellt hatte, der gleiche war, der das Gift bestellt hatte, war auch nicht erwiesen. Aber sehr wahrscheinlich.

Etwas frustriert schloss ich das Amazon-Fenster und rief stattdessen mein eigenes Mailprogramm auf. Mein Mann hatte mir zig Mails geschrieben, alle mit dem Betreff »Schatzi«. Ich klickte die erste an: »Weißt du, wo meine weißen Hemden sind?«

Blöder Kerl! Ich löschte alle seine Mails, ohne sie zu lesen.

Inzwischen war es 22 Uhr geworden. Ich könnte versuchen, die Rezeptionsmöbel vor die Tür zu schieben. Oder den Computer abzubauen und mich mit dem Gerät oben zu verbarrikadieren. Um zehn nach zehn – ich hatte noch immer keinen Entschluss gefasst – ging die Rezeptionstür auf, und der Gröning kam herein.

»Ich dachte, da brennt das Licht«, sagte er. »Und wollte es ausmachen.«

»Wie nett«, sagte ich, während ich nach Luft schnappte. Dankenswerterweise ließ er das Licht brennen und wünschte mir noch eine gute Nacht.

Kurz darauf kam Herr Schmidkunz herein. »Ich dachte, das Licht brennt versehentlich«, erläuterte er. Heute trug er ein schwarzes T-Shirt mit der Aufschrift *Hear the music, feel the beat.*

»Danke«, sagte ich, während mein Herz irgendwo direkt beim Kehlkopf schlug. »Ich muss noch eine Weile arbeiten.«

Wir wünschten uns eine gute Nacht. Plötzlich wusste ich, an wen mich die T-Shirt-Bestellung bei Amazon erinnerte: An Schmidkunz. Eine Weile starrte ich auf die geschlossene Tür und fragte mich erneut, ob ich des Apothekers Herr werden würde, wenn er zurückkäme, um den Computer neu zu formatieren. Oder was auch immer er vorhatte. Nach fünf Minuten ging die Tür erneut auf – beinahe hätte ich geschrien –, und der Meier-

Schönlein kam herein. Er teilte mir mit, dass das Licht brannte.

»Danke«, sagte ich zum wiederholten Male, während ich versuchte, meine Atmung unter Kontrolle zu bekommen.

Schließlich schaltete ich den Computer aus, nahm mein Handy und schlich nach oben. Ich setzte mich im Dunkeln in das kleine Gästezimmer meiner Nonna, direkt hinter die Tür, die ich einen Spalt breit offen ließ. Von hier aus konnte ich direkt auf die Treppe sehen und würde mitbekommen, wenn Evelyn nach unten schlich. Ich wählte die Nummer von Alex. Dem Kommissar meine Aktion zu erzählen, schämte ich mich immer noch zu sehr. Schließlich hatte er mir mehrfach verboten zu ermitteln. Alex klang überhaupt nicht verschlafen.

»Na, Süße«, sagte er. »Ich musste auch gerade an dich denken.«

»Ja?« Ich musste eigentlich an den Schmidkunz denken und was für grässliche tödliche Medikamente er sein eigen nannte. Oder an die Spritzen von Evelyn.

»Ja. Wir sollten tanzen gehen. Dieses rote Kleid will tanzen, da bin ich mir sicher.«

Ich musste wider Willen grinsen. »Ich glaube, ich habe Mist gebaut«, verriet ich ihm.

»Das war auch früher schon deine Spezialität. Was ist es denn diesmal?«

Etwas kleinlaut verriet ich ihm meinen Plan, und er bekam einen mittleren Tobsuchtsanfall. »Bist du komplett verrückt?«

»Ich habe Angst, dass es der Apotheker ist.«

»Ich komme jetzt zu dir rüber. Du bewegst dich nicht von der Stelle.«

Das konnte ich leicht versprechen, denn ich war schon jetzt zur Salzsäule erstarrt. Die Minuten vergingen schleichend, und während ich hoffte, dass Alex bald hier aufschlug, fiel mir auf, dass ich damit auch ihn total in Gefahr brachte. Wie konnte ich nur! In meinen Ohren fing es so stark zu pfeifen an, dass ich den Eindruck hatte, dass jemand in der Rezeption war. Ich lauschte, hörte aber nichts. Außer einem komischen Surren und Brummen. Das augenscheinlich mein eigenes Gehirn produzierte. Dabei presste ich meine Augen so lange zusammen, bis ich nur noch weiße Sternchen sah. Eine Weile überlegte ich, wieso der Schmidkunz die Kleidung von Musch nicht einfach in Evelyns Wohnmobil gelassen hatte. Oder Evelyn. Jeder hätte geglaubt, dass Musch nach dem Sex einen Herzinfarkt erlitten hätte, wenn sie nicht so dumm gewesen wäre und die Kleidung weggenommen hätte!

Endlich hörte ich Alex kommen. Ich sprang auf, schaltete das Licht ein und rannte die Treppe hinunter.

Doch es war nicht Alex. Hinter dem Tresen stand Frau Meier-Schönlein und blinzelte mich etwas erstaunt an.

»Frau Meier-Schönlein«, sagte ich erleichtert. »Schön Sie zu sehen. Brauchen Sie noch etwas?«

Wirklich nett, wie sich alle um mich sorgten und die Lichter ausschalteten und so. Frau Meier-Schönlein nahm gerade einen großen blauen Plastikkübel, den sie sonst zum Spülen ihres Geschirrs nutzte, und schüttete zehn Liter Wasser einfach über meinen Schreibtisch, den Computer, die Tastatur und den schlafenden Milo. Verdattert sprang dieser auf und verzog sich mit eingezogenem Schwanz hinter mich.

Noch immer hatte ich nicht kapiert, was das sollte. Ich konnte nur »Frau Meier-Schönlein« wiederholen, als würde das irgendetwas bringen. Erst als sie ein riesiges Küchenmesser zog, war mir klar, dass nicht von Evelyn oder von Herrn Schmidkunz die Gefahr ausging. Milo, der doofe Köter, beschloss, sich zu schütteln und ins obere Stockwerk zu trotten. Vermutlich wollte er meinen Tod nicht mit ansehen.

»Was machen Sie denn da?«, fragte ich ziemlich blöde, während der Plastikeimer auf den Fußboden fiel. Nachdem der Boden mit Wasser bedeckt und der Computer vermutlich im Arsch war, konnte man sich ja wohl vorstellen, was sie da gerade machte. Beweismittel vernichten.

»Diese dumme Kuh!«, kreischte Frau Meier-Schönlein los, und in ihren Augen glitzerte die Wut. »Was will sie mir auch meinen Mann ausspannen!«

Sie meinte mit der dummen Kuh wohl Evelyn, die gerade selig im ersten Stock schlummerte, vermutlich wie immer mit Ohropax und rosa Plüsch-Schlafmaske, und von all dem nichts mitbekam.

»Wer?«, versuchte ich Zeit zu schinden.

»Evelyn, diese Hure!«

»Hure?«, wiederholte ich blöde, während ich versuchte, mich rückwärts der Rezeptionstür zu nähern. Bestimmt konnte ich viel schneller sprinten als Frau Meier-Schönlein! Ich könnte zum See laufen und ans andere Ufer schwimmen. Und dabei so laut schreien, dass der ganze Campingplatz wach wurde!

»Jeden Tag hat sie einen anderen Mann in ihrem Wohnmobil gehabt!«, informierte mich Meier-Schönlein drohend und kam um den Rezeptionstresen herum, sodass mir die Fluchtmöglichkeit nach draußen verwehrt war.

»Den Musch«, sagte ich beruhigend.

»Und den Schmidkunz!«, schrie sie.

Der bekommt doch keinen mehr hoch, und muss auf seine Bandscheiben achten, wollte ich sagen, aber ich konnte nur das lange Brotschneidemesser fixieren. Und deiner hatte einen zu kleinen Dingdong für Evelyn …

»Und den Alex, und dann hat sie noch meinen Mann im Visier gehabt, wollte ihn mir ausspannen, mit ihm abhauen!«

Kein Mensch, der bei Trost war, wollte mit dem Meier-Schönlein durchbrennen. Aber das verkniff ich mir lieber. Wenn ich jetzt zu schreien anfing, ging sie vielleicht wirklich auf mich los!

»Ganz ruhig«, sagte ich stattdessen und versuchte eigentlich nur, mich selbst zu beruhigen. Was für eine blödsinnige Idee ich da doch wieder gehabt hatte. Ich trat noch einen Schritt nach hinten und stieß mit dem Rücken gegen die Wand. »Meine Großmutter hätte das nicht gewollt.«

»Natürlich hätte sie das nicht gewollt!«, kreischte Meier-Schönlein herum. »Soll ich dir was sagen, sie wollte Evelyn vom Platz verweisen, wegen ihrer Umtriebe! Sie hat Geld genommen von den ganzen Männern! Sie hat sich damit ihr Leben finanziert!«

Inzwischen war sie mir so nahe, dass ich ihren Atem spürte. Rückzug die Treppe hinauf. Vielleicht hatte Milo doch noch ein Einsehen und legte sich dieser Mörderin wenigstens in den Weg, damit sie stolperte und sich selbst umbrachte, oder so.

»Und jetzt wollte sie meinen Mann haben, um das nicht weiter machen zu müssen! Damit sie eine Lehrerpension einstreichen konnte.«

Ich konnte mich inzwischen ganz schlecht auf ihre komischen Anschuldigungen konzentrieren. Wieso kam denn jetzt nicht wenigstens der Gröning vorbei und sah nach, weil das Licht brannte?

»Und jetzt musste auch noch der arme Musch ihretwegen sterben«, keifte sie mich an. »Ich dachte, mich trifft der Schlag!«

»Haben Sie sich dann um Milo gekümmert?«, versuchte ich sie abzulenken.

»Gekümmert? Das blöde Tier hat die ganze Zeit gebellt, und ich wusste, dass sich der Musch bei der Evelyn vergnügt! Dann wollte ich mich beschweren, und was sehe ich …«

»Musch tot im Wohnmobil«, beantwortete ich ihre Frage automatisch. »Dann haben Sie Milo aus dem Wohnwagen geholt …«

Zeit schinden, dachte ich mir, bald ist Alex da.

»Der hätte die ganze Nacht geheult und gebellt, das blöde Tier! Dabei habe ich so Angst vor Hunden, ich wäre beinahe gestorben! Der wäre gar nicht mit mir mitgegangen, wenn ich nicht die Kleidung vom Musch gehabt hätte!«, schrie sie mich an.

»Sie haben also Milo zum See gebracht und ihm die Kleidung vom Musch mitgebracht«, sagte ich mit beruhigender Stimme. Ich hatte eigentlich mehr Angst vor Frauen mit Messern als vor Milo. Plötzlich schien sie bemerkt zu haben, dass ich sie nur hinhielt, denn sie hob die Hand mit dem Messer und stach zu. Ich konnte gerade noch ausweichen und packte dann ihr Handgelenk. Wenn ich gedacht hatte, damit was gewonnen zu haben, hatte ich mich geirrt. Meier-Schönlein hatte gerade solche Bärenkräfte, dass sie mir körperlich haushoch überlegen war. Besonders weil mir vor Aufregung derart die Knie zitterten. »Hilfe!«, schrie ich, während sie »Hure« schrie. Eine Weile rangelten wir um das Messer, während ich immer wieder blödsinnige Kommentare von mir gab wie: »Stürzen Sie sich nicht ins Unglück. Wenn Sie mich umbringen, müssen Sie ins Gefängnis.« Sie war dazu übergegangen, nur noch »Hure« zu schreien, und ich bezweifelte, dass sie durch Worte noch zu bändigen war.

Da wurde Frau Meier-Schönlein auf einmal von hinten gepackt, und das Messer fiel zu Boden.

»Oh Gott. Herr Schmidkunz«, brachte ich krächzend hervor.

Im nächsten Moment kam auch schon Alex hereingestürmt, und ich hörte die Polizeisirene. Ich starrte die beiden Männer an, wie sie die strampelnde Meier-Schönlein festhielten. Ich zuckte zusammen, als mir jemand den Arm um die Schulter legte und mir ins Ohr raunte: »Sie ist komplett verrückt geworden. Sie hätte dich umbringen können!«

Evelyn!

»Ich habe das schon lange geahnt!«, sagte sie, während die Meier-Schönlein anfing, auf sie zu spucken. Allerdings schaffte sie es nicht, so weit zu spucken, was sie noch zorniger machte. »Also, wer ist denn so doof und versenkt die Medikamente, die die Schmidkunzens in den Papiermüll gegeben haben, im Damenklo!«, zählte Evelyn auf. »Noch dazu, nachdem Musch gestorben ist! Da hätte ich die Spritzen doch eher in den öffentlichen Müll beim Rathaus gesteckt.«

»Lass gut sein«, sagte ich müde. Mir zitterten nach wie vor die Knie, und mir wurde schwach vor Erleichterung, als auch der Kommissar die Rezeption betrat. Der saure Blick, den er mir zuwarf, schien eine Standpauke anzukündigen. Aus seinem Mund kamen jedoch nur die grimmigen Worte: »Wir sprechen uns morgen«. Dann kümmerte er sich dankenswerterweise um Frau Meier-Schönlein, während Alex mir den Arm um die Schulter legte und mich an sich zog. »Das machst du bitte nicht noch mal«, sagte er.

»Das hoffe ich auch«, seufzte ich entkräftet.

Epilog

Ich hatte die ganze Nacht keine Auge mehr zugemacht. Am Morgen war ich kurz in einen unruhigen Schlaf gesunken, der allerdings mit allerlei Alpträumen garniert gewesen war. Um sechs Uhr stand ich auf, zog mir einen Kapuzenpulli und eine Jeans über und schlappte mit Milo die Treppe hinunter.

»Du bist ein treuloses Tier«, verriet ich ihm, während ich mir den Autoschlüssel sowie die Liste mit den Semmeln schnappte und mit ihm zum Auto ging. »Ich hätte gestern sterben können, und du bist in den ersten Stock in mein Bett gegangen, um zu schlafen.«

Dort hatte ich ihn nämlich vorgefunden, zufrieden in der blütenweißen Spitzenbettwäsche meiner Nonna! Nicht einmal die Polizeisirene hatte ihn geweckt!

Milo pinkelte gegen eine dünne Birke und stieg dann mit stoischem Gesichtsausdruck ins Auto. Wir tuckerten zum Meierbeck, die sonnige Birkenallee entlang, holten die Semmeln und tuckerten wieder zurück. Ich fühlte mich wie neugeboren. Zumindest wie dem Tod von der Schippe gesprungen – und hatte gerade ein unglaublich positives Gefühl allen Campern und sogar dem Klohäuschen gegenüber. So schlimm sah es eigentlich gar nicht aus!

Mit den Semmeln im Arm und Milo im Schlepptau schlurfte ich an der Schranke vorbei. Vor der Rezeption warteten bereits der Schmidkunz, in einem schwarzen T-Shirt mit dem Aufdruck *Born to camp,* und seine Frau mit rosa Lockenwicklern und einem hellblauen Fleece-Pulli. Der Gröning mit einem Adidas-Turnanzug aus den 60er Jahren und Evelyn, in getigerten Leggings und einem riesigen Glitzerpullover. Als sie mich sahen, lächelten mich alle an. Ich stellte die Semmeln auf die Bank neben der Rezeption und fiel meinem persönlichen Apotheker um den Hals. Männer mit einem festen Bauch zu umarmen, fühlte sich irgendwie nach Sicherheit und Frieden an. Etwas verlegen tätschelte er meinen Rücken.

»Wer hätte das gedacht«, sagte Evelyn, als ich ihn zu seiner Erleichterung wieder freigab. »Die Semmeln gehen aufs Haus«, sagte ich in die Runde, »bedient euch.« Es war zwar noch nicht acht Uhr, aber für mich fühlte es sich wie zehn an. Während ich in die Rezeption ging, wischte ich mir eine einsame Träne unter dem linken Auge weg, bestimmt nur irgendeine Gras-Allergie oder so. Milo brach schon wieder neben mir zusammen und ich setzte Kaffee für alle auf, während Evelyn für »den harten Kern«, wie sie es nannte, auf dem Bänkchen vor der Tür deckte. Als ich das Kaffeepulver wegräumte, sah ich, dass der Zettel »Evelyn im Auge behalten« unter den Tresen gerutscht war.

»Du könntest tot sein«, sagte Evelyn, als sie den Kaffee holte und kurz neben mir stehen blieb. »Ich möchte mir gar nicht ausmalen, was diese Meier-Schönlein in ihrem Wahn alles mit dir hätte anstellen können.«

Mit diesen aufmunternden Worten ging sie wieder nach draußen und begann Kaffee auszuschenken. Ich setzte mich neben die Schmidkunz, die mir gerührt die Hand drückte, und sah hinunter zum See. Hinter den hohen Erlen konnte man die glatte Wasserfläche in der Sonne glitzern sehen. Irgendwie fühlte es sich vertraut an. Als wäre ich zu Hause.

»Woher haben Sie denn das T-Shirt?«, fragte ich den Schmidkunz.

»Von der Gisela. Zum letzten Geburtstag«, verriet mir seine Frau. »Hat sie ihm extra bestellt. Das ziehst du nicht mehr an, Korbi.«

Von Amazon bestellt, dachte ich mir. Gisela Meyer-Schönlein hatte allen Ernstes ein Konto auf den Namen meiner Großmutter angelegt und Sachen bestellt!

»Korbi« verdrehte die Augen, als wäre es ihm komplett egal, ob er Geburtstagsgeschenke von Mörderinnen trug oder nicht.

»Außerdem hat sie uns Antipasti gemacht. Wir hätten alle sterben können.«

»Eigentlich hätte ich es mir gleich denken können. Diese versenkten Spritzen in der Toilettenschüssel, die uns die Meier-Schönlein gemeldet hat«, sagte Evelyn, während sie dem Gröning ihr Buttermesser reichte und die Erdbeermarmelade meiner Nonna rüberschob. »Keiner von uns wirft doch seine Medikamentenpackungen ins Klo! Das hat sie gemacht, um die Polizei zu verwirren.«

»Und mich verdächtig zu machen!«, fügte die Schmidkunz hinzu, klang aber eher entspannt als beleidigt.

Wahrscheinlich. Ich zuckte trotzdem mit den Schultern. Mehr interessierte mich eigentlich, ob Evelyn wirklich Geld verlangt hatte für den Sex.

»Ob das mit ihrem Alzheimer zu tun hatte?«, fragte die Schmidkunz. »Sie hatte immer wieder so eigenartige

Ansichten, wer etwas aus reiner Bosheit gemacht haben könnte…«

»Und alles nur, weil sie dachte, ich will mit ihrem Mann abhauen. Was für ein Irrsinn«, fügte Evelyn hinzu.

»Wer haut ab?«, wollte der Gröning wissen.

»Die Evelyn mit dem Gottfried!«, brüllte der Schmidkunz und grinste breit.

»Ja. Jetzt wo die Gisela im Gefängnis ist«, sagte der Gröning, »wäre das doch nicht das Schlechteste.«

»Ich hau nicht mit dem Gottfried ab!«, brüllte Evelyn dem Gröning ins Ohr, und etwas leiser: »Bin ich blöd, oder was?«

Ich musste wieder an kleine Dingdongs denken und wurde ein bisschen rot.

»Ob der überhaupt hier bleibt?«

»Aber natürlich. Wo soll er denn hin, jetzt wo die Gisela ins Gefängnis kommt?«, sagte die Schmidkunz. »Dann kann er hin und wieder bei uns essen.«

Evelyn sah nicht so aus, als würde sie für den Meier-Schönlein zu kochen anfangen.

»Wenn man sich das vorstellt. Du hattest jetzt wochenlang Gift-Pralinen in deinem Wohnmobil«, stellte die Schmidkunz schaudernd fest.

»Darüber denke ich schon seit Tagen ständig nach«, erwiderte Evelyn ziemlich spitz. Ich schenkte mir noch einmal Kaffee nach, lehnte mich an die Hauswand und sah über den friedlichen See. Bald würde Frau Schmidkunz vom Frühstückstisch aufstehen und mit ihrem Göttergatten in den See springen. Sie würden ihre Standard-Seerunde schwimmen, einmal zum anderen Ufer und wieder zurück. Die Bademäntel über das Bänkchen am See legen und ihre Badeschlappen davor abstellen. Danach würde der Gröning seine zweite Baderunde schwimmen, denn er schwamm immer nur bis zur Mitte und wieder zurück. Danach würde er zu seinem Waldspaziergang aufbrechen. Gerade stand er wieder einmal auf, um beim Klohäuschen den Kaffee loszuwerden, wie er sagte.

Große Fenster, dachte ich mir, während auch ich zum Klohäuschen hinüber sah. Helle, große Fliesen und Geranien vor den Fenstern. Und die Balken vom Dachstuhl abgeschliffen und sichtbar als helles Holz. *Denk nicht darüber nach,* rief ich mich zur Ordnung. Milo legte mir seufzend seinen schweren Kopf auf die nackten Füße, die in Nonnas Flipflops steckten. Nach Hamburg konnte ich ihn unmöglich mitnehmen, dachte ich ein wenig traurig. Auch wenn er manchmal grauenhaft stank, war er mir schon ans Herz gewachsen.

»Wen hattest du denn in Verdacht?«, fragte Evelyn.

»Naja, dich«, gab ich zu. »Wegen der Spritzen.«

Sie lächelte mich freundlich und gar nicht beleidigt an. »Wegen der Spritzen im Klo? Ich würde so etwas doch nie in die Toiletten werfen. Und dann nicht richtig spülen.« Dabei fiel mir ein, dass die Meier-Schönlein ja das im Klo unbedingt dem Kommissar hatte zeigen wollen. Ich hätte sie damals praktisch schon entlarven können!

»Nein, wegen der Spritzen in deinem Kühlschrank.«

»Wegen dem Botox? Damit kannst du doch niemanden umbringen!«

Jetzt, wo sie es sagte, wunderte es mich, dass ich nicht selbst darauf gekommen war. Botox, natürlich!

»Du hast gesagt, es ist was Homöopathisches«, warf ich ihr vor.

»Naja. Ich sag doch keinem gutaussehenden Mann, dass ich Botox spritze«, erklärte sie mir empört.

»Und wo ist das Zeug jetzt?«

»Im Kühlschrank im Laden.«

Da hatte ich natürlich nicht nachgesehen!

»Und auch, weil nur deine Fingerabdrücke auf den Pralinengläsern waren. Und weil Nonna den Zettel geschrieben hatte: *Evelyn im Auge behalten.*«

»Ach das«, wehrte Evelyn ab.

»Was, ach das?«

Aber Evelyn druckste nur herum, als wollte sie das vor all den Leuten nicht gestehen.

Vor der Schranke hielt ein roter Audi, und plötzlich sprangen meine Camper auf und jubelten: »die Hetzeneggers«, »Ach, die Vroni«, »Schön, dass ihr da seid« und »Stellt euch vor!«.

»Und wegen des Darlehensvertrages«, sagte ich streng zu Evelyn, die neben mir stehen geblieben war. »Den du aus dem Wohnwagen von Musch geklaut hast.«

Evelyn verdrehte die Augen. »Also, weißt du. Er hat mir Geld geliehen. Ok. Aber es war abgemacht, dass er es nach zehnmal Sex zerreißen würde.«

»Zehnmal Sex«, echote ich. Also war das mit dem Sex doch an Geld gekoppelt! Jetzt verstand ich, was Nonna mit ihrem Zettelchen gemeint hatte!

»Noch zweimal, und er hätte es zerrissen. Ich zahl doch dem Bruder vom Musch nicht das ganze Geld, wenn ich nur noch zweimal Sex hätte haben müssen«, erklärte sie mir das Dilemma, als das Telefon in der Rezeption zu klingeln begann. »Schön blöd wäre ich.« Damit drehte sie sich um und verschwand dankenswerterweise in der Rezeption.

Direkt hinter dem roten Audi der Hetzeneggers hielt der dunkle BMW von Jonas Schneider. Was für ein schönes Mannsbild, immer wieder. Eilig verkrümelte ich mich Richtung See, um das Seeufer auf Glasscherben zu kontrollieren. Nun gut, in Wirklichkeit, weil ich gar nicht wissen wollte, was der Herr Kommissar zu meiner gestrigen Aktion sagen würde.

»Das hätten Sie nicht machen sollen«, sprach Jonas Schneider tatsächlich mit ziemlich strenger Stimme, als er neben mir stehen blieb und zusah, wie ich mit einem Stock im Sand herumstocherte. Eigentlich fand ich es ziemlich sexy, wenn er so einen grimmigen Blick drauf hatte! Seufzend blickte ich über den See. Er lag glatt und still in der Morgensonne, Weidensamen schwebten idyllisch über die unbewegte Wasseroberfläche, als könnte hier niemand irgendwem etwas zuleide tun. Ich lächelte Jonas Schneider schließlich an, vermutlich, weil ich total neben mir stand oder weil mir nichts Besseres einfiel. Ja, es war Schwachsinn gewesen.

Er lächelte immerhin zurück. Vielleicht war auch er noch benebelt von letzter Nacht und der Festnahme und allem. Vielleicht hatte er auch vergessen, dass ich ihm um den Hals gefallen war. Eine schlechte Angewohnheit in Situationen, in denen ich psychisch etwas angeschlagen war.

»Danke für die Rettung«, sagte ich und schüttelte ihm die Hand, weil ich auf seine Rüge nicht eingehen wollte. Er hielt meine Hand fest und sah mir intensiv in die Augen. Irgendetwas kribbelte ganz verrückt in meinem Bauch. »Aber letztendlich war es doch nicht schlecht, dass wir die Mörderin gefasst haben.« Dank mir, aber das sagte ich nicht.

Er seufzte kopfschüttelnd. »Das hätte ich heute auch ohne Ihr Einschreiten erledigt. Ich habe von Herrn Murinski einiges erfahren. Er hatte in der Nacht ziemlich lange auf seinen Bruder gewartet und dabei beobachtet, wie Frau Meier-Schönlein im Wohnmobil von Frau Kaminski war und danach mit Männerbekleidung und einem Hund Richtung See gegangen ist.«

Naja. Ein Indiz, aber doch kein Beweis.

»Das hätte er uns auch früher sagen können«, sagte ich kopfschüttelnd.

»Ja. Wenn Sie seinen Ausweis behalten und wir ihn früher hätten befragen können«, nickte Jonas Schneider mit einem resignierten Lächeln, das ihn wirklich sehr attraktiv machte.

Trotzdem hatte meine Methode zum Erfolg geführt. Denn ob die Meier-Schönlein letztendlich eingeknickt wäre, war fraglich. Aber ich wollte da mal nicht so sein, vielleicht hätte der Kommissar es ja auch herausbekommen. Auszuschließen war es nicht.

Er hielt noch immer meine Hand.

»Wir könnten einmal essen gehen«, sagte er schließlich, als wäre ihm das gerade eingefallen.

Keine schlechte Idee. Hunger hatte ich eigentlich ständig, seit ich hier war. Bestimmt die frische Luft, die weiten Wälder und der kalte See.

»Sofia!«, rief Evelyn hinter mir. »Eine Jugendgruppe mit vierzig Leuten, eine Woche. Denen sage ich ab, oder?«

Jonas Schneider ließ meine Hand los. Schade.

»Du kannst dir nicht vorstellen, wie irre laut Jugendgruppen sind«, schrie sie.

»Nein! Nicht absagen!«, rief ich zurück.

Ich musste lächeln – ein bisschen, weil ich Evelyn auf ihre Art tatsächlich lieb gewonnen hatte, und ganz besonders, weil mich der Kommissar zum Essen eingeladen hatte.

»Ja«, antwortete ich ihm. »Sehr gerne.«

Seine angespannte Miene hellte sich auf, und auch meine Mundwinkel wanderten noch weiter nach oben, während mein Blick wieder über den glitzernden See schweifte. So übel war es in Bayern auf einem Campingplatz eigentlich gar nicht. Im Sommer, schränkte ich mich ein. Im Sommer.

SUSANNE HANIKA

Der Tod sonnt sich im Campingstuhl

Kapitel 1

Mit strahlendem Sonnenschein und angenehm warmen Temperaturen hatten die bayerischen Pfingstferien begonnen. Der See am Hirschgrund glitzerte still und friedlich zwischen den hohen Bäumen und lud zum Schwimmen ein, ein Buchfink saß in der hohen Birke und trällerte sein Lied. Nach dem ersten Ansturm auf den Campingladen, in dem ich jeden Morgen die knusprigen Semmelchen vom Meierbeck verkaufte, hatte ich mich vor die Rezeption gestellt und ließ meinen Blick schweifen. Der Campingplatz war fast vollbesetzt, was für mich als frischgebackene und verschuldete Campingplatz-Besitzerin Grund zur Freude war. Meine Dauercamper waren nicht gleichermaßen amüsiert, denn zusätzlich zu den unzähligen neuen Campern würde heute eine Jugendgruppe mit vierzig Jugendlichen und drei Betreuern anreisen. Noch hatte ich nicht entschieden, wo sie campen sollten, nachdem angeblich jeder Platz auf diesem Erdenrund zu nah an meinen anderen Campinggästen lag. Es war nämlich zu erwarten – jedenfalls nach Aussagen meiner werten Dauercamper – dass diese Jugendlichen in der nächsten Woche mit ihrem Lärm jeglichen Nachtschlaf unterbinden würden.

Der Einzige, der in diesem Augenblick wirklich laut war, war ein beleibter, großkotziger Mann, der über meinen Campingplatz schlenderte, als würde er ihm gehören. Obwohl ich bereits wieder im Campingladen stand, um weiter Semmelchen zu verkaufen, hörte ich ihn lautstark herumschwadronieren: Herr Schwarz, Eigentümer von Immobilien Schwarz, stand mit einem feisten Lächeln vor meinem verhassten Klohäusl, und ich konnte selbst von der Ladentheke aus sehr gut hören, wie er plante, es als Allerersten einreißen zu lassen.

Ich verkaufte »dem Österreicher« seine Frühstückssemmeln, einem Mann mit breitem österreichischem Dialekt, der sehr gemütlich klang. Der Mann war seit zwei Tagen hier und übernachtete mit seinen drei Söhnen und seiner Frau in einem uralten, leicht schäbigen »Knaus Südwind«. Außerdem hatte er an allem und jedem etwas auszusetzen. Ich hatte das Gefühl, als würde er schon einen ganzen Monat bei uns campen. Deswegen war ich froh, als er wortlos seine Semmeltüte packte und einfach wieder verschwand. Gestern waren nämlich die Brezen zu wenig gesalzen gewesen – aber einen Teufel würde ich tun und den Meierbeck bitten, beherzter in den Salztopf zu greifen. Dann hatte ich nämlich vierundzwanzig Stunden später drei besorgte Mütter an der Theke stehen, die mir erklärten, wie gefährlich Salz für Kleinkinder sei.

Evelyn kam von draußen in die Rezeption gestürmt.

»Mach was«, zischte sie mir zu. »Der hat hier nichts verloren.«

Natürlich meinte sie nicht den Österreicher. Ich packte die restlichen Semmelchen – die Hetzeneggers waren die Einzigen, die ihre noch nicht geholt hatten – in eine

Papiertüte und versuchte, den Schwarz zu ignorieren. Was ganz schlecht ging, weil Evelyn in der Tür stand und über ihn schimpfte. Obwohl ich eigentlich fest vorhatte, diesem Mann den kompletten Campingplatz zu verkaufen, machte es mich richtig schaudern, wie verächtlich er sich über mein Klohäuschen äußerte. Gut, es war hässlich und unmodern. Und wahrscheinlich war es auch das Beste, es einfach einzureißen. Aber immerhin war es noch mein Eigentum!

Noch immer hielt Evelyn mit zornfunkelnden Augen ihre Arme vor dem Busen verschränkt, den sie heute in ein getigertes Lycra-Top gehüllt hatte. Dazu passend trug sie eine glänzend schwarze, hautenge Lycra-Hose mit seitlicher Netzoptik. Von unauffälliger Kleidung hielt Evelyn nicht viel. Gerade wirkte sie wie Lara Croft kurz vor einem Action-Stunt.

Als ich mich in Bewegung setzen wollte, um genau das zu verhindern und dem Schwarz auf friedliche Weise mitzuteilen, dass er noch nicht der Besitzer war, trat die Putzfrau Fanni mit einem alten Putzeimer voller Dreckwasser aus dem Klohäuschen. Wie jeder hier auf dem Platz – außer mir – war sie dagegen, dass der Schwarz den Campingplatz kaufte, um hier ein Luxus-Wellnesshotel zu bauen. Energisch stellte sie den Eimer ab und schien nach Worten zu ringen. Ich beschleunigte meine Schritte, weil ich schon ahnte, dass Fanni vorhatte, diesem blöden Kerl eine gehörige Ladung Dreckwasser in die Haarpomade zu schütten und mit Schimpfworten nachzuspülen. Meine Flipflops klatschten eilig über den Asphalt, während ich den Schwarz ziemlich abfällig sagen hörte, dass er der Menschheit einen Gefallen täte, wenn er dieses schreckliche Toilettengebäude abrisse.

Vorwurfsvoll sah mich Fanni an. »Unser Klohäusl!«, zischte sie mir zu. »Einplanieren! Das geht doch nicht!«

Na ja. So toll war das Toilettengebäude auch wieder nicht, und ich muss gestehen, dass auch ich mit der einen oder anderen Abrissfantasie schwanger gegangen war. Aber Fanni putzte dieses Klohäuschen jetzt seit sechzig Jahren, deswegen musste man auch darauf achten, ihre Gefühle nicht zu verletzen. Auf die Sauberkeit der Toiletten legte sie nämlich unglaublich viel Wert, und dass die Fliesen kackbraun waren, war ihr ziemlich egal. Vermutlich hatte sie zu Hause Fliesen ähnlicher Farbe im Badezimmer.

Der Schwarz drehte sich zu mir um. An seiner Seite hatte er einen Mann mittleren Alters, der aussah, als wäre er Jurist, und außerdem einen jüngeren Mann, der bestimmt sein Sohn war. Vater und Sohn sahen fast identisch aus, beide trugen einen riesigen Wohlstandsbauch mit großem Stolz vor sich her. Keiner von ihnen schien auf die Idee zu kommen, dass es komplett daneben war, schon jetzt abzustecken, wo das Hotel entstehen würde und wo der Swimmingpool, obwohl sie mir noch nicht einmal ein Angebot unterbreitet hatten.

Während ich eilig näher kam, beobachtete ich, wie sich Fanni energisch eine weiße Strähne aus dem Gesicht wischte. Diese hatte sich aus ihrem ursprünglich straff gedrehten Dutt gelöst, der zentral auf ihrem Kopf thronte, und umwehte sie jetzt wie eine weiße Aura. Für ihre achtzig Jahre war sie nämlich topfit, und ich traute ihr durchaus zu, dem Schwarz mit dem Schrubber eins über die Rübe zu hauen.

Mit einem ziemlich finsteren Blick auf den Immobilienfritzen nahm sie den Putzeimer und kippte ihn aus. Das dreckige Wasser spritzte bis zu den Füßen von Herrn Schwarz und hinterließ dunkle Wasserflecken auf dem dunklen Leder. Ich war ihr unglaublich dankbar, dass sie nicht noch besser gezielt hatte.

»Unglaublich, dieser Renovierungsstau«, sagte der Schwarz gerade, und in mir kochte plötzlich die Wut hoch. Mein Renovierungsstau ging ihn nämlich gar nichts an!

»Wenn ich Sie bitten dürfte, meinen Campingplatz zu verlassen«, sagte ich und verschränkte die Arme vor der Brust.

»Gehen wir in Ihr Büro und besprechen das Geschäftliche«, ignorierte Schwarz mit seinem feisten Grinsen meine Aufforderung.

Als wäre es vollkommen klar, dass ihm schon alles gehörte! Fanni wrang den alten grauen Putzlumpen aus, und wieder spritzte das Wasser weiter als nötig. Seltsamerweise hatte ich plötzlich auch das Gefühl, Putzwasser auf Schuhe kippen zu müssen, und war froh, dass das Wasser schon entsorgt war. Dann sah ich vor meinem geistigen Auge den dreisten Kerl in meiner dürftig aufgeräumten Rezeption mit hohem Renovierungsbedarf sitzen, die er genauso einplanieren würde wie das unsägliche Toilettenhäuschen.

Obwohl erst zehn Uhr, war es schon brütend heiß, vielleicht war ich deswegen auch so extrem ärgerlich.

»Sie können telefonisch einen Termin bei meiner Sekretärin vereinbaren«, verlautbarte ich mit hochgezogenen Augenbrauen, obwohl ich keine Sekretärin hatte. »Bitte verlassen Sie jetzt das Campingplatzgelände! Mein Campingplatzgelände, das nur nebenbei«, setzte ich ziemlich eisig hinzu und drehte mich um. Direkt hinter mir standen fünf meiner Dauercamper: Herr und Frau Schmidkunz, Evelyn und auch die beiden Hetzeneggers waren inzwischen aufgestanden. Alle schienen kurz davor zu sein, mir zu applaudieren.

Evelyn hatte wieder gute Laune, machte mir einen Espresso macchiato, und trotz der schwülen Temperaturen strahlte sie größte Zufriedenheit aus. Ich verkaufte den Hetzeneggers ihre Semmeln, und die Vroni Hetzenegger tätschelte mir mütterlich die Hand. »Das kriegen wir schon hin«, sagte sie, und irgendwie war es auch ein tolles Gefühl, dass sie uns zusammen als »wir« empfand. Obwohl ich nicht genau wusste, wieso sie bezüglich des »Das kriegen wir schon hin« so positiv gestimmt war. Ihr mütterlicher Busen wogte, und kurz wirkte es, als wollte sie mich in die Arme schließen und an diese zwei überdimensionierten Brüste drücken.

»Das heißt nicht, dass ich NICHT verkaufe«, erläuterte ich, als die Vroni aus der Rezeption gegangen war. Was war ich auch blöd. Ich hätte jetzt gleich Nägel mit Köpfen machen und den Campingplatz sofort verkaufen können. Morgen schließen, keine Semmeln mehr holen, keine Brezen, die zu wenig oder zu viel gesalzen waren. Was mich da geritten hatte, den Schwarz rauszuwerfen, wusste ich nicht. Aber der Gedanke, dass hier alles einplaniert, ein schickes Hotel gebaut und das Moor zum Golfplatz gemacht werden würde, machte mich trotz allem traurig. Und wütend.

Mit einem strahlenden Lächeln reichte mir Evelyn den Espresso mit der perfekt geschäumten Milch.

»Natürlich, Schätzchen«, zwitscherte sie, wie immer meinen Namen ignorierend.

Bis jetzt hatte ich noch niemandem erzählt, dass ich es mir gar nicht leisten konnte, den Campingplatz zu behalten. Ich hatte den Campingplatz von meiner Großmutter geerbt, und ich musste noch tausend Rechnungen von Nonna bezahlen. Und alles Geld, das Nonna noch gehabt hatte, hatte sie vor ihrem Tod der Firma Klaus und Gruber überwiesen, um das Toilettengebäude renovieren zu lassen. Im Übrigen so viel Geld, dass man vermutlich nicht nur eines, sondern drei oder vier neu bauen könnte! Ein Klohäuschen weiterhin, bei dem eigentlich nur ein Abriss infrage kam, wenn man genauer darüber nachdachte. Dass der blöde Immobilien-Schwarz das genauso sah wie ich, machte mich noch wütender. Ich stellte mich mit meinem Kaffee in die Sonne vor die Rezeption und sah nach, ob der Schwarz tatsächlich verschwunden war. War er. Und ob die Campinggäste tuschelten. Taten sie nicht. Und ob die Fanni noch immer putzte – seit wir so viele Gäste hatten, putzte sie nämlich nicht nur um vier Uhr in der Früh, sondern auch noch um zehn Uhr – und ich kam jeden Tag in den Genuss, mich mit ihr über die Qualität der Schrubber zu unterhalten.

Trotz der ganzen Schwierigkeiten ließ ich meinen Blick wohlwollend über den Campingplatz schweifen. Vor vier Wochen erst hatte ich ihn geerbt. Die Wohnwägen standen in der Sonne glänzend in Reih und Glied. Die Gartenzwerge des Apothekers Schmidkunz sahen aus wie frisch lackiert. Und bei dem alten, halb tauben Gröning wehten eine fast schon historisch zu nennende dunkle Badehose und ein uraltes oranges Handtuch, das in der Mitte bereits reichlich durchsichtig war, an der Wäscheleine im Wind. Nicht, dass ich hierbleiben wollte, aber es war wirklich idyllisch zwischen den Pappeln und Weiden mit dem Blick auf den glitzernden moosgrünen See, der sich spiegelglatt vor dem dunklen Fichtenwald auf der anderen Uferseite erstreckte! Und in der Früh roch der gesamte Campingplatz immer sehr appetitlich nach Kaffee und frischen Semmeln. Mir knurrte der Magen.

Der alte Gröning kam auf uns zu, in seinem Gesicht ein Ausdruck von Unverständnis.

»Und wo sollen wir pieseln gehen, wenn das Häusl einplaniert wird?«, fragte er. Aufs Klo gehen war nämlich ein wichtiges Thema beim Gröning, das tat er jede Stunde einmal.

»Nix wird einplaniert«, stellte Evelyn in den Raum.

»Hat der aber gesagt«, ärgerte sich der Gröning. Also war er doch nicht so taub wie angenommen. Ich überließ das Gespräch Evelyn. Der Gröning war hier auf dem Campingplatz, seit er eröffnet worden war. Er musste inzwischen ungefähr fünfundachtzig Jahre alt sein, und es sah aus, als wäre der Mann geschrumpft, die Haut aber gleich groß geblieben. Sein ganzer Körper bestand nur aus Falten. Durch die zahllosen Spaziergänge war er aber unglaublich fit und drahtig und konnte bestimmt strammer marschieren als beispielsweise ich. Vielleicht sollte ich ihm meinen geerbten Riesenköter Milo schenken. Ich ließ meinen Blick erneut auf dem Campingplatz ruhen, wo alle ihren Morgentätigkeiten nachgingen. Die Männer waren hauptsächlich mit grauen Toiletten-Abwasserwägelchen unterwegs oder damit beschäftigt, den Müll wegzubringen. Beinahe mit Liebe sah ich ihnen dabei zu.

Neben uns ratterte eine Motorsense los, und ich sprang erschrocken einen Schritt in die Rezeption hinein. Ein Spritzer Kaffee landete auf meinem T-Shirt, und Evelyn schloss die Tür hinter mir. »Das ist dringend nötig, dass der Sepp mal wieder mäht.«

»Der Sepp«, echote ich. Richtig. Der Sepp war der Gärtner meiner Nonna gewesen. Als Kind hatte ich mich immer ganz schrecklich vor ihm gefürchtet, weil ich ihn für einen wahnsinnigen Magier aus einem fremden Universum gehalten hatte. Neugierig spähte ich durch die Gardinen nach draußen. Sah aus wie immer. Riesiger Schnauzer und grimmige Miene. Und auch heute noch wirkte es, als würde er nicht Rasen mähen, sondern etwas niedermetzeln.

»Mit dem werde ich gleich besprechen, wie es mit ihm weitergeht, wenn er sich eine neue Stelle …«

»Mit dem Sepp kannst du nichts besprechen«, sagte Evelyn hastig und drehte sich von mir weg, um ihr Kaffeegeschirr zu spülen. »Momentan solltest du einfach nur froh sein, dass er wieder hier ist. Seine Mutter ist Anfang Mai gestorben, und seitdem ist er hier nicht mehr aufgekreuzt. Wir hatten schon die Befürchtung, dass er gar nicht mehr kommt.«

»Dann werde ich in ein paar Tagen mit ihm sprechen«, seufzte ich.

»Und eine neue Stelle kann sich der auch nicht suchen.«

»Wieso?«

»Sepp ist … wie soll ich sagen …« Sie formulierte es nicht, sondern drehte den Zeigefinger neben der Schläfe, um zu zeigen, dass er geistig nicht ganz auf der Höhe war. »Er unterhält sich nicht. Wenn du ihn entlässt, dann kommt er trotzdem wieder her und macht mit seiner Arbeit weiter.«

Das konnte ich mir nicht vorstellen.

»Er unterhält sich nicht«, echote ich verständnislos. Also, nicht, dass ich jemals mit ihm ein Gespräch geführt hätte, aber ich konnte mich deutlich erinnern, dass er mich einmal angeschrien hatte, weil ich neben dem Rasenmäher spielte, und dass er außerdem meine Barbiepuppe umgemäht hatte. Die war dann bein-, arm- und kopflos gewesen.

»Er gibt nur Laute von sich«, erläuterte sie. »Deswegen sind Bewerbungsgespräche auch nichts für ihn.«

Er sah tatsächlich ziemlich debil aus, was vielleicht daran liegen mochte, dass seine rechte Schläfe leicht eingedrückt war, als hätte sie einen ziemlichen Schlag abbekommen.

»Er schreit oder brummelt.«

Na prima! Ich hatte einen Campingplatz mit einer achtzigjährigen Putzfrau und einem debilen Gärtner geerbt. Außerdem mit einem abrissreifen Toilettenhäuschen, und all mein Geld lag bei einer Firma, die am liebsten senfgelbe Fliesen verbaute! Etwas frustriert stieg ich über meinen ebenfalls geerbten riesigen schwarzen Hund, der von all den Ereignissen heute noch gar nichts mitbekommen hatte, weil er direkt vor dem Computer lag und tief und fest schlief.

»Und jetzt schick ich den Sepp hinauf zur Wiese. Die soll er mähen, damit diese Jugendgruppe dort campen kann.«

»Auf der Wiese?«, fragte ich verständnislos, während ich den Computer einschaltete.

»Auf der anderen Seite der Straße. Da hört man sie nicht so laut. Bleib du hier, ich weiß nicht, was passiert, wenn der Sepp eine unbekannte Person sieht.«

Was sollte da schon passieren, fragte ich mich. Aber gut, dass Evelyn das alles in die Hand nahm. Eigentlich war es mir egal, wo diese Jugendgruppe ihre Zelte aufstellte. Wenn das auf der Wiese ging, war mir das auch recht. Ich sah Evelyn hinterher, wie sie mit einem gewagten Hüftschwung hinaus in die Sonne trat.

»Morgen!«, schrie sie dem Sepp zu, und der machte mit seiner Arbeit weiter, als hätte sie überhaupt nichts gesagt.

Kapitel 2

Bis mittags hatte ich nicht groß was geleistet, vor allen Dingen, weil ich es noch nicht geschafft hatte, auf dem Computer wesentliche Programme zum Laufen zu bringen. Ein Campinggast hatte mich nämlich vor zwei Wochen fast ermordet und vorher noch mit einer Ladung Wasser den Computer geschrottet. Da mit dem Computer nichts mehr anzufangen war, hatte mir mein Jugendfreund Alex einen seiner alten Computer geschenkt, auf dem ich leider nicht installiert bekam, was ich brauchte. Deswegen hatte ich vormittags nur Milo ausgeführt und das Regal mit den Nudeln aus dem Campingladen ausgeräumt, gewischt und wieder neu eingeräumt. Neben mir türmten sich Nudelpackungen, deren Mindesthaltbarkeitsdatum abgelaufen war, und die ich trotzdem noch zu essen gedachte. Nudeln gingen doch nicht einfach kaputt, oder? Gerade als ich alles in eine riesige Plastiktüte steckte, hörte ich, dass bei der Schranke ein großes Fahrzeug hielt.

Der Bus mit der Jugendgruppe!

Ich wusch mir schnell die Hände und sah dann zu, wie die Jugendlichen brav und koordiniert aus dem Bus stiegen. Der Gröning, bekleidet mit einem ausgeblichenen, ursprünglich vermutlich grünen Hemd und einer kurzen Hose, die seine dünnen Beinchen umschlotterte, kam gerade aus dem Klohäuschen und blieb bei der Gruppe stehen, als würde er dazugehören. Ich stellte mich an die Tür und sah zu, wie der Busfahrer die Rucksäcke und Zelte auslud und die Jugendlichen vor ihm eine lange Schlange bildeten, um sich ihr Gepäck abzuholen. Wohlwollend stellte ich fest, dass es auch hier kein Gerempel und kein Geschubse gab. In meiner Jugend wäre das nicht so gewesen. Die Jungs hätten uns an den Haaren gezogen, uns ein Bein gestellt, und wir Mädels hätten gekreischt und zurückgeschlagen.

Aus der Gruppe lösten sich zwei junge Frauen, die eine sehr blond, die andere braunhaarig, und kamen auf die Rezeption zu. Als sie vor mir standen, fiel mir auf, dass sie älter waren als die Jugendlichen.

»Hallo«, sagte die Blonde mit einem freundlichen Lächeln. Sie hatte ein ebenmäßiges, wunderschönes Gesicht und glänzende Haare. »Wir sind die angemeldete Gruppe, Jugendcamp Sonne.« Sie hatten beide hohe Stapel mit Ausweisen in den Händen. »Brauchen Sie die Ausweise?«

Eigentlich waren mir die Ausweise egal, aber ich musste an meine erste Aktion hier auf dem Campingplatz denken, als ich keinen Ausweis verlangt hatte. Das war damals nicht gut ausgegangen.

»Ja, bitte«, sagte ich deswegen und nahm zwei der Stapel entgegen. Den dritten konnte ich nicht mehr tragen, weshalb wir gemeinsam in die Rezeption gingen.

»Das sind wir zwei«, sagte sie und deutete auf die obersten zwei Personalausweise.

Wohlwollend schlug ich sie auf. Sarah Weinzierl und Corinna Pfeiffer. »Wir leiten das Camp zusammen mit

Jeremias. Wenn Sie irgendwelche Fragen haben oder wenn die Kinder etwas falsch machen, dann wenden Sie sich bitte an uns.«

Ich konnte mir nicht vorstellen, dass Kinder, die nicht einmal beim Aussteigen aus einem Bus Quatsch machten, irgendetwas falsch machen konnten.

»Ich zeige Ihnen den Platz«, sagte ich und drehte mich etwas unschlüssig mit dem Ausweisstapel im Kreis. Für einzelne Camper hatte ich ein Postfach für jeden Platz, wo ich auch den Ausweis aufheben konnte. Ich zog eine Schublade auf, in der meine Großmutter Kruscht aufgehoben hatte, und legte den Stapel auf die Paketklebebänder, die alten Zeitschriften, Adapter für Stecker und sonstige Dinge. Der Stapel kippte sofort, und die Ausweise verteilten sich in der ganzen Schublade. Ob ich die jemals wieder alle zusammengesucht bekam? Hastig schob ich die Schublade wieder zu.

»Wir haben auf der anderen Seite der Straße einen Platz für Zeltlager«, behauptete ich, obwohl ich dort noch nie jemanden hatte zelten sehen. »Er ist schön eben, es gibt allerdings nur einen Stromkasten …«

»Strom brauchen wir nicht«, sagte Sarah freundlich. »Das ist wunderbar hier.«

Kein Strom? Und was war mit all den internetsüchtigen Jugendlichen, die achtzigmal am Tag ihre WhatsApp-Nachrichten checken mussten? Als wir über die Straße gingen, sah ich, dass der Sepp tatsächlich die Wiese wunderbar gemäht hatte, immerhin das stimmte!

»Leider ist auf der Seite kein Toilettenhäuschen«, sagte ich. Aber wahrscheinlich pieselten Jugendliche sowieso direkt neben das Zelt. »Dazu müssten Sie über die Straße gehen.« Ich deutete hinüber zu unserem wunderbaren Klohäuschen und nahm mir vor – wie immer, wenn ich an das Häuschen dachte –, gleich heute noch

Klaus und Gruber anzurufen, diese unsägliche Firma, und ihnen erneut mit dem Rechtsanwalt zu drohen, wenn sie mir mein Geld nicht zurückgaben! Sie hatten schamlos die Naivität meiner Nonna ausgenutzt und sich einen horrenden Vorschuss bezahlen lassen! Und den Rechtsanwalt musste ich auch mal anrufen, um ihn zu fragen, was er in der Sache schon alles unternommen hatte. Mein Blick schweifte von dem Toilettenhäuschen zu der Gruppe von Kindern, die sich um einen schlanken dunkelhaarigen Mann versammelt hatten. Er trug trotz der Hitze eine lange dunkle Hose und ein dunkles Hemd und zeigte mit seinen Armen sehr umfassend in alle Richtungen.

»Danke. Das ist alles kein Problem«, antwortete Sarah mit einem so strahlenden Lächeln, dass ich ihr das sogar glaubte. Vermutlich war das in dem Alter wirklich alles kein Problem. Ich persönlich wollte nicht mitten in der Nacht über die Straße gehen und eine Weile marschieren, bis ich eine Kloschüssel fand.

»Wenn Sie Semmeln oder Brezen haben wollen, fürs Frühstück, bis um achtzehn Uhr ist die Bestellung für den nächsten Tag möglich.«

»Danke.«

»Dann viel Spaß hier bei uns«, sagte ich, weil mir nichts mehr einfiel, und überquerte die Straße. Der dunkel gekleidete Mann nickte mir freundlich zu. Was mir als Erstes an ihm auffiel, waren seine extrem weißen Zähne und sein strahlendes Lächeln. Auch er war wahnsinnig schön.

Danach widmete ich mich wieder meinem Campingladen, der in einem ähnlich katastrophalen Zustand war wie das Klohäuschen.

»Du hast keine Butter da«, stellte Vroni Hetzenegger

hinter mir fest und zeigte auf das leere Kühlregal im Laden.

»Ja. Ich habe das Kühlregal ausgesteckt«, sagte ich und holte ein paar Dosen Fertignahrung aus dem Regal, um dahinter zu putzen.

»Milch und Butter müsstest du schon dahaben«, sagte sie. »Und Joghurt. Joghurt ist ganz wichtig für die Verdauung.«

»Gibt's da nicht einen Supermarkt, irgendwo in der Nähe?«, wollte ich wissen, und Vroni fügte hinzu, als hätte ich nichts gesagt: »Und Eis für die Kinder.«

Am liebsten hätte ich die Dosen sofort in den Müll gepfeffert, aber hinter mir ging wieder mit einem Dingeln die Rezeptionstür auf, und Evelyn trat ein.

»Keine Butter«, informierte Vroni Evelyn.

»Butter ist ungesund«, erwiderte Evelyn und zeigte dann auf die Kekse, die ich schon wunderbar gestapelt hatte. »Genauso wie diese ganzen leeren Kohlenhydrate. Für mich sowieso nichts, weil ich meine Iss-nur-zweimal-am-Tag-Diät mache.«

Ich stemmte meine Hände in die Hüften. War ich hier Ernährungsberaterin, oder was? Offensichtlich hatte Evelyn ihre Low-Carb-Diät durch eine andere ersetzt.

»Hast du den Kerl gesehen?«

»Welchen Kerl?«, fragte ich, und Vroni und ich folgten ihr zum Fenster, von dem aus man zusehen konnte, wie die Jugendlichen ihr Gepäck über die Straße schleppten. Ohne zu murren, übrigens, was es zu meiner Zeit garantiert auch nicht gegeben hätte. Mindestens zwei Mädchen hätten auf ihre Fingernägel hingewiesen oder auf Mückenstiche.

»Der passt mir nicht«, erklärte Evelyn.

»Wer?«

Energisch zeigte sie mit dem Kinn in die Richtung

des dunkel gekleideten Mannes, der mit einem strahlenden Lächeln die Jugendlichen überwachte. »Dieser Jeremias.« Sie betonte das Wort, als wäre an dem Namen etwas falsch.

Okay, es war etwas seltsam, dass er in Schwarz gekleidet war. Aber manche Leute hatten ein Faible für eine bestimmte Farbe. Und er sah auch nicht so aus, als würde er für ein Beerdigungsinstitut arbeiten. Mehr so distinguiert. Und, wie gesagt, wunderschön, das nebenbei. Dass Evelyn auf ihn nicht abfuhr, war etwas eigenartig. Evelyn fand nämlich fast jeden Mann in irgendeiner Weise erotisch, wahlweise hatte er einen knackigen Hintern oder tolle Brustmuskeln, wie zum Beispiel der Polizeihauptkommissar Jonas Schneider oder Alex Stöckl, mein Jugendfreund. Der hatte nämlich tolle Brustmuskeln und einen Wahnsinnsbizeps und war auch ein klein bisschen hinter mir her. Bei all den Campern, die leider nur eine ordentliche Wampe hatten, war es dann die männliche Ausstrahlung, die zählte. Jeremias vom Sonnencamp hätte jedenfalls locker als männliches Model arbeiten können, zumindest für Zahnpastawerbung. Wenn nicht sogar für Unterwäsche, aber da wollte ich mich nicht zu weit aus dem Fenster lehnen.

»Der macht uns Ärger. Da bin ich mir hundertprozentig sicher.«

»Er ist einfach wunderschön«, sagte ich. »Du stehst doch sonst auch auf attraktive Männer.«

»Ja. Auf attraktive Männer«, sagte sie, dabei betonte sie das Wort »Männer«, als wäre dieser Jeremias keiner.

»Allein die Zähne«, sagte ich. »Daran gibt's wirklich nichts auszusetzen.«

Er sah tatsächlich fantastisch aus. Nicht auf diese Holzfäller-Art wie Alex oder auf diese Ich–fange-dieschlimmsten-Verbrecher-Art wie der Kommissar. Sondern eher auf eine sanfte, intellektuelle Tour.

»Er ist asexuell schön«, erklärte mir Evelyn, was es irgendwie traf.

»Ein Schönling«, mischte sich Vroni in die Unterhaltung ein. »Der ist dir doch viel zu jung.« Dann wandte sie sich wieder dem Sortiment des Ladens zu. »Auf jeden Fall brauche ich jeden Tag meinen Joghurt, weil ich sonst nicht groß aufs Klo kann.«

Für einen Moment kniff ich die Augen zusammen. Das ging mich ja jetzt wohl gar nichts an!

»Okay, welchen Joghurt soll ich kaufen?«, fragte ich und ergab mich in mein schweres Schicksal, jetzt auch noch einen Campingladen führen zu müssen.

»Natur, Pfirsich und Erdbeer.«

Mit zufriedener Miene steckte Vroni höchstpersönlich den Kühlschrank wieder ein und verließ mit einem gezwitscherten Danke die Rezeption.

Auch wir traten hinaus ins Freie und beobachteten, wie dieser Jeremias seinen Schützlingen folgte und ihnen wahrscheinlich mit Rat und Tat beim Aufbau der Zelte zur Seite stand. Wahrscheinlich mochte sie ihn deshalb nicht. Weil er keine Frauen ansah. Zumindest nicht offensichtlich. Und vor allem ihr, Evelyn, hatte er bis jetzt noch keinerlei Beachtung geschenkt.

»Vielleicht ist er schwul«, mutmaßte ich, um sie zu trösten.

»Der ist nicht schwul«, sagte sie grimmig und verschränkte die Arme vor der Brust.

»Er erinnert mich irgendwie an diesen einen Pfarrer, den meine Nonna so vergöttert hat.«

Evelyn sah mich komplett verständnislos an. »Der Gietl ist fast schon neunzig. Und sieht auch komplett anders aus!«

Ja, ich wusste auch nicht, wieso mich Jeremias an den Pfarrer Gietl erinnerte. Vielleicht wegen des Lächelns. Oder des dunklen Pullis.

Ein älteres Wohnmobil hielt direkt vor der Schranke und unterbrach unser Gespräch über überirdisch schöne Männer und Pfarrer Gietl.

Betont jugendlich sprang ein Mann um die sechzig heraus und strahlte uns an. »Einen wunderschönen guten Morgen, meine Damen!«

Evelyn strahlte zurück, als hätte man einen Schalter umgelegt – anscheinend hatte sie an ihm und seinem Lächeln nichts auszusetzen.

»Hätten Sie noch ein kleines Plätzchen für meine Emma und mich?«

Ich hielt Ausschau nach einer Frau, vielleicht lag sie im Wohnmobil. Aber da er die Motorhaube tätschelte, handelte es sich bei Emma vermutlich um das Wohnmobil.

»Ja, gerne«, flötete Evelyn, wieder im Flirtmodus. »Kommen Sie doch bitte mit!«

Kopfschüttelnd sah ich ihr hinterher. Bis jetzt hatte sie sich aus der Registrierung von Campinggästen herausgehalten. Aber für tolle Hechte machte sie offenbar eine Ausnahme.

»Uwe Kleinschmitt«, hörte ich seine dunkle Stimme von drinnen, und es klang, als würde er mit Evelyn flirten. Auch ihre Stimme wurde einen Hauch rauchiger.

Genervt kehrte ich an ihnen vorbei in den Laden zurück, nahm den Glasreiniger und machte mich daran, die Kühlvitrine zu putzen.

»Diese Plätze hier sind frei«, erläuterte Evelyn. »Hier. Hier. Und hier.« Sie senkte ihre Stimme. »Und das hier ist mein Platz.«

Zehn Sekunden Wimpernklimpern-Schweigen. Was

hieß hier »mein Platz«? Seit ich hier wohnte, schlief Evelyn bei mir im Wohnhaus meiner Nonna! Ich konnte das natürlich verstehen, weil in ihrem Wohnmobil ein Campinggast gestorben war. Aber vielleicht hatte sie tatsächlich vor, wieder in ihr Wohnmobil zu ziehen! Juhu!

»Dann sehe ich mich mal um«, antwortete Uwe Kleinschmitt.

»Bitte«, flötete Evelyn.

»So viel Wind und keine Segel, so viel Durst und keinen Gin«, fing Uwe Kleinschmitt zum Abschied das Singen an, und Evelyn stimmte mit ein. »Die Wolken hoch am Himmel, wandern all' zur Heimat hin.«

Evelyn hatte rote Bäckchen bekommen.

»Und sie grüßen, grüßen, grüßen dort ein Mädel, das so gerne, gerne, gerne ich geküsst.«

Ich verdrehte die Augen, dann dingelte die Glocke der Rezeption, und es wurde still.

Der nächste Gast, der kam, war Evelyn deutlich zu jung – ein Mann um die zwanzig mit einem kleinen Rucksack auf dem Rücken. Er trug eine abgewetzte Jeans und ein graues T-Shirt. Auf der Nase hatte er eine kleine Nickelbrille.

»Schätzchen, ein Gast!«, rief Evelyn in den Laden rüber und feilte sich weiter die Nägel, während ich mich stöhnend aufrichtete.

»Hi«, sagte der junge Mann. »Kann ich bei Ihnen übernachten?«

»Klar«, sagte ich freundlich, während ich mich hinter den Tresen stellte und einen Plan herauszog, auf dem ich drei Plätze anstrich. »Suchen Sie sich einfach einen aus.«

Eine Weile sah er mich an, dann verzog er das Gesicht. »Ich dachte an … haben Sie vielleicht ein kleines Häuschen zu vermieten?«

»Häuschen?«, fragte ich, und mein Blick blieb an dem kleinen Rucksack auf seinem Rücken hängen. Sah nicht so aus, als hätte er viel dabei.

»Ein Mietzelt? Einen Mietcaravan?«

»Nein. Den Wohnwagen muss man selbst mitbringen«, erklärte Evelyn und pustete auf ihre Fingernägel.

»Eine … Gartenlaube vielleicht?«

Der junge Mann sah ziemlich verzweifelt aus, und Evelyn warf mir einen warnenden Blick zu, als würde sie ahnen, dass ich weichherzig genug war, um irgendwelchen Leuten ein Zimmer im Haus anzubieten.

»Nein. Auch keine Gartenlauben«, erklärte Evelyn in sehr bestimmten Tonfall und wies auf die Pension im Ort hin.

»Also weißt du, Urlaub auf dem Campingplatz machen wollen und dann nichts dabeihaben«, sagte Evelyn, als der junge Mann wieder verschwunden war. Ich nahm mir einen Zettel, um eine Einkaufsliste zu schreiben. »Eigentlich keine schlechte Idee«, überlegte sie weiter. »Ein Mietcaravan. Wir könnten aus Muschs Wohnwagen einen machen.«

Der stand nämlich leer. Also, leer war der falsche Begriff, denn er war ziemlich vollgestopft. Seit Musch gestorben war, hatte ich mich nicht mehr darum gekümmert, und auch sein Bruder war nicht aufgetaucht, um den Wohnwagen abzuholen. Hetzeneggers und Schmidts hatten mir dabei geholfen, den Wohnwagen auf den Parkplatz vor dem Campingplatz zu schleppen. Die Schmidts natürlich aus eigennützigen Gründen, weil sie ihren Wohnwagen auf den frei gewordenen Seeplatz hatten stellen können. Ich fächelte mir mit der Einkaufsliste Luft zu. Inzwischen war es so heiß, dass ich nur noch an das kühle Wasser des Sees denken konnte.

Kapitel 3

Vor ein paar Tagen hatte ich mir im Ort einen sehr schlichten und eher unmodernen Bikini gekauft. Die letzten schönen Tage hatte ich dazu genutzt, dreimal täglich schwimmen zu gehen, was mich ein bisschen von meiner Situation abgelenkt hatte: einen Campingplatz in Bayern leiten und verkaufen zu müssen und darüber nachzudenken, wie es danach weiterging. Was ich dann zum Beispiel mit meinem untreuen Ehemann Martin in Hamburg machen sollte. Zu einem Ergebnis war ich noch nicht gekommen.

Als ich mit Milo nach dem Mittagessen über den Platz schlappte, war es bereits irrsinnig schwül. Und ein klein wenig hatte ich das Gefühl, dass Aggression in der Luft mitschwang. Vielleicht lag es auch an mir, weil ich zu viel im Campingladen geputzt hatte und mir aufgefallen war, wie viel Arbeit das alles war. Ich ging an dem riesigen neuen Wohnwagen der Hetzeneggers vorbei. Sie hatten einen »Knaus Sport«, der vermutlich für mindestens sechs Personen ausgelegt war. Die Vroni saß unter dem orangefarbenen Sonnendach, wie jeden Tag, und hatte vor sich eine Thermoskanne Kaffee stehen, zwei weiße Melamin-Teller mit orangefarbenem Rand und die dazu passenden Tassen. Auf einem der Teller lag noch eine halbe Quarktasche.

»Ich bestelle für morgen zwei Mohnschnecken«, rief sie mir zu, tätschelte Milos riesigen Schädel, der ihrer Kaffeetasse gefährlich nahe kam, und ich versprach, mir das zu merken.

»Das ist meine Hauptmahlzeit«, sagte sie. »Der Nachmittagskaffee, darauf kann ich einfach nicht verzichten. Wenn ich nicht mein Süßes bekomme, werde ich richtig unausstehlich.«

Veronica Hetzenegger hatte nicht nur einen riesigen Busen, sondern auch sonst gewaltige Ausmaße. Wenn sie nicht gerade ihren Nachmittagskaffee zu sich nahm, was ungefähr von ein Uhr mittags bis fünf Uhr am Abend der Fall war, saß sie mit einem Liegestuhl und einem Stapel Zeitschriften am See, immer schön im Schatten, wie man auch an ihren kalkweißen Beinen erkennen konnte. Sie sah mich mit einem strahlenden Lächeln an, wie immer, wenn sie mich erblickte. Na gut! Sie hatte stets ein strahlendes Lächeln, egal wer gerade auftauchte, jedenfalls wenn sie ihr Süßes bekommen hatte. Auf mich wirkte sie immer sehr beruhigend. Wenn ich einen Campingplatz führen sollte, dann nur mit Gästen, die alle so waren wie die Vroni!

Gerade als ich wohlwollend nickend weiterwollte, hörte ich schreckliches Gebrüll vom Geschirrspülhäuschen her. Vroni verschüttete vor Schreck Kaffee, und ich lief sofort los in Richtung Lärmquelle.

Es war der Sepp. Vor ihm stand die blonde Sarah, vollkommen erschrocken, die Hände abwehrend erhoben. Der Sepp hatte eine Kabelrolle in der Hand und schrie aus vollen Kräften. Gott sei Dank war Evelyn noch vor mir vor Ort und begann auf Sepp einzureden.

Sarah nutzte sofort die Gunst der Stunde und verzupfte sich.

»Was ist hier los?«, fragte ich.

»Keine Ahnung.« Evelyn tätschelte weiter Sepps Schulter, bis dieser allmählich verstummte und sich kommentarlos von uns wegdrehte.

»Der kann doch nicht einfach Campinggäste anschreien«, sagte ich böse.

»Wird halt was gemacht haben, das ihn geärgert hat«, schlug Evelyn vor.

»Da kann er trotzdem nicht einfach Leute anschreien«, sagte ich und sah mich nach Sarah um, um mich bei ihr zu entschuldigen.

»Letztes Jahr hat zum Beispiel so ein Kerl immer Sepps Kuchenteller im Klohäuschen geplündert. Da ist er auch ausgeflippt. Zu Recht.«

»Kuchenteller im Klohäuschen?«

»Den stellt ihm die Fanni jeden Tag hin.«

»Ins Klo?«, echote ich immer noch verständnislos.

»Ja. Da machen sie sich doch immer Kaffee und essen ein bisschen was dazu.«

»Das ist doch … unhygienisch …«.

»Wo die Fanni putzt, da ist gar nichts unhygienisch«, verbesserte mich Evelyn. Dann dingelte ihr Smartphone, und sie ging zurück zur Rezeption. Seufzend setzte auch ich mich in Bewegung. Milo sprang begeistert auf und trottete neben mir her in Richtung See. Zum Thema Sepp musste mir noch was einfallen.

Unter den hohen Erlen am Badeufer war es etwas kühler, und ich sah eine Weile der Jugendgruppe beim Schwimmen zu. Immerhin im Wasser waren sie etwas lauter. Sie kicherten und schubsten sich vom Steg, wie ich wohlwollend feststellte. Außerdem tauchten sie sich gegenseitig unter und spritzten sich an, während die zwei jungen Frauen, ebenfalls in Badeanzügen, ihnen zusahen. Der schwarz gekleidete Schönling war nicht anwesend. Vermutlich, weil er keine schwarze Badehose mit Krawatte dabeihatte. Milo legte sich auf mein Handtuch am Strand, beseelt von dem Wunsch, mein Eigentum mit seinem Leben zu verteidigen.

Ich watete ins Wasser und stellte mich neben Sarah. Sie unterbrach meine langwierigen Entschuldigungen sofort.

»Kein Problem«, sagte sie strahlend. »Ich war versehentlich in diese Abstellkammer geraten … Überhaupt kein Problem!«

Ich fand, dass sie ziemlich bleich und mitgenommen aussah, beließ es aber dabei und watete weiter ins Wasser hinein.

Uwe Kleinschmitt hatte anscheinend sein Wohnmobil aufgestellt, denn auch er kam in äußerst knapper Badehose an den Strand. Er hatte zwar einen Bauchansatz und war insgesamt sehr bullig vom Körperbau, machte aber doch eine recht gute Figur. Er brauchte auch nur etwa zehn Sekunden, um festzustellen, an wen er sich jetzt ranwanzen würde. Offensichtlich war ich ihm zu alt, denn er stellte sich sofort neben die wunderschöne blonde Sarah ins Wasser und laberte auf sie ein, als würde er sie schon ewig kennen. Sie hatte eine Miene aufgesetzt, als müsste sie sich gleich übergeben.

Als er anfing »Ganz Paris träumt von der Liebe« zu singen, stürzte ich mich ins Wasser und war heilfroh, dass er sich nicht neben mich gestellt hatte. Wenn ich tippen sollte, wer wirklich Ärger machen würde, dann stünde an allerersten Stelle Uwe Kleinschmitt. Allein schon sein ständiges Gesinge ging doch jedem auf den Senkel. Zumindest mir. Ohne auf meine Haare Rücksicht zu nehmen, tauchte ich ins kühle Nass. Als ich wieder an die Oberfläche kam, sang Herr Kleinschmitt noch immer mit sonorer Stimme: »… denn dort ist sie ja zu Haus. Ganz Paris träumt dieses Märchen.«

Ich schwamm Richtung gegenüberliegendes Ufer und beschloss, ihn mir zur Brust zu nehmen, falls er weiter das arme Mädchen anbaggern sollte. Das war ich meinen Campinggästen schuldig!

Als ich mich auf den Rücken drehte und zum Strand hinübersah, erkannte ich Alex Stöckl, der in Badehose ins Wasser watete. Er winkte mir zu, und in meinem Bauch breitete sich ein kribbelndes Gefühl aus. Alex war nämlich mein Freund aus Kindertagen, der zu einem sehr attraktiven Mann herangewachsen war und regelmäßig auftauchte, um mich zu umschwärmen. Das war wunderbar, auch wenn ich ahnte, dass er vermutlich nicht nur mit mir flirtete.

Auf halber Strecke zum anderen Ufer holte Alex mich ein. Auch er hatte patschnasse Haare.

»Na, Holde«, sagte er und lächelte mich an.

»Na, Holder«, antwortete ich, während wir einträchtig nebeneinander zum anderen Ufer schwammen. »Fertig mit der Arbeit?«

»Nun ja, nein, irgendetwas hat mich magisch an den See gezogen. Oder irgendwer«, verbesserte er sich gleich, und sein Lächeln ließ etwas in meinem Bauch kribbeln.

»Voller Campingplatz!«, sagte er zufrieden.

»Das heißt nicht, dass ich bleibe«, antwortete ich, weil ich das Gefühl hatte, dass jeder meinte, mir ständig positive Dinge über den Campingplatz erzählen zu müssen. Aber Alex ging nicht weiter darauf ein.

»Heute Abend wäre Tanzcafé im Hotel ›Am See‹ vorne.«

»Heute ist es so schwül«, wich ich aus. Außerdem war ich noch keine hundertzwanzig Jahre alt, das Mindestalter für Tanzcafés.

»Dann komme ich mit einem Gläschen Wein vorbei, und wir setzen uns auf den Steg«, sagte Alex in einem Tonfall, als wäre es längst abgemacht, dass wir heute etwas zusammen unternahmen. »Oder ich bringe einen Kasten Bier vom Stöcklbräu mit.«

Das war die Brauerei seines Vaters.

Eigentlich hatte ich Bier nicht besonders gemocht, aber seit ich hier war, hatte sich das geändert. Vielleicht die bayerische Luft. Oder schmeckte das Bier hier einfach anders? Seit ich hier war, hatte ich mir auf jeden Fall kein einziges Mal Tee gekocht.

Ich widersprach seinen Abendplänen nicht. Schweigend schwammen wir bis zum anderen Ufer und blieben dort stehen, die Füße in einer besonders sumpfigen Stelle. Fühlte sich wie Watte an. An Alex' Augen sah ich, dass er jetzt gerne mit mir geknutscht hätte und ihn nur die Campinggäste am Strand davon abhielten.

Dort auf der anderen Seite des Sees stand noch immer Sarah, die ultrablonde Betreuerin, hüfttief im Wasser neben Uwe Kleinschmitt. Ihre Miene wirkte selbst von hier aus wie versteinert. Im Vergleich zu der schlanken jungen Frau wirkte der Singfreudige jedenfalls besonders bierbäuchig. Als er schließlich den Arm kurz um ihre Schulter legte, runzelte ich die Stirn. Das ging ja wohl gar nicht! Wenn ich wieder auf der anderen Seite war, musste ich da mal einschreiten!

»Ich flipp gleich aus«, sagte ich zu Alex. »Ich glaube, ich bin für die Leitung eines Campingplatzes nicht geeignet.«

»Ach, deine Großmutter ist doch auch ständig ausgeflippt«, erinnerte sich Alex. »Und das hat alles super funktioniert!«

Ich ließ Uwe Kleinschmitt nicht aus den Augen. Gerade als ich erbost zurückschwimmen wollte, veränderte sich das Bild auf der anderen Seite: Sarah fauchte Kleinschmitt an und köpfelte ins Wasser. Evelyn tauchte in einem gewagten Leoparddruck-Bikini auf – riesiger Ausschnitt, seitlich hochgeschnitten – und zog damit die Aufmerksamkeit von Uwe Kleinschmitt auf sich. Außerdem kam der junge Mann mit dem kleinen Rucksack ans Ufer. Dachte er etwa, mir fielen weitere Übernachtungsmöglichkeiten ein, wenn er nur penetrant genug war?

Erstaunlicherweise verließ Sarah sofort das Wasser und ging auf ihn zu. Sie umarmte ihn zwar nicht – vielleicht, weil sie nass und im Bikini war? –, aber von hier aus sah es aus, als würden sie sich kennen. Sie drehte sich noch einmal um in Richtung Uwe Kleinschmitt, aber der konzentrierte sich gerade voll auf Evelyn. Dann verschwanden die beiden ziemlich schnell hinauf zum Campingplatz. War er ihr Freund?

»Wein am Abend wäre nett«, sagte ich, und Alex drückte mir einen Kuss auf die Wange.

Als ich nass zum Haus zurückging, traf ich den zauberhaften Österreicher, der schon wieder mit Kamera unterwegs war. Er hatte nämlich die blöde Angewohnheit, von allen Missständen auf diesem Campingplatz Fotos zu machen, um mir zu demonstrieren, was hier schieflief. Ich wünschte ihm im Stillen sein Urlaubsende herbei, grüßte aber höflich. Danach begegnete ich noch Frau Schmidkunz, die mir einschärfte, dass ich unbedingt Frischmilch kaufen musste und außerdem Kekse mit Schokofüllung. Dann schlappte ich mit Milo weiter und sah zu guter Letzt noch Sarah, wie sie sich gerade mit dem schönen Jeremias unterhielt. Sarah hing dem Mann so andächtig an den Lippen, dass ich annahm, dass sie entweder in ihn verliebt war oder ihn zumindest stark bewunderte. Der junge Mann mit Rucksack war jedenfalls nirgends mehr zu sehen.

»Ja. Das finde ich auch«, sagte Sarah eben mit leuchtenden Augen, und ich sah zu, dass ich weiterkam.

Wie nicht anders zu erwarten, zauberte Herr Kleinschmitt gegen Abend ein Akkordeon aus dem Wohnmobil. Ich hatte mich auf mein Bänkchen vor der Rezeption gesetzt und beobachtete das Treiben auf dem Platz. An den leuchtenden Augen von Evelyn sah ich, dass sie sich erhofft hatte, Herr Kleinschmitt würde musizieren, und keine Sekunde später saß sie mit ihrem eigenen Klappstuhl neben ihm. Extra für sie sang er: »Sieben einsame Tage und noch viel mehr – sieben einsame Nächte, mein Herz ist schwer! Eine Woche verloren und noch allein – ich bin nicht geboren zum Einsamsein!« Evelyn blühte geradezu auf!

Bei »Rote Lippen soll man küssen« holten auch Vroni und Franz Hetzenegger ihre Campingstühle und gesellten sich zu den beiden. Vroni stimmte, noch während sie den Klappstuhl aufstellte, in den Gesang mit ein. Sie hatte eine erstaunlich schöne, weit tragende Stimme und auch textlich keine Schwierigkeiten, alle Strophen von »Steig in das Traumboot der Liebe!« zu singen. Das rief nun auch die Schmidkunzens auf den Plan. Die beiden wurden mit großem Helau begrüßt. Der Apotheker hatte ebenfalls eine sehr schöne Singstimme. Ich beschloss, duschen zu gehen und danach die Liste zu vervollständigen, was ich morgen für den Campingladen alles einzukaufen hatte. Von Weitem sah ich Jeremias über den Campingplatz gehen. Noch immer war er dunkel gekleidet, aber immerhin hatte er jetzt ein dunkles T-Shirt und eine kurze dunkle Hose an.

Nach dem Duschen setzte ich mich wieder auf das Bänkchen vor der Rezeption. Etwas Ruhe wäre jetzt schön gewesen, andererseits war es auch schön, dass die Gäste so einen Spaß hatten. Obwohl es noch nicht dunkel war, zündete ich mir die rosa Kerze im Glas an, die nach Rose roch, und nahm meinen Einkaufszettel zur Hand. Gerade als ich »Joghurt« aufgeschrieben hatte, damit Vroni Hetzenegger auch schön groß aufs Klo gehen konnte, baute sich direkt vor mir der Österreicher auf. Er hatte eine sehr tiefe Falte mitten auf der Stirn. Ich wartete schon darauf, dass er mir wieder ein Foto zeigte. Diesmal hatte er aber keins dabei.

»Wie lange ist dieses Singen erlaubt?«, fragte er. Auf eine Tonaufnahme hatte er dankenswerterweise verzichtet.

»Da gibt es momentan noch keine Regeln«, antwortete ich ausweichend, nachdem ich nicht wusste, ob er das Singen guthieß oder ablehnte. Obwohl ich gerade geduscht hatte, war ich schon wieder schweißgebadet.

»Ab zehn Uhr ist es bestimmt Ruhestörung, nicht wahr?«, fragte er hoffnungsvoll.

»Ja. Ab zehn Uhr darf nur noch geflüstert werden«, sagte ich, mich an die Regeln meiner Nonna erinnernd. Vielleicht waren diese Regeln ja doch nicht so schlecht. »Auch mittags darf nicht gesungen werden, von zwölf bis um fünfzehn Uhr. Und Duschen ist um die Zeit auch nicht erlaubt.«

»Bis zehn Uhr sind es aber noch zwei Stunden und achtundvierzig Minuten«, sagte er mit einem verzweifelten Unterton.

Die Sänger waren inzwischen bei dem Lied »Ich will 'nen Cowboy als Mann« angekommen, und ich sah, dass selbst der alte Gröning sich seinen orangefarbenen, uralten Campingstuhl geholt hatte, um die anderen gesanglich zu unterstützen. Ich konnte mir nicht vorstellen, dass dem Kleinschmitt die Liedideen in den nächsten Stunden ausgehen würden. Seine Wissensbasis in Sachen populäres Liedgut schien sehr fundiert zu sein. Evelyn war komplett enthemmt und grölte ziemlich laut mit. Vielleicht lag es auch daran, dass Herr Kleinschmitt zusätzlich zum Akkordeon noch zwei Träger vom Stöcklbräu spendiert hatte. Dass es zu Beschwerden kommen würde, war vollkommen klar! Sämtliche Kinder des Platzes umkreisten die Sänger wie Motten das Licht, und Uwe Kleinschmitt animierte sie, bei dem Lied »What Shall We Do with the Drunken Sailor« mitzusingen. Nach ein paar Anläufen waren alle mit dabei. Gut. Zumindest die Eltern dieser Kinder würden sich jetzt nicht mehr beschweren!

Zwei Stunden und achtundvierzig Minuten konnten in der Tat ganz schön lang sein, wenn man nicht zuhören wollte, wie andere Leute sangen.

»Ist ja auch schön, wenn sie Spaß haben«, sagte ich vorsichtig, und der Österreicher warf mir einen Blick zu, der die Hölle hätte einfrieren lassen können.

Gerade spielte Uwe Kleinschmitt »Itsy Bitsy Teenie Weenie«, und beinahe hätte ich selbst mitgesungen. Der Österreicher räusperte sich, sagte aber nichts, sondern nickte nur. Als er sich umdrehte, schien auf seiner Stirn die Zeitangabe »Zwei Stunden, achtundvierzig Minuten« eintätowiert zu sein. Dann kamen noch ein paar Kinder vom Camp angelaufen und wollten ein Eis kaufen, und ich versprach ihnen, dass sie morgen welches würden kaufen können.

»Eis«, schrieb ich auf meine Liste.

Seufzend starrte ich in die Flammen der Kerze. Spätestens in einer Stunde würde Alex mit einer Flasche Wein aufkreuzen. Mal sehen, ob er auch Lust hatte zu singen.

Aber es kam alles ganz anders.

Kapitel 4

Ich war froh um den plötzlichen Luftzug, der die aufgeheizte Stimmung unterbrach. Die Sänger waren bei »Sugar Baby« angelangt, als eine Sturmböe an den Zelten riss und die Leute zum Aufspringen brachte.

Plötzlich waren alle beschäftigt. Die mit den Wohnmobilen kurbelten die Markisen ein, wahlweise wurden diese mit vielen Gurten gegen den Wind befestigt. Dabei hörte ich sie aber trotzdem lachen, und so manch einer sang: »A One, a Two, a Three, a Four! Sugar-Sugar-Baby, oh-oh, Sugar-Sugar-Baby, mmmhhh, sei doch lieb zu mir!« Ich musste an meine Mutter denken, die bestimmt auch mit Begeisterung die alten Lieder mitgesungen hätte. Der alte Gröning ging mit einer griesgrämigen Miene aufs Klo. Der Österreicher hatte seine Markise mit extrabreiten farbigen Gurten gesichert und sah erstmals ziemlich zufrieden aus. Die Planen wurden noch einmal festgezurrt, die Abdeckfolien über den Windschutzscheiben doppelt verknotet. Ich hatte nichts anderes zu tun als zuzusehen, wohlwollend, wie die Sänger jetzt stumm mit Zurren beschäftigt waren, während hin und wieder eine Böe Staub aufwirbelte und eine noch unbefestigte Plane nach oben riss. Dann wehte der Sturm die ersten Wassertropfen in die Luft, und ich ging ins Haus.

Bald prasselte der Regen vom Himmel, als gäbe es kein Halten mehr, und ich war heilfroh, dass ich ein stabiles Dach über dem Kopf hatte und meine Schuhe einfach in die Ecke kicken konnte.

Ich wollte gerade in die Wohnung gehen, als der Strom ausfiel. Mist! Im Dunkeln tappte ich wieder nach unten in die Rezeption. Auch hier war es ziemlich finster, und ich begann hinter dem Tresen nach einer Kerze zu suchen. Ein Windschauer wehte Vroni und einen Schwall Regentropfen in die Rezeption. Sie hatte noch rote Bäckchen vom Singen, ihre Bluse war klatschnass.

»Der Strom ist weg«, informierte sie mich schwer atmend und leuchtete mir mit ihrer Taschenlampe ins Gesicht.

Ach was.

»Ich suche jetzt den FI-Schalter«, sagte ich beruhigend. Ich war zwar so geblendet, dass ich die nächste halbe Stunde nichts mehr sehen würde, aber was sollte es.

»Den brauchst du nicht suchen. Der ist da hinten«, sagte Vroni, die sich hier bestens auszukennen schien. »Aber das nützt dir auch nichts. Wenn nämlich der zentrale Schalter vom Camping fliegt, dann kriegst du den vom Haus nicht rein.«

»Und wo ist der Zentrale vom Campingplatz?«

Das wusste sie leider nicht. Wo war nur Evelyn abgeblieben? Gerade jetzt, wo ich sie dringend gebraucht hätte, war sie wieder in ihr Wohnmobil gezogen, oder wie? Ich schickte Alex eine SMS, dass ich nun leider doch keine Zeit für einen gemütlichen Wein auf dem Steg hatte. Dann stolperte Gott sei Dank der alte Gröning in die Rezeption samt klitschnassem Regenponcho und einem uralten grauen Schirm.

»Das sind die Leute, die keine Ahnung vom Camping haben«, erklärte er das Dilemma. »So was passiert auch nur in den Schulferien.«

Wieder klatschte prasselnd das Wasser gegen die Scheibe. Ich starrte ihn ziemlich verwirrt an, weil ich keine Ahnung hatte, was das Gewitter und der FI-Schalter mit Schulferien zu tun hatten.

»Da hat so ein Depp sein Kabel im Wasser liegen«, erklärte mir der Gröning. »Das müssen wir jetzt suchen.«

Gott sei Dank sprach er im Plural. Ich hätte ihn am liebsten geküsst! Dann kam noch der Österreicher mit seinem jüngsten Sohn, Gott sei Dank ohne Fotoapparat.

»Ja, ja. Ich weiß, der Strom. Ich kümmere mich schon darum.« Ich schlüpfte in den alten Regenmantel von Nonna – durchsichtig mit schwarzen Rändern und aufgemalten schwarzen Taschen – und zog mir die Kapuze über. Das sah ganz schlimm aus, aber da ich nicht erwartete, dass irgendjemand außer dem Gröning mich sehen würde, war mir das egal.

»Nimm eine Taschenlampe mit«, empfahl mir Vroni und reichte mir ihre.

Ich hatte trotz des Regenmantels schon beim ersten Schritt nach draußen das Gefühl, klitschnass zu sein.

Während wir von Wohnwagen zu Wohnwagen pilgerten, ließ sich der Gröning darüber aus, wie man die Elektrokabel und den Stecker aufzubewahren hatte – nämlich auf dem Rad des Wohnwagens.

»Das ist bestimmt diese Jugendgruppe«, sagte er. »Dieser Jeremias sieht aus, als hätte er noch nie in seinem Leben gecampt.«

Der Regen prasselte auf uns herab, und der Regenschirm vom Gröning wurde vom Wind hin und her gerissen. Gröning ging zum nächsten Wohnwagen, das war der vom Schmidkunz, der natürlich alles absolut vorbildlich gesichert hatte. Seine Stecker waren in einer wasserdichten Tüte, mit silbernem Panzer-Tape umwickelt. Hier würde kein Wasser eindringen, selbst nicht bei Sintflut mit kombiniertem Weltuntergang. Wohlwollend nickte der Gröning, dann riss uns der Sturm den Schirm vom Gröning entzwei. Es umflatterten mich nur noch der Stoff und einzelne Metallstangen.

»Das Zeug hält auch nichts aus«, brüllte der Gröning gegen den Sturm an.

Im Nu waren wir klitschnass, der nagelneue Mantel von Großmutter aus dem Jahr 1970 hielt nämlich auch nix mehr aus.

»Den hab ich mir erst vor Kurzem gekauft«, schimpfte der Gröning. »Da ist gerade der Kohl Kanzler geworden.«

Aber der Gröning war nicht aus Zucker. Ohne mich zu beachten, ging er von Wohnwagen zu Wohnwagen, und ich dackelte hinter ihm her, als hätte ich keinen freien Willen. Konnten diese Camper nicht einmal ein paar Minuten ohne Strom aushalten und einfach ein paar Kerzen anzünden? Wir hätten das Problem ja auch nach dem Sturm lösen können!

Als wir uns beim Klohäuschen kurz unterstellten, kam der schöne Jeremias herein. Auch im nassen Zustand sah er nicht aus wie eine gebadete Ratte, so wie ich, sondern ausgesprochen gepflegt.

»Was für ein Wetter«, sagte er, und seine Zähne strahlten ein Tausend-Lumen-Lächeln.

Der Gröning sah nur böse drein, und ich sagte leise: »Er hört ganz schlecht.« Dann lauter: »Wir müssen die

Stromleitungen kontrollieren. Wo zapfen Sie denn Ihren Strom?«

»Wir haben gar keinen Strom«, sagte er zuvorkommend. »Die Kinder dürfen keine Handys haben.«

Der Gröning sah noch böser aus, wahrscheinlich weil der Schöne doch nichts falsch gemacht hatte. Oder weil er es unmöglich fand, dass die armen Kinder nicht an ihren Smartphones herumspielen konnten, sondern baden gehen und Eis essen mussten.

»Die Kinder fürchten sich gerade in den Zelten«, informierte mich Jeremias mit einem Strahlen. Anscheinend wertete er alles positiv, wie ich erleichtert feststellte. Ich hätte geflucht und geschrien, wenn ich mit vierzig Jugendlichen im Gewitter und strömenden Regen in Zelten hocken müsste. »Und da wollte ich wissen, ob wir uns im Toilettengebäude unterstellen könnten.«

»So etwas brauchen Sie doch nicht zu fragen!«, sagte ich entsetzt. »Natürlich! Soll ich in der Pension anrufen, ob sie noch Zimmer freihaben?«

Der Gröning warf mir einen bitterbösen Blick zu, vermutlich die Warnung, dass ich diesem Jeremias nicht mein eigenes Bett anbieten sollte.

»Nein, nein. Wie hat Johannes Paul der Zweite gesagt: Greatness begins beyond your comfort zone.«

Na ja. Das sollte der Papst gesagt haben? Ob er damit gemeint hatte, man müsste in einem überschwemmten Zelt sitzen?

Der Gröning schüttelte nur den Kopf.

»Das Leben fordert uns heraus, und wir sollten die Herausforderung annehmen, finden Sie nicht auch?«, fragte Jeremias, der das Kopfschütteln vermutlich zu Recht auf sich bezogen hatte. Ich nickte nur, als der schöne Jeremias im Regen verschwand, eindeutig bereit, jegliche Herausforderung anzunehmen.

Ich fühlte mich inzwischen vollkommen entkräftet. Unvermindert regnete es in Strömen, und der Gröning hatte noch immer nichts gefunden, was den Stromausfall erklärte. Eine Weile standen wir gemeinsam vor dem Stromkasten. Ich tat, als würde auch ich angestrengt nach etwas suchen, aber ich hatte keine Ahnung wonach, weswegen ich mich darauf konzentrierte, die Stirn zu runzeln.

»Die Scheune«, sagte der Gröning schließlich.

»Welche Scheune?«

»Auf der anderen Seite der Straße.«

Richtig. Die Holzscheune. In der Nonna alles Mögliche gelagert hatte, was man nie wieder brauchen konnte. Zum Beispiel Fahrräder, die schon längst so verrostet waren, dass es keinen Sinn machte, sie aufzuheben.

»Aber da ist doch kein Strom.«

Er antwortete mir nicht, sondern stapfte einfach los, wahrscheinlich hatte er gar nicht gehört, dass ich etwas gesagt hatte. Seufzend ging ich hinter ihm her. Wieso konnten wir nicht einfach den Hauptschalter umlegen? Vielleicht ging es ja jetzt einfach wieder. Auf dem Weg zur Wiese kam uns ein trauriges Häufchen Jugendlicher entgegen, die überhaupt nicht aussahen, als würden sie eine Herausforderung annehmen. Mehr so, als würden sie jetzt gerne nach Hause fahren und sich in ihre trockenen Betten legen. Ich beschloss, ihnen Tee zu kochen, wenn das mit dem Strom funktionierte, und ihnen ein paar Kekse ins Toilettenhäuschen zu bringen.

Als wir über die Straße zur Wiese gingen, sah ich schon von Weitem, dass die Zelte der Jugendgruppe ziemlich traurig und schief im Regen hingen. Zwischen den kleinen Zelten war ein großes Zelt aufgebaut, durch das inzwischen aber ein kleiner Bach führte.

»Die Zeltleinen muss man spannen«, schimpfte der Gröning vor sich hin. »Wie sieht denn das aus!«

Ja, ziemlich scheiße nämlich. Ich wollte nicht wissen, was das für das Innere der Zelte bedeutete. Ich vermutete stark, dass sie nicht nur schlecht aussahen, sondern zusätzlich nicht wasserdicht waren.

»Und das Zelt über so einer Rinne aufzubauen, da sieht man doch, dass da das Wasser läuft, wenn's mal regnet!«

Der Gröning hatte wahrscheinlich recht: Vom Campen hatte der schöne Jeremias nicht besonders viel Ahnung. Aber immerhin stellte er sich Herausforderungen!

Ich blinzelte gegen den Regen an und entdeckte, dass es tatsächlich einen Stromkasten gab, bei dem man Strom zapfen konnte. Direkt neben der Scheune, ein graues, ziemlich neues Teil, ganz im Gegensatz zu den veralgten Stromkästen am Hauptplatz. Hatte meine Nonna geplant, auf dieser Wiese den Campingplatz zu erweitern? Als wir näher kamen, erkannte ich auch, dass tatsächlich ein Stromkabel angeschlossen war.

»Wer macht denn so etwas«, schimpfte der Gröning, als er das Türchen vom Stromkasten öffnete. »Außerdem ist das meins!«

»Ihr Stromkasten?«

»Mein Reservekabel. Das liegt immer unter meinem Wohnwagen!«

Darum würde ich mich später kümmern. Das Kabel führte unter der Scheunentür nach innen, und während der Gröning weiter moserte und schimpfte, dass ihm jemand sein Reservekabel geklaut hatte, war ich nur froh, ein Dach über dem Kopf zu haben. In der Scheune hing noch die dampfige Hitze des Tages fest. Ich schaltete die Taschenlampe ein und leuchtete einmal quer durch den ganzen Raum. Vage konnte ich mich an die Scheune erinnern, aber ich war hier schon ewig nicht mehr gewesen. Ich hatte hier nicht spielen dürfen, weil man dazu über die Straße gehen musste. Ein Bauer aus dem Ort hatte hier früher sein Heu gelagert, jetzt verrotteten und verrosteten in der Scheune ein uralter roter Rasenmäher, ein neuer Rasentraktor sowie alles Mögliche, was vermutlich auf einer Mülldeponie besser aufgehoben wäre. Alte Farbeimer, Zeltplanen, Paletten, die sich die Camper ausleihen konnten, um sie unter ihre Vorzelte zu legen. Ich folgte dem Kabel mit dem Lichtstrahl. Ich konnte mir gut vorstellen, dass eines der Kinder vom Jugendcamp sein angeblich verbotenes Handy hier hatte laden wollen. Schließlich gab es heutzutage ganz viele Jugendliche, die ohne Handy keinen Tag überlebten. Tatsächlich endete das Kabel in einer Wasserpfütze – das Dach war anscheinend nicht mehr dicht. Und das, wo meine Großmutter das Dach vor ein paar Jahren erst neu hatte decken lassen! Erleichtert, die Störung gefunden zu haben, wollte ich das Kabel aus dem Wasser ziehen.

Bevor ich es aufheben konnte, glitt der Strahl meiner Taschenlampe weiter bis zu den Holzpaletten. Erschrocken stieß ich einen Schrei aus. Direkt vor den Paletten, noch im Wasser, lag auf dem Bauch eine junge Frau.

»Da liegt jemand!«, flüsterte ich.

Der Gröning hörte natürlich kein Flüstern, anscheinend hatte er nicht einmal meinen Schrei gehört, denn er schimpfte noch immer vor sich hin, dass sein Kabel jetzt nass war und dass er es in Zukunft in seiner »Serviceklappe« aufbewahren würde, um weiteren Diebstählen vorzubeugen. Langsam näherte ich mich der Person. Ich war mir ziemlich sicher, dass es eine der Betreuerinnen des Jugendcamps war, den blonden Haaren nach zu schließen, Sarah. Sie lag auf dem Bauch, den Kopf zu ihrem ausgestreckten rechten Arm gedreht, der aussah, als würde er sich nach dem Elektrokabel strecken.

Vielleicht war sie ja nur hingefallen und hatte sich den Kopf so angestoßen, dass sie kurzzeitig bewusstlos war. Ihr Gesicht lag nicht im Wasser, es war also durchaus möglich, dass sie nur ohnmächtig war!

»Reiß dich zusammen, Sofia Ziegler!«, befahl ich mir und beugte mich nach vorne, um ihr Handgelenk anzufassen. Es war nass und warm, aber ich spürte keinen Puls. Als ich ihr die Haare aus dem Gesicht strich, sah ich, dass ich tatsächlich Sarah vor mir liegen hatte. Ihre Augen waren weit aufgerissen und starrten ins Leere. Der Lichtstrahl leuchtete ihr direkt ins Gesicht, und für einen Moment hätte ich schwören können, dass sie geblinzelt hatte. Aber das musste ein Irrtum sein, denn ihre Pupillen waren riesig und verengten sich auch nicht, als ich ihr direkt in die Augen leuchtete.

Was das bedeutete, war mir leider klar.

Kapitel 5

Ich hatte den großen Drang, wegzulaufen. Nachdem ich mir angehört hatte, was der Gröning zu sagen hatte (»Was macht sie denn, die jungen Leut' wieder, keine Ahnung von Strom«), erklärte ich ihm, dass ich die 112 rufen musste. Der Gröning sah mich an, als wäre ich nicht ganz dicht, vielleicht weil er wieder einmal nichts gehört hatte.

»Ich muss telefonieren! Den Notarzt anrufen«, brüllte ich, während der Gröning nur nickte und vor sich hin brummelnd sein Kabel einrollte. Er ließ mich einfach stehen, als wäre nichts passiert, während ich hektisch die Ziffern ins Telefon eingab.

Wie durch einen Nebel hörte ich die Stimme des Telefondienstes, der total ruhig blieb – klar, der stand auch nicht total durchweicht vor einer sehr wahrscheinlich toten Person. Ich machte brav alles, was mir aufgetragen wurde. Das Kabel mit einem Stock zu entfernen musste ich nicht, weil der Gröning das schon mitgenommen hatte. An den Schultern rütteln und ansprechen half bei Sarah gar nichts, deswegen drehte ich sie um, überstreckte ihr nach Anweisung den Hals und überprüfte die Atmung. Ich starrte dabei in ihr bleiches Gesicht, während mein Herz immer wieder losraste. Keine Atmung. Kein Puls. Als mich der Typ am Telefon fragte, ob ich vielleicht einen Defibrillator zur Hand hätte, hätte ich am liebsten gekreischt.

»Ich leg Sie jetzt weg«, sagte ich zu dem Typen im Telefon, weil ich eine Herzdruckmassage machen sollte. Der Mann redete aus dem Telefon beruhigend weiter. Mein Kopf war komplett leer, ich konzentrierte mich auf die Herzdruckmassage, und manchmal hatte ich das Gefühl, dass Sarah wieder selbstständig Luft einsaugte.

Nach gefühlten hundert Jahren wurde das Scheunentor aufgerissen, und zwei Sanitäter und ein Arzt kamen hereingespurtet. Ich war so fertig, dass ich nur noch nach vorne eingeknickt auf dem Boden knien und den Scheunenboden betrachten konnte. Ich bekam eine Weile nichts mehr richtig mit, bis mir jemand die Hand auf die Schulter legte.

»Alles okay?«, fragte einer der Sanis. Anscheinend hatten sie die Wiederbelebung beendet, ich mochte gar nicht zu Sarah hinübersehen. »Alles richtig gemacht«, sagte er beruhigend. Aber mir war klar, dass ich sie nicht hatte retten können. Im nächsten Moment wurden zwei Polizisten hereingeweht.

Ich begann mit den Zähnen zu klappern. Die zwei Polizisten stellten sich als Brunner und Bauer vor. Der ältere hieß Brunner, war ziemlich dick und hatte eine Halbglatze. Seine Miene war furchtbar grimmig, und er sah aus, als hätte er heute etwas anderes zu tun, als in einer Scheune mit einem toten Mädchen zu stehen. Der andere war noch sehr jung und schien einer Ohnmacht nahe zu sein.

Der Notarzt war etwas erstaunt angesichts der Tatsache, dass die Polizei so schnell vor Ort war.

»Normalerweise wird die Polizei erst informiert, wenn die Reanimation erfolglos war«, erklärte er.

»Da hat jemand angerufen«, erwiderte Brunner brummig. »Jemand vom Campingplatz.«

»Das war ich«, hörte ich eine Stimme vom Scheunentor her sprechen. Als ich mich umdrehte, kam aus dem strömenden Regen Jeremias herein. »Ich hatte den Eindruck …« Etwas verlegen verstummte er kurz. »… dass die Polizei zu informieren sei.«

Brunner nickte nur, ich jedoch dachte mir ziemlich unflätige Dinge. Wenn Jeremias gemerkt hatte, dass etwas passiert war, hätte er schließlich auch bei der Reanimation mitmachen können! Er sah an den breiten Schultern von Brunner vorbei und schnappte nach Luft.

»Oh Gott! Sarah«, stieß er schließlich hervor und eilte zu dem toten Mädchen. »Was ist mit ihr?«

Der Notarzt stand auf und trat einen Schritt zurück. »Wir konnten nichts mehr tun. Sind Sie der Vater?«

Jeremias antwortete nicht, er brach über Sarah zusammen und umarmte sie weinend.

»Er ist nicht der Vater«, antwortete ich für ihn, und ich hatte das Gefühl, dass meine Zähne gleich so laut aufeinanderklappern würden, dass man es hören konnte.

»Natürlicher Tod?«, wollte der Brunner vom Notarzt wissen und lenkte damit meine Aufmerksamkeit auf die Polizisten.

»Nein«, sagte der Notarzt schlecht gelaunt und packte den Koffer zusammen. »Todesursache unbekannt.«

»Da ist doch nix unbekannt«, sagte Brunner genauso grimmig und zu Bauer, der sehr nach einem großen »Aber« aussah: »Wir lassen uns jetzt nicht den ganzen Sums aufhalsen! Sieht man doch, dass das ohne Fremdverschulden ist. Da kommen wir nicht mehr heim, wenn wir das alles durchziehen.«

»Aber …«, sagte der Bauer schwächlich. Wahrscheinlich kam er gerade frisch aus der Ausbildung und wusste genau, was das Protokoll verlangte.

»Das musst du noch lernen«, erklärte der Brunner. »Sich nicht so viel aufzuhalsen. Wie ist das passiert?«

»Ähm. Durch ein Stromkabel. In der Pfütze«, sagte ich, und jetzt klapperten meine Zähne tatsächlich aufeinander.

»Ich habe keine Verbrennungsmale gesehen«, sagte der Notarzt.

Im nächsten Moment ging die Tür wieder auf, und ein mir bekannter Mann kam herein: Polizeihauptkommissar Jonas Schneider, der beim Mordfall an Musch ermittelt hatte. Wie war der jetzt so schnell hergekommen?

Unser Wiedersehen hatte ich mir etwas anders vorgestellt, vor allem in einem vorteilhafteren Bekleidungszustand. Ich trug noch immer den durchsichtigen Regenmantel meiner Großmutter und darunter eine kurze Jeans sowie ein weißes T-Shirt mit dem Aufdruck »Prinzessin in Ausbildung«, das mir meine Freundin Klara aus Hamburg geschickt hatte.

»Also, Fremdverschulden können wir ausschließen«, versuchte Brunner die Sache noch einmal abzukürzen, aber Jonas Schneider wollte sich selbst ein Bild machen. Er brachte Jeremias dazu, die tote Sarah loszulassen und einen Schritt zurückzutreten, und unterhielt sich leise mit dem Notarzt. Hin und wieder warf er mir einen Blick zu, den ich nicht so ganz deuten konnte. Verlegen sah ich von ihm weg, obwohl ich ja überhaupt nichts falsch gemacht hatte. Stattdessen schaute ich in Richtung Jeremias. Er war totenbleich, und zum ersten Mal sah er nicht aus wie jemand für Zahnpastawerbung, sondern wie jemand, der überhaupt nicht mehr weiterwusste. Das machte ihn ein klein wenig sympathisch. Der Polizist Brunner neben mir grummelte vor sich hin, als Jonas Schneider akzeptierte, dass der Notarzt bei seiner Aussage »Todesursache ungeklärt« blieb. Die Sanitäter verabschiedeten sich, der Notarzt blieb neben mir stehen. »Ich werde Ihnen noch einen Seelsorger organisieren. Der Sie betreuen kann«, sagte er.

»Nicht nötig«, wehrte Jeremias ab, plötzlich wieder energisch. »Wir haben einen Seelsorger vor Ort.«

Welchen Seelsorger? Kannte er etwa den Pfarrer Gietl? Schließlich verschwand auch der Notarzt. Seltsamerweise mussten wir auf einen neuen Arzt warten, der den Totenschein ausstellte. Wieso das nicht der Notarzt gemacht hatte, wusste ich auch nicht.

»Und nun zu Ihnen«, sagte Kommissar Schneider und blieb vor mir stehen. »Wie war das jetzt genau?«

»Ich wäre ja niemals in die Scheune gegangen, wenn der FI-Schalter nicht geflogen wäre«, sprudelte es aus mir heraus. »Irgendwie ist dann vom ganzen Campingplatz der Strom weg, wenn der zentrale FI-Schalter draußen ist …« Ich merkte schon jetzt, dass ich so bald nicht mehr zu reden aufhören können würde. Das war mir schon das letzte Mal aufgefallen, dass der Kommissar irgendwie eine starke therapeutische Wirkung auf mich hatte.

»Der Gröning hatte gemeint, dass ein Kabel im Wasser liegen muss … Was ja auch stimmte. Und er hat mit mir nach diesem Kabel gesucht.«

»Der Gröning?«

»Vielleicht hätte ich sie doch auf dem Hauptplatz nächtigen lassen sollen.«

»Sie?«

»Die Jugendgruppe«, schniefte ich und suhlte mich in Selbstvorwürfen. »Vielleicht wäre es dann nicht passiert!« Vielleicht hätte ich die Jugendgruppe auch gleich ablehnen sollen, schließlich hatten mir alle gesagt, dass sie nur Ärger bringen würden!

»Wenn Sarah an einem Stromschlag gestorben ist, nur weil sie sich nicht getraut hat, mich zu fragen, wo sie ihr Handy laden kann…«, sprudelte es weiter aus mir heraus.

»Sarah hatte kein Handy dabei«, mischte sich Jeremias entsetzt ein.

»Und wo ist Herr Gröning jetzt?«, fragte der Kommissar nach, meine Selbstvorwürfe und Jeremias ignorierend.

Der verstaute wahrscheinlich gerade sein Kabel des Todes ordnungsgemäß, ging auf die Toilette und dann ins Bett. Weil inzwischen war es schon nach einundzwanzig Uhr, und da ging er immer ins Bett.

»Was heißt denn nun ›Todesursache nicht bekannt‹?«, fragte ich, obwohl das offensichtlich war.

»Wenn der Arzt die genaue Todesursache nicht ermitteln kann. Oder er den Verdacht hegt, dass der Tod unnatürliche Ursachen hat, trägt er auf dem Totenschein den Vermerk ›Todesursache unbekannt‹ ein«, sagte der Kommissar behutsam.

»Unnatürlich«, echoten Jeremias und ich gleichzeitig.

»Es war also gar kein Elektrounfall«, flüsterte ich, als würden wir belauscht werden.

»Das können wir zum jetzigen Zeitpunkt einfach nicht beantworten«, sagte der Kommissar mit freundlicher Stimme. »Sehr wahrscheinlich war es ein Unfall.«

»Und was wollte sie hier in der Scheune mit einem Elektrokabel machen?«, fragte Jeremias. Seine Stimme klang verzweifelt, er schien sich tatsächlich nicht vorstellen zu können, was Sarah hier vorgehabt hatte. »Vielleicht wollte sie sich einfach nur unterstellen«, mutmaßte er. »Und hat versehentlich dieses Kabel berührt.«

Mein Blick schweifte ganz kurz zu Sarah. Es hatte nicht so ausgesehen, als hätte sie das Kabel in der Hand gehabt! Und dass hier ein Elektrokabel gelegen hatte, dafür gab es meines Erachtens nur zwei Gründe: Benutzung eines Handys oder eines Föns. Aber inzwischen fror ich so sehr, dass nicht ausgeschlossen war, dass ich sowieso nicht mehr klar denken konnte.

»Begleiten Sie Frau Ziegler zum Haus«, sagte Kommissar Schneider zum Polizisten Bauer.

Kapitel 6

Der nächste Tag war sonnig und warm. Es sah aus, als hätte es nie geregnet, und bis auf ein paar herabgefallene Äste erinnerte nichts an den Sturm. Ich war schon seit sechs Uhr auf den Beinen, war beim Bäcker gewesen und hatte meine Einkaufsliste abgearbeitet, um genügend Joghurt und Eis im Campingladen anbieten zu können. Zurück am Campingplatz hatte Evelyn die Sachen ins Kühlregal geräumt, während ich per WhatsApp mit meiner Freundin Klara chattete – das brauchte ich jetzt einfach. Inzwischen verkaufte Evelyn die Semmeln und war voll in ihrem Element.

»Was war denn da gestern bei der Jugendgruppe?«, wollte die Schmidkunz wissen. »Ich dachte, ich hätte den Rettungswagen gesehen.«

»Keine Ahnung«, sagte Evelyn munter. »Vielleicht eine Schlägerei.«

»Unsinn. Ein ganz bedauerlicher Unfall«, erklärte die Vroni, und es klang, als würde sie gleich zu weinen anfangen. »Ein so tragischer Unfall, bei dem ein so junger Mensch sterben …«

»Sterben?«, fragte Evelyn. »Zwei fünfzig«, setzte sie im selben Atemzug hinterher.

»Hattest du gestern Ohropax drin?«, fragte ich und antwortete Klara im Chat: »Nein, es ist hier aufregender als in der Stadt. Ich habe keine ruhige Minute! Von wegen ruhiges Landleben!«

Zur Aufmunterung schickte mir Klara ein Foto von einem gut gebauten Typen mit nacktem Oberkörper, der eine Axt in der Hand hielt. Seufzend legte ich das Handy weg.

»Wieso?«, fragte Evelyn.

»Das musst du doch gehört haben. Der Rettungswagen. Der Notarzt. Die Polizei«, fragte die Vroni verständnislos.

»Hab eben einen guten Schlaf«, sagte Evelyn und fügte hinzu, fast als wollte sie von ihrem guten Schlaf ablenken: »Die Kornspitz vom Meierbeck werden auch immer kleiner.«

Ich hatte sie tatsächlich den ganzen Abend nicht gesehen – und um genau zu sein, war ich heilfroh gewesen. Ich war noch komplett aufgeputscht gewesen, durchgefroren und hatte mich gefühlt zwei Stunden lang unter die heiße Dusche gestellt. Danach war mir noch immer kalt, und ich hatte mich mit zwei Wärmflaschen und der schrecklichen türkisen Fernsehdecke von Nonna vor den Fernseher gelegt und unkonzentriert von einer Sendung zur nächsten gezappt.

Kommissar Schneider war nicht mehr aufgetaucht, vielleicht hatten sich Brunner und er doch darauf geeinigt, dass die Todesursache bekannt und von keinem Fremdverschulden auszugehen war. Um das mal ein bisschen abzukürzen, wie es Brunner vermutlich formuliert hätte.

Neben mir knallte jemand etwas auf den Tresen, und

ich sah auf. Der kritikfreudige Österreicher – irgendwann würde ich mir auch seinen Namen merken – stand mit grimmiger Miene vor mir.

»Sehen Sie, was das ist?«, fragte er.

Ich sah auf und bemerkte auf dem Tresen drei Bilder. Man erkannte darauf abgebrochene Äste, die auf dem Rasen lagen. Musste irgendwo seitlich des Geschirrspülhäuschens sein. Der Typ nervte wirklich wahnsinnig!

»Ich kümmere mich darum«, sagte ich, während ich den Blick auf den Computer gerichtet hielt. Der funktionierte nämlich hinten und vorne nicht! Und das fand ich problematischer als einen abgebrochenen Ast, das wuchs ja irgendwann nach!

»Und wann?«

»Heute. Um zehn Uhr dreißig«, erfand ich. Nachdem Sarah gestorben war, erschien mir das alles nicht mehr so dringend. Irgendwie fühlte ich mich ziemlich schuldig, auch wenn mir gestern alle versichert hatten, dass ich nichts falsch gemacht hatte.

Statt sich zu verzupfen, riss sich der Kerl die Jogginghose bis auf Halbmast und forderte mich auf, mir das anzusehen.

»Herr im Himmel«, stieß ich hervor. Mehr deswegen, weil ich es unmöglich fand, dass mir ein Camper seine knallbunten Boxershorts und sein kalkweißes, nacktes Bein zeigte. Offensichtlich war er in der Nacht beim Gang auf die Toilette auf dem nassen Rasen ausgerutscht. Wahrscheinlich nahm er hochdosiert Blutverdünner, dem riesigen blauen Fleck nach zu schließen. Wieso ich daran schuld sein sollte, wusste ich nicht. Evelyn kam aus dem Campingladen herüber und betrachtete nun auch den Bluterguss, der aussah wie Südamerika ohne das Kap Hoorn.

»Tut mir leid«, sagte ich, während ich ihn grimmig

ansah. »Ich kümmere mich darum.« Als er mit Leidensmiene die Jogginghose wieder hochzog und verschwand, stemmte Evelyn die Fäuste in die Hüften.

»Deine Großmutter hätte ihn rausgeworfen, hochkant. Allein dafür, dass er die Hose runtergezogen hat.«

Das glaubte ich auch. Da ich mehr der Texter war als der Rausschmeißer, begann ich, ein paar wohlüberlegte Sätze in den Computer zu tippen. Evelyn und Vroni blieben neben mir stehen und überlegten, ob jetzt die Jugendgruppe abreisen würde und diese ständigen Todesfälle dem Campingplatz das Genick brechen würden.

»Ich wäre wirklich am Boden zerstört, wenn der Campingplatz dichtmacht«, erläuterte Vroni. »Wir haben nämlich überlegt, uns ein stabiles Vorzelt zu kaufen. Mit allen Schikanen, sogar mit einem Erker! Vielleicht überlegt sich ja unsere liebe Sofia, ob sie nicht doch im Winter den Campingplatz offen lässt.«

Ich verkaufe, hätte ich am liebsten gesagt, hämmerte aber stattdessen verbissen auf die Tastatur ein.

»Ja. Das wäre auch mein Traum«, stimmte Evelyn zu.

Was hieß hier Traum? Seit drei Wochen wohnte sie bei mir im Haus, von ihrem Faible für Campingplätze hatte ich bis heute noch nichts bemerkt!

Als ich meinen Text für den Österreicher ausdruckte, las ihn Evelyn kopfschüttelnd.

»*Camping am See* ist ein naturnahes Gelände, es gibt Unebenheiten, Bäume, Hecken und naturbelassene Wege. Auch Insekten! Alles ist der Witterung ausgesetzt, bei Regen sind die Wege und das Gras nass. Die Beleuchtung ist nachts stark reduziert, um unseren Gästen einen ungestörten Schlaf zu gewährleisten. Wir bitten die Gäste um angepasstes Verhalten und Eigenverantwortung!«

»Du bist verrückt«, sagte sie nur.

»Wenn er das nächste Mal in der Nacht an einen Baum läuft, bin ich fein raus«, sagte ich zufrieden und suchte nach einem Klebestreifen, um diesen Hinweis gleich an die Rezeptionstür zu hängen.

Gerade als ich damit fertig war, hielt ein dunkler BMW vor der Schranke, und Jonas Schneider stieg aus. Plötzlich hatte ich unglaublich schwitzige Hände, die ich mir eilig an der Jeans abwischte. Nicht etwa, weil mich Jonas Schneider so durcheinanderbrachte. Das machte er zwar auch, aber momentan war es, weil mir klar war, was es bedeutete, wenn er hier in der Früh auftauchte. Mit der Spurensicherung im Schlepptau, denn die zwei Frauen im dunklen Passat, die direkt hinter dem BMW parkten, kannte ich noch vom letzten Mal.

»Sagen Sie nichts«, bat ich dumpf.

»Der Rechtsmediziner hat herausgefunden … sie ist ertrunken.«

Ich nickte, als hätte ich mir das auch gedacht.

»Wahrscheinlich hat sie einen elektrischen Schlag bekommen und ist bewusstlos im Wasser gelegen«, spekulierte ich. »Das hätte der Notarzt auch mal feststellen können.«

Aber das war jetzt auch egal. Ob sie an dem elektrischen Schlag gestorben war oder weil sie zufällig danach in die Pfütze gefallen war.

»Bei bewusstlosen Personen fehlen oft die typischen Zeichen des Ertrinkens«, erklärte mir der Kommissar. »Paltauf-Flecken. Wydler-Zeichen, Schaumpilz …«

Oje!

»Alles in Ordnung?«, fragte mich der Kommissar, weil ich anscheinend grün im Gesicht geworden war.

»Ja.«

»Ich muss mir noch mal die Scheune ansehen«, sagte

er. »Sie waren ja die Erste am Fundort – könnten Sie mir das noch einmal genau zeigen?«

Ich nickte und trottete schweigend neben ihm her. Wieso er sich das noch einmal ansehen wollte, war mir nicht ganz klar. Schlimm genug, dass Sarah vielleicht bewusstlos ertrunken war, nur weil wir so lange gebraucht hatten, sie zu finden.

»Als Erstes hätte ich gerne, dass Sie sich ansehen, ob sich seit gestern etwas verändert hat«, fragte er, »wenn es Ihnen nichts ausmacht.«

Es machte mir zwar etwas aus, aber ich ließ den Kommissar mit Plastikhandschuhen das Scheunentor aufschieben und äugte vorsichtig hinein.

»Es war allerdings dunkel gestern«, erklärte ich. Bei Sonnenlicht sah es tatsächlich ein bisschen anders aus. Mein Blick wurde magnetisch von der Stelle angezogen, wo ich mich um Sarah gekümmert hatte, und noch immer lagen dort die Verpackungen von Kanülen herum, die der Notarzt aufgerissen hatte. Die Wasserpfütze, in der das Kabel gelegen hatte, war etwas kleiner geworden, oder sie war mir in der Nacht nur so groß erschienen.

Anscheinend hatten Kinder die Scheune als Versteck benutzt. Auf dem Boden lagen jede Menge Schokoladenpapierchen. Direkt rechts neben dem Eingang waren eine alte schwarze Luftpumpe, ein großer Korb mit einer Gartenschere, eine Heckenschere und in einer aufgeweichten Pappschachtel rostige Zeltheringe. In einer Holzkiste hatte Nonna von den Campern hinterlassene Dinge aufgehoben. Flossen, Schwimmbrillen, ein Bobbycar und jede Menge altes Plastikspielzeug. Das hatte ich alles gestern nicht gesehen, aber ich nahm stark an, dass das nicht heute erst aufgetaucht war.

»Wo Sarah gelegen hat, das wissen Sie ja. Ich habe sie

berührt und keinen Puls gefunden. Wegen des Kabels in der Pfütze bin ich davon ausgegangen, dass es ein Elektrounfall war.«

»Zeigen Sie mir noch einmal, wo sie gelegen hat. Und wo das Kabel.«

»Hier«, deutete ich auf die Stelle.

»Auf dem Bauch?«

»Ja.« Die Pfütze war inzwischen fast eingetrocknet.

»Wie groß war die Pfütze?« Irgendwie war es unheimlich, dass man in so wenig Wasser ertrinken konnte. Aber wenn man ohnmächtig war, war das auch kein Wunder. Ich zeigte ihm die Pfütze, man sah nur noch an der dunkleren Erde, dass dort gestern Wasser gewesen war.

»Die Pfütze war gestern von der Ausdehnung in etwa so groß wie zwei Autoreifen.« Das Wasser war anscheinend sehr schnell versickert.

»Und dann?«

»Ich habe sie umgedreht. Mir ist auch gar nicht aufgefallen, dass sie mit dem Gesicht im Wasser gelegen hat. Aber wahrscheinlich war ich durch das Elektrokabel so abgelenkt.«

»Und wie haben Sie das Elektrokabel entfernt?«

»Das war der Gröning. Der hat es einfach genommen.«

»Trotz der Gefahr des Stromschlags?«

»Ähm. Nein. Der FI-Schalter war ja rausgeflogen.«

Eine Weile sahen wir gemeinsam auf den Boden der Scheune. Es waren unglaublich viele Fußabdrücke zu sehen. Aber kein Wunder, bei der Menge an Personen …

»Ich dachte immer, wenn der FI-Schalter fliegt, stirbt man nicht am Stromschlag«, sagte ich. Aber vielleicht hatte Sarah ein schwaches Herz gehabt, war ohnmächtig nach vorne gekippt und hatte dann natürlich das Wasser eingeatmet.

»Was haben Sie dann gemacht?«

»Den Notruf gewählt«, sagte ich. Dann hatte ich gewisse Erinnerungslücken. Meines Wissens hatte ich das gemacht, was mir aufgetragen worden war. Aber sicher wusste ich das nicht.

Erschrocken zuckte ich zusammen, als die Scheunentür energisch aufgerissen wurde. Hinter uns tauchten, in weißes Plastik gehüllt, die Spurensicherungstanten auf.

Die Blonde kaute gerade mit offenem Mund einen Kaugummi zu Tode und sah reichlich gelangweilt aus. Als sie einen Blick in die Scheune warf, verdrehte sie an ihre Kollegin gerichtet ein wenig die Augen.

Hallo? War ihr die Scheune nicht aufgeräumt genug? Oder sah sie es nicht ein, wieso sie hier Spuren sichern sollte? Ich fand das auch etwas übertrieben, wenn es doch sehr wahrscheinlich ein Unfall gewesen war.

»Denken Sie, dass es Mord war?«, flüsterte ich, obwohl es nicht nötig gewesen wäre zu flüstern.

»Zumindest sind mir einige Dinge nicht so ganz klar«, sagte der Kommissar. »Sie hatte nämlich eine Wunde am Hinterkopf. Ich frage mich, wo sie sich die zugezogen haben könnte.«

»Vielleicht an der Holzpalette dort«, schlug ich vor.

Eine Weile sahen wir zwischen der Holzpalette und der Pfütze hin und her. Da war jede Menge Abstand dazwischen.

»Vielleicht hat sie sich dann noch einmal aufgerappelt. Und ist beim Hinausgehen ohnmächtig geworden«, schlug ich vor, da sie sich unmöglich eine Verletzung an der Palette zuziehen hatte können und dann mit dem Gesicht voraus in der Wasserpfütze landen. »Sind das da nicht Schleifspuren?«, fragte ich.

Wir gingen beide in die Hocke. »Hier sind gestern mindestens sieben Personen zu viel herumgelaufen«, erklärte mir der Kommissar. »Ich bezweifle, dass wir noch aussagekräftige Spuren am Boden finden werden.«

»Entschuldigung.«

»Wichtiger war die Versorgung von Sarah«, sagte er. »Machen Sie sich über die Fußspuren keine Gedanken. Wo genau lag denn nun das Elektrokabel?«

»Es war draußen im Stromkasten eingesteckt.« Ich zeigte auf die Scheunentür. »Und ging geradewegs in die Pfütze hinein.«

»Und wo ist das Kabel jetzt?«

»Ähm. Das Elektrokabel war vom Gröning«, erläuterte ich. »Das hat er wieder mitgenommen. Und es in seiner Serviceklappe eingesperrt.«

»Mitgenommen«, echote er verständnislos. »Serviceklappe?«

»Serviceklappen sind diese Türchen am Wohnwagen, durch die man von außen an Staukästen herankommt«, erklärte ich hilfsbereit.

»Und er hatte es hier in die Scheune gelegt?«

»Nein. Er hatte es unter seinem Wohnwagen liegen, und irgendjemand muss es ihm geklaut haben – oder es sich geliehen haben. Ich bin davon überzeugt, wenn Sarah es genommen hat, um ihr Handy zu laden, dann hätte sie es bestimmt wieder zurückgebracht.«

Er nickte, an die Spurensicherung gewandt sagte er: »Von dem Kabel brauchen wir auch Fingerabdrücke.«

Die waren bestimmt schon alle längst Geschichte. Ich hatte nämlich gesehen, dass der alte Gröning einen alten Hadern aus seiner Hosentasche gezogen hatte und das Kabel hindurchgleiten ließ.

»Und Sie meinen, dass Sarah sich das Handy hier laden wollte?«

»Weswegen sollte sie hier sonst Strom brauchen?«, fragte ich. Vielleicht hatte sie sich auch die Beine rasieren wollen. Oder die Haare föhnen. Aber ich sah hier weder einen elektrischen Rasierer noch einen Föhn.

»Und wo ist das Handy?«

»Woher soll ich das wissen?«, fragte ich verständnislos nach.

»Eine rhetorische Frage«, erklärte er mir, während eine der Spurensicherungstanten den Griff des Scheunentors auf Fingerabdrücke untersuchte und die andere ins Innere der Scheune ging. Erst jetzt verstand ich seine Frage. Wenn sie hier ihr Handy geladen hatte, dann musste es ja auch hier herumliegen.

Ausgenommen, jemand hatte es mitgenommen.

»Wann haben Sie die Frau zum letzten Mal gesehen?«, wollte der Kommissar von mir wissen.

»Keine Ahnung.« Ich war ja damit beschäftigt gewesen, mich um singende Camper zu kümmern. »Sie war eine Betreuerin von dem Jugendcamp … Nennt sich Jugendcamp Sonne, es sind vierzig Jugendliche im Alter von zwölf bis fünfzehn Jahren«, leierte ich herunter, weil ich das extra noch einmal nachgesehen hatte. »Sie sind erst gestern in der Früh angekommen, und ich hatte mich nicht weiter um die Gruppe gekümmert. Haben die Zelte aufgestellt und sich ganz manierlich verhalten.«

Es kam mir vor, als wäre das vor hundert Jahren gewesen.

Als ich zurück zur Rezeption ging, sah ich, dass sich vor dem großen Zelt, in dem die Jugendgruppe gemeinsam essen konnte, alle um Jeremias versammelt hatten. Sie saßen brav in einem Kreis um ihn herum. Nachdenklich blieb ich stehen und überlegte, ob ich ihnen nicht Trost zusprechen und meine Hilfe anbieten sollte. Jeremias' Worte wehten zu mir herüber. Erst dachte ich, er würde ihnen die Situation erklären, aber er sprach eben: »Wir heißen Kinder Gottes, und wir sind es. Die Welt erkennt uns nicht, weil sie ihn nicht erkannt hat …«

Ich blieb stehen und sah ihm zu, wie er die Arme hob, und er rief aus: »Jetzt sind wir Kinder Gottes. Aber was wir sein werden, ist noch nicht offenbar geworden.«

Der Kommissar blieb neben mir stehen und sagte zu mir: »Sie haben mir gar nicht gesagt, dass er Priester ist.«

»Wusste ich nicht«, murmelte ich, etwas ärgerlich, weil mir das nicht gleich klar gewesen war. Allein von der Bekleidung her. Die Ähnlichkeit mit dem Pfarrer Gietl … das war anscheinend nicht nur die Kleidung gewesen, die mich an ihn erinnert hatte.

Abschließend intonierte Jeremias, nun ja, vielleicht ja Pater Jeremias: »Der Herr behüte dich vor allem Übel, er behüte deine Seele. Der Herr behüte deinen Ausgang und deinen Eingang, von nun an, bis in alle Ewigkeit. Amen.«

Kapitel 7

Ich war richtig froh, dass mich Evelyn bat, für sie im Supermarkt einzukaufen. Jetzt ins Dorf zu fahren kam mir wie Urlaub vor: Als ich die Landstraße entlangtuckerte, dachte ich weder daran, dass Jeremias vermutlich Pater war, noch daran, dass der Kommissar auf meinem Campingplatz nach einen Mörder suchte. Stattdessen genoss ich die Fahrt vorbei an den Feldern und dem Neubaugebiet, dem uralten Forsthaus, der Brauerei Stöckl bis zur Kirche. Ich parkte vor dem Meierbeck, um mir noch eine Nussschnecke mitzunehmen. Als ich gerade zahlte, sah ich den Schwarz – den Chef von Immobilien Schwarz – gerade über die Straße auf sein blitzend schwarzes Auto zugehen. Ich beschloss, meine Nussschnecke beim Meierbeck zu verzehren, um ihm nicht über den Weg zu laufen.

Er hob grüßend die Hand, und mein Blick folgte dem seinen. Alex! Er kam gerade aus der Raiffeisenbank-Filiale und steuerte auf den Schwarz zu. Dieser klopfte ihm jovial auf die Schulter, schüttelte seine Hand, und sie begannen eine Unterhaltung.

Alex?

Was hatte er mit dem Schwarz zu besprechen? Sah irgendwie nicht aus, als würden sie sich streiten! Mehr so, als würden sie sich gerade blendend verstehen, denn sie lachten beide. Das war ja unglaublich!

Ich runzelte die Stirn und biss noch mal in mein Teilchen.

»Dass Sie mir fei nicht an den Schwarz verkaufen«, sagte die Frau vom Meierbeck so dicht hinter mir, dass ich aufschrie. Was ging die denn mein Campingplatz an? Es war doch kaum zumutbar, dass ich einen Campingplatz führte, auf dem ständig so Nörgler wie dieser Österreicher ihren Urlaub verbrachten!

»Und was macht der Alex da?«, fragte ich, statt meinem Ärger Luft zu machen.

»Der Stöckl. Der macht halt auch seine Gschäftln«, erklärte sie und ging zurück hinter den Verkaufstresen. »Was meinst, wieso das alles so gut läuft, weil sie eben Geschäftsleute sind. Die können das. Geschäfte machen.«

Ach! Ich beobachtete mit zusammengekniffenen Augen Alex und den Schwarz und kam mir irgendwie verraten vor. So als würde sich Alex hinter meinem Rücken mit dem Schwarz verbrüdern! Hatte er nicht die ganze Zeit so getan, als wäre der Schwarz unser aller Erzfeind? Und jetzt sah ich da viel kameradschaftliches Schulterklopfen!

»Sich durchsetzen«, sagte sie. »So sieht das aus. Wenn du dich nicht durchsetzt, dann hast' verloren.«

Wie wahr! Ich beobachtete, wie sich die beiden mit Handschlag voneinander verabschiedeten. Ärgerlich aß ich mein Plunderteilchen auf und ging zum Auto.

Die Einkäufe waren schnell erledigt, und es war angenehm beruhigend, dass Evelyn danach um mich herumschwirrte und irgendetwas plapperte. Als ich die letzte Einkaufskiste hineintrug, sah ich, dass jemand auf meinem Zettel, den ich extra für den Österreicher an die Rezeptionstür geklebt hatte, etwas dazugeschrieben hatte: *Sei vorsichtig beim Wildbaden! Beim Baden im See am Hirschgrund besondere Vorsicht walten lassen! Meide sumpfiges und schilfdurchwachsenes Wasser! Beobachte deine Kameraden genau und leiste bei Bedarf Erste Hilfe!*

Etwas verständnislos schüttelte ich den Kopf. Hatte das der Österreicher ergänzt?

»Das war der Gröning«, erläuterte Evelyn, nahm mir die Kiste weg und verschwand im Haus. Ich seufzte nur. Dem Gröning konnte ich nicht böse sein.

Ich setzte mich vor den Computer und starrte eine Weile frustriert vor mich hin. Nicht nur, weil außer dem Textverarbeitungsprogramm auf dem PC nichts funktionierte, sondern weil ich an Alex denken musste. Der ständig mit mir flirtete, mir erklärte, ich solle nicht an den Schwarz verkaufen, und dann mit dem Schwarz irgendetwas am Laufen hatte! Dann zog ich zur Ablenkung mein Smartphone heraus und checkte meine Nachrichten. Keiner hatte mir geschrieben! Weil ich grad schon dabei war, gab ich bei Google »Jugendcamp Sonne« ein, und sofort ploppte eine Seite auf. »Unser Programm für junge Menschen. Ein Angebot für Eltern und Erzieher, die die Zukunft ihrer Schützlinge positiv gestalten wollen! Unsere weltweit tätige Organisation hilft Jugendlichen, ihre Persönlichkeit zu entwickeln, Freundschaften zu schließen und bietet Orientierung für Liebe und Sexualität. Altersgruppe: 12–15 Jahre.«

Eine kirchliche Gruppe? Etwas komisch, dass mir das Jeremias nicht gesagt hatte – aber eigentlich konnte es mir auch egal sein.

Evelyn kam, noch immer irgendetwas erzählend, aus

dem Campingladen in die Rezeption und stellte zwei kleine Weckgläschen auf den Tresen. »Für dich, Schätzchen. Wir müssen jetzt besonders gut zu uns sein.«

Die Gläser waren schichtweise mit Joghurt und pürierten Früchten gefüllt, mit einem Topping aus gerösteten Haferflocken. Anscheinend hatte Evelyn aus dem Inhalt unseres Kühlschranks und der Gefriertruhe etwas gezaubert, das unglaublich lecker aussah. Meine bohrenden Kopfschmerzen ließen auf der Stelle nach.

»Danke«, lächelte ich. »Sieht toll aus. Das esse ich jetzt dann gleich!«

Neugierig las ich weiter über das Sonnencamp: Anscheinend hatte das Camp im Jahr zuvor in der Camargue stattgefunden.

»Die tägliche heilige Messe feierten die reitbegeisterten Jugendlichen mit den Priestern Kalmann und Friese. Beide wirken schon seit Jahren in Südfrankreich. Der krönende Abschluss des Camps fand in stimmungsvoller Atmosphäre am Strand statt. Ein herzliches Dankeschön an die Organisatoren, das Ehepaar Kurt und Elfriede Schmid. Stimmen der Teilnehmerinnen: ›Die Natur, die Pferde, das Strandleben genießen – das machte diese Zeit zum Schönsten, was ich bisher erlebt habe.‹ ›Es war eine wunderbare Chance, sich selbst zu finden!‹ ›Danke für diese tolle Erfahrung!‹«

Ich seufzte einmal schwer, weil ich nicht so der kirchliche Typ war, dann ging mit einem Dingeln die Rezeptionstür erneut auf, und die Vroni kam herein. Sie musste sich schließlich mit Joghurt eindecken.

»Ach wie süß!«, sagte sie begeistert und sah meinen Joghurt im Gläschen an. »Kann man den kaufen?«

»Klar«, sagte Evelyn und verschacherte, ohne mit der Wimper zu zucken, mein zweites Frühstück. Die beiden redeten noch eine Weile über den positiven Einfluss von Joghurt auf die Verdauung. Doch meine Verdauung war ihnen ganz offensichtlich schnuppe.

Ich googelte noch nach »Pater Jeremias« und kam auf der Seite einer anderen Gruppe heraus, die sich »Rekruten Christi« nannte. Das klang ziemlich militärisch. Die Bildersuche zeigte mir jedenfalls, dass ich tatsächlich auf unseren schönen Jeremias gestoßen war.

»Unglaublich«, befand Evelyn, während sie sich weit über den Tresen lehnte, um an meinen Rechercheergebnissen teilhaben zu können. Sie hatte bereits neue Joghurts produziert, die direkt neben ihren Brüsten auf dem Tresen thronten. Schnell nahm ich mir einen, bevor wieder irgendjemand hereinkam, der mit der Verdauung Schwierigkeiten hatte.

»Auf dem Bild sieht er unglaublich heiß aus«, setzte sie hinzu. Ich fand ja, dass der Typ immer unglaublich heiß aussah, sogar in Natura. Vielleicht sogar noch mehr als auf dem Bild! »Echt vergeudete Attraktivität«, seufzte sie, »wenn man bedenkt, dass er im Zölibat lebt.«

Ich verdrehte die Augen, und dann kam schon die Schmidkunz hereingeschneit, da sie von der Vroni gehört hatte, dass es leckeren Joghurt gab.

»Na ja. Wir können ihm aber trotzdem dankbar sein«, erklärte sie Evelyn, als diese sie über Pater Jeremias informierte. »Es war äußerst hellsichtig von ihm, die Polizei zu rufen. Wer weiß, ob das mit dem Mord sonst überhaupt rausgekommen wäre!«

Da hatte sie tatsächlich recht, denn dass der Polizist Brunner den Notarzt doch noch genötigt hätte, den passenden Totenschein auszustellen, war anzunehmen. Frau Schmidkunz bezahlte für die zwei Joghurts und ging wieder.

»Ob Fremdverschulden vorliegt, wissen wir noch gar

nicht«, sagte ich zu Evelyn und sah mir meine WhatsApp-Nachrichten an. Klara hatte mir schon wieder das Bild eines halb nackten, gut gebauten Mannes geschickt, der gerade bei der Hausarbeit war – anscheinend eine ihrer Traumvorstellungen. Und mein Noch-Ehemann Martin fragte nach, ob es mir gut ginge, und sagte, dass er mich vermisse. Vielleicht, weil er jetzt selbst halb nackt seinen Haushalt erledigen musste und es doch zeitaufwendiger war als gedacht, jeden Tag eine Frau für den Sex und den Haushalt abzuschleppen.

»Wieso ist dann unser toller Herr Hauptkommissar da?«, fragte Evelyn mit hochgezogenen Augenbrauen. »Wenn ich eins sagen darf: Ich habe ja ein wenig den Verdacht, dass er hinter mir her ist und deswegen jetzt ermittelt.«

Ich seufzte leise und ließ sie in dem Glauben.

»Oder denkst du, Pater Jeremias hat sie umgebracht?«, fragte Evelyn neugierig. »Wenn es Mord war, dann war er es. Vielleicht ist er ein Satanist.«

»Er ist Priester.«

»Das eine schließt das andere doch nicht aus«, behauptete sie. »Vielleicht hat er eine Teufelsaustreibung gemacht, die schiefgegangen ist …«

»Das kann ich mir nicht vorstellen«, murmelte ich undeutlich, während ich den Joghurt löffelte.

»Das kann sich überhaupt niemand vorstellen. Bei Teufelsaustreibungen wird ja oft der Tod des Betreffenden in Kauf genommen.«

»Es sah aber nicht nach Teufelsaustreibung aus«, wandte ich ein und versuchte abzulenken: »Schmeckt echt lecker dein Joghurt.«

»Du weißt doch gar nicht, wie so etwas aussieht«, behauptete Evelyn. Dann wurden wir glücklicherweise von zwei jungen Müttern unterbrochen, die Postkarten kaufen wollten. Da es keine gab, stöberten sie im Campingladen herum und waren so begeistert von den Joghurts im Glas, dass sie gleich acht Stück für morgen vorbestellten.

»Morgen wird es aber mit Blaubeertopping sein«, sagte Evelyn, als verfügte sie über einen ausgeklügelten Joghurt-Plan.

Wir sahen den beiden jungen Frauen hinterher, und Evelyn sagte zufrieden: »Du musst mir heute noch Blaubeeren kaufen. Außerdem brauchst du Postkarten. Am besten welche vom Campingplatz.«

Ich ignorierte sie und wandte mich wieder dem Smartphone zu. Eilig klickte ich die Homepage der Rekruten Christi weg. Ich persönlich war jedenfalls noch immer sauer auf den lieben Pater Jeremias, dass er mir bei der Reanimation nicht geholfen hatte. Auch jetzt, wo ich wusste, dass Sarah schon tot gewesen war, als ich sie entdeckt hatte, blieb das schlechte Gewissen wie ein kleiner, fieser Troll in meinem Magen sitzen. Die Tür der Rezeption ging mit einem Dingeln auf, und Kommissar Schneider kam herein.

»Hätten Sie einen Eimer und eine Leiter für mich?«

»Eimer und Leiter«, wiederholte ich verständnislos. Wollte er Fenster putzen?

»Wir fragen uns, woher die Wasserlache am Boden der Scheune kommt«, erklärte er mir. »Dazu müsste jemand Wasser auf das Scheunendach schütten.«

Ja, woher wohl so eine Pfütze kam, wenn draußen der Regen herunterplatterte. Ich seufzte, weil ich die Aktion für komplett sinnlos hielt. Aber brav ging ich zum Klohäuschen, um zwei Eimer zu organisieren. In meiner Eile lief ich direkt in Uwe Kleinschmitt hinein. Der sah ja schlecht aus! Er schien über Nacht gealtert zu sein, war bleich und übernächtig und drängelte sich wortlos an mir vorbei, als ich etwas zu ihm sagen wollte. Ich sah ihm kurz hinterher, dann ging ich schnell ins Klohäuschen und füllte zwei Eimer mit Wasser. Herr Schneider nahm sie mir ab. Während wir zur Scheune gingen, berichtete ich dem Kommissar meine Ermittlungsergebnisse bezüglich des schönen Jeremias.

»Das hat er mir auch schon erzählt«, verriet mir der Kommissar. »Vielleicht erinnern Sie sich ja noch an meine Empfehlung vom letzten Mal …«

Keine eigenen Ermittlungen, nein, das hatte ich nicht vergessen.

»Natürlich weiß ich das noch. Aber googeln ist ja nicht so richtig eine Ermittlung. Und außerdem komplett ungefährlich«, informierte ich ihn.

»Aber manchmal scheint es da mit Ihnen ein bisschen durchzugehen«, setzte er hinterher, und ich konnte mich des Eindrucks nicht erwehren, dass er schon wieder ein Grinsen unterdrückte.

Ja. Das war mir beim letzten Mal tatsächlich passiert. Aber nur deshalb, weil es darum gegangen war, die Unschuld meiner geliebten Nonna zu beweisen! Dieses Mal war ich in Bezug auf den Mörder erheblich gelassener.

»Schon okay«, erwiderte ich gnädig. »Was ist jetzt mit der Pfütze?«

Wir blieben an der Straße stehen, die wir überqueren mussten, um zur Scheune zu gelangen, und ließen zwei Autos passieren.

»Das ist mir heute früh in der Dusche eingefallen«, sagte der Kommissar und sah mich weiter an, obwohl die Autos schon längst vorbeigefahren waren. Ich wollte mir den Kommissar lieber nicht unter der Dusche vorstellen. Obwohl es bestimmt kein schlechter Anblick war. »Die Pfütze war irgendwie eigenartig. Da war die Pfütze, aber es waren auch auf einer Seite Spritzer.«

Ich schluckte. »Vielleicht hat Sarah noch ... gezappelt ...«

Er hob eine Augenbraue und holte sein Handy heraus. Er hatte ein Foto vom Unglücksort gemacht und wischte so schnell das Foto größer, dass ich die tote Sarah nicht mehr ansehen musste, sondern mich auf die Pfützenränder konzentrieren konnte. Die Spritzer konnte ich nicht richtig erkennen, aber ich wusste, was er meinte.

»Wenn jemand in der Pfütze zappeln würde, wären die Spritzer nicht so ausgerichtet.«

»Aber ich habe Sarah umgedreht. Vielleicht hat das auch gespritzt.«

»Hätte das nicht seitlich von ihr gespritzt?«, wollte er wissen.

Ich zuckte mit den Schultern, und wir gingen zusammen über die Straße, an den schlecht gespannten Zelten der Jugendgruppe vorbei. Schon von Weitem sah ich, dass seine Kollegen – Brunner und Bauer – bereits vor Ort waren und Herr Brunner unglaublich schlechte Laune hatte. Wir sahen zu, wie die beiden die Leiter aus der Scheune trugen und aufstellten. Der übellaunige Brunner dirigierte Bauer an die Stelle, wo dieser die Leiter anlegen sollte. Während der Kommissar und ich in der dämmrigen Scheune standen, hörten wir die beiden Polizisten darüber diskutieren, wer das Wasser ausschütten sollte und wohin am besten. Herr Brunner fand die Aktion sowieso komplett daneben – anscheinend war ihm nicht klar, dass der Kommissar das alles mithören konnte. Ich betete ein wenig, dass das Dach das alles aushielt und nicht in den nächsten Minuten ein Polizist vor uns durchs Dach fallen würde.

»Die Balken sehen ziemlich stabil aus«, beruhigte mich Herr Schneider, der meinen besorgten Blick richtig interpretiert hatte. Das Wasser am Boden war schon längst verdunstet, man sah nur noch einen dunkleren Fleck auf dem sonst staubigen Scheunenboden.

Wir hörten ein lautes Platschen von oben und gleich darauf ein zweites. Ich hielt die Luft an und sah abwechselnd auf den Boden und hinauf zum Dach.

»Können wir das wiederholen?«, schrie der Kommissar.

Von oben hörte man ein verhaltenes Stöhnen und ein lauteres »Klar«.

Herr Brunner kam mit seinen leeren Eimern in die Scheune und warf ebenfalls einen Blick auf den Boden. »Die Dachziegel sehen ziemlich neu aus«, sagte er.

»Ja, scheint mir auch so«, sagte der Kommissar zu Herrn Brunner, der mit den Eimern wieder verschwand.

»Das Dach ist auch nicht alt. Hat meine Nonna vor zwei oder drei Jahren neu eindecken lassen«, erinnerte ich mich. »Sie hatte Angst, dass ihr die ganze Scheune zusammenkracht. Vielleicht ist das Wasser ja auch nicht durch das Dach getropft, sondern seitlich hereingelaufen …«

Wir sahen uns gemeinsam den Boden an – dass der Kommissar mich bei alldem mitmachen ließ, fand ich höchst erstaunlich –, kamen aber zu dem Schluss, dass es so auch nicht passiert sein konnte. Die Pfütze lag nämlich komplett isoliert mitten in der Scheune.

»Haben Sie Sarahs Handy gefunden?«, wollte ich wissen.

»Nein. Ihre persönlichen Gegenstände haben wir uns noch nicht angesehen.«

»Und hier in der Scheune auch nicht?«

»Hier in der Scheune haben wir gar kein elektrisches Gerät gefunden. Bis auf den kaputten Heizlüfter dort drüben.«

Von meiner Nonna, das musste ich nicht erwähnen. Es lag schon so viel Heu und Dreck darauf, dass es ausgeschlossen war, dass sich Sarah ein bisschen vor dem Teil hatte aufwärmen wollen.

»Vielleicht hat sie das Kabel auch gar nicht reingelegt«, überlegte der Kommissar nachdenklich.

»Also, der Gröning war's nicht«, sagte ich. »Da bin ich mir sicher. Vielleicht hatte sie das Handy ja im Zelt vergessen und wollte es noch holen?«

Auch die zwei nächsten Eimer Wasser sickerten nicht durch das Dach, und ich überließ es dem Kommissar und den zwei Polizisten, sich darüber Gedanken zu machen, woher das Wasser stammte. Als ich wieder zur Rezeption kam, sah ich, dass meine Campingordnung schon wieder durch einen Punkt ergänzt worden war. »Springe niemals in unbekanntes Gewässer! Kein Kopfsprung in seichtes oder trübes Wasser! Schädelbasisbruch! Paket- oder Schrittsprung ist nicht so tief führend??!« Na prima! Das klang nach Originalton Gröning. Wenn das nicht aufhörte, würde ich den Zettel laminieren!

Seufzend ging ich in die Rezeption, wo ich fast über zwei Kartons fiel, die direkt neben dem Tresen geparkt waren. Es handelte sich hauptsächlich um Werbebroschüren für Camper, wofür ich eigentlich nur eine große Papiertonne als Bestimmungsort sehen konnte.

»Die musst du auslegen«, erklärte mir Evelyn kopfschüttelnd. »Die hatte deine Großmutter extra bestellt, damit sich deine Camper über alle Neuheiten auf dem Campingmarkt informieren können. Die kannst du deinen Gästen doch nicht vorenthalten!«

Ich nahm mir ein Heft und blätterte es einmal durch.

»Außerdem brauchst du wirklich dringend Postkarten vom Platz«, grummelte Evelyn weiter. »Heute haben schon wieder Leute nachgefragt! Zudem könnte ich gut Tassen brauchen mit einem See- oder Campingmotiv.«

Tassen?

»Merchandising-Artikel«, konkretisierte sie ihren Hinweis, während ich weiter in den Campingzeitschriften las. »Camping in Deutschland am günstigsten«, »Albtraum statt Urlaub« … Ich überflog schnell den Bericht über gehäufte Einbrüche in Wohnmobile. Wie schrecklich! Und wie gut, dass mein Campingplatz noch nicht unter der Rubrik »Albtraum statt Urlaub« aufgeführt war! Direkt darunter war eine Werbung für Nordsee-Urlaub und einen Campingplatz, der unglaublich schön vor dem Meer lag. Ich seufzte und dachte an mein Klohäuschen, das noch immer so hässlich war wie am ersten Tag. Ich packte so viele von den Heften übereinander, wie ich tragen konnte, und legte sie auf die Bank vor der Rezeption, wo sie hoffentlich von alleine verschwinden würden. Ich wollte auf gar keinen Fall meinen Campern den Bericht über die Einbrüche vorenthalten!

»Außerdem musst du zusehen, dass du endlich ein anständiges Computerprogramm hast, damit wir die Registrierung der Camper elektronisch machen können. Wie sieht das denn aus, wenn du mit dem Taschenrechner die Preise addierst!«, erklärte mir Evelyn das Dilemma.

»Ich kann mir keinen neuen Computer leisten«, sagte ich. »Und ich bin froh, dass wenigstens mein Mailprogramm auf dem PC läuft.«

Evelyn beschwerte sich noch ein bisschen über meine Trägheit und holte dann meine Kaffeekanne aus der Rezeption. Angeblich, um sich um »Bärchen« zu kümmern.

»Welches Bärchen?«, fragte ich noch.

»Uwe geht es nicht besonders«, sagte Evelyn und machte sich mit schwingenden Hüften auf die Suche nach Herrn Kleinschmitt. Mein Kaffee verschwand mit ihr zum »Bärchen«.

Ich ließ meinen Blick über den Platz gleiten. Das Geräusch des Hämmerns auf Campingheringen war allgegenwärtig. Der Camper, der vor einer halben Stunde angekommen war, fuhr mit seinem Wohnmobil ständig vor und zurück und ließ tausendmal seine Satellitenschüssel kreisen. Aber nichts schien ihn zufriedenzustellen. Ärgerlich kam der Gröning zu mir. »Die haben mir mein Reservekabel weggenommen!«, erzählte er mir empört. »Wenn ich das Kabel nicht mehr bekomme, werde ich klagen!«

»Sie kriegen das Kabel schon wieder«, sagte ich beruhigend und stellte fest, dass mich seltsamerweise die Beschwerden gerade überhaupt nicht aufregten. »Die Polizei untersucht das Kabel doch bloß auf Fingerabdrücke!«

Der Gröning ging wieder, jedoch nicht ohne mich vorher zu fragen, was die Polizei denn mit seinen Fingerabdrücken wollte. Dass es der Mörder auch in der Hand gehabt haben könnte, ließ er nicht gelten.

Danach kam reichlich verärgert der neue Wohnmobilfritze zu mir und wollte lieber einen anderen Platz haben.

»Schon okay«, sagte ich. Sollte er doch meinetwegen jeden einzelnen Platz daraufhin überprüfen, wo er den besten Satellitenempfang bekam. Eine Weile beobachtete ich ihn, wie er zum nächsten Platz fuhr, bis mein Blick bei Kleinschmitts Wohnmobil hängen blieb. Evelyn und Uwe saßen dort im Schatten der Markise und tranken meinen Kaffee.

Kapitel 8

Auf dem Weg zurück in die Rezeption hörte ich Geschrei und Motorengeräusch und hatte das spontane Bedürfnis, loszulaufen und jemanden zu retten. Das Gebrüll stammte von unserem Sepp. Er saß auf dem Rasentraktor und schrie. Man verstand tatsächlich kein einziges Wort, wie Evelyn angekündigt hatte. Hinter ihm rannte eine Polizistin von der Spurensicherung her. Wie ich noch vom letzten Fall wusste, war sie früher Friseurin gewesen, und gerade bereute sie wahrscheinlich zum wiederholten Male, dass sie zur Polizei gewechselt war. Auch der Kommissar kam herbeigespurtet, was ziemlich gut aussah bei so einem feschen Mannsbild, und ich sah mit Befriedigung dabei zu, wie die beiden eine Weile rannten und es schließlich aufgaben. Das Gebrüll vom Sepp entfernte sich, er würde auf gar keinen Fall aufgeben. Schließlich war heute Morgen ein Gast abgereist, und er hatte den Auftrag, den Platz zu mähen. Jonas Schneider blieb neben mir stehen und atmete nicht einmal schwer.

»Irgendwelche Probleme?«, fragte ich vorsichtig.

»Schon gut!«, rief der Kommissar der Polizistin zu.

»Er hat gewaltsam den Rasentraktor entfernt!«, redete sich die Spurensicherungstante in Rage. »Er hat trotz wiederholter Aufforderung …« – sie schnappte nach Luft, weil sie so außer Atem war – »… den Rasentraktor vom Tatort entfernt!«

»Tut mir leid«, sagte ich, weil ich mich doch irgendwie zuständig fühlte. Wobei ich nicht ganz verstand, was der Rasentraktor mit der Mordermittlung zu tun hatte. »Man kann sich mit ihm nicht unterhalten. Er will nur Rasen mähen. Das mit dem Mord versteht er bestimmt gar nicht.«

Die Friseurin sah mich an, als wäre ich nicht ganz dicht.

»Und wer ist er?«, fragte der Kommissar. Noch immer hörte man den Sepp in weiter Ferne unverständlich brüllen.

»Der Sepp Glundner«, erklärte Evelyn, die den unpässlichen Uwe Kleinschmitt seinem Schicksal überlassen hatte. »Er kümmert sich um den Rasen. Und die Bäume. Und so.« Ein ganz ein Lieber, hätte sie normalerweise gesagt, ließ es diesmal jedoch bleiben, weil es gerade wohl zu unglaubwürdig klang. Wir sahen alle zu, wie der Sepp vor dem Abspülhäuschen parkte und anfing, an der Tür des angebauten Schuppens zu rütteln. Man hörte bis hierher, dass er dabei gutturale Laute von sich gab. Ich musste zugeben, dass ich ein klein wenig Angst hatte.

»Der ist ja nicht ganz dicht«, fauchte die Friseurin.

»Ich kümmere mich darum«, sagte der Kommissar, wieder ausgesucht freundlich, und ich lächelte ihn an. Es war eigentlich wunderbar, dass er hier war. Vielleicht sollte ich ihm vorschlagen, dass er auch ganz ohne Mord seine Zeit hier verbringen konnte! Er war immer freundlich, beruhigend und allzeit bereit, sich jeglichen Mist anzuhören. So einen Mann musste man erst einmal finden!

»Der Sepp mäht die Plätze, wenn ein Gast abgereist ist. In dieser Saison hat er erst gestern zu arbeiten angefangen, weil seine Mutter gestorben ist. Dachte schon, er kommt gar nicht mehr«, erklärte Evelyn.

Etwas beunruhigt sah ich sogar aus dieser Entfernung, dass der Sepp im Gesicht schon ganz rot angelaufen war, voller Zorn, weil der Schuppen nicht zu öffnen war.

»Was will er denn im Schuppen unten?«

»Da hat er wahrscheinlich irgendwelches Werkzeug drin«, mutmaßte Evelyn und merkte tadelnd an: »Weil du auch immer alles absperrst. Elli hat nie irgendwo abgesperrt, das ist komplett unnötig.«

Bei meiner Nonna war auch nicht alle naselang jemand tot auf dem Campingplatz aufgefunden worden! Als Sepp erneut einen grauenvollen gutturalen Laut ausstieß, rannte ich hastig in die Rezeption und schnappte mir den Schlüssel.

»Lass mich mal«, sagte Evelyn und nahm mir den Schlüssel ab. »Dich kennt er noch nicht, ich stell dich ihm mal vor, wenn er bessere Laune hat.«

Bessere Laune? Aus sicherer Entfernung hörte ich zu, wie sie flötend auf den Kerl einredete, bestimmt eine Oktave höher als sonst. Dankenswerterweise verebbte das Gebrüll.

»Oje«, sagte ich und wandte mich dann wieder dem Kommissar zu. Ich hatte Angestellte, die nur herumbrüllten, mit denen man nicht sprechen konnte und die vielleicht sogar gewalttätig wurden, wenn ich sie ansprach. Irgendwie sah ich dem Kommissar an, dass es gerade in seinem Gehirn gewaltig ratterte. Vielleicht überlegte er, wie hoch das Frustrationslevel vom Sepp war. Und ob er in der Lage wäre, einen Mord zu begehen.

»Seine Mutter ist eben erst gestorben. Kein Wunder, dass er so durcheinander ist«, erklärte Evelyn noch einmal, als sie zurückkam. Heute trug sie eine Lycra-Hose in Zebra-Optik und dazu ein cremefarbenes Häkeltop mit einem äußerst gewagten Ausschnitt, der ständig verrutschte.

»Sie war neunzig«, sagte sie, während sie sich ihr Top zurechtzupfte.

»Er sieht auch wie neunzig aus«, wandte ich ein.

»Er ist fünfundsechzig«, erklärte Evelyn. »Nicht jeder kann sich so gut halten wie ich.«

»Er ist vor allem nicht ganz richtig im Kopf«, sagte ich düster.

»Ja, deswegen hat deine Großmutter ihn ja eingestellt«, erklärte mir Evelyn. »Dass du mir nicht auf die Idee kommst, ihn rauszuwerfen.«

Erstaunt sah ich sie an. »Sie hat extra jemanden eingestellt, der nicht richtig im Kopf ist?«

»Ja. Weil er nämlich ganz sicher nirgendwo eine Stelle gefunden hätte, die ihm entspricht. Das Einzige, was er kann, ist Rasentraktor fahren und Bäume schneiden«, sagte Evelyn streng. »Deswegen darfst du auch nicht verkaufen.«

»Wegen dem Sepp.«

»Ja. Jeder andere würde ihn rauswerfen. Das kannst du wirklich nicht machen!«

Ich konnte mir tatsächlich nicht vorstellen, dass der Schwarz den Sepp als Poolboy einstellen würde. Der Kommissar sah zwischen uns hin und her, als würde er ein Tennisspiel beobachten, und war bemüht, sich nicht in die Unterhaltung einzumischen.

»Er tut keiner Fliege etwas zuleide«, beteuerte Evelyn und lächelte den Kommissar an. Auch sie schien seinen Blick so zu deuten, dass er dem Sepp eine gewisse Gewalttätigkeit unterstellte. »Ich kenne ihn schon ewig.«

Die Spurensicherungstante kam schwer schnaufend an uns vorbei, und der Kommissar und die Frau gingen zurück Richtung Scheune. Als sie verschwunden waren, fügte Evelyn hinzu: »Du musst nur ein bisschen darauf achten, dass der Sepp keine Gäste belästigt und gewalttätig wird.« Damit drehte sie sich von mir weg und stolzierte zurück in die Rezeption.

»Gewalttätig?«, echote ich erneut und folgte ihr auf dem Fuß. Heute war wirklich der Tag des Papageis für mich.

»Du meinst also wirklich, er verfügt über ein gewisses Gewaltpotenzial?«

»Na ja. Manchmal ärgert er sich halt. Aber wundert dich das? Ständig lassen irgendwelche Schratzen ihr Plastikgerümpel herumliegen, und wenn der Sepp drüberfährt …«

Wie bitte? Der fuhr über das Spielzeug meiner Campinggäste?

»… ist wieder irgendetwas am Rasenmäher kaputt. Da muss man schon verstehen, dass er sich ärgert und …« Sie unterbrach sich selbst.

»Und was?« Mir schwante das Schlimmste.

»Na ja. In der letzten Saison hat er von einem besonders uneinsichtigen Kind sämtliche Plastiktraktoren geschreddert und …«

»Geschreddert.«

»Und das Kind dann geschüttelt, bis es geheult hat.«

»Oh Gott!«

»Nur kurz geschüttelt«, beruhigte sie mich, als würde

es das besser machen. »Die Kinder sind heutzutage ganz leicht zum Weinen zu bringen.«

Ich sah wohl sehr frustriert aus, denn sie tätschelte meine Schulter und fügte hinzu: »Mach dir mal keinen Kopf! Er ist ein ganz ein Netter.«

»Was hat Nonna in so einem Fall gemacht?«, fragte ich und setzte mich vor meinen Schreibtisch, um die neu angekommene Post zu sortieren.

Evelyn zuckte mit den Schultern. »Sie hat die Eltern des Kindes zur Sau gemacht. Auf unseren Sepp hat sie echt nichts kommen lassen!«

Ob ich persönlich dem Sepp solche Rückendeckung zukommen lassen würde, wollte ich jetzt nicht versprechen.

Ich stutzte, als ich einen Brief entdeckte, der direkt an mich adressiert war. Waren das etwa Scheidungsunterlagen, dachte ich empört. Das wäre doch wieder typisch, dass mein Noch-Mann nicht einmal anrufen konnte, um das persönlich zu besprechen! Oder vorbeikommen. Ich wollte ihn zwar auch nicht hier haben, aber per Post … Ich riss empört den Brief auf und erkannte sofort am Briefkopf, dass der Absender nicht mein Mann, sondern Immobilien-Schwarz war.

Ich machte große Augen, als ich sah, was mir der Typ für den Campingplatz bot … eine halbe Million Euro! Damit wäre ich generalsaniert! Die Schulden wären ruckizucki bezahlt, ich könnte eine lebenslange Klageorgie mit Klaus und Grubers führen und mir noch einige sonnige Tage auf den Malediven gönnen! Was hieß hier Malediven – ich würde sofort in den Norden fahren und mir mal wieder so richtig den Wind um die Nase blasen lassen.

Als ich wieder aufsah, standen der Kommissar, Vroni

und Evelyn vor mir. Anscheinend hatte der Kommissar bereits etwas gesagt, aber die Vorstellung, komplett sorgenfrei zu sein, ließ meine Ohren klingeln. Allein der Gedanke, keine Morde mehr an der Backe zu haben, keinen Österreicher, der ständig herumnölte, nicht jeden Tag um sechs Uhr aufstehen und Semmeln besorgen zu müssen …

»Wie bitte?«, fragte ich.

»Ich würde gerne ein paar Leute befragen«, wiederholte der Kommissar. »Dürfte ich das wieder in dem Raum dort hinten machen?«

Das letzte Mal hatte ich ihm nämlich den Campingladen zur Verfügung gestellt. Aber inzwischen hatte ich dort gewienert und geputzt und hielt ihn nicht länger für einen Ort, an dem Mörder befragt werden sollten.

»Vielleicht im Esszimmer«, schlug Evelyn vor. Das kam noch weniger infrage!

»Ich finde ja, Sie sollten das ganze Mörderpack doch bitte schön mit aufs Präsidium nehmen. Die wollen wir hier gar nicht befragt haben«, sagte Vroni, nicht ahnend, dass auch sie befragt werden würde.

»Schon gut«, sagte ich. »Sie können das hier in der Rezeption machen.« Da mein PC sowieso nicht richtig funktionierte, jedenfalls nicht hilfreich war bei der Abrechnung, hatte ich für die Rezeption nicht so viel Verwendung. Etwas unwillig machten sich Vroni und Evelyn vom Acker.

»Ist Ihnen irgendjemand aufgefallen, der Streit mit Sarah gehabt hatte? Oder von dem Sie denken, er hätte etwas gegen sie gehabt?«, fragte mich der Kommissar.

Ich runzelte die Stirn. Die letzten Tage waren so turbulent gewesen.

»Sarah war eine ausgesprochen liebenswerte junge Frau«, sagte ich.

Ich sah sie vor mir, im Badeanzug. Wie sie ins Wasser gesprungen war. Und dann der junge Mann am Ufer.

»Der junge Mann!«, rief ich aufgeregt und fragte mich, wie ich den hatte vergessen können. »Genau. An dem Tag, an dem die Jugendgruppe angereist ist, ist auch ein junger Mann gekommen, vielleicht im Alter von Sarah. Sie kannten sich. Er wollte hier übernachten, hatte aber keine Campingausrüstung dabei.«

»Und wie hieß er?«

Schon wieder hatte ich keinerlei Ausweis eingesammelt!

»Wir haben ihn nicht aufgenommen. Deswegen habe ich mir auch keinen Ausweis zeigen lassen«, rechtfertigte ich mich. Ich konnte mir doch nicht von jedem, der hier vorbeikam, gleich Name und Anschrift notieren!

»Wer hat ihn denn gesehen?«

»Evelyn. Ich. Keine Ahnung, er ist ja einfach so über den Campingplatz marschiert. Wahrscheinlich alle möglichen Leute. Aber wir haben gerade viele Campinggäste – da achtet man nicht so auf jeden Einzelnen.«

Der Kommissar nickte. »Wir bräuchten ein Bild von ihm. Trauen Sie sich zu, sich mit einem Polizeizeichner zusammenzusetzen?«

Eigentlich konnte ich mich nicht mehr so genau an ihn erinnern. Aber für Sarah wollte ich es versuchen. Und vielleicht hatte Evelyn ein besseres Gedächtnis! Ich blieb alleine in der Rezeption zurück. Es wollte und wollte mir nicht einfallen, wie der Typ ausgesehen hatte!

Als der Kommissar eine kurze Weile später mit Pater Jeremias zurückkehrte, machte ich artig Platz und verzog mich mit meiner Tasse Kaffee in den Campingladen.

Dass ich von dort astrein mithören konnte, musste ich dem Kommissar ja nicht stecken.

Kapitel 9

»Sarah hat sich in unserer Gemeinde sehr engagiert«, hörte ich Pater Jeremias zuvorkommend erzählen. »Sie ist außerordentlich gut mit jedermann ausgekommen. Sowohl mit den Kindern als auch mit den anderen Betreuern. Hatte stets ein offenes Ohr. Ich kann mir überhaupt nicht vorstellen, wer etwas gegen sie gehabt haben könnte. Sind Sie sicher, dass es tatsächlich Mord war?«

»Eine andere Erklärung für die Fundsituation sehe ich momentan nicht.«

Eine Weile herrschte Schweigen drüben in der Rezeption, in der der Pater diese schwerwiegende Information anscheinend erst verdauen musste. Aber der Kommissar hatte recht: Sarah hatte eine Verletzung am Hinterkopf, die sie sich nicht selbst zugefügt haben konnte. Sie war daran zwar nicht gestorben, dafür aber in einer Wasserpfütze ertrunken, deren Entstehung man sich nicht erklären konnte. Jedenfalls nicht ohne einen Menschen mit einem Eimer. Es war zwar eine seltsame Art und Weise, jemanden zu ermorden, und ich konnte mir auch nicht vorstellen, wer Sarah hätte umbringen wollen, da sie tatsächlich ein sehr sympathisches Mädchen gewesen war. Mein Gehirn verknotete sich bei dem Versuch, zu rekonstruieren, was tatsächlich zu ihrem Tod geführt haben könnte.

»Sie war ein sehr wertvolles Mitglied unserer Gemeinde«, sagte Pater Jeremias mit trauriger Stimme. »Ihr war es sehr wichtig, den Jugendlichen spannende Themen rund um die innere Schönheit zu vermitteln. Und wie man zu einer selbstbewussten, verantwortungsvollen Persönlichkeit heranwächst. Sie war seit zwei Jahren bei uns, sie hatte mit einem Co-Worker-Jahr gestartet, in Prag. Schon damals hatte sie sich sehr aktiv an der Gestaltung des Programms beteiligt. Mir war sofort klar, dass sie uns eine große Hilfe sein würde. Vor allen Dingen hat sie sich unglaublich darüber freuen können, wie die Mädchen sich während der Zeit bei uns entwickelt haben. Wie übrigens alle Jugendlichen, die an unseren Seminaren und Workshops teilnehmen.«

Ja, so hatte sie tatsächlich gewirkt, auch auf mich. Um mich zu beschäftigen, räumte ich noch die letzten Packungen Kekse, die auf dem Tisch lagen, ordentlich gestapelt ins Regal.

»Sie wollte Gott auf diese Weise etwas zurückgeben, hat sie mir immer gesagt«, fügte der Pater hinzu. »Ihre Beziehung zu Gott vertiefen. Im Glauben und als Mensch wachsen.«

Während ich das Kühlregal anstarrte, musste ich daran denken, mit welch verklärter Miene Sarah Jeremias angesehen hatte. Er war offensichtlich ein großes Vorbild für sie gewesen. Aber ich schätzte ihn so ein, dass das alles an ihm abperlte. Dass er die Bewunderung zwar brauchte, aber es ihm egal war, wer ihn anhimmelte, ob das nun Sarah war oder Corinna oder ich … Vielleicht irrte ich mich da auch gerade gewaltig, aber er wirkte einfach eine Spur zu glatt auf mich. Da hatte Evelyn durchaus recht. Plötzlich erschien mir der gestrige Abend in einem ganz neuen Licht: Wieso war Jeremias plötzlich in der Scheune aufgetaucht, wo er doch bei den Jugendlichen im Klohäuschen hätte sein müssen?! Und wieso hatte er schon gewusst, dass ein Toter in der Scheune lag? Oder welchen Grund sollte er sonst gehabt haben, die Polizei anzurufen? Ich musste dem Kommissar dringend einen Tipp geben!

»Das Camp wird von drei Betreuern begleitet?«, fragte der Kommissar nach einer kurzen Pause.

»Zwei Betreuerinnen. Und ich bin dabei, um die geistlichen Impulse zu setzen«, erklärte Pater Jeremias flötend.

»Weshalb haben Sie denn die Polizei informiert?«, wollte der Kommissar wissen.

Na endlich kam das mal zur Sprache!

»Ich war auf der Suche nach Sarah und wollte in ihrem Zelt nachsehen. Als ich über die Straße ging, kam mir dieser alte Mann entgegen.«

Ah! Der Gröning.

»Und der hat mir erzählt, dass in der Scheune eine tote Frau liege. Und man die Polizei informieren müsse.«

Der Gröning wieder. Das hätte er mir auch gleich sagen können, dass Sarah tot ist! Dann war der Pater vermutlich erst durch den Gröning auf das Drama aufmerksam geworden und hatte sich gar nicht vor der Reanimation gedrückt.

»Ich will niemanden beschuldigen, der Mörder zu sein«, wechselte der Pater das Thema und senkte die Stimme. »Aber dieser alte Mann, der mir da entgegengekommen ist, hatte ein Elektrokabel in der Hand. Außerdem hatte ich gestern Mittag den Eindruck, dass er irgendwie Interesse an Sarah hatte …«

Der Gröning? Empört atmete ich ein und merkte erst jetzt, dass ich die ganze Zeit die Luft angehalten hatte. Den Gröning interessierten nur Grünspechte und Wasserhahnenfuß, und ich würde dem Kommissar gleich erklären, dass es eine absolute Frechheit war, den Gröning zu verdächtigen!

Jetzt direkt in die Befragung zu platzen war mir dann aber doch etwas unangenehm, deswegen ließ ich das bleiben. Für eine Raucherin wäre das der richtige Moment gewesen, um sich eine Zigarette anzuzünden. Stattdessen nahm ich mir eine der gerade aufgeräumten Kekspackungen aus dem Regal, riss sie auf und schnappte mir meine Tasse Kaffee. Gerade noch war ich fest davon überzeugt gewesen, dass der junge Priester der Mörder war. Aber was er erzählte, klang logisch. Er hatte Sarah gesucht, weil sie sich nicht mit im Klohäusl untergestellt hatte. Dass er das nicht gleich gemerkt hatte, war auch verständlich. In dem kleinen Klohäuschen hatte mit den vierzig Jugendlichen bestimmt ein riesiges Chaos geherrscht, trotz guter Manieren. Dass der Gröning an Sarah Interesse gehabt haben könnte, schied natürlich aus. Wenn sich jemand an sie herangewanzt hatte, dann ja wohl der Kleinschmitt. Aber im Nachhinein betrachtet, schien Kleinschmitt eher der joviale Typ zu sein, der mal schnell jemanden berührte. Das war zwar nicht okay, aber deswegen war er ja nicht gleich ein Mörder, oder?

Ich versuchte mich daran zu erinnern, wer von den Campern hinüber zum Jugendcamp gegangen sein könnte. Ich hatte nicht beobachtet, was die Leute während des Unwetters im Einzelnen gemacht hatten, nur kurz hatte ich in den prasselnden Regen geschaut. Soweit ich mich erinnern konnte, waren alle direkt zu ihren

Wohnwägen geeilt und hatten ihre Markisen sturmklar abgespannt. Auch der Gröning und der Kleinschmitt. Sie hatten ja alle zusammen gesungen. Und dann?

Das wusste ich nicht. Schließlich war ich beim ersten Regenschauer ins Haus geflüchtet! Ich hatte mir gedacht, dass es alle anderen auch so gemacht hatten. Alle Luken geschlossen. Und verflucht, wenn man nicht vorher noch auf der Toilette gewesen war … Eine Weile dachte ich noch darüber nach, wie seltsam es war, dass jemand in dieser hektischen Stimmung noch losgezogen sein sollte, um ein Mädchen zu ermorden. Das ergab überhaupt keinen Sinn! Viel wahrscheinlicher war es doch, dass irgendein wahnsinniger Mörder schon die ganze Zeit in der Scheune gesessen und die Gunst der Stunde genutzt hatte!

Um nicht allzu neugierig zu wirken, ging ich nicht durch die Rezeption am Kommissar und an Pater Jeremias vorbei nach draußen, sondern durch die Hintertür des Campingladens auf die kleine Terrasse. Im Hochsommer war es hier schön schattig und kühl, man saß gemütlich unter dem Blätterdach einer riesigen Birke. Meine Nonna pflegte hier im Sommer ihren Nachmittagskaffee zu trinken. Normalerweise standen da mit einer Plastikplane bedeckt die Gartenstühle und der Tisch in einem geschützten Eck an der Hauswand. Etwas erstaunt blieb ich stehen, denn die ganze Gartengarnitur war verschoben worden, und die Plane lag in der Ecke, wo normalerweise die Stühle standen. Als ich sie aufhob, sah ich, dass sich darunter die Sitzauflagen befanden. Gerade so, als hätte sich da jemand eine Schlafstatt gebaut. Hier hatte einer übernachtet.

Vielleicht sogar der Mörder von Sarah.

Ich steckte mir den gesamten Keks in den Mund und ging zurück, um dem Kommissar Meldung zu erstatten.

Ich hatte mir schließlich fest vorgenommen, ihm zu helfen, ohne zu schnüffeln.

Die Befragung von Pater Jeremias war offensichtlich vorbei, die Rezeption war leer und der Herr Kommissar weit und breit nicht zu sehen.

Als ich gerade Richtung See schlappen wollte, drehte ich mich noch einmal um und bemerkte, dass der Kommissar soeben zur Straße ging, offensichtlich Richtung Sommercamp unterwegs. Eilig lief ich mit klatschenden Flipflops hinter ihm her. Milo schlurfte hinter mir drein. Bis ich ihn einholte, hatte er schon das Zelt von Sarah erreicht. Dort waren die Spurensicherungstanten versammelt, direkt daneben standen Pater Jeremias und Corinna, Letztere mit roten Flecken im Gesicht.

Zuerst konnte ich nicht erkennen, was sie gerade betrachteten, aber als ich näher kam, sah ich eine Plane, auf der ein Rucksack lag und alle möglichen Dinge, die vermutlich vorher im Rucksack gewesen waren. Mit einem Blick erfasste ich, dass es sich hauptsächlich um Kleidung handelte. Dazu noch ein winziger Kulturbeutel mit Duschsachen und ein Handtuch. Kein Buch, keine Geldbörse. Milo steckte seinen Kopf nach vorne und schnupperte an dem Rucksack. Schnell packte ich ihn am Halsband und zog ihn zurück.

»Ein Handy haben wir bislang nicht gefunden«, sagte die von der Spurensicherung, die früher Friseurin gewesen war. »Aber das hier.« Sie nahm mit behandschuhter Hand einen Kopfhörer mit rotem Kabel in die Hand. »Weiß nicht, wozu der gehört.«

»Corinna?«, fragte Pater Jeremias mit freundlicher Stimme, aber ich meinte, eine gewisse Kälte in seinen Augen zu erkennen. »Kannst du dir vorstellen, wozu dieser Kopfhörer gehört?«

Ich persönlich hatte auch so einen. Man konnte ihn ins Handy einstecken und dann telefonieren, ohne das Handy in der Hand zu haben. Wahlweise Musik hören. Corinnas Gesicht wurde noch fleckiger.

»Vielleicht hatte sie einen MP3-Player dabei«, sagte sie schüchtern.

»Was ist ein MP3-Player?«, wollte Jeremias wissen.

Gott im Himmel, lebte der Typ auf dem Mond?

»Das ist ein Gerät zum Musikhören.«

»Ich dachte, heute hört jeder seine Musik vom Telefon?«, wandte ich ein.

Der Kommissar drehte sich zu mir um und sah mich stirnrunzelnd an.

»'tschuldigung«, murmelte ich und sagte dann lauter: »Ich müsste Ihnen dann auch was zeigen.«

Seite an Seite gingen wir zurück zum Haus, zwischen uns Milo.

»Normalerweise hat doch jeder Jugendliche ein Handy, mit dem er Musik hört«, wiederholte ich.

»Pater Jeremias hat gesagt, dass er sich das gar nicht vorstellen kann bei Sarah. Schließlich seien Handys im Camp verboten, und Sarah würde immer mit großem Vorbild …«

»Ja, ja«, unterbrach ich ihn. »Ich wette, wenn man alle Rucksäcke durchsuchen würde, dann würde man schon noch andere Handys finden. Ich persönlich würde Corinna ja befragen, wenn dieser Pater Jeremias nicht mit dabei ist. Sie sieht ein bisschen so aus, als hätte sie Angst vor ihm.«

Vielleicht hatte Evelyn ja doch recht mit ihrer Satanisten-Theorie.

»Ja, die Befragung mit ihr steht noch aus«, sagte der Kommissar.

»Vielleicht war es ja doch kein Mord«, seufzte ich.

»Das ist praktisch ausgeschlossen«, erklärte er mir. »Wir wissen inzwischen, dass sie reines Leitungswasser in der Lunge hat.«

Ich war einen Moment sprachlos und blieb stehen. »Was heißt das?«

»Sie hat nicht das Wasser verschluckt, das in der Pfütze war«, erklärte er und hielt mir die Tür zur Rezeption auf. »Sondern Leitungswasser.«

Das konnte ja wohl nur bedeuten, dass jemand Wasser in einen Eimer gefüllt und Sarahs Kopf hineingehalten hatte, als sie bewusstlos gewesen war. Mich überlief ein Schauder.

»Hier entlang«, sagte ich und ging vor dem Kommissar durch die Rezeption und den Campingladen. Dort war Evelyn wieder zugange und mixte Beeren zu einer Creme. Sie hatte ein durchsichtiges Top an, durch das man ihren schwarzen Spitzen-BH sehen konnte.

»Hier«, sagte ich und zeigte dem Kommissar die Terrasse.

»Gestern war das noch nicht so?«

»Keine Ahnung«, musste ich gestehen. »Ich war die letzten Tage nicht auf der Terrasse.«

Inzwischen hatte es sich nämlich bei mir etabliert, dass ich zum Kaffeetrinken vor der Rezeption auf dem Bänkchen saß und die Kaffeetasse neben mich auf den Holzblock stellte. Das war ganz schön, man konnte über den See am Hirschgrund blicken, und hin und wieder kamen Camper vorbei und boten einem Kuchen an, besonders Vroni Hetzenegger, die immer etwas abzugeben hatte.

»Sieht tatsächlich so aus, als hätte hier jemand geschlafen.«

»Hat sich mit der Plane zugedeckt«, sagte ich. »Und sich auf die Sitzauflagen gelegt.«

Vielleicht ein Landstreicher.

Vielleicht sogar dieser unbekannte junge Mann.

Oder auch unser Mörder.

Der Kommissar ließ die Spurensicherungstanten wieder ihr Werk verrichten, was die Friseurin offensichtlich mit größtem Widerwillen tat. Eigentlich eine tolle Sache, wenn man mal seine Terrasse so richtig entrümpelt haben wollte! Ich konnte im Vorbeigehen sehen, was so alles auftauchte: ein alter Aschenbecher aus Rimini, Bonbonpapierchen wahrscheinlich aus dem Jahre 1985 und sogar eine alte Socke. Mit Letzterer hatte meine Nonna immer die Ritzen der Stühle gereinigt, soweit ich mich erinnern konnte. Die dämliche Tussi von der Spurensicherung machte noch ein paar blöde Bemerkungen über den Zustand der Terrasse. Als hätte ich in den letzten Wochen Zeit für einen Großputz gehabt! Das musste sie ja wohl am besten wissen, immerhin war sie bereits beim ersten Mord vor Ort gewesen, um die Spuren zu sichern. Um mich aufzuheitern, stellte ich mir vor, wie die schmutzige Socke meiner Großmutter auf DNA-Spuren untersucht wurde. Richtig aufmuntern konnte mich das nicht. Die Vorstellung, dass sich Mörder auf meiner Terrasse breitgemacht hatten, ließ mein Herz rumpeln und meinen Magen schmerzen.

Schließlich klingelte mein Smartphone, Alex wollte wissen, ob wir heute unser Date nachholen konnten.

»Ich habe gerade so viel um die Ohren«, sagte ich ausweichend. Sein Intermezzo mit Schwarz hatte ich nämlich nicht vergessen. Vielleicht hätte ich ihn jetzt darauf ansprechen sollen, aber so per Telefon hatte ich keine Lust auf eine anstrengende Diskussion. Dass ich immer so ein Pech mit Männern haben musste.

»Ach komm schon! Du wirst doch nicht den Mann versetzen, der dich schon immer geliebt hat«, hörte ich ihn sagen.

»Du hast früher mit dem Zirkel Löcher in Wasserflaschen gestochen und mich damit bespritzt«, erinnerte ich ihn.

»Das war schon damals ein Zeichen dafür, wie sehr ich dich verehre.«

Herr im Himmel! Männer!

Kapitel 10

Der nächste Tag begann wieder mit einer Beschwerde des Österreichers. Inzwischen war er dazu übergegangen, mir nur noch kommentarlos Fotos hinzulegen. Offensichtlich machte er sich die Mühe, die Fotos beim nächsten Drogeriemarkt ausdrucken zu lassen. Denn dass er einen mobilen Drucker mit dabeihatte, so weit wollte ich in meiner Fantasie nicht gehen.

»Vielleicht sollte ich ein Fotoalbum machen«, sagte ich zu Evelyn, die sich gerade mit ihrer Frisur beschäftigte.

»Es gibt magnetische Wandfarbe. Dann könntest du das alles mit Magnetsticks an die Wand pinnen«, erwiderte sie ernst und beugte sich dann über das neueste Bild. Es war der Steg in den See. Ein Brett war locker.

»Ein Wunder, dass überhaupt noch ein Gast auf diesem Campingplatz lebt, bei all den Missständen hier!«, erklärte Evelyn ironisch. »Ich würde ihn einfach rauswerfen, diesen Nörgler.«

»Nörgler haben eine wichtige Funktion in unserer Gesellschaft«, wandte ich ein, obwohl mich der Typ ganz schön nervte.

»Das haben Würmer auch. Trotzdem will ich sie nicht haben.«

Ich grinste und betrachtete das Bild genauer. Wahrscheinlich musste man nur das eine Ende wieder festnageln, dann war alles okay. Ich würde es mir auf jeden Fall ansehen.

»Die Schmidkunz hat größere Brüste bekommen«, stellte Evelyn fest, die sich das gesamte Bild genauer ansah. Am Ufer sah man nämlich Gisela Schmidkunz im türkisfarbenen Badeanzug stehen. »Sieh dir das an.«

»Das macht doch nur der Ausschnitt«, wandte ich ein.

»Unsinn. Wahrscheinlich nimmt sie Hormone.«

»Von der Pille kriegt man doch größere Brüste.«

Evelyn schüttelte den Kopf. »Die braucht doch keine Pille mehr. Außerdem bezweifle ich, dass die noch Sex haben. Der Schmidkunz kann bestimmt nicht mehr.«

Jetzt war es an mir, den Kopf zu schütteln. Immerhin hatte ich vor drei Wochen einen Zettel bei den Schmidkunzens entdeckt, wo es um Sexstellungen nach Bandscheiben-OPs ging.

»Ich war jedenfalls noch nie mit ihm im Bett«, erklärte sie mir.

»Ich auch nicht«, seufzte ich. »Aber deswegen können sie ja trotzdem Sex miteinander haben, oder?«

»Nun ja, du hast ja sowieso keinen Sex«, sagte Evelyn, und ihre Stimme klang besorgt. »Ich sag dir nur eins, irgendwann ist das alles so verschrumpelt da unten, dass gar nix mehr geht. Da kann man dann nicht mal mehr aufs Klo.«

Ich versuchte, diesen Schwachsinn weiträumig zu umschiffen: »Eigentlich eine Unverschämtheit, mir Bilder zu geben, auf denen andere Personen abgebildet sind.«

»Stimmt. Vielleicht will die Schmidkunz gar nicht, dass wir ihre Brüste sehen«, grübelte Evelyn.

»Unsinn«, sagte ich. »Ich sehe sie doch jeden Tag im Badeanzug.«

Danach klingelte das Telefon, und Evelyn und ich wurden gebeten, nach Regensburg zu fahren, um mit dem Polizeizeichner ein Phantombild zu erstellen.

Auf Evelyns Anraten hin machten wir uns einen schönen Tag in Regensburg. Das mit dem Zeichner entpuppte sich als ein einziges Fiasko, weil sich keine von uns mehr daran erinnern konnte, wie der Typ ausgesehen hatte. Ich war mir jedenfalls ziemlich sicher, dass das, was am Schluss als Bild entstand, mit dem realen jungen Mann überhaupt nichts mehr zu tun hatte. Aber immerhin deckte ich mich in der Buchhandlung am Kohlenmarkt mit Büchern ein, wir aßen Burger bei Hans im Glück, und Evelyn überredete mich noch zu einer ausgedehnten Shopping-Tour, bei der hauptsächlich enge Lycra-Teile und durchsichtige Blüschen geshoppt wurden.

Wir kamen so spät zurück, dass alle Camper bereits brav in ihren Wohnwägen lagen. Auch von der Jugendgruppe war nichts mehr zu hören.

»Ich sag's dir, da stimmt was nicht, bei diesen Kindern«, sagte Evelyn, während ich die Haustür aufsperrte. Ich konnte auch nicht verstehen, dass man nicht irgendwo Taschenlampen herumgeistern sah oder wenigstens leises Gekicher in den Zelten hörte.

»Die beten halt den ganzen Tag.«

»Wahrscheinlich hat sie der Exorzist unter Drogen gesetzt«, sagte Evelyn.

»Ich habe sie heute beim Baden gesehen. Und außerdem haben sie eine Wanderung um den See gemacht«, widersprach ich. So ganz anormal waren sie jetzt nicht.

Und sie sahen auch nicht aus, als ständen sie unter Drogen.

»Welcher Jugendliche geht freiwillig spazieren, ohne sich aufzuregen?«, wandte Evelyn zu Recht ein. Dann tätschelte sie mir die Schulter und sagte, sie müsse noch mal nach dem Bärchen sehen. Dem gehe es noch immer nicht gut. Ich wollte lieber nicht wissen, wie genau ihre Pflege aussah.

»Ich an deiner Stelle würde mich mal um diesen Kommissar kümmern«, sagte Evelyn. »Der sieht auch aus, als würde es ihm nicht so gut gehen. Vielleicht ist er ja über mich inzwischen hinweg und kann sich auf etwas Neues einlassen.«

»Schlaf gut«, umschiffte ich auch diese Klippe und ging ins Haus.

Der nächste Vormittag verging wie im Flug. Ich verkaufte so viel Eis, dass ich bald wieder Neues kaufen musste. Der Österreicher kam wieder vorbei, um sich über den Steg zu beschweren, der noch immer eine globale Gefährdung darstellte.

Als endlich alle Eisbedürfnisse gedeckt waren, schlenderte ich mit meinem Hammer und meinen Nägeln hinunter zum See. Milo ging wie immer zwei Schritte hinter mir und sah aus, als würde er den Tag nicht überleben. Am Steg angelangt, brach er direkt hinter mir zusammen. Man erkannte nur an den hellen Augenbrauen im dunklen Fell, dass er seine Augen bewegte und mich keine Sekunde aus den Augen ließ. Tatsächlich war ein Brett lose. Froh darüber, dass mich außer Milo keiner beobachtete, schlug ich zwei Nägel krumm. Auf einen ersten hatte ich einfach wild eingehämmert, er sah danach nicht einmal mehr wie ein Nagel aus. Ich setzte mich auf die Fersen und verfluchte meine zwei linken Hände. Da hörte ich Schritte hinter mir, und als ich mich umdrehte, stand Corinna vor mir, die zweite Betreuerin des Jugendcamps.

»Hallo«, sagte ich und drehte mich wieder dezent zu den krummen Nägeln, weil Corinna rot geweinte Augen hatte. Sie sah mir dabei zu, wie ich versuchte, die Nägel aus dem Holz zu bekommen.

»Ich versteh das einfach nicht. Es kommt mir vor, als würde ich in einem Albtraum leben und einfach nicht mehr aufwachen«, sagte sie schließlich.

»Tut mir leid«, murmelte ich und hebelte mit dem Hammer an einem der Nägel herum.

Nach einer Weile des Schweigens fragte ich: »Müsst ihr noch immer hierbleiben?«

Corinna seufzte. »Nein. Von der Polizei aus dürfen wir nach Hause. Aber Jeremias hat gesagt, dass es für die Bewältigung unseres Schmerzes besser ist, wenn wir hierbleiben.«

Der Nagel war inzwischen ein modernes Kunstwerk und steckte immer noch im Holz.

»Glaubt der Kommissar, dass Sarah ermordet worden ist?«, fragte sie nach einer kleinen Pause.

»Er versucht gerade, diesen jungen Mann zu finden, der Sarah am Tag eurer Ankunft gesucht hatte«, wich ich der Frage aus. »Hast du den auch gesehen?«

Ich setzte mich wieder auf die Fersen und blickte sie an. Sie hatte sich neben Milo gekniet und streichelte seinen Rücken.

»Nein. Welcher junge Mann?«

»Hat Sarah nicht von dem jungen Mann erzählt?«

»Nein. Wir waren ja hauptsächlich mit den Kindern beschäftigt. Und in der Nacht im Zelt … war ich ja alleine.«

Sie schluchzte auf und umarmte Milo. Ich sollte ihn

als Therapiehund vermieten! Ich war stolz darauf, dass er sich das Fell vollheulen ließ, ohne mit der Wimper zu zucken. Ich dagegen wusste nicht, was ich jetzt sagen sollte.

»Wenn ich nur wüsste, weshalb sie allein in die Scheune gegangen ist«, brachte sie schließlich schniefend hervor.

»Dann weißt du also auch nicht, was Sarah in der Scheune wollte?«, fragte ich nach, den Blick wieder fest auf den krummen Nagel gerichtet.

»Ich bin mir sicher, dass sie ihr Handy laden wollte«, schluchzte sie. »Aber sagen Sie das bloß nicht Jeremias. Wir dürfen doch keine Handys dabeihaben. Und dass ausgerechnet die ›heilige‹ Sarah eins mitgenommen hat …«

»Die Polizei hat bislang kein Handy gefunden.«

»Ich bin mir aber ziemlich sicher. Ist ihr am ersten Tag aus der Deckelklappe vom Rucksack gerutscht.«

»Was für ein Handy war es denn?«

»Kein besonders neues, vielleicht ein Galaxy S3«, sagte sie. »Ich bin mir ganz sicher, dass sie es niemals einfach so verwendet hätte. Das muss ein Notfall gewesen sein.«

»Was für ein Notfall denn?«, fragte ich und platzierte den Nagel, um einen erneuten Versuch zu wagen.

»Das weiß ich doch nicht …«, schniefte sie.

»Habt ihr euch nie über persönliche Dinge unterhalten?«, wollte ich wissen.

»Sarah war ja schon länger dabei als ich. Wir kannten uns nicht, sie hatte darauf gehofft, dass ihre beste Freundin mitfahren würde, aber Pater Jeremias war dagegen. Jeder Mensch ist eine Offenbarung, hat er gesagt. Wir sollten uns nicht auf bestimmte Personen konzentrieren, die Liebe Gottes wirke in jedem Menschen. Oder so.« Sie zog schon wieder die Nase hoch und sprach nicht weiter.

»Hm«, machte ich, als würde ich das auch denken, dann schlug ich so stark auf den nächsten Nagel, dass der sich auch verbog. Mist!

»Ich habe den Verdacht …«

»Ja?«, fragte ich aufmunternd, da sie offenbar nicht wusste, ob sie mich einweihen sollte oder nicht.

»Es gibt hier diesen einen Mann …«, wisperte sie. »Der hat sie am Arm gepackt. Ich weiß nicht, was er zu ihr gesagt hat, aber ich glaube …« Als ich aufsah, bemerkte ich, dass sie rot geworden war. »… er ist ein Schürzenjäger.«

Das Wort »Schürzenjäger« hatte ich schon sehr lange nicht mehr gehört. »Der hat sie nur losgelassen, weil ich gerade gekommen bin, und ich bin mir nicht sicher, ob er nicht später …«

»Wer war das?«, fragte ich, obwohl ich die Antwort eigentlich schon kannte.

»Dieser … dieser Kerl, der gesungen hat.«

»Der Kleinschmitt«, sah ich mich bestätigt.

»Keine Ahnung. Aber er hat sie am Arm gepackt, und Sarah hat ihn angefaucht …« Sie unterbrach sich schon wieder, da sich Schritte näherten.

Milo sprang auf und begrüßte wedelnd den Kommissar.

»Hallo«, murmelte Corinna nur. Sie drehte sich um, als hätte sie überhaupt nicht mit mir gesprochen, und ging eilig an dem Kommissar vorbei Richtung Campingplatz. Sie hatte anscheinend keine Lust, sich mit ihm über die Angelegenheit zu unterhalten. Hatte sie Sprechverbot bekommen? Das konnte ich mir zwar nicht vorstellen, aber es sah ganz so aus, als würde sie vor dem

Kommissar Reißaus nehmen. Seufzend wandte ich mich wieder meinem Nagel zu, schlug einmal heftig darauf und verbog ihn endgültig so, dass er zu nichts mehr zu gebrauchen war. Ich musste mich dringend noch einmal mit Corinna über die Sache unterhalten! Wenn sie mit dem Kommissar nicht sprechen wollte, würde wenigstens ich ein offenes Ohr für sie haben.

Der Kommissar ging neben mir in die Hocke.

»Kann ich Ihnen helfen?«, fragte ich.

»Kann ich Ihnen helfen?«, fragte er zurück und nahm mir den Hammer aus der Hand.

»Ja. Sie könnten diesen Steg reparieren«, schlug ich im Scherz vor und reichte ihm einen Nagel. Während ich ihm bei der Arbeit zusah, dachte ich ein klein wenig über Uwe Kleinschmitt nach. Auch ich hatte ja gesehen, dass er Sarah am Strand den Arm um die Schulter gelegt und ihr etwas vorgesungen hatte. Aber ich hatte den Eindruck gehabt, dass Sarah sich zu wehren gewusst hatte. Und der Kleinschmitt war ganz schnell auf Evelyn umgeschwenkt.

Das musste allerdings nichts heißen. Er hätte im Anschluss ohne Weiteres Sarah ermorden können.

Der Kommissar hatte das Brett ruckizucki wieder angenagelt und die verbogenen Nägel entfernt. Es war eine Wonne, ihm dabei zuzusehen. Danach saßen wir noch einträchtig nebeneinander auf dem Steg und ließen die Beine baumeln.

»Ich bin mir ziemlich sicher, dass Sarah ihr Handy laden wollte«, verriet ich ihm das, was Corinna gesagt hatte, ohne sie reinzureiten. »Mir will einfach kein anderer Grund einfallen, weshalb man als junge Frau mit einem Kabel in einer Scheune abhängen würde.«

»Oder jemand anders hatte vor, sein Handy zu laden«, sagte er nachdenklich. »Und sie hat ihn oder sie dabei erwischt.«

Okay. Vielleicht war er tatsächlich der bessere Ermittler.

Das würde zumindest auch gut erklären, wieso in der Scheune kein Handy herumlag.

»Und hat es ihm oder ihr verboten«, fügte ich hinzu, während ich mit meinen nackten Zehen versuchte, ins Wasser einzutauchen. »Der andere wollte aber ganz unbedingt telefonieren und hat sie deswegen niedergeschlagen.« Ich schaffte es, mit den Zehenspitzen die Wasseroberfläche zu berühren, und plantschte ein wenig. Der stille Wasserspiegel wurde von konzentrischen Ringen überzogen.

»Möglicherweise.«

»Dann muss jemand von den Jugendlichen der Mörder sein. Ich kann mir nicht vorstellen, dass Sarah Corinna oder Pater Jeremias das Telefonieren verboten hätte.«

Der Kommissar schwieg.

So richtig konnte ich mir auch nicht vorstellen, dass einer der Jugendlichen Sarah niedergeschlagen und dann einen Eimer Wasser organisiert hatte, um sie zu ertränken. Schließlich waren sie alle so brav und diszipliniert, zogen sich niemals an den Haaren und nahmen jede Herausforderung an …

»Aber vielleicht wollte sie unbedingt telefonieren, weil sie etwas ganz Dringendes mitteilen wollte. Etwas, das keiner wissen sollte, und der Mörder wollte das verhindern. Und hat dann das Handy mitgenommen und vernichtet.«

Ich schwieg, beeindruckt von meinen eigenen Gedankengängen.

»Oder haben Sie ihr Handy mittlerweile gefunden?«

»Bei ihrem Gepäck war es definitiv nicht«, verriet er

mir, und ich lächelte ihn an, weil ich es wirklich nett fand, dass er mir seine Ermittlungsergebnisse anvertraute.

»Also hat der Mörder es vernichtet.«

»Oder sie hatte tatsächlich kein Handy dabei«, wandte er ein.

»Corinna hat mir eben erzählt, dass Sarah in der Tat ein Handy dabeihatte«, verriet ich jetzt doch.

»Ach.« Er runzelte die Stirn. »Vor mir hat sie das abgestritten.«

Ich zog eine Augenbraue nach oben. »Da es strengstens verboten ist, ein Handy zu benutzen, wollte sie das wahrscheinlich nicht so direkt sagen.«

»Und wieso hätte Sarah so unbedingt telefonieren wollen?«, fragte er interessiert nach.

Ich zuckte mit den Schultern.

»Corinna hält Uwe Kleinschmitt für sehr verdächtig«, gab ich schließlich noch preis. »Er hat Sarah am ersten Tag den Arm um die Schulter gelegt.« Ich erzählte die gesamte Episode, aber als ich mir selbst beim Reden zuhörte, bemerkte ich, wie nebensächlich das alles klang.

Der Kommissar schwieg, und wir blieben noch eine ganze Weile nebeneinander am Steg sitzen. Das fühlte sich richtig gut an. Schade, dass der Kommissar immer nur da war, wenn etwas Schreckliches passiert war!

Kapitel 11

Zum Mittagessen hatte uns Evelyn eine ihrer neuesten Kreationen von *Sandwich im Glas* gemacht, was ziemlich lecker aussah und auch genauso gut schmeckte. Mit meinen Gedanken war ich jedoch noch immer beim Handy von Sarah. Natürlich war Jeremias fest davon überzeugt, dass seine heilige Sarah sich an alle seine Regeln gehalten hatte. Aber ich zweifelte keine Sekunde an Corinnas Aussage. Wenn sie ein Handy gesehen hatte, dann hatte sie es gesehen! Ich nahm mir ein leeres Blatt Papier und schrieb:

Handy, Smartphone, Samsung S3 verloren. Bitte dringend abgeben! Finderlohn!

»Wir müssen uns gesund ernähren!«, erklärte Evelyn mit fester Stimme, während ich Hüttenkäse, Pumpernickel, Tomaten, Ei und Gurkenstückchen ziemlich unprosaisch einfach verrührte. »Unser Immunsystem wird von dieser laufenden Morderei so in Mitleidenschaft gezogen, dass wir gut auf unsere Vitaminversorgung achten müssen!«

»Ich dachte, du isst nur noch zweimal am Tag«, sagte ich, weil ich mich noch gut daran erinnern konnte, dass sie vor einer Stunde eine Quarktasche und einen Kaffee konsumiert hatte.

»Die Quarktasche war mein Proteinschub«, sagte sie.

»Und das jetzt?«

»Ist meine Mahlzeit«, antwortete sie pikiert.

Die drei jungen Mütter, die gerade hereinkamen, waren sehr angetan von der neuesten Kreation, denn sie bestellten für den nächsten Tag gleich auch *Sandwich im Glas*. Wieso sie noch nicht längst abgereist waren mit ihrem Nachwuchs, wo es doch einen Todesfall gegeben hatte, wusste ich auch nicht. Anscheinend gingen alle davon aus, dass es sich um einen bedauerlichen Unfall handelte und bei den Ermittlungen um reine Routine.

Ich nahm meinen neuesten Zettel und hängte ihn an die Tür der Rezeption. Als ich zurückkam, stellte Evelyn zufrieden fest: »Das mit diesen Gläsern ist die totale Marktlücke!« Mit dem Leergut in der Hand wollte sie gerade nach oben in die Wohnung gehen, da blieb sie abrupt stehen und blickte aus dem Fenster.

»Der Pater«, murmelte sie, stellte die schmutzigen Gläser neben mir ab und trat eilig vor die Tür.

»Was?«, fragte ich, aber sie antwortete nicht mehr. Ich wandte mich den Unterlagen von Klaus und Gruber zu. Um ihnen so richtig drohen zu können wegen der Geschichte mit dem Klohäuschen, das sie meiner Nonna angedreht hatten, sollte ich vielleicht erst einmal einen Rechtsanwalt kontaktieren. Wahlweise hätte ich ja auch die halbe Million vom Schwarz annehmen können. Aber irgendwie war es mir lieber, die Klaus und Grubers gaben mir einfach mein Geld zurück.

»Ah, Pater Jeremias«, hörte ich Evelyn draußen sagen. »Schön, Sie zu sehen. Ich hätte da nämlich ein paar Fragen.«

»Nur zu«, sagte Pater Jeremias zuvorkommend, und ich lauschte neugierig.

»Zum Exorzismus«, konkretisierte Evelyn. »Wie das denn ist.«

Am liebsten wäre ich im Erdboden versunken. Leider hatte ich keine Möglichkeit, Evelyn aufzuhalten. Es sei denn, ich bekäme jetzt sofort einen lautstarken Schreianfall.

»Ich glaube, ich verstehe nicht ganz, worauf Sie hinauswollen«, hakte Jeremias vorsichtig nach.

»Nun ja. Ich frage mich manchmal, ob es so etwas gibt wie ...« – sie senkte die Stimme – »... Besessenheit.«

»Die Lehre der katholischen Kirche basiert auf der Bibel«, antwortete Pater Jeremias freundlich, aber für meine Begriffe etwas ausweichend. »Gott hat alles geschaffen, die Engel und die Dämonen.«

»Ach. Es gibt also tatsächlich Dämonen?«, erkundigte sich Evelyn atemlos.

»Nun ja, Dämonen und Teufel sind gefallene Engel.«

»Und Sie erkennen Dämonen?«, fragte Evelyn mit ehrfürchtiger Stimme.

»Das Böse will sich oft nicht offenbaren, seinen Namen nicht nennen«, erklärte Jeremias weiter. Ich stand auf und trat ans Fenster. Sah nicht so aus, als wäre ihm das Thema unangenehm.

»Ich habe gelesen, dass man manche Dämonen am Geruch erkennen kann«, sagte Evelyn, die sich offensichtlich schon richtig weitergebildet hatte.

Pater Jeremias lachte nur.

»Und Sie könnten dann helfen?«, wurde Evelyn konkret, und es klang, als würde sie ihn bewundern.

»In Fällen, bei denen meine Hilfe unbedingt vonnöten ist«, sagte Jeremias.

Ich starrte weiter reglos aus dem Fenster. Wenige Sekunden später kam Evelyn herein und erklärte triumphierend: »Ich hab es dir doch gesagt! Er steht voll zum Exorzismus. Hat bestimmt schon Sessions durchgeführt! Und bei Sarah ist es eben schiefgegangen.«

Ich seufzte schwer.

Danach war es eine Weile schön ruhig in der Rezeption. Ich genoss den Frieden, verfluchte den unbekannten Mörder und machte eine Liste, was als Nächstes zu tun war. Voll in Fahrt, erstellte ich in Gedanken eine weitere Liste mit mordverdächtigen Personen. Ganz oben stand der unbekannte junge Mann. Und natürlich auch ein klein wenig der Sepp. Um den Sepp tat es mir irgendwie leid. Dann fiel mir noch der Uwe Kleinschmitt ein, der ja auch ein bisschen verdächtig war, aber ich verwarf ihn wieder.

Weil ich auf meine To-do-Liste, auf der Dinge standen wie »Rechtsanwalt wg. Klaus und Gruber anrufen«, gerade keine Lust hatte, schlüpfte ich in meinen Bikini und ging über den Platz. Das Wohnmobil von Uwe stand verlassen da. Nicht auszuschließen, dass hier das Handy von Sarah lag und nie gefunden wurde, dachte ich mir jetzt doch. Der Sepp würde nämlich niemals ein Smartphone klauen, der kam mit solcher Technik doch überhaupt nicht zurecht.

Reiß dich zusammen, dachte ich mir streng, auch der Kleinschmitt würde niemals ein Handy klauen. Mit beschwingten Schritten ging ich weiter zum See. Nie wieder wollte ich im Alleingang ermitteln, erinnerte ich mich mit Schrecken daran, wie es das letzte Mal ausgegangen war.

Am Strand saßen Vroni und die Schmidkunz und ratschten. Der Schmidkunz war zu einem Spaziergang aufgebrochen, und der Hetzenegger, Mann der Vroni, zum Meierbeck gefahren. »Am Mittwoch hat der Meierbeck immer diese saftigen Kolatschen«, sagte die Vroni zufrieden. »Die kann man sich nicht entgehen lassen.«

»Heute ist nicht Mittwoch«, wandte die Schmidkunz ein.

Vroni kicherte. »Man vergisst im Urlaub doch immer wieder, was für ein Wochentag ist. Ein gutes Zeichen.«

Auch ich hatte Schwierigkeiten, mir zu merken, welcher Tag es war, irgendwie spielten Wochentage in meinem Leben keine Rolle mehr.

»Was sind denn Kolatschen?«, fragte ich jetzt doch neugierig nach.

»Hefeteig«, antworteten beide andächtig. »Mit Mohn, Quark und Marmelade …«

Das klang wirklich gut. Die würde ich auch ausprobieren, beschloss ich und watete ins Wasser.

Als ich auf die andere Seite schwamm, sah ich, dass Uwe Kleinschmitt dort gerade einen Spaziergang machte. Über die kleine Holzbrücke marschierten die Kinder vom Camp im strammen Tempo. Vorneweg Corinna, am Schluss Pater Jeremias. Ich legte mich auf den Rücken und trieb ein wenig im Wasser. Beobachtete die Wolken, die weiß und flockig über den blauen Himmel zogen.

Als ich zurück ans Ufer kam, war der Strand menschenleer und auch der Campingplatz wie ausgestorben. Vielleicht waren gerade alle zum Essen gefahren oder zum Einkaufen. Mir sollte es recht sein! Als ich wieder an Uwe Kleinschmitts Wohnmobil »Emma« vorbeikam, stockten meine Schritte.

Der Kleinschmitt hatte sich seit dem Todesfall ziemlich eigenartig verhalten. Während er am ersten Tag nur so gesprüht hatte vor Sangeslust, war er, seit Sarah umgekommen war, nur noch ein Schatten seiner selbst.

Wieso fiel mir das erst jetzt so deutlich auf? Das kleine Küchenfenster war offen, und ich war mir sicher, dass ich dort einsteigen konnte. Der Kommissar konnte bestimmt nicht grundlos das Wohnmobil nach Handys absuchen. Ich dagegen konnte das Wohnmobil kontrollieren, weil ich Gas gerochen hatte. Vielleicht war Gefahr in Verzug!

Ich drehte mich in alle Richtungen, aber weit und breit war niemand zu sehen. Leise nahm ich einen fast leeren Kasten Stöcklbräu hoch und trug ihn zu dem offenen Fenster. Von dort aus konnte ich erkennen, was der Kleinschmitt in seiner Küche stehen hatte: eine Flasche Schampus(!), ein Holzbrettchen, auf dem noch Brotbrösel lagen sowie der Rand von einem Speckstreifen, einen Plastikbecher. Vorsichtig schob ich meinen Oberkörper durch das Fenster. Das Wohnmobil war nicht sonderlich aufgeräumt. Hier auf die Schnelle das Handy von Sarah zu finden würde schwierig werden! Als ich gerade mit dem Oberkörper auf dem Küchenblock lag, wandte sich mein Blick halb nach oben, wo sich die Schlafkoje von Uwe Kleinschmitt befand.

Dort lag, splitterfasernackt, Uwe Kleinschmitt auf der ebenfalls splitterfasernackten Evelyn Kaminski und bewegte sich auf und ab. Den Bruchteil einer Sekunde beobachtete ich seinen nackten Hintern, dann schweifte mein Blick zu Evelyn, die mich mit zusammengekniffenen Augen anstarrte.

Oh Gott, oh Gott!

War er nicht gerade noch drüben im Wald gewesen und hatte einen Spaziergang gemacht? Hatte ich nicht soeben angenommen, dass es ihm furchtbar schlecht ging? So schlecht anscheinend doch nicht.

Als das Wohnmobil rhythmisch zu schwanken begann, schlängelte ich mich lautlos wieder zurück in Freie.

Mist! Mist! Mist! Ich konnte mir nicht vorstellen, dass Evelyn mich nicht erkannt hatte!

Kapitel 12

Evelyn war ziemlich lange sauer. Sie tauchte am Abend nicht mehr auf, und auch am nächsten Morgen durfte ich selbst die Semmeln holen. Nachdem ich brav die Semmelchen und die Joghurts im Glas verkauft hatte, recherchierte ich eine Weile nach einer Software für die Verwaltung von Campingplätzen, kam aber nicht sehr weit. Danach wählte ich im Fünf-Minuten-Takt die Nummer von Klaus und Gruber, aber entweder waren sie verstorben, oder sie ignorierten mich. Empört rief ich nun doch meinen Rechtsanwalt an, aber die Sekretärin teilte mir mit, dass er leider in einer Besprechung und auch den restlichen Tag nur schwer zu erreichen sei. Entnervt knallte ich den Hörer auf. Es war doch immer dasselbe mit Rechtsanwälten! Beim kurzen Der-Hund-muss-raus-Spaziergang versuchte mich mein Noch-Ehemann dreimal zu erreichen, und ich drückte das Gespräch in Klaus-und-Gruber-Manier einfach weg. Darauf hatte ich jetzt wirklich keine Lust!

Als ich gerade ins Dorf aufbrechen wollte, um Klaus und Gruber persönlich die Meinung zu geigen, kam Fanni wutschnaubend in die Rezeption gestürmt. Sie hatte ihren geblümten Putzkittel an, und auch die eine Strähne in ihrem straffen weißen Dutt hatte sich wieder gelöst.

»Ich putz jetzt schon seit sechzig Jahren!«, kreischte sie mich an. »So was ist mir in all der Zeit nicht passiert!«

Ich nickte erschrocken.

»Und das lasse ich mir nicht gefallen!«

In der Hand hielt sie ein Foto, das sie mit einem hörbaren Klatschen auf den Tresen schlug.

Aha! Der Österreicher hatte wieder zugeschlagen! Ich nahm das Foto in die Hand und ließ es in den Abfall segeln.

»Das wissen wir doch alle. Der Typ hat einfach einen Schuss! Nimm einfach nicht ernst, was er sagt!«

Ich schlüpfte in meine Sandalen.

»Hauptsache, wir alle wissen, was wir an dir haben«, schleimte ich noch eine Runde. »Ich könnte nicht zufriedener sein!«

Jetzt eine neue Putzfrau suchen zu müssen würde mich in eine schwere Depression treiben!

»Ich möchte, dass du dir das ansiehst!«, schrie sie mich im Befehlston an. »Ich lass mir nix nachsagen! Das Klohäusl ist geputzt, und zwar wie!«

Ich fischte gehorsam das Foto wieder aus dem Abfall und legte es neben die Computertastatur. Ich hatte jetzt andere Sorgen als einen Putzfehler von Fanni! Da diese jedoch schon hochrot im Gesicht war, senkte ich gehorsam meinen Blick. Der Österreicher hatte allen Ernstes ein Waschbecken fotografiert, in dem man noch Zahnpastareste und Haare kleben sah.

»Ich steh doch nicht neben jedem, der sich die Zähne putzt, und mach den Speiberer weg! Seine Buben, die sollten sich was schämen, die wissen nix von einer Klobürste, das fotografier ich ihm mal! Wer bin ich denn? Den Scheißhaufen von den kleinen Schratzen wegmachen? Dann soll er mit ihnen aufs Klo gehen und direkt vor Ort für Ordnung sorgen!«

Sie stürmte wieder hinaus, während ich das Foto noch in der Hand hielt. Der Typ hatte echt einen an der Waffel. Die Vorstellung, dass Fanni seinen Kindern auflauerte und sie in flagranti dabei erwischte, wie sie die Kloschüssel dreckig hinterließen, war natürlich verlockend. Bevor ich nachsehen konnte, wann der Österreicher endlich abreisen und Frieden auf dem Campingplatz einkehren würde, fiel mein Blick noch einmal auf das Bild. Mein Mund verzog sich unwillkürlich zu einem Grinsen. Das musste ich unbedingt meiner Freundin schreiben, die würde sich darüber köstlich amüsieren! Bestimmt würde sie sagen, dass einem das auch nur in Bayern passieren konnte, was natürlich Unsinn war.

Dann wurde mir schlagartig eiskalt! Denn auf dem Foto war auch Sarah mit abgelichtet! Ich erschrak so sehr, dass ich das Bild erst einmal energisch umdrehte und tief durchatmete. Das war doch unmöglich!

Nein, war es wohl nicht, wenn das Bild nämlich schon älter war. Am Tag ihres Todes zum Beispiel aufgenommen. Eine Weile saß ich nur da. Der erste Impuls war, das Bild schnellstens in den Abfalleimer zu werfen. Aber das ging natürlich gar nicht, im Zweifelsfall war es den Ermittlungen dienlich, auch wenn ich nicht wusste, wie. Vorsichtig, als wäre es explosiv, drehte ich das Foto wieder um und beugte mich ganz nah darüber. Ja. Das war Sarah. Sie stand an der Tür zum Waschhaus. Dass der Österreicher fotografiert hatte, hatte sie bestimmt nicht einmal bemerkt, denn sie unterhielt sich gerade sehr angeregt mit einem Mann. Nicht mit irgendeinem. Selbst den konnte ich erkennen, obwohl es nicht ganz scharf war! Der Typ! Der, der kein Zelt dabeigehabt hatte!

Aufgeregt sprang ich auf. Er war also gar nicht sofort abgereist. Hatte vielleicht Sarah umgebracht und war danach erst verschwunden. Gesehen hatte ich ihn seitdem nicht mehr. Mit klatschenden Flipflops rannte ich auf der Suche nach Corinna über den Platz. Die konnte mir vielleicht sagen, wer das war! Und dann hätte ich den Fall im Alleingang gelöst, das war doch wirklich ein Ding!

Corinna begegnete ich vor dem Toilettengebäude, wo sie mit ein paar Jugendlichen auf dem Weg zum See war. Fanni trat gerade aus dem Klohäuschen, schüttete das dreckige Wasser weg und kam dann zu uns herüber.

»Kennt irgendjemand diesen jungen Mann hier?«, fragte ich und wedelte mit dem Waschbecken-Foto herum.

Corinna nahm das Bild, als wäre es hochexplosiv, und ich sah ihr direkt ins Gesicht, um sofort zu erkennen, wenn sie log.

Ihre Augen weiteten sich etwas, vielleicht weil sie den Mann kannte. Vielleicht aber auch, weil sie das Waschbecken schrecklich fand. Nach ein paar Sekunden schüttelte sie den Kopf. »Nein. Nein, den kenne ich nicht. Aber wenn es ein Freund von ihr ist, ist das auch kein Wunder. Ich kenne Sarah ja auch erst seit diesem Camp.«

Auch die anderen Kinder beugten sich über das Foto, und an ihren erschreckten Gesichtern sah man, dass sie Sarah ansahen und nicht den jungen Mann.

»Ja, gibt's das auch!«, schrie plötzlich die Fanni neben mir. »Jetzt wird plötzlich allen Leuten dieses Waschbecken gezeigt! Soll ich dir zeigen, wie ich gewienert habe, und dann speibt wieder jemand ins Waschbecken …«

»Schon gut, schon gut!«, beruhigte ich sie. »Es geht doch jetzt gerade darum, einen Mörder zu finden!«

»Was machen Sie denn hier?«, fragte hinter mir eine tiefe Stimme. Der Kommissar! Hinter ihm tauchte Evelyn auf mit frisch frisierten Haaren und sah mich an, als wäre ich ein elender Spanner.

»Ich finde gerade für Sie den Mörder«, erklärte ich ihm ärgerlich, weil er schon wieder so klang, als hätte ich etwas falsch gemacht. Die Kinder sahen zu, dass sie wegkamen. Vermutlich hatten sie Angst, dass Fanni irgendwie ausfällig wurde oder sie zum Waschbecken-Putzen verdonnerte. »Sehen Sie, das da ist der junge Mann, der Sarah am Tag ihres Todes gesucht hatte … Vermutlich der Mörder also.«

Der Kommissar nahm mir das Bild weg, sah sich ausführlich das schmutzige Waschbecken an und dann Sarah und den jungen Mann.

»Der Mann, von dem wir das Phantombild haben?«, fragte er nach.

»Ja. Das ist der Mann, der hier ohne Zelt oder Wohnwagen campen wollte.«

Der Kommissar runzelte die Stirn, vielleicht weil auch ihm aufgefallen war, dass das Phantombild dem realen Mann nicht einmal ansatzweise ähnelte. So konnte die Erinnerung trügen!

»Wer hat ihn sonst noch gesehen?«

Fanni stand neben mir, die Arme in die Seite gestemmt. Ihre Augen glitzerten noch immer wütend.

»Ja. Ich habe ihn auch gesehen«, bestätigte Evelyn. »Ein höflicher junger Mann, bei dem ich mir sofort gedacht habe, es stimmt was nicht.«

So ein Unsinn! Bei Pater Jeremias hatte sie gesagt, dass mit dem was nicht stimmte, nur weil er einen guten Zahnarzt hatte! Bei dem höflichen jungen Mann hatte sie lediglich darauf geachtet, dass ich ihm keine Schlafstatt anbot.

»Geben Sie mir mal das Foto«, sagte ich, und hielt es gleich Herrn Hetzenegger und dem Gröning hin, die eben des Wegs kamen. Aber die beiden kannten den jungen Mann nicht.

»Zeig mal her«, sagte die Fanni und setzte sich ihre Lesebrille auf. »Ach. Das ist dieser Kilian.«

»Wie bitte, du kennst ihn persönlich?«, fragte ich erstaunt.

»Nein, natürlich nicht«, empörte sie sich. »Aber der hat mit diesem Mädel gestritten.«

»Mit Sarah?«, fragte der Kommissar.

»Ja. Und sie hat zu ihm gesagt: Kilian, so geht das einfach nicht!«

»Was geht nicht?«

»Woher soll ich das wissen?«, fragte Fanni ungehalten und nahm die Lesebrille wieder ab. »Ich kenne die beiden doch gar nicht! Und ich mische mich nicht in fremde Unterhaltungen ein.«

»Ich hatte ebenfalls den Eindruck, dass sie sich gut kannten«, bestätigte ich.

»Und er ist abgereist?«, fragte der Kommissar.

»Jedenfalls wollte das Mädchen das so«, erklärte Fanny. »Sie hat ihm gesagt, er soll verschwinden. Und er hat gesagt, er werde kämpfen. Aber sie hat gemeint, es ist zu spät.«

»Zu spät«, echote ich mit aufgerissenen Augen. »Was war zu spät?«

»Keine Ahnung.«

»Toll, dass du so viel mitkriegst«, lobte ich Fanni, um noch mehr Informationen aus ihr herauszukitzeln.

»Ich lausche nicht«, verbesserte sie mich kühl. »Die

Leute meinen wahrscheinlich, ich bin schwerhörig. Das bin ich aber nicht!«

»Das hat niemand angenommen«, sagte ich beschwichtigend. Viel wahrscheinlicher war, dass die meisten Menschen eine Putzfrau nicht als Person wahrnahmen, sondern als Inventar. Das wollte ich ihr aber so nicht sagen.

»Dabei könnte ich Romane schreiben über das, was ich schon in diesem Klohäusl erlebt habe!«, sagte sie mit grimmiger Miene. »Man denke nur an dieses eine Pärchen, das in der hintersten Männerdusche Sex hatte und dann auch noch vergessen hatte abzusperren!«

Oje! So genau wollte ich das jetzt nicht wissen.

Der Kommissar hatte das Bild des Österreichers konfisziert und schickte Herrn Bauer auf die Suche nach jemandem, der Kilian kannte.

»Wenn Corinna ihn nicht kennt, dann vermutlich auch die anderen vom Jugendcamp nicht«, sagte ich unzufrieden.

»Kann sein«, bestätigte der Kommissar. »Dann muss ich Sarahs Eltern befragen. Wenn es ein Freund von Sarah ist, dann sollten die ihn identifizieren können. Oder irgendwelche anderen Freunde von Sarah. Haben Sie ihn denn mit Sarah zusammen gesehen?«

»Ja. Aber ich war auf der anderen Seite des Sees. Sie war gerade beim Baden, und als sie ihn gesehen hat, ist sie mit ihm hoch zum Campingplatz gelaufen.«

Als ich vom Baden zurückgekehrt war, hatte Kilian sich schon längst aus dem Staub gemacht, außerdem hatte ich das alles bereits verdrängt.

»Ich hätte auch noch eine Aussage zu machen«, sagte Evelyn. »Pater Jeremias ist nämlich der Exorzist. Ich denke nicht, dass dieser junge Mann in puncto Gefährlichkeit an diesen Pater herankommt. Ich bin mir hundertprozentig sicher, dass der Pater der Mörder ist. Vermutlich ein missglückter Exorzismus-Versuch!«

Der Kommissar betrachtete Evelyn mit ausdrucksloser Miene und nickte kurz. Ich sah zu, dass ich schnell weiterkam. Schließlich hatte ich vor, mir heute persönlich mein Geld bei Klaus und Gruber zu holen.

Als ich vor dem Haus der Firma parkte, fiel mir auf, dass es nigelnagelneu war. Das stimmte mich etwas missmutig. Vermutlich steckte nämlich das ganze Geld meiner Nonna in diesem Gebäude, und kein Mensch konnte mich mehr auszahlen. Es hatte wohl keiner damit gerechnet, dass ich persönlich vorbeikommen würde, denn Herr Klaus, den ich schon von seiner Homepage her kannte, machte mir einfach die Tür auf.

»Ja, Frau Ziegler!«, begrüßte er mich begeistert, als hätte er nur darauf gewartet, mich endlich kennenlernen zu dürfen.

»Herr Klaus«, erwiderte ich sehr reserviert. »Ich will mit Ihnen besprechen, auf welches Konto Sie mir mein Geld überweisen werden. Da wir zum einen überhaupt keinen Renovierungsbedarf mehr haben und Ihr Kostenvoranschlag zum anderen ausreichen würde, um ein gesamtes Toilettenhaus-Dorf zu bauen.«

»Wir machen Ihnen ein ganz schickes Toilettengebäude«, versprach mir Herr Klaus stattdessen, als hätte ich überhaupt nichts gesagt. »Sie werden staunen.«

»Ich habe Rechnungen zu bezahlen«, verriet ich ihm. »Und ich werde den Campingplatz verkaufen. Und zwar, bevor ich irgendetwas renoviert habe. Sie wissen genau, dass Ihr Vorgehen nicht legal ist! Was hat denn Dr. Feuser mit Ihnen bis jetzt besprochen?« Das war nämlich mein Rechtsanwalt.

»Dr. Feuser hat gar nichts mit mir besprochen«, sagte er strahlend.

»Ich werde Zinsen dafür fordern, dass Sie so lange auf meinem Geld sitzen!«, sagte ich böse, wobei sich mein Zorn gleichmäßig auf Herrn Klaus und meinen Rechtsanwalt verteilte.

»Vielleicht hätten Sie das Erbe ausschlagen sollen, wenn Sie die Schulden nicht übernehmen wollen ... allerdings geht das nur innerhalb der Sechs-Wochen-Frist, soviel ich weiß.« Herr Klaus strahlte mich noch immer an.

»Der Kostenvoranschlag ist total überzogen, Sie haben meine Nonna richtig über den Tisch gezogen. Und es ist absolut unüblich, die gesamte Leistung im Voraus zu bezahlen!«, informierte ich ihn. »Da wird Ihnen mein Rechtsanwalt das Gleiche erzählen!« Diesem Vollpfosten von Rechtsanwalt musste ich dringend den Marsch blasen, notierte ich im Geiste.

»Ihrer Großmutter war es absolut wichtig, dass wir das mit dem Toilettengebäude durchführen«, sagte Herr Klaus und sah mich mitleidig an. »Das hat sie immer wieder betont. Sie wollte aus dem Campingplatz etwas ganz Besonderes machen und verhindern, dass noch irgendetwas dazwischenkommt.«

»So nennt man das also, wenn man eine alte Frau hereinlegt«, konterte ich.

»Kann sein, dass Ihre Großmutter uns mehr Geld überwiesen hat, als wir für das Gebäude benötigen werden«, lenkte Herr Klaus ein, »aber es gibt ja bei Ihnen an allen Ecken und Enden Renovierungsbedarf. Was wir dann gleich in einem Aufwasch ...«

Ich sah mir seinen blitzenden nagelneuen Schreibtisch an, der bestimmt eigentlich mir gehörte.

»Nein. Das ist mein letztes Wort«, antwortete ich

böse. Mir jetzt auf die Tour zu kommen, als würde ich das Erbe meiner Nonna nicht ehren!

»Aber ich will nicht so sein. Ich bin kulant. Sie brauchen kein Toilettengebäude renovieren lassen. Sie können auch … ein kleines Haus bauen lassen.«

Noch heute würde ich Dr. Feuser auf den Mann losjagen! Es sah nicht so aus, als hätte Herr Klaus spontan ein Einsehen!

»Wir stellen Minihäuser her«, erklärte Herr Klaus mir mit steigender Begeisterung. »Ratzfatz aufgebaut. Sie können sich jede Größe wünschen, jederzeit erweiterbar. Es braucht lediglich ein Punktfundament. Alles total flexibel, kommen Sie, ich zeige Ihnen unseren Prototypen … den könnte ich Ihnen innerhalb eines Vormittags aufstellen, sofort bezugsfertig, ist das nicht sagenhaft?«

Er sprang auf.

»Sie können das Haus auch verlegen, wenn Sie von hier wegziehen, neuer Standort, neuer Zweck – ich meine, Sie als Campingplatzbesitzerin wissen doch solche mobilen Häuser bestimmt mehr zu schätzen als jeder andere …«

Ich taperte hinter ihm drein und jonglierte die vielen unanständigen Wörter, die mir auf der Zunge lagen. Als wir an meinem Auto vorbeikamen, sah ich, dass Milo seine Nase an die Fensterscheiben gedrückt hatte, und zwar an jede, und man nicht mehr erkennen konnte, was im Inneren des Wagens ablief.

»Niedrigenergiehaus«, sagte Herr Klaus gerade enthusiastisch und stapfte mit mir über eine hölzerne Veranda.

Das Häuschen sah wirklich schnuckelig aus. Hätte ich vor, einen Campingplatz zu führen, würde ich mir das wirklich überlegen.

»Sie haben eine arme alte Frau hereingelegt«, kam ich aufs Thema zurück.

Herr Klaus öffnete mir die Tür und ließ mir den Vortritt. Auch von innen sah das Holzhäuschen sehr gemütlich aus, hell und licht. Wahrscheinlich war das doch die richtige Firma, um ein tolles Toilettengebäude zu entwerfen. Vielleicht musste man ihnen nur sagen, welche Fliesenfarbe sie nicht verwenden sollten, und sie würden mir ein unglaublich schönes …

Aaaaah!, dachte ich verzweifelt. Nein, nein, nein, ich würde hier gar nichts renovieren!

Von der Küche des Häuschens aus konnte man direkt in den Garten der Nachbarn sehen und durch eine Lücke zwischen den Häusern weiter auf die Hauptstraße. Dort blieb gerade ein Mann stehen, in Jeans, T-Shirt und mit einem großen roten Rucksack auf dem Rücken. Unter dem Deckel klemmte eine Isomatte.

»Ein Schlafzimmer, Wohn-/Essbereich und Badezimmer, eine Wellnessoase …«, erklärte Herr Klaus weiter. Eindeutig sein Lieblingswort. Wellnessoase. »Sehen Sie, hier? Das Sanitäre, alles top …«

Ich brauchte Geld, um meine Rechnungen zu bezahlen. Und keine Wellnessoase. Und kein Häuschen. Noch immer sah ich den Typen mit dem unglaublich großen Rucksack, während ich mir überlegte, welchen verlässlichen Rechtsanwalt ich mit meinen Angelegenheiten betrauen könnte. Aber vielleicht war das die Lösung. Mit einem riesigen Rucksack hinaus in die Welt ziehen, sich um nichts mehr kümmern. Andererseits sah es unglaublich unbequem aus. Der Wanderer trug nämlich auch noch eine Art Rolle unter dem Arm, was wahrscheinlich ein Zelt war. Manometer! Das wäre mir vielleicht doch zu anstrengend!

»Wissen Sie was?«, sagte Herr Klaus gerade begeistert. »Diesen Prototyp bekommen Sie für ein Viertel des eigentlichen Kaufpreises!« Der Enthusiasmus über seine eigene Großzügigkeit wirkte geradezu auffordernd. Prototyp? Mein Blick schweifte wieder zum Fenster. Gerade wollte ich sagen, dass mich sein Prototyp so was von gar nicht interessierte, da drehte sich der Wanderer um.

War das nicht dieser Freund von Sarah? Der auf dem Foto. Dieser Kilian! In meinem Kopf ratterte es gewaltig. Was tat der wieder hier? Wollte er sich vergewissern, ob Sarah tatsächlich tot war?

»Nein, wissen Sie was, Sie bekommen den Prototyp geschenkt!«, stieß Herr Klaus hervor, der meine ratlose Miene falsch interpretiert hatte. »Das ist für uns die beste Werbung! Sie bekommen dieses Häuschen … und unsere Kunden können es bei Ihnen auf dem Campingplatz bewundern! Das ist ja eine traumhafte Idee!«

Ich schüttelte den Kopf, und er schüttelte mir die Hand, als wäre alles abgemacht. Mein Blick schweifte wieder zur Straße, aber der junge Mann war verschwunden. Ich war mir plötzlich nicht mehr sicher, ob er es war oder nicht. Das wäre ja ein riesiger Zufall!

Kapitel 13

Wie in Trance fand ich mich vor meinem Auto wieder und musste feststellen, dass ich komplett versagt hatte! Ich hatte kein Geld zurückbekommen, und Herr Klaus redete sich zu allem Überfluss mit Sicherheit ein, dass ich sein Wellnesshäuschen nehmen würde! Gerade als ich mich aufgerafft hatte, zurück ins Büro zu gehen, um wenigstens diesen falschen Eindruck richtigzustellen, kam das Auto von Herrn Klaus aus der Einfahrt geschossen, er winkte mir zu, und schon war er weg.

Der blöde Sack!

Die Scheiben meines Autos waren immer noch komplett mit Hundeatem beschlagen, und ich bekam kurz keine Luft, als ich die Tür öffnete. Milo sah mich erwartungsfroh an.

Als Erstes telefonierte ich mit Dr. Feuser, den ich zu meiner Überraschung tatsächlich an die Strippe bekam und der mich ein bisschen beruhigte. Er versprach, sich zeitnah in die Materie einzuarbeiten und Klaus und Gruber zu schreiben. Wieso er das nicht schon längst gemacht hatte, fragte ich nicht, weil ich mit den Gedanken noch bei dem jungen Mann war. Danach kurvte ich eine Weile durch die Stadt, auf der Suche nach Kilian. Aber ich fand ihn nirgends. Deswegen hielt ich noch kurz beim Supermarkt und kaufte die Minze, um die Evelyn mich gebeten hatte, gefühlte Tonnen von Joghurt-Eimern und mehrere Schachteln Erdbeeren. Wahrscheinlich hatte ich mich geirrt, schließlich gab es jede Menge junge Männer, die so aussahen wie Sarahs vermeintlicher Freund.

Kurz bevor ich den Campingplatz erreichte, sah ich den jungen Mann wieder! Er ging gerade den Feldweg entlang, der parallel zur Straße verlief, Richtung Campingplatz. Noch fünfhundert Meter, und er würde direkt vor der Wiese stehen, auf der das Jugendcamp Sonne seine Zelte aufgestellt hatte! Ich stieg dermaßen in die Eisen, dass Milo von der Rückbank in den Fußraum rutschte und dabei ächzend ausatmete.

»'tschuldige«, sagte ich. »Ich muss was überprüfen. Du bewachst das Auto, klaro?«

Seit wann sprach ich eigentlich mit Hunden?

Milo sah mich an, als hätte er alles verstanden, und ich fuhr an den Straßenrand, um mich an den Fremden heranzupirschen.

Wie erwartet verhielt sich der Kerl höchst eigenartig. Inzwischen war ich mir hundertprozentig sicher, dass es sich um den jungen Mann handelte, der so erregt mit Sarah diskutiert hatte. Statt mit seinem Gepäck direkt zur Rezeption zu gehen, schlich er in den Wald hinein, der an die Campingwiese grenzte. Ich wusste noch nicht genau, was ich machen sollte. Bevor ich voreilig irgendwelche Leute informierte, wollte ich erst einmal sehen, was er vorhatte. In gebückter Haltung rannte auch ich in den Wald. Wollte er sich etwa das nächste Mordopfer aussuchen, jetzt, am helllichten Tag? War er ein Auftragsmörder, der kam, um seine Kohle abzukassieren?

Oder bezahlte man Auftragskiller vor der Tat?

Meine grenzenlose Fantasie war schon immer ein Problem gewesen. In meinem Job als Werbetexterin zwar klar von Vorteil, aber im realen Leben doch ein bisschen überzogen. Ich blieb atemlos hinter einer dicken Buche stehen und horchte ein wenig. Da, ein Knacken! Lautlos ging ich hinter einem größeren Gebüsch in Deckung und beobachtete, wie der Kerl seinen Rucksack gegen einen Baumstamm lehnte, das eingerollte Zelt danebenlegte und dann eine Position suchte, von der aus er das Camp am besten beobachten konnte.

Eigenartig! Das sprach nicht besonders für seine Unschuld. Ich wünschte, ich hätte ein Fernglas dabeigehabt. Stattdessen überlegte ich, wie ich einen besseren Blick auf das ganze Geschehen bekommen könnte. Zwischen den großen Buchen stand ein eher mickriges Exemplar, das auch weiter unten Äste hatte, auf die man problemlos klettern konnte. Das war vielleicht meinem Alter nicht angemessen, aber was tat man nicht alles zum Schutz seiner Campinggäste? Vorsichtig erklomm ich die untersten drei Äste, und das war schwieriger, als ich es aus meiner Kindheit in Erinnerung hatte. Entweder war ich zu schwer geworden oder zu kraftlos.

Der junge Mann war mittlerweile in die Hocke gegangen und hatte den Blick weiter auf das Camp gerichtet. Mehr tat er nicht. Nach einer Weile sah ich auf die Uhr, es waren zehn Minuten vergangen, und der Typ rührte sich nicht von der Stelle. Ich musste an das Vanilleeis in meinem Auto denken, das gerade schmolz. Und an Milo, der vielleicht dringend pinkeln musste. Reglos blieb ich sitzen.

Im Schneckentempo vergingen die nächsten fünf Minuten. Ich hatte den Eindruck, dass mir ein Bein einschlief. Mit Sorge überlegte ich, ob der junge Mann vielleicht darauf wartete, dass es Nacht wurde. Dann hatte ich nämlich echt ein Problem. Ich konnte unmöglich acht Stunden hier auf dem Baum sitzen! Ich gab meine Sitzposition auf, um das Blut in meinem Bein wieder zum Zirkulieren zu bringen, und stellte mich vorsichtig auf einen wippenden Ast.

»Was machen Sie denn hier?«, fragte eine tiefe Stimme unter mir. Erschrocken drehte ich mich um, der Ast unter mir knackte und gab nach, und ich rutschte, den Baumstamm umarmend, nach unten. Jemand packte mich am Arm, und ich landete mehr schlecht als recht auf dem Boden. Mein eingeschlafenes Bein knickte ein, und ich fiel um. Milo sprang mir halb auf den Bauch und schleckte mir glücklich quer übers Gesicht. Etwas verschwommen sah ich den Kommissar vor mir stehen.

»Ich habe gerade Ihren Hund aus einem Auto befreit, das vollkommen inkorrekt abgestellt war …«, sagte er.

»Muss das sein?«, schimpfte ich. »Aus, Milo! Ich fange gerade für Sie den Mörder, und Sie erschrecken mich so, dass mir das Herz stehen bleibt!«

»Hatten wir das nicht schon einmal besprochen?«, wollte er kopfschüttelnd wissen, reichte mir aber die Hand, um mich hochzuziehen.

»Ja. Aber vorhin hatte ich schlichtweg keine Ahnung, wie ich Sie informieren sollte, ohne gleichzeitig den Mörder aus den Augen zu verlieren … Mist! Jetzt habe ich nicht aufgepasst, und wahrscheinlich ist er weg …«

Er war nicht weg.

Stattdessen war er von dem Getümmel angelockt

worden und stand etwa zwanzig Meter von uns entfernt. Er wirkte nicht besonders mörderisch, eher ratlos.

»Das ist er«, sagte ich.

»Kann ich helfen?«, erkundigte sich der junge Mann schüchtern.

»Was machen Sie hier eigentlich?«, fragte ich streng und ziemlich mutig, nachdem der Kommissar und Milo neben mir standen. Aus der Nähe betrachtet sah der Mann noch ungefährlicher aus, nachgerade sympathisch und vor allen Dingen sehr jung.

Er wurde rot und druckste ein wenig herum.

»Eine Freundin von mir ist auf dem Jugendcamp«, sagte er. »Ich wollte mit ihr sprechen.«

»Und wieso sitzen Sie dann hier hinter einem Baum?«, fragte ich kopfschüttelnd. Uns hier Märchen erzählen!

»Eigentlich will sie gar nicht mit mir sprechen«, gab er etwas geknickt zu.

Ich nickte, obwohl ich gar nicht wusste, wieso. Wer war diese Freundin? Corinna vielleicht?

»Wie heißt Ihre Freundin?«

»Sarah …«

».. Weinzierl«, vervollständigte ich, und plötzlich hatte ich eine schreckliche Vorahnung.

»Sie ist momentan wie besessen von diesem … Jeremias«, stieß er zornig aus. »Ich will ja gar nicht, dass sie wieder zu mir zurückkommt, ich will nur, dass sie zur Besinnung kommt!«

»Wieso zur Besinnung?«, fragte der Kommissar behutsam, ohne ihm zu eröffnen, dass Sarah tot war.

»Sie steckt ihre gesamte freie Zeit in die Arbeit dieser … Sekte. Sie will mir einfach nicht glauben, dass es eine Sekte ist! Seit zwei Jahren geht das nun schon so, seit sie in Prag war, das war eine richtige Gehirnwäsche!«

Er ballte seine Hände zu Fäusten.

»Hatten Sie in letzter Zeit Kontakt mit ihren Eltern?«, fragte der Kommissar.

»Nein. Seit wir nicht mehr zusammen sind, war ich nicht mehr bei ihnen. Weshalb auch.«

Mir brach es gerade das Herz. Offensichtlich wusste er tatsächlich nicht, dass Sarah gestorben war!

»Kommen Sie«, sagte der Kommissar und legte dem jungen Mann vorsichtig die Hand auf die Schulter. »Ich glaube, wir müssen ein Gespräch führen.«

Ich hatte den beiden auf der Terrasse hinter dem Haus die Gartenstühle aufgestellt, eine Tischdecke aufgelegt und auf einem Tablett etwas zu trinken gebracht. Natürlich war meine Aktion komplett unnötig gewesen, weil der Kommissar über Sarahs Eltern bereits alles über Kilian herausgefunden hatte. Aber das hatte ich doch nicht ahnen können!

»Lass uns das Auto ausräumen«, sagte ich zu Evelyn und fühlte mich richtig kraftlos. Von der Terrasse war kein Ton zu hören. Kilian befand sich vermutlich weiterhin in Schockstarre. Ich bezweifelte, dass der Kommissar auch nur einen einzigen vernünftigen Ton aus ihm herausbekam. Kilian war beinahe aus den Latschen gekippt, als er von Sarahs Tod erfahren hatte. Es tat mir unendlich leid, dass ich ihn darüber hinaus auch noch verdächtigt hatte.

»So eine Scheiße«, sagte Evelyn und tätschelte Milo den Kopf.

Als wir vor der Tür zur Rezeption standen, sah ich, dass der Gröning noch eine weitere Baderegel auf meinem Zettel vermerkt hatte: *Körperliche Gesundheit ist Vor-*

aussetzung, kein Fieber, keine ansteckenden Krankheiten, besonders keine Hautausschläge!

Manometer! Das waren meine Regeln, da konnte doch nicht Hinz und Kunz dazuschreiben, was ihm beliebte!

Hinter uns ratterte in Höchstgeschwindigkeit der Sepp auf seinem Rasentraktor vorbei. Nachdem keine Kinder heulten, nahm ich an, dass zumindest für den Moment alles in Ordnung war.

»Vielleicht sollten wir den Pfarrer Gietl informieren. Als Seelsorger für Kilian«, schlug Evelyn vor, während ich die Eispackungen in der Gefriertruhe stapelte.

Ich persönlich glaubte ja, dass Kilian an Kirche gerade weniger Interesse hatte.

Da Milo ständig fiepte, beschloss ich, uns beiden einen Gefallen zu tun und einen ausgedehnten Spaziergang zu machen. Ich hatte von den Problemen am Campingplatz so richtig die Schnauze voll, schritt energisch hinunter zum See und bog auf den Seeweg ein. Zufrieden trottete Milo neben mir her und pinkelte gegen jeden Baumstamm.

Die Jugendlichen waren gerade beim Baden – die Stimmung war ziemlich gedämpft. Ich hatte nicht mitbekommen, ob sie lieber alle nach Hause gefahren wären. Pater Jeremias hatte jedenfalls betont, dass es kein Problem sei hierzubleiben.

Die Schmidkunzens hatten ihre Liegestühle am Strand aufgestellt, und Vroni Hetzenegger kam gerade mit ihrer Thermoskanne Kaffee und einem Stapel Zeitschriften des Wegs. Zwei Biegungen weiter hörte und sah man bereits nichts mehr von meinen Campinggästen, und ich wurde etwas langsamer. Ich ging über eine kleine Holzbrücke, die an einer sehr schmalen Stelle des

Sees die beiden Ufer verband. Kurz blieb ich stehen und beugte mich über das Geländer. Im Schatten des grünlichen Wassers standen ein paar große Fische und schienen zu schlafen. Der mit Fichtennadeln bedeckte Waldweg sah so einladend aus, dass ich wieder beschwingt ausschritt. Die Gegend hier war wirklich sehr erholsam!

Irgendwann tauchte der alte Gröning vor mir auf. Er war ziemlich schnell unterwegs und freute sich riesig, mich zu treffen.

»Ich zeig dir jetzt einmal was«, sagte er und bog auf einen schmalen Weg ab.

Dann fing er an zu erzählen, was er für Vögel hörte. »Das ist ein Grünspecht«, sagte er, als ein Vogel neben uns sehr laut »Kjückkjückkjück!« rief. »Und dort, ein Buchfink.«

Nachdem ich jetzt die ganze Zeit gedacht hatte, der Gröning wäre fast taub, war ich doch ein bisschen erstaunt.

»Wo gehen wir hin?«, fragte ich. Aber diese Frage verstand er wiederum nicht. Vielleicht musste ich auch »Kjückkjückkjück!« rufen.

»Unser Waldsee«, sagte er schließlich stolz. Eine Weile standen wir schweigend und blickten über den winzigen See, der aussah, als wäre er verwunschen. Das morastige Wasser war tiefdunkel, und die Sonne, die durch das Blätterdach fiel, warf Lichtreflexe auf die mit Blättern überzogene Wasseroberfläche. Viele offene Wasserstellen gab es nicht, das meiste war bedeckt mit etwas, das wie ein weißlicher Schleier blühte.

»Wasserhahnenfuß. Das sieht jeden Tag anders aus«, erzählte mir der Gröning stolz, als wäre es sein persönlicher Weiher. »Wenn man in ein paar Wochen herkommt, wird alles weiß sein von den Teichrosen!«

Dann schwiegen wir einträchtig. Als hätten die Frösche vergessen, dass wir hier standen, fingen sie alle gleichzeitig an zu quaken. Das machte einen irrsinnigen Radau.

»Hörst du das?«, fragte mich der Gröning.

Natürlich hörte ich das. Schließlich quakten die Frösche ungefähr in der Lautstärke eines Düsenjägers. Ich sagte: »Ja«, und nickte dann, weil der Gröning mein Ja nicht hörte.

Trotz der Lautstärke fühlte ich, dass sich in mir eine große innere Ruhe ausbreitete, und ich verstand, weshalb mich der Gröning hierher geführt hatte. Der Schwarz durfte das hier einfach nicht in die Hände bekommen! Er durfte weder das Moor trockenlegen noch die Bäume fällen. Wo sollte der Grünspecht leben? Wo sollte der Wasserhahnenfuß blühen? Eine Weile starrten wir noch auf den See.

»Danke«, sagte ich zum Gröning. Er nickte mir zu, als hätten wir ein Abkommen geschlossen.

Kapitel 14

Danach trennten sich unsere Wege, und ich umrundete noch den ganzen See. Als ich auf dem Rückweg einen Blick auf die Uhr warf, stellte ich fest, dass ich mich ziemlich verbummelt hatte. Ich hatte geschlagene vier Stunden gebraucht, weil ich mich an dem schönen sonnigen Fleckchen nahe der Quelle auf eine Bank gesetzt und beim Blick über den See jegliches Zeitgefühl verloren hatte. Jedenfalls fühlte ich mich jetzt herrlich erfrischt!

Dieses Gefühl war schlagartig wieder vorbei, als ich auf den Campingplatz zurückkehrte. In meiner schönsten Campingplatzecke stand ein Betonlaster und kippte gerade Beton aus.

»Was passiert hier?«, brachte ich fassungslos hervor. Der Hetzenegger sah mich ziemlich verständnislos an. »Na ja. Das Fundament«, sagte er, während sich der Beton mit stetigem Schwall auf den Boden ergoss. »Das ist der beste Platz für das Häuschen.«

Ich war nahe dran, in Tränen auszubrechen.

»Ich will dieses Häuschen nicht«, flüsterte ich, und die beiden Hetzeneggers tätschelten meine Schulter.

»Das steht da eins-a-mäßig!«, versicherte mir der Hetzenegger. »Und das Häuschen sieht einfach fantastisch aus!«, flötete seine Frau, die Vroni.

Noch während ich zur Rezeption ging, holte ich das Handy aus der Hosentasche und rief meinen Rechtsanwalt an.

»Das ist ganz schlecht«, informierte mich der. »Das hätten Sie wirklich verhindern müssen. Wir haben nun eine ganz schlechte Ausgangslage, um Ihr Geld zurückzubekommen …«

Na prima! Zornig wischte ich das Gespräch weg. Sollte dieser Rechtsanwalt nicht ein bisschen mehr auf meiner Seite sein und sich da reinhängen? Immerhin hatte ich nirgendwo unterschrieben, dass ich das Wellnesshäuschen statt des Geldes haben wollte. Während ich die Tür zur Rezeption öffnete, tippte ich wütend auf die Nummer von Klaus und Gruber.

Als ich jedoch das Häuflein Elend namens Kilian vor mir sitzen sah, verpuffte meine Wut augenblicklich.

»Willst du heute Nacht hier schlafen?«, fragte ich behutsam.

»Ich weiß nicht«, erwiderte er dumpf.

»Setz dich doch ein bisschen in die Sonne«, schlug ich vor. »Das entscheiden wir einfach nach dem Abendessen.«

Ich beschloss, ihn in dieser Verfassung auf gar keinen Fall in die Bahn zu setzen. Evelyn sah aus, als wollte sie mich mit Blicken töten. Als Kilian nach draußen gegangen war, zischte sie mich wütend an: »Du kannst den Typen nicht im Haus aufnehmen! Ich sehe es noch nicht als erwiesen an, dass er damit nichts zu tun hat.«

»Evelyn«, sagte ich nur.

»Du wirst schon sehen. Er wird uns in der Nacht die

Kehle durchschneiden. Was man einmal getan hat, das macht man immer wieder!«

Ich drehte die Augen Richtung Himmel. »Evelyn. Mal abgesehen davon, dass auch Sarah nicht die Kehle durchgeschnitten wurde ...«

»Ja. Irgendwann ist immer das erste Mal. Wenn du ihn im Haus schlafen lässt, dann ziehe ich aus.«

Ich zog beide Augenbrauen nach oben. Sollte das jetzt allen Ernstes eine Drohung sein? Wo ich schon seit geraumer Zeit nur darauf wartete, dass sie endlich wieder in ihrem Wohnmobil übernachtete?

»Ich dachte, du bist dir sicher, dass es der Exorzist war?«

Beleidigt drehte sie sich um und stolzierte mit Schwung hinaus.

Ich bezweifelte, dass Evelyn demnächst ausziehen würde, egal, wie gefährlich sie Kilian einschätzte. Seufzend wandte ich mich wieder meinem Fundamentproblem zu und wählte die Nummer von Klaus und Gruber. Wieder einmal ging keiner dieser Saftsäcke ans Telefon! Wahrscheinlich wussten sie schon, was ich zu sagen hatte.

Zornig starrte ich auf den Computerbildschirm. Nichts funktionierte! Es wäre schon praktisch, wenn ich nicht jedes Mal mit dem Taschenrechner ausrechnen müsste, wie viel Platzgebühren zu bezahlen waren. Mal abgesehen von dem leidigen Problem, dass ich keinerlei Überblick hatte, welcher Platz wie lange besetzt war.

Die Tür ging auf, und Kilian kam wieder herein.

»Wenn es ein Problem ist, dass ich bei Ihnen übernachte, werde ich noch heute abreisen.«

Ich sah vom Computerbildschirm hoch und lächelte ihn an. »Ach was. Das können Sie auch morgen früh in aller Ruhe machen.«

Er sah auf meinen Computerbildschirm.

»Sie kennen sich nicht zufällig mit Computern aus?«, seufzte ich.

»Überlegen Sie, sich eine neue Software zuzulegen?«, fragte er nach einem Blick auf den Bildschirm.

»Hm. Das überfordert mich total«, gestand ich.

Er nickte, blieb einfach stehen und starrte vor sich hin.

»Dort steht Kaffee und eine Tasse. Im Kühlschrank im Laden ist eine offene Milch«, sagte ich, was Kilian anscheinend als Aufforderung betrachtete, sich meines Problems mit der Software anzunehmen.

Eine Weile saßen wir schweigend vor dem Bildschirm und lasen. Irgendwann nahm er mir die Maus aus der Hand und klickte selbst herum. Ich lehnte mich zurück und betrachtete ihn.

»Kommt darauf an, was Sie alles brauchen. Eine ganz einfache Software wäre die hier. Aber es gibt natürlich auch Systeme, bei denen man noch andere Angebote auf dem Campingplatz bargeldlos nutzen kann. Wie zum Beispiel Duschen, Waschmaschinen und so.«

Duschen konnte man bei uns ganz umsonst. Und für die Waschmaschine gab's Münzen.

Er runzelte plötzlich die Stirn. »Wenn ich nur hiergeblieben wäre. Dann wäre das vielleicht alles nicht passiert.«

»Das bezweifle ich«, sagte ich und legte ihm meine Hand auf den Handrücken. »Wären Sie jede Sekunde bei ihr gewesen? Sie wollte Sie nicht hier haben …«

»Sie können mich duzen«, sagte er dumpf.

»Du mich auch. Ich heiße Sofia.«

Ich sah eine Weile zu, wie er sich auf dem Computer weiter durch Tests und Erfahrungsberichte scrollte.

»Sarahs Eltern haben dir nichts davon gesagt?«

»Ich habe mit Sarahs Eltern überhaupt keinen Kontakt mehr. Die waren doch heilfroh, dass sich Sarah da engagierte«, sagte er böse, blickte aber noch immer auf den Bildschirm.

»Wieso?«

»Weil Sarah … nun ja, sie war ziemlich ausgeflippt und aufmüpfig, bevor sie sich diesem Pater Jeremias anschloss. Wir haben zusammen angefangen zu studieren, und sie hat eigentlich überhaupt nicht studiert, sich um nichts gekümmert, jeden Abend in einer anderen Bar …«

Seine Hände ballten sich zu Fäusten.

»Mit ihren Eltern gab es ständig Stunk. Und dann kam dieser Pater Jeremias, der uns davon überzeugen wollte, uns Gott zuzuwenden. Sarah hat sich zuerst über ihn totgelacht.« Er warf mir einen Blick von der Seite zu. »Jedenfalls dachte ich das am Anfang. Aber im Nachhinein gesehen … hat er ihr schon die ganze Zeit gefallen. Seine Art, diese Ruhe, dieses Allwissende. Er hat sie dazu gebracht, in die Vorlesungen zu gehen. Und jeden Tag zu beten und in seine Gottesdienste zu kommen. Am Anfang dachte ich mir dabei gar nichts. Sie war plötzlich so entspannt und nett zu jedermann. Sie trank nicht mehr so viel, gab das Rauchen auf. Ihre Eltern waren davon natürlich begeistert.« Er schwieg eine Weile grimmig. »Dann hat er sie gefirmt.«

»Gefirmt?«

»Ja. Macht man normalerweise als Kind, aber sie hat sich damals schon geweigert, so etwas mitzumachen. Aber plötzlich war sie begeistert davon, gefirmt zu werden. Anschließend war sie in Prag. Danach war sie wie ausgewechselt.«

Er hörte auf zu sprechen und starrte auf den Bildschirm, als wäre das viel interessanter als der Gedanke an Sarah.

»Wie ausgewechselt?«, hakte ich nach.

»Sie hat sich plötzlich ganz in den Dienst dieser Sekte gestellt«, sagte er dumpf. »Ich bin auch erst dann misstrauisch geworden, habe recherchiert. Alles auf der Homepage von den Rekruten Christi hört sich so gut und glatt an. Als wollten sie die Welt retten. Aber …«

Er vervollständigte den Satz nicht, ich verstand jedoch auch so, was er meinte. Evelyn hatte schon recht. Dieser Pater Jeremias war einfach zu glatt. Aber deswegen war er noch lange kein Mörder.

»Und ihre Eltern?«, wollte ich wissen.

»Mit ihnen habe ich ein einziges Mal gesprochen. Ihnen gesagt, dass das eine Sekte ist. Aber sie waren so froh, dass Sarah plötzlich vernünftig war und wieder studierte … sie waren von ihrer Entwicklung richtig begeistert.«

Eine Weile starrten wir gemeinsam auf den Bildschirm, beide gedanklich mit etwas anderem beschäftigt als mit Camping-Software.

Die Rezeptionstür dingelte, und Fanni steckte ihren Kopf herein. Sie hatte sich umgezogen, ihre Putzklamotten steckten nun in einer abgetragenen Plastiktüte, und sie selbst trug ein schickes, schillerndes blaues Kleid.

»Ich brauche Scheuermilch«, sagte sie. Ihr Blick blieb an Kilian hängen, und ihre Augen verengten sich. »Da haben wir ja den Übeltäter!«

Kilian sah erschrocken auf.

»Ich habe den Schwangerschaftstest gefunden!«, sagte sie zu ihm. »Also, keine Widerrede! Ich weiß alles!«

»Schwangerschaftstest?«, echote ich kopfschüttelnd.

»Ja. Einen positiven Schwangerschaftstest, und ich sag dir gleich, Bürschchen, so geht das nicht! Das arme Mädel hat sich wahrscheinlich umgebracht, als sie von ihrer Schwangerschaft erfahren hat!«

Kilian sah aus, als würde er am liebsten im Boden versinken.

»Scheuermilch!«, kommandierte Fanni noch einmal in meine Richtung und verschwand dann.

»Sie war nicht schwanger«, beeilte sich Kilian klarzustellen. »Jedenfalls nicht von mir. Sie …«

Ich sah ihn mit großen Augen an.

»Sie wollte keinen Sex«, wisperte er und wurde rot. »Wollte sich aufsparen.«

»Aufsparen?«

»Ja. Das war auch so eine Entwicklung nach dem Aufenthalt in Prag. Sie wollte sich für die Ehe aufsparen. Dabei hatte sie vorher mit allen möglichen Typen Sex gehabt!«, sagte er empört.

Wir saßen noch immer betreten da, als der Österreicher in die Rezeption gestürmt kam. Diesmal würde ich ihn hinausschmeißen, so viel war sicher! Dieses ewige Genörgel hielt doch kein Mensch aus! Hinter ihm tauchten Evelyn und Fanni auf, anscheinend auch mit dem festen Vorsatz, ihm die Meinung zu geigen. Immerhin hatte er mir noch kein Foto auf den Tresen geknallt.

»Ich habe gehört, dass Sie verkaufen wollen!«, sagte er mit einem freundlichen Lächeln.

»Was? Verkaufen?« Ich stand auf dem Schlauch. Seine Semmeln hatte er jedenfalls schon längst geholt, das würde ich mir nicht anhängen lassen!

»Den Campingplatz«, erklärte er. »Ich wollte schon immer einen Campingplatz haben.«

Das konnte ich mir nicht vorstellen. So wie er an allem etwas auszusetzen hatte.

»Und ich wollte Sie fragen, was für eine Preisvorstellung Sie haben.«

»Sie wollen diesen Campingplatz kaufen?«, vergewisserte ich mich etwas irritiert.

»Ja. So richtig auf Vordermann bringen«, schwärmte er. »Den Strand neu anlegen, ein neues Toilettenhäuschen. Eine Putzkolonne, die viermal am Tag putzt. Ein Animationsprogramm, einen schicken Campingladen, in dem man auch Campingartikel kaufen kann …«

»Aha!«, machte ich erstaunt.

»Putzkolonne?«, fauchte Fanni hinter ihm, und ich war froh, dass sie keinen Schrubber bei sich trug.

»Also?«, hakte er nach, Fanni ignorierend.

»Das kommt nicht infrage«, erklärten Fanni und Evelyn gleichzeitig.

»Ja. Also. Das muss ich mir erst überlegen. Den Preis«, hielt ich mich bedeckt und fing mir mörderische Blicke von Fanni und Evelyn ein.

»Gut. Dann komme ich morgen wieder«, flötete der Österreicher.

Kapitel 15

Am nächsten Tag kam Herr Klaus vorbei und inspizierte das Fundament des Häuschens, das seiner Meinung nach absolut großartig war.

»Das ist ja traumhaft!«, rief er immer wieder begeistert aus, während ich demonstrativ mein Handy herausholte und die Nummer meines Rechtsanwalts aufrief.

»Da wollen wir doch mal sehen, was Dr. Feuser zu dieser Unverschämtheit sagen wird!«, stieß ich hervor. »Da wird wahrscheinlich Schmerzensgeld fällig! Und das Fundament ist morgen wieder weg! Sonst informiere ich die … Polizei!« Das würde den Polizisten Bauer bestimmt rasend freuen!

»Dr. Feuser ist momentan in einer Besprechung«, erklärte mir die freundliche Sekretärin zum wiederholten Male, und ich drückte genervt das Gespräch weg.

Allen anderen schien das Thema Rechtsprechung komplett schnurz zu sein, denn wirklich alle Dauercamper und sogar die Putzfrau hatten sich um uns versammelt und bestätigten dem blöden Klaus, dass das alles wunderbar sei.

»Wir wollen das Häuschen nicht aufgestellt haben!«,

fuhr ich immer wieder dazwischen, bis mich Evelyn einfach packte und wegführte. »Lass das mal den Hetzenegger regeln, der hat von so baulichen Sachen eine Ahnung. Und so ein Häuschen, du wirst noch dankbar sein! Das ist der neueste Trend!«

»Ich sehe mein Geld nie wieder, wenn ich jetzt nicht rigoros gegen diese Eigenmächtigkeit vorgehe!«, fauchte ich.

Die Ansammlung um Herrn Klaus löste sich langsam auf. Ich schloss nicht aus, dass er mit dem Hetzenegger bereits entschieden hatte, wann das Häuschen aufgestellt werden würde. Sehr zufrieden mit sich winkte mir Herr Klaus zum Abschied zu. Wahrscheinlich war er heilfroh, dass er endlich den Platz, den das Haus auf seinem Gelände momentan noch einnahm, anderweitig würde nutzen können.

Ich sah ihm grimmig hinterher. Das würde ich zu verhindern wissen!

Neben mir blieb Kilian stehen.

»Ich habe eine tolle Software gefunden«, sagte er.

Wir gingen gemeinsam zurück zur Rezeption. Dort stand noch ein neuer Kommentar auf meinem Zettel: *Bei Kältegefühl raus aus dem Wasser! Krampfgefahr!* Am liebsten hätte ich das Blatt Papier heruntergerissen. Ich musste mit dem Gröning wirklich ein ernstes Wörtchen reden!

»Schau mal, da wäre auch ein Abrechnungskonzept integriert, Preislisten. Finde ich sehr übersichtlich. Es gibt sogar eine Buchungsplattform und die Möglichkeit, einen Onlineshop mit anzudocken. Außerdem muss man alte Wirtschaftsjahre nicht löschen. Das finde ich sehr vorteilhaft.«

Es würde keine alten Wirtschaftsjahre geben, sagte ich mir, nickte aber.

»Mir gefällt das hier am besten«, sagte Kilian, und zum ersten Mal hörte ich in seiner Stimme nicht nur Frust und Trauer, sondern Begeisterung. »Da kannst du deinen Gästen auch WLAN geben. Ist sowieso total veraltet, ein Campingplatz ohne WLAN, gerade jüngere Gäste sprichst du damit überhaupt nicht an.«

»Die sollen ja auch nicht ständig daddeln«, sagte ich.

»Und hier, diese Statistikfunktion, das ist super, damit kann man selbst evaluieren, was besonders gut läuft.«

Evelyn war stehen geblieben und sah uns über die Schulter.

»Wirst du tatsächlich ein Computerprogramm kaufen?«, fragte sie. Nachdem sie die ganze Zeit rumgenörgelt hatte, klang sie jetzt nicht besonders zufrieden.

»Nein«, sagte Kilian an meiner statt. »Dieses hier kann man dreißig Tage testen, das machen wir, und dann sehen wir weiter.«

Das hatte ich zwar so nicht gesagt, sei's drum.

»Was machst du eigentlich beruflich so?«, fragte Evelyn mit misstrauischer Miene. Für mich klang es fast, als wollte sie ihn fragen, ob er nicht Profikiller war.

»Ich studiere Physik. Fünftes Semester.«

»Hm«, machte sie, nicht überzeugt.

»Okay. Testen wir das Teil.« Ich stand auf, tätschelte Kilian die Schulter und warf Evelyn einen warnenden Blick zu. Er hatte jetzt schon fünf Minuten nichts mehr über Sarah gesagt, das war heilsam. Der arme Kerl brauchte Ablenkung!

»Du denkst doch nicht ernsthaft darüber nach, dem Österreicher deinen Platz zu verkaufen?«, fragte Evelyn misstrauisch.

Irgendwie hatte ich dabei auch ein ungutes Gefühl. Obwohl es mir eigentlich egal sein konnte, was der zukünftige Käufer mit dem Platz machte, tat mir der Gedanke weh, ihn diesem unangenehmen Typen zu überlassen.

»Ich weiß nicht«, sagte ich ausweichend. »Als Erstes muss jetzt mal dieser Mord geklärt werden.«

»Nun, das habe ich ja schon oft genug gesagt, ich bin mir hundertprozentig sicher, dass es der Exorzist war. Wir können heilfroh sein, wenn nicht noch mehr passiert.«

»Ach Quatsch!«, sagte ich ärgerlich. »Nur weil er dich nicht anschaut.«

»Ich jedenfalls werde das mit dem Exorzisten weiterverfolgen«, sagte sie bestimmt. »Wir müssen uns geistlichen Beistand suchen, sage ich dir.«

Ich nickte neutral, in der Hoffnung, sie möglichst bald loszuhaben.

»Ich werde einen Termin mit Pfarrer Gietl ausmachen.«

»Zur Beichte?«

»Ach wo, ich will Tipps haben, wie wir diesen Teufelsaustreiber zum Einknicken bringen!«

Außer Nicken fiel mir auch darauf nichts ein.

Als ich endlich wieder alleine in der Rezeption war, nutzte ich die Gunst der Stunde und chattete erst einmal mit meiner Schwester, las eine Mail von meinem Noch-Ehemann, in der er mir seine ewige Liebe gestand, und löschte daraufhin sämtliche seiner restlichen Mails ungelesen. Gerade als ich beschloss, noch einmal Pater Jeremias zu googeln, hörte ich aufgeregtes Stimmengewirr vor dem Haus. Als ich meinen Hals etwas streckte, sah ich durch das Fenster Kommissar Schneider sowie drei Kinder. Sie waren zwischen fünf und zwölf, und ich wusste, dass sie zu dem nörgeligen Österreicher gehörten. Vielleicht traten sie in seine Fußstapfen und hatten auch etwas zu nörgeln.

»Und er hat sie angebrüllt«, sagte gerade der Mittlere, ein spindeldürres hellblondes Kerlchen. »Da hat sie fast geweint.«

Wer? Sarah?

»Und ich hab gedacht, er bringt sie um. Mit seinem Rasenmäher.«

Aha! Es ging um den Sepp. Aber ich wusste, dass er nur über Spielzeug fuhr und nicht über echte Menschen. Außerdem traute ich ihm keinerlei ausgeklügelte Planung zu. Es war praktisch auszuschließen, dass er Sarah mitten in der Nacht niederschlug und Wasser hinkippte, damit sie ertrank. Wenn, dann hätte er das doch im Affekt tagsüber gemacht und unweit seines Rasenmähers.

»Und weswegen hat er sie angeschrien?«, wollte der Kommissar wissen.

Vielleicht hatte Sarah ihr Zelt dort aufgebaut, wo er Rasenmähen wollte. Oder sie war seinem Kuchenteller zu nahe gekommen.

»Sie hat ihm was gestohlen«, sagte der Größere. Ebenfalls spindeldürr und hellblond. »Ich hab das gesehen. Sie hat sich was aus dem kleinen Schuppen genommen. Und das hat er gesehen.«

»Da ist der richtig ausgeflippt«, bestätigte der Jüngere. »Hat einen ganz roten Kopf bekommen.«

»Und was hat sie ihm gestohlen?«

Das wusste keines der Kinder, und ich befürchtete, dass auch Sepp das nicht mehr wusste. Zwei Sekunden später stand Kommissar Schneider vor mir und fragte nach dem Sepp. Anscheinend waren seine Ermittlungen ins Stocken geraten, wenn er sich jetzt schon den armen Sepp vorknöpfte.

»Der arbeitet immer, wann es ihm gerade passt«, sagte ich. Ich hatte mit ihm nämlich noch kein einziges Wort geredet. Und mir war es auch komplett egal, was er wann machte, solange weder Mensch noch Spielzeug dabei zu Schaden kamen. Plötzlich sah ich die Szene, die die Kinder beschrieben hatten, deutlich vor mir.

»Ich kann mich da auch daran erinnern«, sagte ich schließlich. »Er hat sie angeschrien, und Sarah war richtig erschrocken. Aber ich weiß nicht, weshalb. Hatte mich auch bei ihr entschuldigt, aber sie hat abgewiegelt … Die Sache war ihr anscheinend unangenehm«, sagte ich geknickt. »Aber Sepp ist bestimmt kein Mörder. Der vergisst doch sofort wieder, dass er sich gestritten hat.«

Der Kommissar sah nicht besonders überzeugt aus.

»Aber ich kann ihn suchen«, erbot ich mich, als ich Rasenmähergeräusche hörte.

Das tat ich dann auch und fand den Sepp beim Rasenkantenschneiden hinter dem Häuschen. Als ich ihm zurief, er möge doch mal schnell kommen, reagierte er nicht. Auch nach wiederholtem Zuruf war nix zu wollen. Energisch riss ich den Stecker aus der Steckdose, und der Rasenkantenschneider gab keinen Ton mehr von sich.

»Der Kommissar will Sie sprechen«, sagte ich.

Der Sepp lief rot an, und plötzlich wusste ich wieder, wieso ich ihn für einen wahnsinnigen Magier gehalten hatte. Mit einem unmenschlichen Gebrüll humpelte er mit dem Gerät in der Hand auf mich zu. Offensichtlich, um sich zu rächen.

Ich drehte mich hastig um und rannte in meinen Flipflops los. Nur ein paar Meter weiter stand Jonas Schneider, der die Situation beobachtete, und ich flüchtete mich hinter ihn. Noch immer schreiend kam Sepp auf uns zugehinkt, und ich krallte mich am Arm des Kommissars fest.

Gerade noch rechtzeitig erreichte Evelyn uns.

»Hab ich nicht gesagt, dass ich dich erst vorstellen muss?«, zischte sie mich an, als wäre ich an der ganzen Situation schuld. »Sepp, das ist unsere liebe Sofia. Du weißt schon, die Enkelin von der Elli.«

Er hörte augenblicklich zu schreien auf, und seine Augen füllten sich mit Tränen. Zum ersten Mal verstand ich, was er sagte: »Elli.«

Er fing an, wie ein Kind zu weinen. Etwas verlegen ließ ich den Arm des Kommissars los.

Der Kommissar setzte sich mit Evelyn auf das Bänkchen neben der Rezeptionstür, der Sepp zwischen ihnen. Sepp hörte nicht auf zu weinen, und ich verdrückte mich hastig in die Rezeption. Leider konnte ich nicht verstehen, was geredet wurde, weil Sepp so laut heulte. Mein Herz klopfte noch immer im Hals, und ich fragte mich, wie das weitergehen sollte, wenn ich nicht einmal angstfrei mit meinen Angestellten reden konnte.

Sepps Schluchzen verebbte schließlich – mein Herzschlag blieb trotzdem konstant hoch. Erst als Evelyn wieder in die Rezeption kam, wurde ich ruhiger.

»Er kann sich nicht mehr daran erinnern«, sagte sie schulterzuckend, als wäre das sowieso alles egal.

»Das beunruhigt mich.«

»Du solltest dir lieber über den Exorzisten Gedanken machen«, wies mich Evelyn auf ihre Lieblingstheorie hin. »Die Kinder wirken alle so, als hätten sie schon eine Gehirnwäsche hinter sich!«

»Was hat der Sepp denn nun gesagt?«

»Der kennt die doch gar nicht.«

»Ich habe doch selbst gesehen, wie er Sarah angeschrien hat.«

»Der kann sich doch nicht an jeden erinnern, den er schon mal angeschrien hat«, erklärte Evelyn mir. »Wer weiß, ob er sich überhaupt gestritten hat.«

»Er hatte damals beim Schuppen definitiv eine Auseinandersetzung mit Sarah.«

»Was macht sie auch im Schuppen?«, fragte Evelyn, als wäre Sarah an allem schuld. »Wahrscheinlich dachte er, sie will etwas stehlen. Das kann er gar nicht haben.«

»In unserem Schuppen gibt es nix zum Stehlen«, wandte ich ein. Soviel ich wusste, hob da der Sepp sein Werkzeug auf und ein paar Geräte. Wie etwa den Rasenkantenschneider, seine Benzin- und Ölvorräte und irgendwelche Verlängerungskabel.

»Wie auch immer. Der Sepp, der kann keiner Fliege was zuleide tun«, kürzte sie das Gespräch ab. »Das habe ich auch dem Kommissar so erklärt!« Damit war für sie alles gesagt. Mit den Worten »Ich muss mich mal frisch machen« schnappte sie sich die letzte Breze, die im Brotkorb auf der Theke lag, und ging ins Haus hinüber, um eines der durchsichtigen Teile anzuziehen, die sie neu erstanden hatte. Ihre Zweimal-essen-am-Tag-Diät hatte sich inzwischen ziemlich aufgeweicht. Zumindest galten die Brezen, Joghurts und Mohnschnecken zwischendurch nicht als Essen.

Jetzt endlich fand ich die Zeit, nach dem Exorzisten, Verzeihung, Pater Jeremias zu googeln, und fand sogar ein Video auf YouTube.

Der Typ hatte wirklich einen fantastischen Zahnarzt.

»Wie sollten wir mit Besessenen umgehen?«, fragte gerade der Interviewer, den man auf dem Video nicht sehen konnte. Pater Jeremias Kopf war formatfüllend abgebildet, und er lächelte so gütig, dass ich Zahnschmerzen bekam. »Mit Liebe. Aber mit wahrer Liebe.«

»Wahre Liebe?«, hakte der Interviewer nach.

»Eine wahre Liebe, die aber für den Besessenen bedeutet, dass auch ihn der Wille Gottes erreicht. Auch diesen speziellen Menschen.«

»Was machen Sie im Falle einer Besessenheit?«

»Man muss auf diese Menschen zugehen, ihr Vertrauen gewinnen und ihnen dann klarmachen, was Sache ist.«

Was Sache ist?

»Es muss natürlich ärztlich abgeklärt sein«, erläuterte Pater Jeremias freundlich. »Nur wenn ein Psychiater keine Erkrankung findet und tatsächlich eine Besessenheit vorliegt ...«

»Wie stellen Sie denn fest, ob eine Besessenheit vorliegt?«

»Meist ist das ziemlich klar. Der Widerwille gegen christliche Symbole ist gewaltig, wenn man von einem Dämon besessen ist. Dieser Mensch hat dann eine tiefe Aversion gegen das Wort Gottes. Gegen heilige Objekte, wie das Kreuz, den Rosenkranz oder das Kreuzzeichen. Manchmal sind diese Personen auch unerklärlich stark.«

»Ha!«, machte Evelyn hinter mir. Ich erschrak so sehr, dass ich aufschrie.

»Hab ich's nicht gesagt? Er ist ein Exorzist!«

Ich schüttelte nur den Kopf, während sie sich den Pulli schnappte, den sie vergessen hatte. Ich ließ das Video weiter ablaufen.

»Haben Sie schon einmal einen Exorzismus durchgeführt?«

»Exorzismen werden nur von speziell ausgebildeten Menschen durchgeführt«, erklärte er. »Außer der Bischof erlaubt eine Ausnahmeregelung!«

»Ha!«, machte Evelyn schon wieder. »Der redet sich jetzt so richtig raus!«

Das hörte sich für mich auch so an. Leider hakte der Journalist nicht mehr nach, sondern sie unterhielten sich weiter über Homosexualität. Etwas frustriert schaltete ich das Video aus.

»Hab ich's nicht gesagt?«, wiederholte sich Evelyn.

»Ja, ja«, bestätigte ich. »Aber wenn Sarah an einem Exorzismus gestorben wäre, dann hätte man doch irgendetwas gesehen.«

»Wundmale an den Händen«, sagte Evelyn und schauderte. »Verbrannte Lippen, durch die der Dämon hinausgefahren ist.« Anscheinend hatte sie sich richtig in das Thema eingearbeitet.

»Du siehst zu viel fern«, sagte ich kopfschüttelnd.

Draußen fuhr ein Pick-up schwungvoll vor, und Alex sprang heraus. Mit zusammengekniffenen Lippen drehte ich mich wieder zum PC und tat so, als würde ich meine Mails checken. Sein Treffen mit dem Schwarz hatte ich nämlich nicht vergessen!

Er kam genauso schwungvoll in die Rezeption gestürmt und zog mich energisch von meinem Stuhl hoch.

»Sofia«, sagte er.

»Alex.«

Er umarmte mich einen Tick zu lang und flüsterte mir ein Kompliment ins Ohr. Ich hörte mir gerne an, dass ich fantastisch aussah, auch wenn das bei meiner aktuellen Verfassung vielleicht ein kleines bisschen übertrieben war.

»Was ist los?«, fragte Alex, als ich mich von ihm wegdrückte.

»Ich habe dich gesehen«, informierte ich ihn kühl.

»Ja und?«, fragte er und lächelte mich an.

»Mit dem Schwarz«, fügte ich hinzu.

»Aha!«, sagte er noch immer lächelnd, und in meinem Bauch fing es zu kribbeln an. Vielleicht, weil er gleichzeitig noch meine Hand hielt.

»Es hat ausgesehen, als würdet ihr … Geschäfte miteinander machen.«

»So sieht der immer aus«, sagte Alex fröhlich, als wäre er sich keiner Schuld bewusst. Er zog mich aus der Rezeption ins Freie. »Du brauchst einfach mehr Sonnenschein, meine Liebe! Was wollen wir denn heute machen? Oder fällt dir schon wieder etwas ein, das ich in meiner Jugend verbockt habe?«

»Du hast mir Kaugummi in die Haare geklebt«, fiel mir dazu ein, während ich versuchte, standhaft zu sein und mich nicht von ihm einwickeln zu lassen.

»Ach, meine Süße«, seufzte er, während ich aus den Augenwinkeln sah, dass Herr Schwarz oben auf der Straße energisch Richtung Wald ging. Ganz als hätte ich ihn mit meinen schlechten Gedanken herbeigerufen.

»Ich muss jetzt mal jemanden verfolgen. Tut mir leid. Ich bin bestimmt bald wieder da«, sagte ich, so schnuckelig Alex auch sein mochte.

»Verfolgen?«

Ich marschierte ohne weiteren Kommentar nach oben zur Straße. Alex folgte mir.

»Du kannst da nicht mit«, sagte ich ärgerlich.

»Klaro, gerade jetzt habe ich Zeit.«

Aber natürlich.

»Das mit der Verbrüderungsaktion ist noch nicht vom Tisch«, flüsterte ich.

»Verbrüderungsaktion?«, fragte Alex ziemlich erstaunt und in normaler Lautstärke. Ich blieb so abrupt stehen, dass er in mich hineinlief. »Du musst dich eben entscheiden. Entweder der Schwarz oder ich.«

Sein Gesicht sah nach einem riesengroßen »Hä?« aus. Hastig blickte ich mich um, ob der Schwarz sich schon verdrückt hatte, aber ich sah ihn gerade noch auf einen schmalen Waldweg einbiegen.

»Was soll das für eine Entscheidung sein?«, bohrte Alex weiter.

»Ich habe dich gesehen. Mit dem Schwarz. Auf dem Marktplatz. Du musst mir nicht sagen, was du da mit ihm am Laufen hast, aber ...«

Er packte mich am Arm. »Ich habe mit Schwarz nichts am Laufen.«

»Sah aber ganz danach aus. Mit Arm um die Schulter und Tätscheln des Arms und allem Drum und Dran«, fauchte ich ihn an.

»Ja. Das macht der immer«, sagte Alex. »Seh ich aus, als wollte ich vom Schwarz getätschelt werden?«

Ich musste lachen.

»Ich schwöre, ich mache keine Geschäfte mit dem Schwarz.«

Ich drehte mich um und schlappte hastig hinter dem Schwarz her. Das war jetzt wichtiger als meine Auseinandersetzung mit Alex.

»Darum warst du immer so reserviert«, stellte Alex hinter mir mit einem Lächeln in der Stimme fest. »Und ich dachte schon, du hast was gegen mich.«

»Was tut der da?«, flüsterte ich, als ich sah, dass der Schwarz hinter dem Campingplatz durch den Wald stiefelte.

»Spazieren gehen?«, schlug Alex vor.

»Du musst nicht mitkommen«, wisperte ich, aber Alex folgte mir weiter.

»Ich pass mal lieber auf dich auf«, erklärte er mir. »Du hast nur Flipflops an.«

»Ich weiß«, sagte ich und zog mir einige Kiefernnadeln unter der Fußsohle hervor. »Der hat doch irgendetwas vor. Der geht im Leben nicht spazieren.«

»Habe ich auch noch nie gesehen. Meistens fährt er mit seinem fetten schwarzen SUV herum, auch im Wald. Wenn er zur Jagd geht, fährt er mit seinem Landrover direkt vor den Hochstand«, bestätigte mir Alex meine Einschätzung, und das auch mit viel zu lauter Stimme, wie ich fand.

»Diese Umweltsau«, erklärte ich flüsternd.

Wir brauchten auch nicht lange spazieren zu gehen. Schwarz trat aus dem Wald hervor und stellte sich auf den Seeweg. Dabei sah er über das Wasser, als wollte er nur ein bisschen Rast machen. Ich ging hastig hinter einem Baum in Deckung, und Alex tat es mir gleich. Vorsichtig kniete ich mich auf den mit Kiefernnadeln bedeckten Boden und lugte hinter dem Stamm hervor. Alex hatte sich neben mich gesetzt und ließ mich nicht aus den Augen.

»Hältst du ihn eines Mordes fähig?«, wollte ich wissen.

Alex seufzte nur und ließ sich zu keiner Einschätzung hinreißen. »Der inspiziert wahrscheinlich schon mal das Gelände, um zu sehen, was er tun muss, damit man hier mit Golfwägelchen fahren kann.«

»Golfwägelchen!«, stieß ich empört hervor und erinnerte mich wieder an den schönen verwunschenen See. »Will der jetzt schon die Bäume fällen?« Wo waren eigentlich die Naturschutz-Initiativen, die mit Trillerpfeifen und Spruchbändern gegen den Schwarz demonstrierten?

»Oder er beobachtet Haubentaucher«, schlug Alex vor und zupfte mir ein kleines Ästchen aus den Haaren. »Wenn du nicht verkaufst, brauchst du dir über so etwas nie wieder Gedanken zu machen.«

Alex' Finger glitten an meinem Hals entlang bis zu meiner linken Schulter.

»Er hakt immer wieder bei mir nach, ob wir nicht doch die Brauerei loshaben wollen«, wisperte er. »Aber wollen wir nicht. Auch wenn er meinen Arm tätschelt.«

Jetzt konnte ich mir ein breites Grinsen nicht länger verkneifen.

»Tut mir leid«, antwortete ich etwas zerknirscht. Es war wirklich nicht nett von mir, so gar kein Vertrauen in Alex zu haben. Aber die Situation hatte echt komisch gewirkt.

»Du vermisst doch wohl nicht Kiel?«, flüsterte er, und seine Hand rutschte von meiner Schulter bis zur Taille.

»Hamburg«, korrigierte ich ihn wispernd. Ich sah ihm in die Augen. Nein. Hamburg vermisste ich im Moment überhaupt nicht. Aber ich hatte ein bisschen genug von diesen Morden. Und von nörgelnden Österreichern. Und von Evelyn, die mir vorhielt, nicht genügend Sex zu haben. Und von Exorzisten am Campingplatz.

»Ich fände es nämlich überhaupt nicht okay, wenn du zurück nach Kiel gehst …«

»Hamburg.«

Im nächsten Moment zog er mich in seine Arme. Aus den Augenwinkeln sah ich noch, dass ein zweiter Mann neben dem Schwarz stehen blieb. Ich stemmte mich gegen Alex' Brust und verengte die Augen.

»Der Nörgel-Österreicher!«, zischte ich, und Alex seufzte tief. »Woher kennen die sich denn?«, setzte ich hinzu.

»Vielleicht kennen sie sich gar nicht«, wandte Alex flüsternd ein und zog mich wieder näher zu sich. Seine Lippen berührten meine. Stimmt. Woher auch? Der Österreicher hatte behauptet, noch nie in Bayern gewesen zu sein und vermutlich auch nie wieder zu kommen, weil die Bayern nämlich ein unglaublich schwieriges Volk seien, das an allem und jedem etwas auszusetzen habe. Außerdem waren die Qualitätsstandards auf deutschen Campingplätzen einfach nicht so hoch wie in Österreich. Oder in jedem anderen beliebigen Land.

»Vielleicht fragt der Österreicher nur nach dem Weg«, schlug ich vor, während sich Alex' Arme fester um meine Taille schlossen. Oder er erläuterte dem Schwarz seine Analyse der bayerischen Volksseele.

»Du duftest so gut«, murmelte Alex, dem das Aufeinandertreffen der beiden Männer ganz offensichtlich egal war. Sie standen so dicht beieinander, als hätten sie sich etwas Wichtiges zu erzählen. Abschließend schlug der Schwarz dem Österreicher sehr kollegial auf die Schulter und ging wieder zurück Richtung Holzbrücke. Der Österreicher, in Joggingklamotten, rannte in die Gegenrichtung davon.

Eine Weile küssten Alex und ich uns, und ich schwebte kurz auf Wolke sieben. Ich war nämlich schon elend lang nicht mehr geküsst worden – und schon gar nicht so gekonnt!

»Natürlich kennen die sich«, sagte Alex abrupt und hörte auf zu küssen. »Die müssen ausgemacht haben, sich hier zu treffen.«

»Wie kommst du darauf?«, wollte ich wissen.

»Na, meinst du, der Schwarz bewegt seinen Hintern grundlos ohne Auto in den Wald?«, erinnerte er mich.

Auch wieder wahr. »Gerade hast du gesagt, dass er sein Hotelprojekt plant«, sagte ich.

»Außerdem gibt man nicht komplett unbekannten Personen einen Briefumschlag«, erklärte mir Alex.

»Briefumschlag?« Ich drehte mich zum Schwarz, der über den Seeweg Richtung Campingplatz lief.

»Hab ich dich abgelenkt?«, fragte Alex grinsend und begann mich richtig abzulenken.

Kapitel 16

Es vergingen zwei sehr ereignislose Tage. Der Österreicher fand nichts mehr zum Nörgeln, und die Ermittlungen der Polizei schienen auf der Stelle zu treten. Wie gut, dass wenigstens Alex verlässlich jeden Abend vorbeikam und mir den Tag mit Knutscherei am Steg versüßte. Auch Evelyn war ziemlich ausgelastet, denn sie stellte massenhaft Joghurt in Gläsern her und betüddelte den Rest des Tages Uwe Kleinschmitt. Trotzdem hatte sie nicht vergessen, dass sie »den Exorzisten« des Mordes überführen musste, und zwang mich dazu, mit ihr zur Kirche zu fahren und den Pfarrer um Hilfe zu bitten. Ich wäre lieber in der Rezeption geblieben und hätte dem Kommissar beim Ratlos-Herumstehen zugesehen.

»Ich bin mir sicher, der Gietl ist heilfroh, wenn er uns helfen kann«, behauptete Evelyn, als wir aus dem Auto stiegen. Sie hatte sich wie eine Besucherin des Vatikans ein schwarzes Kopftuch aufgesetzt, und ich hatte den starken Verdacht, dass das Tuch aus dem Fundus meiner Nonna stammte.

»Da ist gerade Gottesdienst«, sagte ich, als ich Gesang aus der Kirche hörte.

»Umso besser. Dann ist er da«, antwortete sie und drückte die Seitentür der Kirche auf. Gerade sagte Pfarrer Gietl mit erstaunlich kräftiger Stimme: »Gesegnet bist du, o Tochter, von Gott dem Allerhöchsten, mehr als alle Frauen auf der Erde. Gepriesen sei der Herr, unser Gott, der Himmel und Erde erschaffen hat!«

Er war tatsächlich uralt. Wenn Evelyn auf Unterstützung hoffte beim Kampf gegen den Exorzisten, sah ich ziemlich schwarz! Besorgt beobachtete ich, wie der Pfarrer sich auf dem Gebetsstuhl hinkniete. Der Mesner, auch bestimmt schon um die neunzig, blieb neben ihm stehen. Vermutlich hatte er Angst, nicht mehr hochzukommen.

»Der Gietl wird ihm den Marsch blasen«, zischte mir Evelyn zu.

»Wir singen: Ave Maria zart – Gotteslob Nr. 527, Strophen eins bis vier«, sagte der Gietl und versuchte aufzustehen, gab es jedoch auf und sang im Knien.

»Lasset uns beten. Allgütiger Gott …«, sprach der alte Gietl und versuchte erneut, sich zu erheben. Erfolglos. Vermutlich musste ich nach der Messe einen Krankenwagen rufen. Ich konnte mir nicht vorstellen, dass er einem Exorzisten den Marsch blies.

»Wir danken dir, dass du uns durch deinen Sohn gerettet hast …«

Besorgt beobachtete ich, wie der Mesner nach dem Gottesdienst versuchte, den Pfarrer wieder in die Senkrechte zu ziehen. Mit einem »Na komm schon« zerrte mich Evelyn nach vorne, wo wir beide dem Mesner assistierten.

»Danke«, sagte der Gietl strahlend, als er endlich wieder stand, und ging gemeinsam mit uns aus der Kirche.

»… die Enkelin von Eleanore Spitzinger«, erklärte Evelyn gerade. »Vom Campingplatz.«

»Ihre Großmutter war eine wunderbare Frau«, erwiderte Pfarrer Gietl. Das wusste ich natürlich. Vor allen Dingen war sie ständig in der Kirche, im Gegensatz zu mir.

»Bei uns campt gerade Pater Jeremias mit einer Jugendgruppe«, kam Evelyn sofort in Überlautstärke auf den Punkt.

»Ach, haben Sie einen Kollegen am Platz«, lächelte Pfarrer Gietl und reichte mir seine alte, faltige Hand.

»Von wegen Kollegen«, fauchte Evelyn empört. »Sie werden sich doch nicht mit einem Exorzisten auf eine Stufe stellen!«

Pfarrer Gietl runzelte die Stirn.

»Er ist doch kein Exorzist«, beschwichtigte ich Evelyn und lächelte Pfarrer Gietl beruhigend an. »Es ist eine katholische Jugendgruppe.«

»Eine Sekte!«, verbesserte mich Evelyn. »Oder, was sagen Sie? Die Rekruten Christi sind eine Sekte.«

»Sie haben die Rekruten Christi am Platz?«, fragte Pfarrer Gietl, und seine Miene verfinsterte sich.

»Na ja. Ja«, gab ich zu und schwächte es etwas ab. »Einen Rekruten zumindest.«

»Und da kommen Sie erst jetzt!«, rief Pater Gietl überraschend verärgert aus.

»Siehst du!«, lächelte Evelyn zufrieden in meine Richtung.

»Ich habe schon hinreichend Erfahrung mit dieser Sekte. Einer meiner Ministranten hat sich ihnen angeschlossen.« Die Miene des Paters verfinsterte sich noch mehr. »Hat sich damals noch von mir verabschiedet, ein wirklich sehr netter junger Mann, etwa sechzehn Jahre alt. Verantwortungsbewusst, empathisch und voller Liebe zu Gott. Er wollte sich unbedingt den Rekruten Christi anschließen.«

Gietls Augen wurden zu Schlitzen, und er musterte mich ärgerlich, als wäre ich daran schuld.

»Er musste dazu in ein anderes Bundesland ziehen. In ein Camp!« Das letzte Wort sprach er so scharf aus, dass ich die Spucke in der Sonne fliegen sah. »Da kann man sich ja vorstellen, dass das nichts Gescheites ist! Wenn man die Kinder von ihren Familien separieren muss! Verhindern muss, dass sie sich mit ihren Freunden austauschen!«

»Siehst du!«, stieß mich Evelyn schon wieder begeistert an, als fühlte sie sich in allem bestätigt.

»Ich hatte ihn gefragt: Wieso machst du das? Er hat geantwortet: Damit ich jeden Tag dreimal beichten kann.«

Herr im Himmel!, dachte ich mir und schüttelte den Kopf.

»Ich habe ihm angeboten, dass er auch bei mir jeden Tag beichten kann. Er war dort drei Monate. Dann hatte er ein Gespräch mit einem der Priester.«

Er machte eine längere Pause, als wäre damit alles gesagt.

»Und?«, fragte Evelyn sensationslüstern.

»Danach hat er sich aus einem offenen Fenster gestürzt.«

Evelyn und ich sahen uns etwas ratlos an. Dahin konnte also tägliches Beichten führen! Mit dem Mesner weiter über die Rekruten Christi schimpfend, ging der alte Pater zu einem uralten Audi 80.

»Siehst du!«, wiederholte Evelyn, nun flüsternd, und sah den beiden gebannt hinterher. »Der hat sich in den Tod gestürzt. Und Sarah wurde auch in den Tod getrieben.«

»Moment«, sagte ich und beobachtete besorgt, wie der Mesner dem Pfarrer ins Auto half. »Jemand hat ihr mit etwas Hartem auf den Kopf geschlagen.«

»Ja. Nämlich Pater Jeremias«, schlussfolgerte Evelyn. »Weil sie keinen Exorzismus über sich ergehen lassen wollte.«

Kopfschüttelnd drehte ich mich um, aber Evelyn folgte mir auf dem Fuß.

Als wir wieder am Campingplatz waren, trafen wir als Erstes auf den Kommissar, der gerade zu seinem Auto ging.

»Nix Neues?«, wollte ich wissen.

»Nein«, antwortete er. Ziemlich ausführlich begann Evelyn zu berichten, was wir von Pfarrer Gietl erfahren hatten. »Leider will der Pfarrer Gietl diesem Exorzisten nicht das Handwerk legen. Ich hoffe, dass Sie ein bisschen Einsehen haben und ihn verhaften.«

Der Kommissar sah einigermaßen verzweifelt aus und verabschiedete sich mit der frustrierten Aussage, dass ihm schlüssige Beweise fehlten.

»Schlüssige Beweise! Ich wette, der kommt mit seiner Tat davon«, sagte Evelyn schlecht gelaunt. Da kam Kilian aus der Rezeption. Wahrscheinlich hatte er mir die Software installiert und alles zum Laufen gebracht, was es nur gab! Ich lächelte ihm zu.

»Na. War's schön?«, fragte er freundlich.

»Nein«, antwortete Evelyn pampig.

Kilian erstarrte, als hätte sie eine Beleidigung zu ihm gesagt, und stieß dann einen Schrei aus. Verwundert sah ich ihn an.

»Er!«, rief er. »Was tut er denn hier?«

»Er?« Ich drehte mich um und sah, dass »Bärchen« Uwe Kleinschmitt gerade über den Zeltplatz ging.

»Das ist … das ist doch …« Kilian sprintete los, und ich sah zu, dass ich ihn einholte. Egal, wer dieser Uwe Kleinschmitt war, Kilian schien gerade auszurasten. Leider war ich in meinen Flipflops viel langsamer als der junge Mann. Okay, vielleicht wäre ich auch so viel langsamer gewesen. Jedenfalls hatte Kilian den Kleinschmitt schon gepackt und gegen die Wand des Klohäuschens gedrückt.

»Ruf den Kommissar!«, rief ich Evelyn zu, die etwas erschrocken in einiger Entfernung stand.

»Was um alles in der Welt tust du denn hier?«, schrie er den Uwe an.

»Kilian«, krächzte Uwe.

Wie, die kannten sich? Ich packte Kilian an den Oberarmen und versuchte ihn wegzuziehen, was mir nicht gelang.

»Du hast sie ermordet!«

»Nein, Kilian, du weißt doch …«

»Du hast deine Wut an ihr …«

»Nein, Kilian …« Uwe brachte kaum mehr einen Ton heraus, so fest hatte Kilian ihn gepackt. Meine Kräfte erlahmten bereits, und sosehr ich auch an Kilians Armen zog und zerrte, er schien gerade Bärenkräfte zu haben!

Schließlich drängelte mich jemand zur Seite und packte Kilian. Der Kommissar! Er hatte die beiden in Windeseile getrennt.

»Er ist Sarahs Onkel!«, schrie Kilian. »Er hat sie verfolgt, auch schon zu Hause! Er war hinter ihr her!«

»Ich war nicht hinter ihr her«, brummte Uwe und runzelte die Stirn. »Ich war auf gar keinen Fall …«

»Willst du damit sagen, dass es Zufall ist, dass du hier bist?«

»Moment!«, unterbrach sie der Kommissar.

»Er ist gleichzeitig mit der Jugendgruppe gekommen«, sagte ich. »Also praktisch direkt danach.«

»Ja. Ja, ich wusste, dass Sarah hier sein würde. Aber ich ... Okay«, ruderte er zurück. »Ich bin hierher gefahren, weil ich wusste, dass Sarah hier sein würde. Aber doch nicht, um sie umzubringen! Ich sollte auf sie aufpassen!«

Kilians Gegenwehr erlosch. Er starrte Sarahs Onkel an. »Aufpassen«, sagte er ungläubig und schüttelte die Hände des Kommissars ab. Ich nahm ihn bei der Hand und zog ihn zurück zur Rezeption. »Das lassen wir jetzt mal die Sorge der Polizei sein«, schlug ich vor. »Ich würde sagen, die können damit viel besser umgehen ...«

»Er ist der Bruder von Sarahs Mutter«, erzählte mir Kilian, während sich der Kommissar mit Uwe Kleinschmitt unterhielt. »Ein ganz schlimmer, schleimiger Kerl. Sarah hat ihn gehasst.«

Kilian war den Tränen nahe, und ich tätschelte seine Schultern.

»Vielleicht wollte er ja tatsächlich auf sie aufpassen...«

»So ein Unsinn! Auf was wollte er denn da aufpassen?«

Das wusste ich auch nicht, schließlich war Sarah diejenige, die auf die Kinder aufpassen sollte. Sie hatte nicht so gewirkt, als wäre sie schutzbedürftig.

»Und gelungen ist es ihm auch nicht«, sagte er düster.

Kilian hatte sich wieder beruhigt. Vielleicht lag es auch an den Tabletten, die ihm Evelyn aufgeschwatzt hatte – auf jeden Fall ging er widerstandslos in sein Zimmer. Ich setzte mich auf das Bänkchen vor der Rezeption, während der Kommissar noch immer den Kleinschmitt befragte, und sah eine Weile den Kindern zu, die auf dem Campingplatz herumtobten. Nach und nach wurden sie zum Abendessen zu den Wohnwägen gerufen.

Evelyn tigerte am Campingplatz auf und ab, sichtlich unzufrieden mit der Situation.

»Den Exorzisten sollte er befragen!«, zischte sie. »Nicht Bärchen!«

»Aber wenn der halt verdächtig ist«, sagte ich entspannt. Für mich wäre das die günstigste Lösung. Bärchen verhaftet, in zwei Tagen würde Pater Jeremias mit seinen Jugendlichen abreisen, und wenn ich Glück hatte, verlängerte auch der Österreicher nicht.

»Die können doch nicht allen Ernstes den Uwe verdächtigen!«, sagte Evelyn empört und stemmte ihre Hände in die Hüften. »Sogar du hast ihn verdächtigt.«

Ich wurde ein klein wenig rot, weil ich mich natürlich prima daran erinnerte, dass ich beide nackt beim Sex erwischt hatte.

»Er hat sie angebaggert«, erklärte ich Evelyn. »Das haben Corinna und ich gesehen, und auch …«

»Ach Unsinn! Er hat sie doch nicht angebaggert.«

»Ich sehe deutlich vor mir, wie er ihr den Arm um die Schulter gelegt hat! Und Corinna hatte doch wohl auch keine Tomaten auf den Augen.«

»Und wann hätte er den Mord begehen sollen?«

Ich horchte, aber aus der Rezeption kam kein Laut. Vermutlich war die Befragung doch schon zu Ende.

»Er hat gesungen«, sagte ich. »Und danach hat er Sarah gesucht. Und auch gefunden, es gibt Augenzeugen.«

»Ach.«

»Und dann wollte er … keine Ahnung, er ist ihr danach vermutlich in die Scheune gefolgt.«

»Das ist er nicht.«

»Und dort ist es zu einer tragischen Verkettung …

Das kannst du nicht wissen«, unterbrach ich meine Ausführungen und nahm Bezug auf ihre letzte Äußerung. »Du warst ja nicht dabei.«

»War ich wohl.«

Ich sah sie eine Weile an, und sie hob süffisant beide Augenbrauen.

»Was willst du mir sagen?«

»Dass ich den ganzen Abend bei ihm im Wohnmobil war.«

»Im Wohnmobil«, echote ich. »Und was habt ihr gemacht? Canasta gespielt die ganze Nacht?«

»Ich muss schon sagen. Deine Ablehnung von Sex geht mir inzwischen zu weit!«

»Ich lehne Sex nicht ab.«

»Und wieso dann dieser Ton?«

»Du kennst ihn doch gar nicht!«, fuhr ich sie entnervt an. »Du hast ihn da gerade mal zehn Stunden gekannt!« Oh mein Gott! Evelyn war wirklich die Härte! Sie konnte doch unmöglich mit Uwe Kleinschmitt nach einem fröhlichen Singabend … na ja. Wieso eigentlich nicht, schließlich war er ihre Altersgruppe. »Aber hüpfst gleich mit ihm in die Kiste!«

»Na ja. Jetzt kenne ich ihn.« Evelyn verdrehte die Augen. »Du dagegen wartest noch hundert Jahre, bis du mit Alex oder dem Kommissar in die Kiste springst.«

Im selben Moment ging die Tür auf, und der Kommissar trat aus der Rezeption. Ich meinte, im Erdboden versinken zu müssen!

»Ich hoffe nur, dass die Polizei weiß, dass Bärchen ein Alibi hat für die Mordnacht. Und was für eins!«, sagte Evelyn, als hätten wir in den letzten Minuten nur von Alibis gesprochen.

Irgendwie hatte ich den Verdacht, dass der Kommissar unsere Unterhaltung doch gehört hatte, und ich spürte, dass ich einen heißen Kopf bekam. Evelyn hatte damit überhaupt keine Schwierigkeiten.

»Herr Kleinschmitt hat tatsächlich behauptet, er hätte ein Alibi«, erklärte der Kommissar und sah Evelyn intensiv an.

»Ja. Mich«, flötete Evelyn. »Ich kann bezeugen, dass er das Wohnmobil die ganze Nacht nicht verlassen hat.«

Kapitel 17

Am nächsten Morgen informierte mich Evelyn als Allererstes über den neuesten Stand der Ermittlungen.

»Also, Bärchen ist raus aus dem Fall«, sagte sie zufrieden, während sie Kaffee aufsetzte. »Sarahs Mutter hat bestätigt, dass sie ihren Bruder gebeten hatte, auf Sarah aufzupassen. Sie hat sich Sorgen gemacht. Nicht zu Unrecht, wie man ja weiß«, erklärte sie mir. »Man sieht ja, was passiert, wenn man mit einem Satanisten unterwegs ist.«

Ich seufzte, nickte und dachte: »Schade!« Weil das die einfachste Lösung gewesen wäre. Und endlich der Mord aufgeklärt gewesen wäre. Evelyn verschwand zufrieden im Campingladen – sie hatte Gott sei Dank den Semmelverkauf wieder übernommen –, und ich ging mich umziehen, weil ich eine Runde schwimmen wollte. Nichts war schöner, als am Morgen schwimmen zu gehen.

Als ich im Bikini durch die Rezeption ging, sah ich, dass mein geliebter Österreicher ein Bild von der Birke am Strand geschossen und mit rotem Stift auf eine Karte geschrieben hatte: »Gefährdung für Badende!« Ich verdrehte die Augen und schrieb Alex eine Nachricht, ob er sich die Birke ansehen könne. Dann wollte ein kleiner Steppke noch Eis haben, aber ich behauptete, dass die Eistruhe jetzt versperrt sei. Quasi automatisch um diese Uhrzeit, und er zog unzufrieden wieder ab.

Schließlich genoss ich mein morgendliches Bad im See, ganz alleine. Nur der Gröning saß unten auf der Treppe. Trotz seines hohen Alters hatte er sich auf die Treppe gesetzt und nicht auf die Bank und ließ seinen Blick auf dem stillen See ruhen.

Als ich wieder in die Rezeption kam, installierte Kilian irgendwelche Programme auf dem Computer, die ich seiner Meinung nach dringend brauchte. Ich schenkte ihm und mir Kaffee ein und holte uns dann noch je eine Breze. Danach stellte ich mein Frühstück auf den Baumstumpf neben die Bank und sah eine Weile zufrieden dabei zu, wie ein Haufen kleiner Kinder an mir vorbeilief. Eines davon fiel hin und blieb laut heulend liegen, das Gesicht im Dreck.

»Na, na«, sagte ich, und hob das Kind auf, um es wieder auf die Beine zu stellen. Vielleicht aus Schreck oder weil es tatsächlich vergessen hatte weiterzuweinen, rannte es davon.

Noch immer höchst zufrieden – ich kam mir gerade tatsächlich wie eine richtige Campingplatzbesitzerin vor –, setzte ich mich auf das Bänkchen, trank Kaffee und checkte meine Nachrichten auf dem Handy. Meine Schwester hatte mir gewhatsappt. »Stell dir vor, dein Macker ist mit einer Frau im Fischereihafen-Restaurant gewesen und hat Pfeffersteak vom Thunfisch gegessen.«

»So genau wollte ich das nicht wissen«, schrieb ich zurück. Meine gute Laune verpuffte gerade.

»Mit Wasabi-Püree«, setzte sie noch eins drauf. »Und die Frau sah aus wie du.«

Das wollte ich noch weniger wissen! »Nur in jünger.«

»Prima!«, schrieb ich zurück und setzte einen kotzenden Emoji dahinter.

»Hätte ich ihm meinen Wein in den Schoß schütten sollen?«

Danach kam noch ein etwas verschwommenes Bild von der Neuen und meinem Noch-Ehemann.

Irgendwie frustrierend, was für schlimme Gedanken man bekam, wenn man sich seinen Noch-Ehemann mit einer jüngeren Frau vorstellte. Auch wenn es zwischen uns schon lange nicht mehr so gewesen war wie früher, tat es ziemlich weh, so schnell ersetzt worden zu sein!

Ich hörte Schritte neben mir, sicher Evelyn, die schon wieder etwas über Satanisten herausgefunden hatte, und sagte zu ihr: »Und jetzt mal ganz ehrlich, ist diese blöde Tussi hübscher als ich?«

Als ich ihr das Handy hinhielt, damit sie das Aussehen der Neuen beurteilen konnte, bemerkte ich, dass ich mich ziemlich geirrt hatte. Vor mir standen Alex und der Kommissar. Der Kommissar sah mich etwas überrumpelt an, während Alex mir sofort das Handy aus der Hand nahm und sich das Bild größer wischte.

»Gib her«, sagte ich und wurde knallrot. »Ich dachte, es ist Evelyn.«

»Ich kann das besser beurteilen als Evelyn«, sagte Alex, und ich bemerkte, dass auch der Kommissar auf das Display sah. »Also, ich würde dich wegen der nicht abservieren«, sagte er, machte aber keine Anstalten, mir das Handy zurückzugeben.

»Gib mir mein Handy wieder«, sagte ich und streckte die Hand aus.

Der Kommissar sagte gar nichts, sondern beendete unseren Konflikt mit den Worten »Ich würde gerne noch einmal mit Josef Glundner sprechen«.

»Sie verdächtigen doch wohl nicht ernsthaft den Sepp?«, fragte der Alex. Ich stand auf und entwand ihm mein Handy. »Ich kann mir auch immer noch nicht vorstellen, dass der Sepp so etwas macht«, sagte ich zum Kommissar.

»Ich seh mir mal die Birke an«, erklärte Alex, während er mir demonstrativ einen Kuss auf die Lippen pflanzte. Anscheinend, um dem Kommissar klarzumachen, dass er die Finger von mir lassen sollte.

»Es ist die Birke unten am Strand«, gab ich ihm mit auf den Weg und wandte mich wieder an den Kommissar.

»Der Sepp ist nicht so der planende Mensch.« War ja schon ein Unterschied, ob man spontan irgendwelche Barbiepuppen niedermähte oder einen Menschen umbrachte. »Vor allen Dingen kann ich mir nicht vorstellen, dass er das so raffiniert machen würde«, überlegte ich. »Wollen Sie einen Kaffee haben? Der Sepp ist eh noch nicht da …«

Der Kommissar setzte sich brav auf das Bänkchen, während ich ihm in meiner geliebten Blümchentasse einen Kaffee kredenzte. Inzwischen wusste ich, dass er den Kaffee mit etwas Milch und ohne Zucker trank.

»Dieser Jemand hatte es ja darauf angelegt, dass es als Unfall durchgeht«, spekulierte ich. »Das muss einer sein, der über die Situation nachgedacht hat und dann strukturiert vorgegangen ist.« Ich setzte mich neben den Kommissar, und wir sahen beide zu, wie Alex zusammen mit den Hetzeneggers an den Strand ging. Mal sehen, ob die Birke tatsächlich, genauso wie mein Klohäuschen, der Steg und das Abspülhäuschen, eine Gefährdung für die gesamte Westpaläarktis darstellte.

»Noch mal. Der Sepp kann eigentlich nur Rasenmähertraktor fahren und Laub rechen. Und er ärgert sich nur, wenn sich ihm jemand in den Weg stellt.«

»Mag sein«, sagte der Kommissar und lächelte mich an. Ich lächelte zurück. Dann sahen wir, wie der Österreicher sich neben Alex stellte, und ich bemerkte zufrieden, dass der Alex den Kopf schüttelte und der Österreicher eine rote Birne bekam.

»Könnten Sie mir noch einmal sagen, was genau am Tag des Mordes passiert ist«, fragte der Kommissar seufzend und nahm einen Schluck Kaffee.

Ich ging in mich, erzählte noch einmal das mit dem kollektiven Singen, dem Sturm, und mit der Suche nach der Ursache des Kurzschlusses.

»Es ist also der FI-Schalter rausgeflogen«, murmelte der Kommissar.

»Hm.«

»Von den Jugendlichen haben Sie niemanden gesehen?«, fragte er.

Ich dachte noch ein Weilchen nach. Na ja. Als ich mit dem Gröning zur Wiese hinübergegangen war, waren sie mir auf dem Weg zum Klohäuschen entgegengekommen. Dort, wo sie sich während des Gewitters untergestellt hatten.

Klohäuschen.

Ich starrte eine Weile auf das Klohäuschen, und irgendetwas kam mir gerade komisch vor, aber ich konnte nicht benennen, was es war.

»Die Jugendlichen sind ins Klohäuschen gegangen. Pater Jeremias hatte gefragt … stimmt … Den hatte ich auch getroffen«, fiel mir wieder ein. »Er hatte gefragt, ob sie sich im Klohäuschen unterstellen dürfen.«

Wir sahen uns eine Weile an.

»Und ich habe gesagt, so was brauchen Sie doch nicht

fragen. Ist doch wohl logisch, wenn Ihnen die Zelte wegschwimmen.«

Der Kommissar stand auf und ging in Richtung Zeltlager. Mir schlug das Herz im Hals, ich wusste selbst nicht, wieso. Widerstrebend ging ich zurück in die Rezeption, da Kilian mich gerufen hatte. Er hatte die neue Software installiert. Seit er hier war, funktionierte einfach alles, ich hätte ihn am liebsten eingestellt. Was natürlich Quatsch war für jemanden, der verkaufen wollte.

»Ich muss mich um die Software kümmern«, whatsappte ich Alex, »kommst du alleine klar?«

»Darf ich ihm einmal aufs Hirn hauen?«, kam prompt die Antwort, und ich wusste natürlich, wen er meinte.

»Die Birke ist komplett in Ordnung. Ich hol dich morgen Abend ab, und wir fahren nach Regensburg.«

»Okay«, schrieb ich zurück.

»Nein, jetzt nicht speichern«, sagte Kilian hilfreich neben mir, weil ich mit meinen Gedanken halb bei der Birke und halb bei einem romantischen Abend in Regensburg war.

Kilian zog sein Handy heraus, als es ein Geräusch von sich gab. Er las die Nachricht, aber im nächsten Moment zeigte er mir schon wieder, wo ich wie oft hinklicken musste.

»WLAN für die Gäste wäre vielleicht doch nicht so schlecht«, überlegte ich laut.

»Hm. Finde ich auch«, nickte er und seufzte dann schwer. Ich sah ihn von der Seite an und bemerkte, dass er schon wieder auf sein Handy starrte, obwohl es gar nicht gedingelt hatte. Ich linste auf sein Display und sah, dass er einen Kontakt angeklickt hatte und das Bild dazu ansah.

Sarah.

Vorsichtig stupste ich ihn an, und er zuckte zusammen.

»Schon gut«, murmelte er und wollte das Profilbild wegklicken. Aus Versehen erwischte er jedoch die Anruftaste, und es klingelte. Es war eigenartig, das Telefon einer Toten anzurufen. Fast, als würde man mit dem Jenseits telefonieren.

Kilian starrte wie paralysiert auf sein Handy und war nicht in der Lage, das Klingeln wegzudrücken. Erst da fiel mir auf, was eigentlich falsch war: Es klingelte tatsächlich. Nicht etwa auf seinem Handy, sondern draußen, vor der Rezeptionstür. Mit einem Aufschluchzen drückte Kilian das Gespräch weg.

»Da hat was geklingelt«, wiederholte ich das Offensichtliche, und wir sahen uns erschrocken an.

»Ruf noch einmal an!«

Kilian drückte auf Wahlwiederholung, und ich stand auf. Leise schlich ich in Richtung Rezeptionstür – und ja, schleichen war definitiv nicht notwendig. Oder erwartete ich etwa, dass jemand vor der Tür stand? Ich trat nach draußen, das Klingeln wurde lauter, und ich drehte mich nach rechts. Dorthin, wo das Bänkchen stand und der Baumstumpf, auf dem man so schön seine Kaffeetassen oder Ramazotti-Gläser aufstellen konnte. Es klingelte noch immer. Ich kniete mich auf das Bänkchen und beugte mich über den Baumstumpf. Das Klingeln wurde noch lauter, und ich sah einen Lichtschein in dem Ritz zwischen Hauswand und Baumstumpf. Als ich meine Hand ausstrecken wollte, sagte Kilian »Stop!« hinter mir und »Fingerabdrücke«. Er reichte mir ein Geschirrtuch aus der Rezeption, und ich fischte das Handy heraus. Man sah groß das Bild von einem lächelnden Kilian, das sofort schwarz wurde, als er auflegte.

Danach war ich ganz brav und informierte den Kommissar über unseren Fund.

»Sie hatte als Passwort die Telefonnummer ihrer Großeltern«, sagte Kilian hilfsbereit. »3348«

Ich stellte mich unauffällig so hin, dass ich sehen konnte, was der Kommissar machte. Er sah sich die letzten Anrufe von dem Handy an. Ich linste auf das Datum. Sarah hatte schon ewig nicht mehr telefoniert.

»Sie wollte tatsächlich ihr Handy laden!«, stellte ich fest. »Soll ich Ihnen was sagen? Ich glaube, sie hat mit Sepp gestritten, weil sie seine Kabelrolle haben wollte. Er hat sie ihr weggenommen, und daraufhin hat sie sich anders behelfen müssen.« Nämlich mit dem Kabel vom Gröning.

»WhatsApp«, flüsterte ich dem Kommissar ein und zeigte ihm das Symbol. Brav berührte er das Symbol, und man sah den Chatverlauf.

»Die letzten Nachrichten sind überhaupt nicht rausgegangen«, stellte ich verblüfft fest.

»Man hat hier einen ganz schlechten Empfang«, sagte Kilian.

»Die letzten Nachrichten hat sie gegen zwanzig Uhr an »Mumin« und »Griselchen« geschrieben«, sagte der Kommissar und sah Kilian an.

»Am Tag ihres Todes?«

»Um genau zwanzig Uhr fünf«, sagte er.

Das war zwanzig Minuten, bevor ich sie entdeckt hatte!

»Davor hatte sie mehrere Tage nichts auf WhatsApp geschrieben.«

»Und wer ist das?«, fragte ich Kilian. »Und was genau hat sie geschrieben?«

»Mumin ist ihre Mutter. Und Griselchen ihre frühere beste Freundin«, erklärte Kilian.

Ich verlagerte meinen Schwerpunkt auf das andere Bein und konnte deswegen prima mitlesen, was Sarah an Griselchen geschrieben hatte.

»Ich weiß nicht, was ich tun soll. Ich bin schwanger.«

An ihre Mutter hatte sie geschrieben: »Bitte hol mich ab!«

Sie war schwanger, erinnerte ich mich. Fanny hatte das bereits angedeutet, die Sache mit dem Schwangerschaftstest. Wie hatte ich das nur vergessen können? Warum war ich dem nicht nachgegangen?

»Das wissen wir«, erklärte der Kommissar.

Ich war augenblicklich erleichtert. Immerhin hatte mein Versäumnis die Ermittlungen nicht aufgehalten.

»Nicht von mir!«, erklärte Kilian vehement und wurde rot.

Kapitel 18

Es wurde Abend. Die Nacht senkte sich über den Campingplatz, und es war wunderbar ruhig und still. Evelyn war schon wieder verschwunden. Ob bei Uwe Kleinschmitt oder in ihrem Zimmer, wusste ich nicht – ich jedenfalls duschte noch ausgiebig, putzte die Zähne und schlüpfte in ein altertümliches Nachthemd meiner Nonna. Es war ganz weiß und mit üppigen Rüschchen besetzt. Irgendwann würde ich doch nach Hamburg fahren und mir Kleidung holen müssen. Zum Shoppen nach Regensburg zu fahren kam wohl nicht infrage, bei den finanziellen Problemen, die ich momentan hatte!

Ich ging noch kurz auf den Balkon vor mein Schlafzimmer, um eine Weile die himmlische Ruhe zu genießen.

Über den noch hellen Himmel hinter dem Wald sah ich zwei Fledermäuse flitzen, die sich schließlich wagemutig in die Tiefe stürzten. Ich dachte an die schwangere Sarah. An Kilian, der davon offensichtlich nichts gewusst hatte. Und an den Kommissar, der jetzt Leute aus Sarahs Umfeld befragte. Ich konnte die Wiese sehen, auf der die Jugendgruppe campte. Auch dort war es still und leise. In den Zelten leuchteten keine Taschenlampen mehr – vielleicht gab es neben dem Handyverbot auch ein Lampenverbot. Die Scheune erhob sich groß und dunkel hinter den Zelten, und dieser Anblick erfüllte mich mit Traurigkeit. Hätten wir doch nur schneller die Scheune kontrolliert!

Der Gedanke machte mich richtig fertig.

Gerade wollte ich mich umdrehen und ins Haus zurückgehen, als ich eine Gestalt bemerkte, die Richtung Wiese ging. Ich verengte die Augen und beugte mich über das Balkongeländer. Wer war das?

Kilian?

Was hatte er vor?

Ich erinnerte mich an Evelyns Worte, dass wir Kilian überhaupt nicht kannten. War er etwa gar nicht der traumatisierte junge Mann, sondern doch ein Mörder? Ich schnappte mir mein Handy und wählte die Handynummer von Jonas Schneider. Belegt! Ich öffnete WhatsApp und schickte ihm eine sehr atemlose Sprachnachricht: »Ich gehe jetzt zum Jugendcamp hinüber, ich habe das ungute Gefühl, dass dort gleich etwas passiert …«

In der Ferne rief ein kleines Käuzchen, und erschreckt warf ich das Handy auf mein Bett.

Eilig, in meinem weißen Nachthemd und Flipflops, rannte ich die Treppe hinunter, auf den Platz hinaus und zur Straße hoch. Ich hörte und sah nichts. Wo war Kilian abgeblieben? War er in der Scheune?

Die Nachtluft strich mir kühl über die nackten Beine, während mich einzelne Grashalme kitzelten. Mein Herz schlug mir irgendwo im Hals, und als ich vor der Scheune stand, fiel mir auf, dass ich mein Handy nicht mitgenommen hatte. Mist!

Tatsächlich hörte ich eine Stimme im Inneren der Scheune. Soviel ich wusste, war es den Kindern inzwischen verboten, die Scheune zu betreten. Ich lehnte mich gegen die Wand und lauschte angestrengt. Erst konnte ich kein Wort verstehen, dann war es eine Weile still, und schließlich hörte ich Pater Jeremias sagen: »Am besten im Ort. Vor der Kirche.«

Dann wieder ein paar Sekunden Schweigen.

Unterhielt er sich gerade mit Kilian? Ich dachte, Kilian hasste Pater Jeremias? Wieso unterhielten sie sich dann mitten in der Nacht in der Scheune? Es hörte sich nicht so an, als würden sie sich streiten.

»Ich denke, ich brauche fünfzehn Minuten.«

Kilian und Pater Jeremias? In meinem Kopf bildeten sich sofort neue Hypothesen zum Tathergang. Sie waren zu zweit gewesen, natürlich! Wieso, das war mir auf die Schnelle nicht ganz klar, aber das erklärte zumindest, weshalb alles so schnell und lautlos über die Bühne gegangen war.

»Okay. Bis dann!«, sagte Pater Jeremias noch, dann hörte man nichts mehr.

Etwas verspätet fiel mir auf, dass Kilian gar nichts geantwortet hatte.

Ich hatte gar niemand anders gehört. War es ein Telefonat gewesen? Erschrocken presste ich mich fest gegen die Wand, als das Scheunentor aufgeschoben wurde. Inzwischen hyperventilierte ich so stark, dass ich meinte, ohnmächtig zu werden. Das war mein Ende! Pater Jeremias würde mich entdecken und sofort umbringen!

Tatsächlich trat Pater Jeremias heraus. Gerade steckte er ein Handy in seine Jackentasche. In der linken Hand trug er ein mittelgroßes, glänzend schwarzes Köfferchen.

Ohne sich umzudrehen und mich zu entdecken, ging er los. Ich hielt eine Weile erleichtert die Luft an und versuchte mich zu beruhigen. Wenn ich keinen Laut von mir gab, würde er mich nicht entdecken. Er fühlte sich wahrscheinlich unbeobachtet, denn er lief zielstrebig an dem Gemeinschaftszelt vorbei. Keineswegs zu seinem Zelt. Ohne zu zögern, steuerte er auf die Landstraße zu.

Wie bitte?

Er hat ein Handy, war das Erste, was ich dachte. Und das, wo er selbst das Handyverbot ausgesprochen hatte. Und das Zweite war: Der Exorzist war in fünfzehn Minuten verabredet. Mit Köfferchen. Vor der Kirche. Mitten in der Nacht.

Und wo um Himmels willen war Kilian? Hatte Pater Jeremias ihn vielleicht in der Scheune ermordet und machte sich jetzt aus dem Staub? Ich schob das Scheunentor auf und schaltete meine Taschenlampe ein.

Leer.

Und im selben Moment fiel mir eine Menge mehr ein. Pater Jeremias, der mich während des Sturms gefragt hatte, ob seine Schützlinge sich im Klohäuschen unterstellen könnten. Wo nichts normaler gewesen wäre, als in die Scheune überzusiedeln. Auch wenn er sich nicht getraut hatte, sie einfach zu benutzen, er hätte mich ja nach der Scheune und nicht nach dem Klohäuschen fragen können! Die Kinder hätten mit ihren Schlafsäcken alle in die Scheune übersiedeln können … Konnte ein Mann so komplett weltfremd sein?

Außer natürlich, Pater Jeremias hatte schon vorher gewusst, was er in der Scheune finden würde.

Andererseits hatte er die Polizei gerufen. Was ich nicht gemacht hätte, wenn ich der Mörder wäre! Ich rannte aus der Scheune. In weiter Ferne sah ich mit eiligen Schritten Pater Jeremias an der Landstraße entlangwandern. Moment! Da waren noch etliche Fragen offen, fand ich. Und die würde ich ihm jetzt gleich stellen!

Zum Beispiel, wieso das Handy von Sarah hinter meinem Baumstumpf gelegen hatte. Ich gab in meinen Flipflops richtig Gas. Meine Fußsohlen brannten, und meine Brüste hüpften, während ich versuchte, Pater Jeremias einzuholen. Dieser schien bemerkt zu haben, dass ich ihm auf den Fersen war – nun gut, laut genug war ich bestimmt. Erst kurz vor dem Ortsschild zeigte sich, dass meine Kondition besser war als seine. Er sah mich etwas entgeistert an, als ich ihn überholte.

»Was machen Sie da?«, fragte er und sah mich von oben bis unten an.

Ich zupfte mein gerüschtes Nachthemd gerade. »Das muss ich Sie fragen!«, sagte ich böse. »Wohin sind Sie unterwegs?«

»Ins Haus Gottes.«

»Ach was«, sagte ich. »Sie machen sich aus dem Staub, nachdem Sie Sarah umgebracht haben!«

»Unsinn«, sagte er mürrisch. »Sie beherbergen den Mörder bei sich im Haus. Lassen Sie sich nicht täuschen.«

In seinen Augen flackerte etwas, das ich nicht benennen konnte.

»Sie haben mich lange genug getäuscht«, sagte ich. »Aber seit ich weiß, dass Sarah schwanger war, ist mir alles klar! Und gerade ist mir eingefallen, dass Sie schon längst wissen mussten, dass Sarah in der Scheune lag. Oder wieso haben Sie sonst inmitten eines schlimmen Sturms die verängstigten Kinder davon abgehalten, in die Scheune zu gehen?«

Pater Jeremias sah mich mit teuflisch funkelnden Augen an.

»Sie haben Sarah umgebracht, weil sie ein Kind von Ihnen bekommen hätte!«, behauptete ich ins Blaue hinein und erkannte an seinem Blick, dass ich richtiglag.

Triumphierend sah ich ihn an. So viel detektivischen Spürsinn hatte er mir bestimmt nicht zugetraut.

»Sie haben sie niedergeschlagen! Weil Sarah mit ihrer Mutter telefoniert hätte. Sie haben sie erst niedergeschlagen und dann Wasser geholt, um sie darin zu ertränken!«

Als ich sah, wie sich sein Gesichtsausdruck veränderte, fiel mir auf, wie bescheuert ich schon wieder einmal war! Ich stand hier mutterseelenallein auf der Landstraße, rechts und links nur Felder. Auch ein übermenschlicher Schrei hätte jetzt nicht gereicht, um irgendjemanden zu Hilfe zu rufen! Und das, was ich in Pater Jeremias Augen sah, erinnerte mich nicht an christliche Nächstenliebe!

»Sie wollte mich damit zugrunde richten!«, fauchte er mich an, und er sah ein bisschen so aus, als wäre er von einem Dämon besessen.

Bevor ich einen verbalen Rückzug einleiten konnte, hatte er mich schon am Hals gepackt und drückte zu. »Sie wollte, dass ich meine Karriere ihr und diesem Balg opfere! Sie wollte mich öffentlich brüskieren, sofern ich mich nicht zu ihr und dem Kind bekennen würde!«

Ein paar Sekunden krächzte ich noch und hielt seine Handgelenke umklammert. Aber der Pater war viel stärker als ich, und während ich darum kämpfte, wieder Luft zu bekommen, sah ich schon vor meinem inneren Auge, wie es ausgehen würde. Ich, leblos im See am Hirschgrund. Gefunden von einem Angler im nächsten Frühjahr. Und alles nur, weil ich komplett blöd war!

Im nächsten Moment hörte ich jemanden schrill schreien:

»Regna terrae, cantate deo, psallite domino!«

Hatte ich wegen des Sauerstoffmangels schon Halluzinationen? Dann bekam ich plötzlich wieder Luft, weil der Pater erschrocken vor mir zurückwich.

»Qui vehitur per caelus, caelus antiquos!«

Evelyn! Sie hatte das große Kreuz aus der Küche meiner Nonna abgenommen – das Palmsträußchen baumelte noch wie ein kleiner Leichnam daran. In der anderen Hand hielt sie ihr Handy und las ab: »Ecce, edit vocem suam!«

Ihr Gesicht wurde gespenstisch von dem Display des Smartphones beleuchtet. Dann zog sie aus einer Umhängetasche eine Plastikflasche hervor, spritzte damit in die Richtung von Pater Jeremias und schrie mit schrillem Unterton: »Weiche, Satan! Weiche, Satan!«

Ich rang nach Luft, während auch ich mit Wasser bespritzt wurde.

Hinter Evelyn lugte Milo hervor und schaute eher verständnislos auf das Szenario. Dann trat Kilian in Erscheinung, holte mit der Faust aus und schlug dem Pater mitten ins Gesicht. Wie ein gefällter Baum fiel dieser einfach um. Im selben Moment hielt mit quietschenden Reifen ein Auto neben uns, und Kommissar Jonas Schneider sprang heraus.

»Hab ich doch immer gesagt, dass es der Exorzist war«, sagte Evelyn, während ich schlotternd die Arme um mich schlang. Inzwischen merkte ich deutlich, dass ich nur ein Nachthemd und Flipflops trug. Noch immer hielt Evelyn das Kreuz auf den bewusstlosen Pater Jeremias gerichtet.

»Ich habe mich schon vor Tagen auf die Ergreifung vorbereitet«, erklärte sie. »Dachte mir, vielleicht sollte man mal bei ihm einen Exorzismus durchführen. Habe mir extra noch Weihwasser besorgt. Ich glaube ja, dass das Weihwasser ihm den Garaus gemacht hat.«

Ich glaubte eher, dass Kilians Kinnhaken ihm den Rest gegeben hatte. Aber da ich gerade keinen klaren Kopf hatte, war es durchaus vorstellbar, dass es die Kombination von Weihwasser, Rosenkranz und Kreuz gewesen war.

Der Kommissar sah mich von oben bis unten mit einem Kopfschütteln an. »Hatten wir das nicht zur Genüge besprochen?«, fragte er, und seine Stimme klang ein klein wenig verzweifelt.

»Ich dachte, ich muss irgendwelche Kinder vor dem Tod retten«, murmelte ich, während meine Zähne aufeinanderschlugen. Wortlos zog sich der Kommissar seinen Pullover aus, reichte ihn mir und forderte per Telefon Verstärkung an.

»Man sieht, dass du keinen BH trägst«, verriet mir Evelyn flüsternd.

Das wollte man natürlich in so einer Situation hören. Und wer bitte schön trug unter seinem Nachthemd einen BH? Evelyn jedenfalls war gekleidet, als hätte sie das mit dem Exorzismus schon bei der Kleiderauswahl geplant. Komplett in Schwarz. Und geschminkt.

»Sie gehen jetzt bitte beide zurück ins Haus«, wies der Kommissar Evelyn und mich an. »Und Sie bleiben hier bei mir, Kilian!«

Evelyn nickte, und bevor wir eingehakt zurück zum Campingplatz wanderten, hielt sie dem Kommissar noch das Kreuz hin. »Vielleicht sollten Sie es hierbehalten. Falls er wieder aufwacht, dieser Satanist!«

Epilog

Am nächsten Tag stand das kleine Häuschen von Klaus und Gruber. Es war fantastisch, wie schnell man so ein Haus aufstellen konnte, und es sah tatsächlich ungemein niedlich aus. Einladend. Wertete den Campingplatz auf. Meine gesamten Dauercamper waren irre stolz, vor allen Dingen, weil sie sich mehr dafür ins Zeug gelegt hatten als ich. Aber einen Teufel würde ich tun und ihnen zustimmen!

Auf dem Weg zur Rezeption hörte ich den Hetzenegger sagen: »Jetzt kann sie quasi nicht mehr verkaufen. Ich habe auch schon das feste Giebelzelt bestellt. Mit dem Erker ›Forsthaus‹. Komplette Innenauskleidung, Thermomaterial. Das Dach ist begehbar.«

»Der Diamant auf dem Campingplatz«, fügte seine Frau, die Vroni, hinzu.

»Isolierverglaste Kunststofffenster, Fensterblenden zum Ab- und Aufrollen«, erklärte der Hetzenegger stolz weiter.

»Und Gardinenschienen«, vervollständigte Vroni. »Morgen such ich mir Gardinen aus.«

»Wahnsinn«, bestätigte die Schmidkunz und hängte sich bei ihrem Mann ein.

Das musste doch zu stornieren sein! Die konnten sich nicht häuslich auf einem Campingplatz einrichten, den ich verkaufen wollte! Jetzt verstand ich auch, wieso sich der Hetzenegger so für das Häuschen ins Zeug gelegt hatte! Wahrscheinlich würde er mit Klaus und Gruber gleich heute noch ausmachen, wie das mit dem Klohäuschen weitergehen sollte. Winterfest, würde er sagen, winterfest wäre uns ganz wichtig, weil ich es nicht einsehe, wieso im Oktober Schluss sein soll! So ein Wohnwagen ist schnell aufgeheizt im Winter, und mein neues Vorzelt ist sogar schneebruchfest!

»Wie gut, dass du Sofia helfen konntest«, lobte die Schmidkunz Evelyn, die ebenfalls das Häuschen bewunderte.

»Ja. Ich habe sie von meinem Balkon aus auf der Landstraße entlangsegeln sehen. In einem weißen, gerüschten Nachthemd, vorneweg der Exorzist, und da war mir alles klar! Ich also schnell ins Esszimmer, das Kreuz von der Wand und hinterher«, erzählte Evelyn, als wäre sie Spezialistin für die Rettung verarmter Campingplatzbesitzerinnen.

»Und du hast ihm den Teufel ausgetrieben«, hörte ich Vroni bewundernd seufzen. »Dass du dich das getraut hast!«

»Ich hatte ja das Kreuz dabei«, sagte Evelyn. »Das macht diesen Besessenen richtig Angst. Heilige Dinge sind für Dämonen das Schlimmste überhaupt. Da dreht sich denen der Magen um. Hatte mir extra noch jede Menge Weihwasser besorgt. Und auch noch eine Knolle Knoblauch in der Hosentasche stecken«, verriet sie uns.

Wie, Knoblauch? Für den Fall, dass er von einem Vampir besessen gewesen wäre?

»Ich verstehe nur nicht, wieso dieser Pater Jeremias dann die Polizei gerufen hat. Wenn er das nicht getan hätte, wäre vermutlich nie herausgekommen, dass es ein Mord war«, sagte Evelyn kopfschüttelnd. »Das war ziemlich ungeschickt von ihm.«

Das verstand ich auch nicht. So wie ich den Polizisten Brunner einschätzte, hätte er das alles schon so hingebogen, dass es wie ein Unfall ausgesehen hätte. Wie gut, dass mein Kommissar gekommen war.

»Wieso hätte ich nicht die Polizei rufen sollen?«, wollte der Gröning wissen.

»Sie haben die Polizei gerufen?«, fragte ich erstaunt nach.

»Natürlich. Sie haben doch gesagt, rufen Sie die Polizei«, erzählte der Gröning.

Daran konnte ich mich nicht erinnern, wahrscheinlich hatte ich im ersten Schreck alles Mögliche gesagt. Vielleicht hatte der Gröning mich aber auch nur falsch verstanden.

»Ha!«, machte Evelyn zufrieden. »Dieser Lügner! Nicht nur von Dämonen besessen, sondern auch noch verlogen!«

»Ich lüg nicht!«, beschwerte sich der Gröning.

»Ja, aber der Pater Jeremias! So tun, als hätte er die Polizei gerufen!«, empörte sich auch die Vroni. »Um von seiner Schuld abzulenken!«

Dann drehten sich alle Richtung Klohäuschen, in dem gerade der Österreicher verschwand.

»Den schmeiß ich heute noch raus!«, verriet mir Evelyn. »Ich bin mir hundertpro sicher, dass er der Strohmann vom Schwarz ist! Erst gestern habe ich ihn mit dem Schwarz tuscheln sehen! Der kauft für den Schwarz, und wir stehen dann da!«

»Der Schwarz kämpft mit allen Mitteln«, sagte Vroni kopfschüttelnd. »Mich würde es nicht wundern, wenn der die Sarah umgebracht hätte, um dich in Misskredit zu bringen.«

Langsam wurde mir das echt alles zu viel.

Ein dunkler BMW hielt oben bei der Rezeption, und ich überlegte schon, mich irgendwo in die Büsche zu schlagen, nur um dem Kommissar nicht bei Tageslicht zu begegnen. Ich versuchte gerade dringend zu vergessen, wie ich in dem komplett gerüschten weißen Nachthemd meiner Nonna ausgesehen haben musste. Mit schwingenden Brüsten, das nur nebenbei.

Aber es war zu spät, der Kommissar hatte mich schon entdeckt.

»Hallo«, sagte ich freundlich und versuchte an keine Nachthemden zu denken. »Sie wollen wahrscheinlich Ihren Pullover abholen.«

Er hob seine rechte Augenbraue. »Ich würde ihn Ihnen schenken, wenn Sie mir versprechen, keine so waghalsigen Aktionen mehr zu machen.«

»Ich hoffe doch wohl stark, dass es hier keinen Mord mehr geben wird!«, entgegnete ich.

Die Camper waren jetzt alle wie vom Erdboden verschwunden. Ich hatte den starken Verdacht, dass sie hofften, dass ich eine Liebesbeziehung mit dem Kommissar anfangen und dann keine Lust mehr haben würde, nach Hamburg zurückzukehren.

Auf meinem Handy ploppte eine neue WhatsApp-Nachricht auf. Bestimmt Klara mit dem Bild eines nackten Mannes. Oder mein Ex, der mir versicherte, dass ich mir seine Freundinnen nur eingebildet hatte.

»Wichtige Nachricht?«, fragte der Kommissar.

»Bestimmt nur mein Ex«, sagte ich. Irgendwann würde ich ihn genauso blockieren, wie es vermutlich Klaus und Gruber mit mir machten.

»Ich finde Sie deutlich attraktiver als die Neue Ihres Mannes«, sagte er, und ich musste lächeln.

»Das ist nett von Ihnen«, sagte ich.

Wir sahen uns ein Weilchen an, bis er schließlich verlegen sagte: »Vielleicht schaffen wir es ja jetzt einmal zusammen essen zu gehen.«

»Das wäre toll«, antwortete ich ehrlich.

Ein paar Kinder rannten kreischend an uns vorbei, alle nur in knappen Badehosen, zwei davon ratterten mit ihren Bobbycars hinterher.

»Ich könnte Sie jetzt gleich zum Frühstück einladen«, fiel mir ein. Nägel mit Köpfen machen. Man sollte sich nicht darauf verlassen, dass in nächster Zeit noch ein Mordfall passieren oder wir uns rein zufällig über den Weg laufen würden.

»Nichts ist schöner, als am Vormittag am Steg zu sitzen und eine Tasse Kaffee zu trinken.«

Einträchtig gingen wir zur Rezeption, wo ich Kaffeetassen und die Kanne mit Kaffee in einen Korb stellte und mir auch noch Brezen aus dem Brotkorb mopste. Während wir zum Steg hinuntergingen, fiel mir auf, was für ein Glück ich hatte. Ich war in den letzten drei Monaten zweimal fast ermordet worden und lebte noch immer. Ich hatte einen Campingplatz mit unglaublich vielen netten Gästen, und der Österreicher würde heute abreisen! Mit strammen Schritten überholte uns der Gröning, gerade unterwegs ins Moor. Meine Dauercamper besichtigten noch immer das neue Häuschen, das sich wirklich ausnehmend gut in seiner Ecke machte. Drunten am See war es noch angenehm kühl, der Strand war verwaist, und der Kommissar und ich setzten uns auf den Steg und ließen unsere Beine im Wasser baumeln.

»Auf eine friedliche Zukunft!«, lächelte er.

»Auf eine friedliche Zukunft!«, sagte auch ich und schenkte Kaffee ein.

SUSANNE HANIKA

Der Tod hält keine Mittagsruhe

Kapitel 1

Der Sommer hatte seinen Höhepunkt schon fast überschritten. Es war August geworden. Der See war angenehm warm, und als ich nach meiner nachmittäglichen Schwimmrunde wieder an Land ging, klebten mir die ersten herbstlich gefärbten Pappelblätter am Bauch. Nach den letzten, kühleren Tagen hatten sogar ein paar der hartgesottenen Camper geunkt, dass nun der Herbst losging. Aber damit hatten sie sich Gott sei Dank geirrt!

Mein Campingplatz – den ich seit drei Monaten verkaufen wollte, aber es irgendwie nie schaffte – war nämlich gerade bis auf den letzten Platz belegt, und schlechtes Wetter wäre nicht das gewesen, was ich jetzt hätte brauchen können! Allein wenn ich an die vielen Eltern dachte, die hier ihren Zelturlaub verbrachten, überkam mich das kalte Grauen! Streitlustige Kinder auf so engem Raum bei Regen und Kälte war nicht wirklich Urlaub! Aber zum Glück für uns alle präsentierte sich der Spätsommer in voller Pracht.

»Ksch«, sagte ich zu Milo, meinem geerbten Hund, der schwarz und riesig auf meinem Badetuch lag. Doch der blieb auf dem Tuch liegen, den Kopf zwischen den

Pfoten, und rollte die Augen treuherzig in meine Richtung. Milo war nicht nur alt, sondern auch taub. Und vielleicht hatte er auch eine andere Vorstellung von Nachmittagsgestaltung als ich. »Mach dir nicht die Mühe aufzustehen«, sagte ich schulterzuckend. »Ich hole dich heute Abend ab.«

Mit einem Stöhnen wuchtete sich Milo nun doch auf, und ich schnappte mir Nonnas uraltes zartrosa Badetuch mit den dunkelrosa Rosenblüten. Während ich meine Nase in den alten Frotteestoff drückte, erlaubte ich mir, ein paar Sekunden an meine geliebte Nonna zu denken, die mein Leben in den letzten drei Monaten so gehörig durcheinandergewirbelt hatte: Denn meine Großmutter hatte mir ihren Campingplatz vererbt und mich damit urplötzlich aus meiner Heimat Hamburg in die bayerische Provinz geholt.

Gemeinsam schlappten Hund und ich die Treppe hinauf zum Campingplatz. Dort knurrte Milo als Erstes einen winzigen Hund mit sehr haarigen Ohren an. Das fand ich ziemlich gemein, weil der Hund wahrscheinlich nur so viel wog wie drei Päckchen Zucker. Allerdings hatte er ein Ego, das an Milos herankam, wenn es das nicht sogar übertraf. Der Besitzer blieb stehen und tätschelte Milo den riesigen Schädel, obwohl Milo noch immer knurrte.

»Ach, du süßes Mäuschen«, sagte er. So hätte ich den knurrenden Milo, der steifbeinig drohend um den Kleinen herumging, nicht bezeichnet, und ich hielt ihn vorsichtshalber am Halsband fest.

Soviel ich wusste, hieß der Camper Sebastian Kern. Er war allein unterwegs und bestimmt ein paar Jährchen jünger als ich. Er hatte etwas von der Niedlichkeit seines Hundes – ein Papillon mit gepflegtem weiß-schwarzem

Fell. Nicht nur der Hund sah sehr adrett aus, sondern auch Sebastian Kerns Wohnwagen, seine Tischdecke und sein Auto. Ich wünschte, mein Hamburger Noch-Ehemann Martin hätte unsere Wohnung so in Schuss gehalten!

»Nicht so süß wie Ihrer«, sagte ich zuvorkommend und zog Milo weiter, der sich das unwillig gefallen ließ.

Als ich fast bei der Rezeption angekommen war, sah ich, dass sich Evelyn gerade mit einem Mann unterhielt, der mit dem Rücken zu mir stand. Evelyn war eine meiner Dauercamperinnen. Das war vielleicht die falsche Umschreibung, denn von Camping hielt sie nicht viel. Seit drei Monaten schlief sie auch nicht mehr in ihrem Wohnmobil, sondern hatte sich in meinem Gästezimmer eingenistet. Der Mann, mit dem sie sich unterhielt, hatte Lederhosen an und ziemlich knackige Wadeln. Evelyn war wie so oft im Flirt- und Augenblinker-Modus. Im Vorbeigehen erkannte ich, dass es sich um den Schwarz handelte.

Der Schwarz!

Irgendwie enttäuschte mich das gewaltig. Schließlich war der Schwarz in den letzten drei Monaten zu unserem Erzfeind mutiert: er, der keine Intrige scheute, um an sein Ziel zu kommen – meinen Campingplatz kaufen! Wir vom Campingplatz – also alle Dauercamper, regelmäßigen Gäste und ich – waren uns einig, dass der Schwarz mit seinem Plan, den Campingplatz einzuplanieren und ein Luxus-Hotelresort darauf zu bauen, den Platz niemals in die Finger bekommen durfte.

Ich wickelte mich fester in Nonnas Rosenmuster-Badetuch, ignorierte die beiden und knallte die Rezeptionstür hinter mir zur. Mit klatschenden Flipflops rannte ich hoch in meinen Wohnbereich und zog mich um. Über dieses angeregte Gespräch vor meiner Tür würde ich später nachdenken!

Als ich mich gerade umgezogen hatte, hörte ich, wie unten die Tür energisch aufgerissen wurde. Ich kam gleichzeitig mit einer wutschnaubenden Evelyn zurück in die Rezeption.

»Ich bring ihn um«, zischte sie mir zu und wühlte beim kleinen Spülbecken nach Besteck. Ich wusste nicht, was mich mehr irritierte: dass ich nicht wusste, wen sie zu töten beabsichtigte, oder dass sie vorher noch etwas zu essen gedachte.

»Was machst du da?«

»Ha«, stieß sie hervor und hielt triumphierend eines meiner längsten Brotmesser in die Luft. Das mit dem schönen Holzgriff.

»Jetzt hat er seinen letzten Atemzug getan, das sage ich dir!«

»Wer?«, fragte ich fassungslos.

»Der Schwarz!«

Ich stellte mich ihr in den Weg. »Was hast du vor?«

»Geh mir aus dem Weg, ich bring ihn jetzt um!«

»Den Schwarz«, vergewisserte ich mich. »Gib mir das Messer! Für so etwas gebe ich nicht mein gutes, schönes Brotmesser her …«

»Scharfes Messer!«, konkretisierte Evelyn und wollte mich aus dem Weg schieben.

»Das ist mein einziges scharfes Messer!«, betonte ich. »Leg das weg! Das will ich nie wieder benutzen, wenn du damit Leute umbringst. Außerdem landet das dann bis zum Sankt Nimmerleinstag in der Asservatenkammer der Polizei … und ich kann mein Brot nur noch stumpf niedermetzeln.«

»Ich kauf dir ein neues«, tönte Evelyn.

Bevor sie tatsächlich aus der Rezeption stürmen konnte, hatte ich sie am Handgelenk erwischt.

»Lass mich los!«, sagte sie grummelig. Obwohl ich wusste, dass sie keineswegs vorhatte, irgendjemanden zu ermorden, war es mir lieber, wenn das Messer wieder in seine Schublade kam.

»Gib es mir!«, befahl ich. »Weshalb solltest du dich wegen so eines Kerls unglücklich machen?« Wegen Männern sollte man sich sowieso nie unglücklich machen, das war meine neueste Devise, nachdem mich mein Noch-Mann Martin mit der schönen, pinkfarbenen Stringtanga tragenden Nachbarin betrogen hatte.

»Weißt du, was er zu mir gesagt hat?«, fragte sie und ließ sich tatsächlich das Messer wegnehmen.

»Der Typ ist doch keinen Gedanken wert«, erwiderte ich, weil es mich überhaupt nicht interessierte, was der Schwarz so von sich gab. »Wir wissen alle, dass der Typ voll einen an der Waffel hat.«

»Er hat gesagt, ich sei eine alte Schabracke!«, empörte sie sich weiter, ohne auf meine Worte zu reagieren. »Kannst du dir das vorstellen, dass irgendjemand mich, Evelyn Kaminski, als alte Schabracke bezeichnet?«

Evelyn war siebenundfünfzig Jahre alt, und sie hatte sich echt gut gehalten. Mal abgesehen davon, dass sie etwas zu viel Ramazzotti trank – und so etwas sah man an der Haut –, zu oft Bräunungscreme aufgetragen hatte – auch das sah man an der Haut – und außerdem ohne Sex nicht existieren konnte. Das wiederum sah man nicht an der Haut, sondern nur an ihrem Verhalten Männern gegenüber. Ich kannte sie sozusagen nur flirtend. Zudem stand sie unglaublich auf Lycra und wahlweise sehr enge oder sehr durchsichtige Klamotten.

Jedenfalls war Schabracke kein nettes Wort für eine Frau, die jünger als er selbst war und noch dazu eine viel bessere Figur hatte! Aber Männer hatten seltsamerweise immer das Gefühl, dass sie viel langsamer alterten als Frauen im selben Alter. Oder vielleicht dachten sie auch, dass es bei ihnen auf ein bisschen Bauch hin oder her nicht ankomme.

»Der Typ hat doch keine Ahnung von richtigen Frauen«, sagte ich ablenkend. »Der steht wahrscheinlich auf blondierte Häschen, die vierzig Jahre jünger sind als er und mit Abwesenheit von Meinung und IQ glänzen.«

Evelyn seufzte wohlig.

»Und dazu gehörst du einfach nicht.« Anscheinend hatte ich die richtigen Worte gefunden. »Der ist doch die Worte nicht wert, die wir gerade seinetwegen sprechen«, schleimte ich weiter und seufzte erleichtert auf, als Evelyn schließlich zustimmte.

Im nächsten Moment hörte ich Gebrüll von draußen. Was für ein turbulenter Tag! Früher hatte ich immer gedacht, dass nur in der Stadt der Punk abging. Aber das konnten auch nur Stadtmenschen denken!

»Der Hetzenegger. Der macht den jetzt rund«, stellte Evelyn zufrieden fest. »Wahrscheinlich hat er gehört, was der Schwarz zu mir gesagt hat.«

Ich konnte mir nicht vorstellen, dass der Hetzenegger deswegen so einen Aufstand machte. Allerdings sah ich mich bemüßigt, auch hier einzuschreiten. Eilig rannte ich mit klatschenden Flipflops zum Toilettenhäuschen, vor dem der Schwarz und der Hetzenegger standen und sich anschrien. Beide waren groß und hatten einen ordentlichen Bauch – mich zwischen die beiden zu stellen, kam irgendwie nicht infrage. Mit etwas Sicherheitsabstand lauschten bereits die Schmidkunzens und die Vroni, die Frau vom Hetzenegger. Auch ein paar weitere Camper wurden von dem Gebrüll angezogen.

»Was ist denn hier los?«, fragte ich mit erhobener Stimme.

»Hallo?«

Meine Worte wurden nicht gehört. Es klang danach, als beschuldigte der Hetzenegger den Schwarz, alle über den Tisch zu ziehen. Außerdem kündigte er an, mit allem, was ihm möglich war, gegen den Verkauf des Campingplatzes vorzugehen. Und der Schwarz schrie zurück, dass er hier alles plattmachen und sich nicht von einem Hetzenegger aufhalten lassen würde.

Was machte der Schwarz überhaupt auf meinem Campingplatz? Noch hatte ich nämlich überhaupt nicht auf sein überaus großzügiges finanzielles Kaufangebot reagiert.

»Schluss!«, schrie ich und trat nun doch zwischen die beiden Streithähne.

Das Gebrüll verstummte, und die zwei Männer sahen mich erschrocken an. Erfreut darüber, was für eine Autorität ich ausstrahlte, holte ich tief Luft. »Das reicht jetzt! Verlassen Sie meinen Platz, Herr Schwarz! Ich weiß überhaupt nicht, was Sie hier ständig zu suchen haben!«

Meine Nonna hätte jetzt noch ganz andere Dinge gesagt, allen voran vermutlich *Và a morire ammazzato.* Was wörtlich hieß: Auf dass du getötet wirst. Aber man konnte es auch schlicht als »Geh zum Teufel!« übersetzen.

Der Schwarz sah mich fast schon eingeschüchtert an, was mich ziemlich erstaunte, da ich noch gar nicht auf Italienisch geflucht hatte. Erst als ich sah, dass sein Blick zu meiner Hand schweifte, verstand ich meine Autorität: Ich hielt noch immer das lange Brotmesser meiner Nonna umklammert. Etwas verlegen senkte ich meine Hand. Der Schwarz warf mir einen bösen Blick zu, dann ging er schnurstracks hinunter zum See.

»*Vai a cagare*«, murmelte ich, um mich ein wenig zu beruhigen, was »Geh scheißen!« hieß und einer der Lieblingsausdrücke meiner Nonna gewesen war, wenn sie sich über jemanden aufregte. Ich hängte noch ein *»Faccia di culo« an, was mir von Frau Schmidkunz, die offensichtlich Italienisch konnte, einen tadelnden Blick einbrachte.* Der Hetzenegger sah mich ebenfalls grimmig an.

»Das hätte ich jetzt gerne ausdiskutiert.«

»Was?«

»Ich habe mir ein festes Vorzelt bestellt. Und ich werde nicht tatenlos zusehen, wie der den Campingplatz einplaniert.«

Die Leute um uns herum murmelten zustimmend.

»Ich kann Sie ja verstehen«, sagte ich besänftigend. »Aber ehrlich gesagt, ich kann den Platz nicht behalten. Ich muss Schulden bezahlen. Und mein Geld steckt in der Firma Klaus und Gruber.« Diese blöden Saftsäcke. Irgendwie war ich gerade in Fluch-Laune.

»Die müssen Ihnen doch das Geld wiedergeben«, knurrte der Hetzenegger.

»So einfach ist das nicht«, erklärte ich ihm. »Ich habe erst vor ein paar Tagen mit einem Rechtsanwalt telefoniert. Und der hat mir gesagt, dass mir da langwierige Prozesse ins Haus stehen. Die ich wahrscheinlich verliere.«

Dann war das Geld weg. Und der Campingplatz. Und ich konnte Privatinsolvenz anmelden.

»So ein Unsinn«, mischte sich der Schmidkunz ein. »Die Rechte Ihrer Großmutter gehen doch auf Sie über. Und sie hätte auch die Möglichkeit gehabt, den Vertrag aufzukündigen.«

»Aber der Rechtsanwalt hat gesagt, seit mir Klaus und Gruber das Häuschen auf den Campingplatz gestellt haben …« Die Firma hatte mir nämlich gegen meinen ausdrücklichen Willen ein kleines, süßes Häuschen auf den Platz gestellt. Quasi als Wiedergutmachung. Und seitdem schien es abgemacht zu sein, dass ich nichts mehr von der enormen Summe sehen würde, die meine Nonna vor ihrem Tod als Vorauszahlung für ein neues Klohäuschen überwiesen hatte.

»Welcher Rechtsanwalt?«, fragte der Hetzenegger in einem Tonfall, als hätte ich etwas falsch gemacht.

»Der Dr. Feuser«, sagte ich. Der sollte doch besser wissen, wie das rechtlich war, als Schmidkunz, der Apotheker, und Hetzenegger, der eine Steuerkanzlei hatte.

»Ha! Der Feuser«, sagten der Schmidkunz und der Hetzenegger gleichzeitig.

»Das ist ein abgekartetes Spiel«, erklärte mir die Vroni und tätschelte mir beruhigend die Schulter. Vielleicht wegen des langen Brotmessers in meiner Hand.

»Wieso?«

»Der Feuser ist garantiert auch der Rechtsanwalt von Klaus und Gruber«, fing die Vroni an.

»Außerdem ist der Feuser doch total abhängig vom Schwarz«, erklärte Frau Schmidkunz. »Der hat doch die Tochter vom Schwarz geheiratet und wäre schon längst pleite, wenn der Schwarz ihm nicht ständig Geld zuschustern würde.«

Fassungslos öffnete ich den Mund und schloss ihn wieder. Das hätte meine Nonna natürlich alles gewusst und wäre niemals auf diesen blöden Anwalt hereingefallen! Andererseits war meine Nonna auf die Klaus und Grubers hereingefallen. Wer um Himmels willen überwies schon im Vorfeld, Monate vor Baubeginn, den gesamten fälligen – und völlig überteuerten – Betrag an ein Bauunternehmen. Wo man doch wusste, dass dann dem Pfusch Tür und Tor geöffnet waren.

»Sie meinen, mir steht das Geld eigentlich zu«, fasste ich das Ergebnis zusammen.

»Natürlich«, sagte der Hetzenegger mit ernster Miene. »Die zwei versuchen Sie doch nur fertigzumachen.«

»Deswegen bekommst du auch keinen Handwerker«, verriet mir die Vroni strahlend. »Der Schwarz hat bestimmt jedem im Ort gedroht, dass er ihn in den geschäftlichen Ruin treibt, wenn er Aufträge von dir annimmt.«

Ich war einfach sprachlos! Wieso sagte mir das keiner?

»Der Klempner?«

»Ein alter Spezi vom Schwarz«, sagte der Hetzenegger mit zornesrotem Gesicht. »Der würde nie etwas gegen den Schwarz unternehmen!«

»Der Elektriker.«

»Auch«, bestätigte der Schmidkunz.

Wahnsinn! In mir brodelte der Unmut.

Da spürte ich die Hand von Vroni an meiner. Behutsam entwand sie mir das Messer. Hatte sie Angst, dass ich gewalttätig wurde? Ich überließ ihr das Messer und wandte mich wieder ihrem Mann zu.

»Und der Feuser hat mir nur eine falsche Auskunft gegeben, weil ihm der Schwarz das aufgetragen hat?«

»Natürlich«, nickte der Hetzenegger.

»Der konnte doch nicht wissen, dass ich zum Feuser gehe.«

»Na ja. Der Feuser ist ja naheliegend. Ist ja gleich vorne am Ort.«

Das hatte ich mir ehrlich gesagt auch gedacht. Wie praktisch. Gleich vorne am Ort.

»Ich bring ihn um«, sagte ich kraftlos. »Diesen blöden Sack!«

Eine Weile herrschte atemlose Stille, als hätten alle nur darauf gewartet, dass ich so etwas sagte.

»Das würde das Problem teilweise lösen«, stimmte Evelyn mir zu.

Alle strahlten mich aufmunternd an, Vroni tätschelte mir die Schulter. »Das mit dem Geld, das schaffst du schon. Die Campingsaison ist doch dieses Jahr echt super gelaufen.«

Da hatte sie recht.

»Und sobald wir den Schwarz loshaben, wird es hier richtig schnuckelig.«

Aber wie wollte sie das mit dem Schwarz machen? Inzwischen kam es mir vor, als würde er jeden Tag hier herumschleichen. Anfangs hatte ich noch gedacht, dass er das Gelände, das er kaufen wollte, inspizierte. Aber doch nicht täglich!

Nachdem nun alles gesagt, eine Morddrohung ausgesprochen und ich entwaffnet war, wurde es den Campern zu langweilig. Herr und Frau Schmidkunz, bereits in Badesachen, verabschiedeten sich und gingen zum See hinunter. Der Gröning kam gerade die Treppe herauf, nur in eine alte Badehose gekleidet, in der rechten Hand ein altes kleines Handtuch. Die Vroni lud mich zum Kaffeetrinken ein.

»Ich hätte noch ein Mohnschneckerl«, sagte sie deeskalierend. »Wir haben jetzt wirklich eine Stärkung nötig!«

Da hatte sie recht.

Kapitel 2

Nach der Auseinandersetzung fühlte ich mich derart zittrig, dass ich das Mohnschneckenangebot freudig annahm. Ich durfte sogar auf dem extrakomfortablen Stuhl vom Hetzenegger sitzen. Die Vroni wuselte um mich herum, brühte frischen Kaffee auf, Evelyn holte sich ihren Klappstuhl mit dazu, und so saßen wir drei Frauen um den hübsch gedeckten Campingtisch der Hetzeneggers. Diese hatten sich nicht nur das feste Vorzelt bestellt, sondern auch einen neuen großen Campingtisch und dazu eine orange-rot gemusterte Tischdecke. Stil Provencal, wie mir Vroni stolz berichtet hatte.

»Mein Mann ist ja ein ganz ein Ruhiger«, erklärte die Vroni. »Aber die letzten Tage waren der reine Stress.«

Ich biss in die Mohnschnecke. Superlecker, was der Meierbeck da produzierte. Den musste man unterstützen!

»Ich war schon drei Tage nicht mehr groß am Klo«, verriet uns die Vroni. »Das ist dieser Psychoterror, dem wir ausgesetzt sind.«

»Welcher Terror?«, fragte ich. Ich sah die beiden immer nur gemütlich beim Essen sitzen. Außerdem wollte ich nichts über ihre Klogeschichten hören!

»Allein, dass dieser Schwarz die ganze Zeit herumschleicht, als würde ihm der Campingplatz gehören! Seit Tagen geht das nun schon so!«

Also war das nicht nur mir aufgefallen.

»Und da hat uns einfach mal interessiert, was das soll!«, erklärte die Vroni. »Aber der Schwarz ist ja gleich rot angelaufen, als der Franz gefragt hat. Also, ich bitte euch! Der ist einfach so ausgeflippt. Dabei war das eine ganz berechtigte Frage! Schließlich campt er hier nicht. Und Freunde hat er hier auch keine!«

»Der Schwarz ist einfach nicht ganz sauber«, bestätigte Evelyn zufrieden und schien damit die »Schabracke« aus der Welt geschafft zu haben.

»Ich bin ja so froh, dass wir heute Abend nach Regensburg fahren«, seufzte Vroni. »Wir sehen uns ein Stück im Turmtheater an. Und morgen gehen wir dann in die Kaisertherme.«

»Übernachtet ihr?«, fragte Evelyn und griff nach der letzten Mohnschnecke.

»Ja. Im Orphée.«

Evelyn und Vroni seufzten wohlig.

»Das ist sein Geburtstagsgeschenk für mich«, strahlte Vroni. »Und wenn ich weniger gestresst bin, dann kann ich vielleicht mal wieder groß aufs Klo.«

Ach du meine Güte!

Schnell lenkte ich vom Thema ab: »Ich brauche jedenfalls dringend Handwerker. Irgendwo im Nachbarort wird sich doch jemand finden lassen, der nicht mit dem Schwarz verbandelt ist!«

»Keine Ahnung«, erwiderte die Vroni und schenkte eine Runde Kaffee nach. »Dieser Depp setzt doch den ganzen Landkreis unter Druck. Wenn nicht was passiert, wird er noch Landrat, und dann kannst du deinen Campingplatz sowieso einstampfen.«

»Echt?«

»Ja«, sagte Vroni grimmig und nahm einen Schluck Kaffee.

»Machst du nicht gerade die Zwei-Mahlzeiten-pro-Tag-Diät?«, wollte ich mit vollem Mund von Evelyn wissen, um nicht weiter an die Klempner-Problematik denken zu müssen.

»Nein. Die bewirkt bei mir nichts«, erklärte Evelyn, ebenfalls mit vollem Mund. »Ich mach jetzt die Kraftsportler-Diät.«

Und die ging mit Mohnschnecken, oder wie? Gespannt warteten Vroni und ich auf die Erklärung.

»Da muss man möglichst viele Kohlenhydrate aufnehmen«, antwortete Evelyn.

»Und dabei soll man abnehmen?«, wollte Vroni kopfschüttelnd wissen.

»Ja. Man baut da Muskeln auf«, erklärte Evelyn.

Na ja. Eigentlich ging das mit Eiweiß und nicht mit Kohlenhydraten, und funktionierte vor allem, wenn man gleichzeitig Kraftsport betrieb. Davon hatte ich bei Evelyn noch nichts mitbekommen, aber ich hielt vorsorglich die Klappe. Praktischerweise begann Milo neben mir zu fiepen und wollte Gassi gehen.

Als Milo und ich kurz darauf lostrotteten, blieb ich auf der Treppe zum See hinunter stehen und beobachtete die kleinen Kinder, die dort im flachen Wasser spielten. Zwei Mütter standen dabei und schauten ihren Sprösslingen zu. Mein entspanntes Zusehen war abrupt zu Ende, als ein kleiner Junge in mich hineinlief und entsetzt kreischte. Er kicherte verlegen, als er mich erkannte, dann rauschte irgendetwas Dunkles knapp an meinem

Kopf vorbei. Der kleine Junge und ich kreischten nun gemeinsam, während wir uns duckten.

»Meine Drohne!«, rief er und hob sie eilig vom Boden auf, als könnte er dadurch den Sturz ungeschehen machen. Mein Herz wummerte.

»Die kostet über tausend Euro«, erklärte er mir. »Und ich darf sie nicht abstürzen lassen, sonst krieg ich nie wieder eine. Die letzte ist mir in einen Fluss gefallen. Ich wäre beinahe ertrunken, als ich sie retten wollte. Meine Mama hat gesagt, sie versohlt mir das nächste Mal den Hintern, wenn ich die Drohne rette.«

Herr im Himmel, ging mir die Pumpe!

»Der Papa musste sie dann rausholen, und der ist auch beinahe ertrunken.«

Na prima!

»Die war dann kaputt.«

Mein Herz war auch gleich kaputt, wenn das heute so weiterging!

»O. k.«, sagte ich schwach. »Dann achte mal gut auf deine Drohne.«

Er hob zustimmend den Daumen und startete sein Fluggerät. Als es losflog, sah ich die Kamera an der Drohne.

»Pass mal auf«, sagte ich zu dem Kleinen. »Das Filmen mit der Drohne ist auf dem Campingplatz nicht erlaubt.«

Er sah konzentriert nach oben und ließ das Gerät über den Kleinkindern kreisen.

»Wie heißt du?«

»Maxl.«

»Maxl. Du kannst den Weg Richtung Dorf gehen, dort über dem Wasser kannst du deine Drohne toll fliegen lassen.«

»Wenn sie wieder ins Wasser stürzt, dann brennt unser Haus vielleicht ab. Wie das letzte Mal«, sagte er und ließ die Drohne nicht aus den Augen. »Da hab ich nämlich die Drohne im Keller getrocknet, und dann hat sie sich selbst entzündet. Kurzschluss, verstehen Sie?«

Nein, verstand ich nicht.

»Okay. Dann geh auf die andere Seite der Straße, dort kannst du sie über dem Feld fliegen lassen.«

»Ich darf nicht alleine über die Straße gehen. Da könnte mich ein Lastwagen überfahren«, sagte Maxl.

Ich seufzte und beschloss, mit den Eltern ein ernstes Wörtchen zu sprechen. Dann ließ ich mich von Milo hinunter zum Seeweg ziehen.

Milo und ich legten ein eher gemächliches Tempo vor – nach dem turbulenten Vormittag die richtige Geschwindigkeit. Trotzdem begann ich schon bald zu schwitzen. Auch wenn die Nächte schon kühler wurden, war es tagsüber noch richtig heiß, und ich konnte mit kurzer Hose und T-Shirt am Seeweg entlangschlendern. Trotz Mohnschnecken und Kaffee ging mir die Sache mit dem Schwarz immer noch nach, und ich hatte das starke Bedürfnis, meinen Spaziergang auszudehnen und wieder einen klaren Kopf zu bekommen. Also ging ich nach unserer üblichen Runde mit Milo noch über die Brücke hinüber ans andere Ufer. Auf der Brücke überholte mich der Gröning mit beschwingtem Schritt. Trotz seiner fünfundachtzig Jahre war er schneller unterwegs als Milo und ich. Er grüßte mit einem Lächeln und verriet mir, was er vorhatte: Vogelbeobachtung im Moor.

Ich wünschte ihm viel Erfolg, blieb auf der Brücke stehen und stützte mich mit den Ellbogen auf das Holzgeländer. Milo war nämlich gerade damit beschäftigt, an ein paar auserwählten Baumstämmen zu schnuppern. Ich beobachtete die Fische unter der Brücke. In meiner

Hosentasche piepte mein Handy, eine neue WhatsApp-Nachricht meldend. Ich ließ es piepen und genoss die Sonne auf der Haut und den Geruch von Fichtennadeln. Das WhatsApp-Gedingel wollte jedoch einfach nicht aufhören, also zog ich das Gerät schließlich doch aus der Hosentasche. Zehn Nachrichten von meinem Noch-Mann Martin. Was wollte der denn? Vielleicht die Scheidung per Kurznachricht abwickeln?

»Mein Schatz. Ich vermisse dich so sehr.«

Das war eine alte Nachricht. Die hatte er schon am Vortag geschrieben, wahrscheinlich hatte er zu viel Rotwein intus gehabt und seine Neue mit ihm Schluss gemacht.

»Es tut mir so leid, was ich getan habe! Was für ein Schwachsinn, mich mit dieser Frau einzulassen!«

Was hieß hier Frau. Das waren mindestens drei gewesen, denn ich hatte meine Spione in Hamburg. Meine Schwester und meine Freundin Klara hielten mich bestens auf dem Laufenden.

»Ich halte es nicht mehr aus ohne dich.«

»Willst du nicht zu mir zurückkommen?«

Hatte er Probleme im Haushalt? Hatte er bemerkt, wie praktisch es war, wenn die Frau schon eingekauft, geputzt und gekocht, die Hemden gebügelt und ihm seine Freizeit organisiert hatte? Ich jedenfalls hatte seit meiner Zeit auf dem Campingplatz festgestellt, wie viel weniger Arbeit es war, wenn man nur sich selbst versorgen musste. Okay. Und ein bisschen Evelyn. Aber immerhin teilten wir uns die Wäsche! Ich las alle anderen Nachrichten und schüttelte den Kopf. Was sollte ich dazu sagen? Jetzt gerade konnte ich unmöglich nach Hamburg fahren, selbst wenn ich gewollt hätte. Und ich wollte definitiv nicht.

»Ich kann nicht heimkommen. Ich habe hier zu tun«,

schrieb ich zurück und wollte das Handy schon wegstecken. Mein Noch-Ehemann schien das Handy jedoch in der Hand zu halten, denn ich sah die Mitteilung »Martin schreibt«.

Oje!

»Dann komme ich«, schrieb er. Danach folgten noch ein Lächel-Smiley, ein Kuss-Smiley und ein Herzchen-Puste-Smiley.

Diese Form von Unterhaltung hatten wir noch nie geführt, Martin hasste Smileys. Aber vielleicht hatte er sich das angewöhnt, jetzt, wo er ständig mit jungen Frauen Kontakt hatte.

Mach dir keine Umstände, setzte ich an zu schreiben. Martin passte hier einfach nicht her! Das hatte er noch nie. Doch dann war mir alles zu blöd, und ich steckte das Handy einfach wieder weg.

Nachdenklich blickte ich hinüber zu meinem Campingplatz. Man sah nur den Strand, die Wohnwägen blitzten weiß zwischen den Weiden und Pappeln hindurch. Am Ufer waren noch immer die zwei jungen Mütter mit ihren Kindern. Maxl stand jetzt im Wasser und ließ seine Drohne kreisen. Hatte er nicht vorhin gesagt, er durfte dieses Teil nicht mehr über dem See fliegen lassen? Was war ich auch so gutgläubig! Milo brach mit einem Stöhnen neben mir zusammen und sah aus wie frisch gestorben. Mein Blick glitt den Weg hinunter, der sich idyllisch am See entlangschlängelte. Dort, wo ich zur Brücke abgezweigt war, konnte man noch weiter geradeaus gehen und durch die scheinbar endlosen Wälder marschieren. Das würde ich demnächst auch tun! Plötzlich sah ich zwischen dem dichten Grün des Schilfs etwas Rotes aufblitzen. Ich kniff die Augen zusammen und versuchte zu erkennen, was es war. Zwei Männer standen dort und unterhielten sich. Sebastian Kern in einem roten T-Shirt. Direkt vor ihm stand Holger Schwarz.

Dieser Schwarz ging mir gehörig auf die Nerven! Ich konnte ihm schlecht verbieten, hier spazieren zu gehen und meine Campinggäste anzusprechen. Er befand sich nicht auf Privatgrund. Aber warum tat er das? Schon wieder brummte mein Handy in der Tasche, doch ich ignorierte es.

Holger Schwarz rückte dem Kern ganz schön auf die Pelle! Gerade hatte er ihm kumpelhaft den Arm um die Schulter gelegt, und es sah ein bisschen so aus, als würden sie die Aussicht genießen. Aber ich konnte mir gut vorstellen, was das in Wirklichkeit war. Diese Art von Verbrüderung, die Schwarz bis zur Perfektion beherrschte! Wahrscheinlich bot er ihm gerade Geld an, um mich auszuspionieren! Wirklich ein kluger Schachzug. Wenn mich der Kern ausgefragt hätte, wäre ich nie auf die Idee gekommen, dass der Schwarz dahintersteckte. Wer wusste schon, was für Informationen ich unbedacht weitergegeben hätte, wenn ich das jetzt nicht gesehen hätte. Ärgerlich beobachtete ich die beiden weiter und erschrak furchtbar, als mir jemand den Arm um die Schulter legte.

»Alex!«, stieß ich atemlos hervor. »Du willst mich wohl umbringen!«

»Nein, ich will dich nur anbaggern«, sagte er unverblümt und grinste übers ganze Gesicht.

»Idiot«, lachte ich und schlug ihm mit der flachen Hand auf den Bauch. Alex war mein Freund aus Kindertagen, dementsprechend rüde war stellenweise unsere Beziehung. Mit jemandem, der einem schon diverse Male Limonade übers T-Shirt gegossen hatte, ging man einfach anders um als mit Leuten, die man erst als Erwachsener kennengelernt hatte. Auch wenn unsere

Freundschaft schon ein bisschen mehr als platonisch war – denn geknutscht hatten wir bereits ausgiebig. Alex war sozusagen mein Freund mit gewissen Vorzügen. Dabei ging ich keineswegs davon aus, dass er ganztags nur an mich dachte. Denn es gab hordenweise Frauen, die hinter dem attraktiven Erben der Brauerei Stöckl her waren.

»Aua! Ich habe doch nur gehofft, dass du ohnmächtig wirst, damit ich dich wiederbeleben darf.«

Ich verdrehte die Augen zum Himmel, und Alex ließ seinen Arm auf meiner Schulter geparkt, als würde er da hingehören. Weil es sich nicht schlecht anfühlte, protestierte ich nicht.

»Na, was geht ab?«

»Der Schwarz«, sagte ich. »Sieh dir das an!«

Eine Weile schauten wir hinüber zu Schwarz und Kern. Gerade verabschiedeten sich die beiden, so richtig intim, mit Umarmung, Auf-den-Rücken-Geklopfe und so.

»Was hat der mit meinen Campinggästen zu tun?«, fragte ich mürrisch. »Und warum tut der so vertraut? Kennen die sich schon länger?«

»Denke ich nicht«, sagte Alex. Auch er hatte die Stirn gerunzelt. »Der Schwarz ist so. Ich habe auch immer das Gefühl, dass er meine Hand zu lange hält, mir den Arm um die Schulter legt und so einen Quatsch. Der ist eine Spur zu kumpelhaft.« Er sah plötzlich grimmig aus. »Richtig unmöglich.«

»Jemandem den Arm um die Schulter legen?«, wollte ich wissen.

»Ja.«

»Das würdest du ja nie machen«, grinste ich und lenkte den Blick auf seinen Arm auf meiner Schulter.

»Nicht beim Schwarz. Nur bei Leuten, mit denen ich ins Bett will.«

»Vielleicht will er ja mit dir ins Bett«, zog ich ihn auf. Oder mit dem Kern, der war schließlich auch ziemlich knackig und gut aussehend. Alex lachte schelmisch. »Apropos. Willst du mit mir nicht einmal tanzen gehen? Am Wochenende ist wieder Tanzcafé.«

»Das klingt so nach Aktivitäten mit Herzschrittmacher.«

»Ach Unsinn«, empörte er sich. »Da gibt es auch Jüngere, die da hingehen.«

»Echt? Jünger als wir?«

Wir lachten beide, dann blickte ich wieder hinüber zum Schwarz. Der war inzwischen verschwunden. Das rote T-Shirt von Kern sah ich beschwingt in den Wald hineinmarschieren. Ich nahm mir vor, alles, was der Kern von mir wollte, mit Vorsicht zu genießen. Ich würde auf gar keinen Fall auf etwas vom Schwarz hereinfallen. Wenn er dachte, er könnte wieder irgendwelche Spione auf mich ansetzen, dann hatte er sich geschnitten!

Kapitel 3

Am nächsten Morgen wurde ich durch einen schrillen Schrei geweckt. Verschlafen torkelte ich aus dem Bett, fiel als Erstes über Milo, der auch verschlafen aufsprang, und rannte Richtung Treppe. Der Schrei hörte gar nicht mehr auf!

Ich rannte durch die Rezeption hinaus ins Freie. Dort liefen andere Leute auch bereits Richtung Schrei. Evelyn stand direkt neben der Schranke und schrie so laut, dass es Tote hätte erwecken können. Als ich bei ihr ankam, hörte sie abrupt auf und sagte: »Puh, hat der mich erschreckt!«

Ich sah zu ihren Füßen einen Mann liegen, der mir äußerst bekannt war. Der Schwarz.

Mein persönlicher Feind Nummer eins.

Für eine Zehntelsekunde war ich irritiert. Ein paar Gedanken schossen mir durch den Kopf, angefangen damit, dass ich den Eindruck hatte, dass Evelyn Schwarz niedergeschlagen hatte, weil er blöde Kommentare über sie gemacht hatte. Dann erst fiel mir die seltsame Armstellung auf und dass eine dunkle Flüssigkeit über den Asphalt lief.

»Ruft den … Rettungswagen«, brachte ich hervor.

»Was heißt hier Rettungswagen«, sagte Evelyn kopfschüttelnd und auf einmal die Ruhe selbst. »Da hilft doch kein Rettungswagen mehr.«

Mir wurde schlagartig schlecht, als ich begriff, was mir Evelyn damit sagen wollte. Wenn sie mich nicht gestützt hätte, wäre ich vermutlich umgekippt.

»Oh mein Gott, das darf doch nicht wahr sein!« Wenn er schon tot umfallen musste, dann doch bitte nicht auf meinem Campingplatz!

In weitem Abstand hatten sich jetzt auch andere Campinggäste eingefunden, die uns mit offenem Mund anstarrten.

»Ist er wirklich tot?«, flüsterte ich.

Evelyn tippte mit einer Zehenspitze an seinen Arm, der sich nur einen Zentimeter bewegte. »Natürlich ist er tot. Der ist ja schon richtig steif!«

Wieso sie jetzt so cool tun konnte, wo sie eben noch hysterisch geschrien hatte, war mir nicht ganz klar.

»Wir können gerne noch den Notarzt anrufen«, machte sie weiter. »Steife Arme sind jedoch immer ein schlechtes Zeichen.«

»Der Schwarz«, sagte der Gröning neben mir kopfschüttelnd. »Was macht der da?«

»Vielleicht hat er sich den Kopf gestoßen?«, fragte ich hoffnungsvoll. Aber wieso um alles in der Welt kam er derart früh am Morgen auf meinen Campingplatz und stieß sich dabei auch noch den Kopf so arg an, dass er davon starb?

»Ihr bewacht den Toten!«, befahl Evelyn energisch dem Gröning und dem Schmidkunz. »Wir rufen die Polizei. Komm, Schätzchen, bevor du aus den Latschen kippst, solltest du dich lieber mal hinsetzen.«

»Na ja, sieh es positiv«, sagte Evelyn, während wir zum Haus gingen. Ich musste mich dringend umziehen, ich fand, dass ich schon einmal zu oft im Nachthemd vor der Polizei und besonders vor einem bestimmten Kommissar herumgeturnt war.

»Positiv?«, fragte ich verzweifelt. »Man kann doch den Tod eines Menschen nicht positiv sehen!« Auch wenn der Schwarz ein furchtbarer Mann gewesen war. »Ich kann den Campingplatz dichtmachen! Was meinst du, wer jetzt noch kommt? Ich meine, drei Leichen in einer Saison, das hält doch kein Campingplatz aus!«

»Ach Unsinn, Schätzchen«, erwiderte Evelyn, wie immer meinen Namen ignorierend. »Ich meine, was kann der Campingplatz dafür, dass der Schwarz erstochen wurde.«

Natürlich konnte der Campingplatz nichts dafür. Aber wer wollte schon auf einem Campingplatz schlafen, auf dem alle naselang irgendwelche Leute ermordet herumlagen? Gut, bei den letzten zweien hatte es die Campinggäste in ihrer Ruhe vielleicht nicht so gestört. Aber der Schwarz lag jetzt direkt neben der Schranke, und mit dem ganzen Blut sah das nicht besonders appetitlich aus. Und woher wusste Evelyn schon wieder, wie genau der Schwarz gestorben war? Ich war so paralysiert von dem Blut gewesen, dass ich nichts anderes mitbekommen hatte.

Das Surren einer Drohne über meinem Kopf lenkte mich von meinem Leid ab. Maxl war schon wieder unterwegs, vermutlich um den toten Schwarz zu filmen.

Jetzt reichte es!

»Maxl. Ich verbiete dir, weiter auf dem Campinggelände zu filmen!«, sagte ich energisch und wollte seine Fernsteuerung konfiszieren.

»Hallo?!«, rief eine Männerstimme neben mir, und ich

schnellte herum. »Sie können meinem Sohn doch nicht sein Spielzeug wegnehmen!«

»Natürlich kann ich das!«, sagte ich und stemmte die Hände in die Hüfte. »Und Sie sollten das auch tun! Der filmt doch die ganze Zeit, oder? Schon mal was von Persönlichkeitsrechten gehört?«

Maxls Vater sah nicht besonders schuldbewusst aus. Bis jetzt hatte ich ihn nicht mit Maxl in Verbindung gebracht, weil ich den kleinen, dürren Jungen immer nur alleine gesehen hatte. Der Vater war ohne seine Frau – oder vielleicht auch seine Ex-Frau – angereist und schien sich hauptsächlich darum zu kümmern, dass alle Frauen am Platz seinen wunderbaren Körper bewunderten. Selbst ich hatte schon einmal hingeschielt. Er schien Bodybuilder zu sein und bestand nur aus festen Muskelpaketen, die er ganztags konzentriert anspannte. Anders konnte ich mir das mit den Muskeln nicht erklären.

»Dort vorne« – ich senkte meine Stimme – »liegt eine Leiche. Und ich möchte, dass Ihr Sohn SOFORT mit dieser Filmerei aufhört!«

Maxl und sein Vater sahen mich schockiert an, die Drohne geriet ins Trudeln und flog fast in Evelyns Ausschnitt. Diese kreischte auf und schnappte nach Luft.

»'tschuldigung«, sagte Maxls Vater, während die Drohne wieder Fahrt aufnahm und in den Himmel stieg.

Wortlos sahen wir den beiden hinterher, wie sie nebeneinander zurück zu ihrem Zelt gingen.

»Du machst das gut«, sagte Evelyn.

»Was?«

»Du strahlst Autorität aus. Sogar in deinem Bekleidungszustand.«

Erst jetzt fiel mir wieder ein, dass ich noch immer das gerüschte Nachthemd meiner Nonna trug. Hastig folgte ich Evelyn ins Haus.

»Vielleicht ist es ja eine natürliche Todesursache«, sagte ich hoffnungsvoll. »Der hatte so einen Stress wegen seiner ganzen Pläne meinen Campingplatz betreffend, dass er einen Herzinfarkt bekommen hat.« Und dann ist er auf dem Campingplatz zusammengebrochen, hat sich den Kopf angeschlagen und ist verblutet. Erleichterung machte sich in mir breit.

»Ich würde auch sagen, dass es ganz natürlich war, dass er gestorben ist«, bestätigte Evelyn mir. »Wer überlebt das schon, dass ihm ein Küchenmesser im Hals steckt.«

»Küchenmesser?«, krächzte ich und sackte in der Rezeption auf den Drehstuhl meiner Großmutter. Das hatte ich nicht bemerkt! Nun gut, ich hatte mir den Schwarz auch nicht so genau angesehen.

»Ja. Vielleicht hättest du das verschwinden lassen sollen«, sagte Evelyn. »Das wäre zumindest sehr viel unauffälliger gewesen.«

»Unauffälliger?«

»Das wirft ja jetzt ein ganz schlechtes Licht auf dich.«

»Auf mich?«, fragte ich empört. »Also, Evelyn, ich habe den Schwarz natürlich nicht ermordet, wieso sollte ich?«

Gut, mir fielen gleich eine ganze Reihe Gründe ein, weshalb ich das hätte tun sollen. Aber ich hatte doch irgendwie ein Alibi. Zumindest hatte Milo neben mir geschlafen.

»Natürlich hast du ihn nicht ermordet«, sagte Evelyn. »Aber es ist dein Küchenmesser. Und du hast gestern damit vor der Nase vom Schwarz rumgefuchtelt und gesagt, am liebsten würdest du ihn abstechen.«

»Habe ich nicht gesagt«, murrte ich, und mir wurde plötzlich heiß und kalt. Dass ich das Küchenmesser dabeigehabt hatte, stimmte, aber dass ich etwas von Abstechen gesagt hatte, konnte ich mir nicht vorstellen!

»Mein Küchenmesser? Bist du dir sicher?«

»Sieht jedenfalls genauso aus wie das Küchenmesser deiner Großmutter, mit dem du gestern auf den Schwarz losgegangen bist.«

»Bin ich nicht!«, brachte ich hervor.

Das Messer hatte ich nur noch in der Hand gehabt, weil ich Evelyn entwaffnet hatte!

»Darf ich dich daran erinnern, dass du herumgetönt hast, dass du ihn umbringen wirst?« Genau mit diesem Küchenmesser im Übrigen. Wo hatte ich das dann überhaupt gelassen? Im Moment sah ich nur flimmernde Punkte vor meinen Augen und konnte mich an gar nichts mehr erinnern!

»Ach was, Schätzchen«, sagte Evelyn ihren Lieblingssatz.

»Ich mach uns jetzt erst mal einen Kaffee.«

Und ich musste erst einmal zusehen, dass ich mein gerüschtes Nachthemd loswurde.

»Die Vroni wird sich wahrscheinlich in den Hintern beißen.«

»Wieso?«, fragte ich verständnislos.

»Dass sie die ganze Aufregung verpasst. Die sitzen noch komplett ahnungslos in Regensburg und frühstücken in aller Seelenruhe. Das würde mir stinken«, erklärte Evelyn, während sie die Kaffeemaschine einschaltete. Kopfschüttelnd ging ich die Treppe zur Wohnung hoch, um mich umzuziehen.

Während wir auf die Polizei warteten, standen Evelyn und ich in der Rezeption und sahen hinaus. Evelyn kommentierte alles, was draußen vor sich ging, insbesondere den Körperbau von Maxls Vater Christian Seewald. »Der muss doch tonnenweise diese Protein-Eiweiß-Shakes trinken. Meinst du, ich sollte das auch machen …«

»Der ist fünfundzwanzig Jahre jünger als du«, sagte ich hartherzig, und Evelyn zog eine Augenbraue hoch.

»Zweiundzwanzig«, verbesserte sie mich und klang nicht beleidigt. »Jüngere Männer lieben erfahrene Frauen, weißt du.«

In diesem Moment hielt glücklicherweise der BMW des Kommissars direkt neben der Rezeption.

»Ich könnte ein Schild aufstellen. Privatparkplatz der Kripo Regensburg«, sagte ich zu Evelyn. »Nicht, dass da mal jemand versehentlich sein Auto abstellt und Herr Schneider keinen Parkplatz bekommt.«

»Du hast einen komischen Humor, Schätzchen«, sagte Evelyn.

Seufzend stand ich auf und ging hinaus, um Jonas Schneider zu begrüßen. Man muss dazu wissen, dass er ein sehr attraktiver Mann war. Und Single. Wahrscheinlich tat man sich auch schwer, eine Beziehung zu führen, wenn man die meiste Zeit mit der Campingplatzbesitzerin Sofia Ziegler abhing, weil diese schon wieder eine Leiche auf dem Platz hatte.

»Ich freue mich wirklich, Sie zu sehen«, begrüßte ich ihn. »Aber vielleicht sollten wir es mit einem ganz normalen Date versuchen.«

Wir hatten nämlich immer neue Anläufe unternommen, uns in Regensburg zu treffen. Gelungen war es uns aber leider nie! In den letzten Wochen hatten wir beide zu viel um die Ohren gehabt.

»Echt«, erwiderte er erstaunt.

Ich wurde rot, weil von einem Date eigentlich nie die Rede gewesen war, sondern nur von einem unverfänglichen Kaffee. »Vielleicht nicht gerade im Moment, wo ich wieder mal die Hauptverdächtige bin«, raunte ich ihm zu.

»Ah«, machte er nur und sah mich auf seine spezielle Art an, die mich stets dazu brachte, ihm alles erzählen zu wollen. Mein gesamtes Seelenleben vor ihm auszubreiten.

»Er hat mich total fertiggemacht«, sagte ich dumpf. »Ich habe mir einen Rechtsanwalt genommen, der mir lauter Lügen aufgetischt hat. Damit ich in der Schuldenfalle sitze und verkaufen muss.«

»Wer?«

»Das Mordopfer«, erklärte ich.

»Sie kennen ihn also?«

»Ja. Holger Schwarz. Von Schwarz Immobilien.«

Der Kommissar nickte verständig und sagte mit interessierter Stimme: »Und deswegen haben Sie also den Schwarz umgebracht?«

»Nein«, betonte ich.

»Wieso nicht den Rechtsanwalt?«

»Das frage ich mich jetzt auch.«

Darauf sagte Jonas Schneider nichts, sondern beugte sich nach unten und kraulte Milo, der sich irre freute, dass der Kommissar wieder da war. Man sah das Milo nicht an, aber immerhin nahm er die Kraftanstrengung auf sich und bewegte seinen Schwanz unmerklich hin und her.

»Beim Schwarz brauchte es nicht viel, um ihn ermorden zu wollen«, mischte sich Evelyn ins Gespräch ein. »Den wollte doch eh jeder umbringen. Am wenigsten wahrscheinlich noch unser Schätzchen hier. Auch wenn jetzt ausgerechnet das Messer ihrer Großmutter im Hals vom Schwarz steckt.«

»Danke«, sagte ich zu Evelyn. »Ich weiß deine Unterstützung zu schätzen. Aber vielleicht lässt du den Kommissar seine eigenen Rückschlüsse ziehen.«

»Zum Beispiel?«, kam es da von Jonas Schneider.

»Was für ein Beispiel?«, fragten Evelyn und ich gleichzeitig.

»Wer ein Interesse am Tod vom Schwarz hatte.«

»Fragen Sie lieber, wer kein Interesse daran hatte«, schlug Evelyn vor. »Da fällt mir nämlich überhaupt niemand ein!«

»Ich«, fiel mir jetzt ein, und ich war plötzlich supererleichtert. »Er hätte mir nämlich eine halbe Million für den Platz gegeben. Ich hatte also ein riesiges Interesse daran, dass er überlebt und mir die Kohle überweist.«

»Wie, und du hast nicht verkauft?«, fragte Evelyn erstaunt und sah mich an, als wäre ich ein bisschen blöd. »Was wir da alles hätten machen können.«

Was hieß hier »wir«?

»Eine Kreuzfahrt. Eine Weltreise!«

»Konkret wissen Sie also niemanden, der von dem Tod profitiert hätte«, kam der Kommissar auf das eigentliche Thema zurück.

»Also, die Hetzeneggers beispielsweise. Die haben sich grad ein sauteures festes Vorzelt zugelegt. Und wenn der Schwarz gekauft hätte, dann wäre der Campingplatz einplaniert worden, und sie wären dagestanden mit ihrem tollen Zelt. Wissen Sie …« Evelyn fing an, ausführlich das blöde Zelt zu schildern.

»Die Hetzeneggers sind die nettesten Camper hier am Platz«, unterbrach ich ihren Redefluss. »Außerdem waren sie letzte Nacht überhaupt nicht da!«

»Der Gröning, der hat sich immer für seinen Hahnenfuß-Weiher stark gemacht. Den hätte der Schwarz nämlich zugeschüttet und einen Golfplatz draus gemacht.«

»Der Gröning ist fünfundachtzig und körperlich nicht

in der Lage, irgendjemanden umzubringen«, schwächte ich Evelyns Aussage ein bisschen ab.

»Und dann natürlich die Schmidkunzens, die haben jetzt endlich ihren Seeplatz bekommen, und plötzlich heißt es, der Campingplatz wird einplaniert. Die werden sich auch schön anschauen.«

»Er ist Apotheker und Pazifist«, sagte ich. »Und sie eine engagierte, ebenfalls pazifistische Gymnasiallehrerin.« Und außerdem, wenn der Schmidkunz verhaftet werden würde, dann würde mir keiner mehr Papiertaschentücher aus den Apothekenbeständen schenken.

»Der Meierbeck«, machte Evelyn weiter. »Der verliert jede Menge Umsatz, wenn es den Campingplatz nicht mehr gibt. Und die Frau vom Bäcker hat mir gesagt, dass der Schwarz ihnen angedroht hat, sich seine Brötchen woanders zu besorgen, wenn er die Semmelchen fürs geplante Hotel nicht zum halben Preis bekommt.«

Ich war sprachlos! Auf die Idee war ich noch gar nicht gekommen, mit dem Bäcker über den Preis der Brötchen, Verzeihung, Semmeln, zu verhandeln.

»Aber der Meierbeck macht Pleite, wenn wir ihm nur noch die Hälfte zahlen«, sagte ich zu Evelyn.

»Eben. Das hat die Frau Meier auch gesagt. Wahrscheinlich hat sie ihn deswegen abgestochen.«

Ich erinnerte mich an Evelyns Ausraster vom Vortag und überlegte mir kurz, ob vielleicht sie selbst zu so einer brutalen Tat in der Lage war. Ein dunkler Passat bog von der Straße auf das Campinggelände ein.

»Die Spusi-Tanten«, sagte Evelyn. Sie winkte und machte sich auf den Weg, um die beiden Damen der Spurensicherung zu begrüßen, als wären lang erwartete Freundinnen endlich zu Besuch gekommen.

»Ich glaube, ich werde Sie festnehmen«, sagte der Kommissar.

»Wen?«, fragte ich, während ich beobachtete, dass sich Evelyn und die zwei von der Spurensicherung mit Küsschen rechts und links begrüßten.

»Sie, Sofia Ziegler«, sagte er und klang ziemlich ernst.

»Wie bitte?«, fragte ich. Mein Herzschlag explodierte.

»Ja. U-Haft. Für die Zeit der Ermittlung.«

»Das geht doch nicht«, sagte ich und packte seinen Arm. »Das ist jetzt nicht Ihr Ernst, oder?«

»Natürlich ist das mein Ernst«, knurrte er mich an. »Sie sind die Hauptverdächtige in diesem Fall.«

Dann entwischte ihm doch ein schiefes Grinsen. »Na gut. Aber ich würde gerne. Ich könnte Ihnen auch jeden Tag in der Früh einen Kaffee und ein Croissant vorbeibringen.«

»In die U-Haft?«, vergewisserte ich mich.

»Ja«, sagte er mit einem gewissen träumerischen Ausdruck im Gesicht. »Allein die Vorstellung …«

»Mit mir zu frühstücken?«, fragte ich und lächelte auch.

»Nein. Dass Sie nicht ermitteln. Mir nicht überall dazwischenpfuschen …«

»Hallo?«, sagte ich empört, als mir klar wurde, dass er gar nicht vorhatte, mich zu verhaften. »Ich pfusche überhaupt nicht, ich war bis jetzt immer eine riesige Hilfe.«

Okay, vielleicht nicht riesig, aber ich hatte meinen Teil zu den Ermittlungen beigetragen.

»Es wird noch schlimm mit Ihnen enden«, sagte er. »Und wenn Sie dieses Mal wieder ermitteln, werde ich Sie tatsächlich festnehmen lassen.«

Er sah sehr zufrieden aus. »Da fällt mir schon noch etwas ein.«

»So richtig in den Knast?«, fragte ich mit empörter Stimme. »Dann müssen Sie aber die Semmeln hier verkaufen. Und Milo Gassi führen. Und das Klo in der dritten Kabine von links reparieren.«

Er lachte und ergänzte: »Aber das ist jetzt tatsächlich mein Ernst: Bitte keine eigenen Ermittlungen mehr. Ich weiß, Sie versprechen das ganz gerne, aber wenn man Sie auch nur eine Sekunde aus den Augen …«

»So schlimm ist es auch wieder nicht …«

»Denn ich will Sie nicht schon wieder im Nachthemdchen halb tot …«

»Ich war nicht halb tot …«

»… aus den Fängen eines Mörders retten müssen.«

Wahrscheinlich war ich inzwischen tomatenrot. Aber was konnte ich dafür, dass ich den letzten Mörder im Nachthemd meiner Nonna gestellt hatte?

»Ich verspreche es. Kein Nachthemd«, antwortete ich und verbesserte mich hastig. »Äh, sorry, keine Ermittlungen.«

Ein rostiger Renault hielt hinter dem Auto des Kommissars, und ein kleiner, rundlicher Mann stieg aus. Vermutlich der Rechtsmediziner.

Der Kommissar sah mich an, als würde er mir nicht über den Weg trauen, dann nickte er und ging zur Leiche, um mit seinen Ermittlungen zu beginnen.

Kapitel 4

Um meinen guten Willen, mich in gar nichts einzumischen, zu demonstrieren, verzog ich mich und beschloss, ins Dorf zu fahren. Inzwischen fühlte ich mich bestärkt genug in der Annahme, dass mir das Geld von Klaus und Gruber zustand und sie sich nicht länger herausreden konnten! Ich hielt beim Meierbeck an, um eine der Kolatschen, dieser fantastischen Mohnkleckshefeteile, zu kaufen, die er immer nur mittwochs buk.

»Der Schwarz ist tot, oder?«, fragte die Bäckersfrau und rückte die Kolatsche nicht raus, um an weitere Informationen zu kommen.

»Ja. Gerade ist die Mordkommission da«, sagte ich. Eben fiel mir siedend heiß wieder ein, dass es mein schärfstes Küchenmesser gewesen war, das zur Ermordung des Schwarz verwendet worden war. Ich beschloss, einfach nicht daran zu denken.

»Ha«, sagte Frau Meier zufrieden. »Dann stimmt's also, was der Alfred gesagt hat.«

»Was hat der Alfred gesagt?«

»Dass der Schwarz derstochen beim Campingplatz liegt. Direkt bei der Schranke«, fuhr sie begeistert fort.

»Und woher weiß das der Alfred?«, fragte ich misstrauisch, weil das ihr Mann war, und ich dachte, der wäre ganztags in seiner Bäckerei. Und nicht mal ich hatte vor Stunden gewusst, dass der Schwarz dalag.

»Erst gestern habe ich zu ihm gesagt, also, den wenn nicht bald einer umbringt, dann weiß ich auch nicht«, erwiderte Frau Meier statt einer Antwort. »Das ist ja alles so eine Sauerei. Und der Alfred hat gesagt, da müssen wir nicht lange warten.«

»Das hat er gesagt?«

»Und recht hat er gehabt«, sagte Frau Meier triumphierend.

»Woher wusste Ihr Mann denn, dass der Schwarz umgebracht worden ist?«, wiederholte ich misstrauisch meine Frage.

»Weil die Frau vom Schwarz gerade da war«, meinte Frau Meier und gab mir nun doch meine Kolatsche. »Und die hat dem Alfred das brühwarm erzählt. Bin ja wirklich gespannt, wie lange sie schwarz trägt.«

»Die Ärmste«, murmelte ich nur, wobei ich mich fragte, woher denn wiederum die Frau Schwarz das so schnell erfahren hatte. Der Kommissar war ja schließlich noch am Tatort zur ersten Bestandsaufnahme.

»Von Ärmste kann nicht die Rede sein«, erklärte mir Frau Meier mit gesenkter Stimme. »Die wird froh sein, dass sie ihn jetzt endlich los ist.« Sie deutete mit dem Kopf Richtung Marktplatz. »Sieht nicht aus, als wäre sie zusammengebrochen.«

Ich drehte mich um und sah hinaus. »Ist das die Frau Schwarz?«, wollte ich wissen.

Eine schlanke Frau mittleren Alters mit sehr blonden Haaren stand neben dem Brunnen und unterhielt sich mit dem Pfarrer. Sie trug einen dunklen Bleistiftrock und eine ärmellose blaue Bluse mit weißen Punkten.

»Die wird sicher die Beerdigung organisieren.«

»So schnell? Das kann ich mir nicht vorstellen«, sagte ich. »Woher sollte sie das überhaupt schon wissen?« Wenn sie ihren Mann selbst umgebracht hatte, dann wüsste sie es natürlich.

Die Frau vom Meierbeck hob nur die Augenbraue. Wahrscheinlich sollte das heißen, dass die Nachricht von dem Mord schon längst im ganzen Dorf die Runde gemacht hatte. Aber auch wenn die Ehefrau es schon wusste, konnte sie doch nicht sofort losrennen und Termine ausmachen! Musste man dann nicht irgendwo heulend zusammenbrechen? Zumindest pro forma! Ich hatte auch keine besondere Beziehung mehr zu meinem Fast-Ex, aber ich wäre zumindest schockiert gewesen!

Finanziell wäre es natürlich bombastisch für mich, wenn Martin sterben würde und wir uns vorher nicht hätten scheiden lassen. Wahrscheinlich war das bei den Schwarzens auch so. Vielleicht rechnete sich Frau Schwarz jetzt schon aus, was sie sich nun alles leisten konnte!

Dann betrat eine Dame die Bäckerei, und ich war plötzlich nicht mehr wichtig. Die zwei Frauen schnatterten sofort los: Hast du es schon gehört, mit einem Brotmesser, direkt in den Hals. Woher das schon wieder jeder wusste, war die Frage. Hatte Evelyn etwa weitergetratscht?

Ich ging zurück zu meinem Auto und teilte mir die Kolatsche brüderlich mit Milo. O. k., nicht ganz brüderlich, weil ich den Marmeladenklecks lieber komplett selbst verspeiste.

Gerade als ich meine Finger an einem Papiertaschentuch abwischte, klopfte jemand an die Autoscheibe. Draußen stand ein sehr beleibter Mann um die dreißig mit hochrotem Gesicht.

Schwarz Junior!

Mein Herzschlag explodierte erneut, und ich suchte schon nach Erklärungen, wieso sein Vater ausgerechnet vor meiner Rezeption tot herumlag! Aber das konnte er mir doch nicht zum Vorwurf machen …

»Grüß Gott!«, schrie der Schwarz Junior draußen und klopfte weiter energisch gegen die Fensterscheibe. Milo fing zu knurren an.

Ich ließ das Fenster herunter, und Milo begann so laut neben meinem Ohr zu bellen, dass ich meinte, einen Gehörsturz zu erleiden. Wohl oder übel stieg ich nun doch aus.

»Frau Ziegler!«, polterte Schwarz Junior los.

»Herr Schwarz.«

»Ich habe gestern mit meinem Vater besprochen, dass ich ab heute die Sache mit den Verkaufsverhandlungen übernehme«, erklärte er mir, während ich ihn nur verständnislos anstarrte. »Ich weiß, Sie haben bestimmte Vorbehalte gegenüber meinem Vater, aber das müssen Sie nicht. Wir werden eine Lösung finden, die für uns beide optimal ist und auch für die Campinggäste eine akzeptable Alternative darstellt!«

Wie bitte, dem war komplett egal, dass sein Vater vor wenigen Stunden ermordet worden war? Da lag der Vater noch tot vor meiner Rezeption, und der Sohnemann verhandelte mit mir, als wäre nichts gewesen. Ich sah Frau Schwarz zu uns herüberkommen, sie warf mir einen seltsamen Blick zu und legte ihrem Sohn schweigend die Hand auf den Unterarm.

»Eigentlich will ich noch immer nicht verkaufen«, sagte ich mit weit aufgerissenen Augen. Die Familie Schwarz war wirklich die absonderlichste Familie, mit der ich jemals zu tun gehabt hatte. »Im Übrigen will ich Ihnen mein herzliches Beileid aussprechen.«

»Ihr Beileid?«, polterte der Schwarz, und sein Kopf lief richtig rot an. Das war so original das Verhalten vom Schwarz Senior, dass mich ein kalter Schauder überlief.

»Ich muss dir was sagen«, meldete sich seine Mutter jetzt zu Wort und legte ihren Arm um seine Schultern.

»Wir sprechen uns noch«, sagte der Schwarz, und die beiden drehten sich von mir weg.

Was seine Mutter ihm zu sagen hatte, wurde mir klar, als ich ein paar Sekunden später einen fassungslosen Aufschrei hörte. Anscheinend hatte der Sohn als Einziger im Ort noch nicht mitbekommen, dass sein Vater ermordet worden war.

Im Anschluss fuhr ich bei Klaus und Gruber vorbei und läutete ein paarmal. Die sahen aber anscheinend in der Überwachungsanlage, wer vor der Tür stand, und machten einfach nicht auf. Ärgerlich setzte ich mich wieder ins Auto und blickte eine Weile stumpfsinnig aufs Armaturenbrett. Schließlich fuhr ich noch schnell in den nächsten Ort, wo es einen Supermarkt gab, um Milch und Käse zu kaufen. Eigentlich hatte ich vorgehabt, zur Metro nach Regensburg zu fahren, aber mit einem Toten auf dem Platz hatte ich jetzt keinen Nerv dafür, den ganzen Vormittag für einen Großeinkauf zu verschwenden. Gleichzeitig mit mir fuhr ein schwarzes Mercedes Coupé auf den Supermarkt-Parkplatz, und eine Frau in Bleistiftrock und Bluse stieg aus.

Frau Schwarz!

Da sie gerade eine große Sonnenbrille vor die Augen schob, sah man nicht, ob sie geweint hatte. Direkt neben ihrem Auto hielt ein silberner VW-Passat, und ein braun gebrannter Mann um die fünfzig stieg aus. Die zwei umarmten sich einen Moment zu lange, dann unterhielten sie sich. Umständlich sperrte ich meine alte Rostbeule ab, während Milo seine Nase an der Fensterscheibe platt drückte. Leider sprachen die beiden so leise, dass ich wirklich nichts mitbekam. Wer war das? Ihr Rechtsanwalt? Er legte kurz seine Hand an ihre Wange, dann verabschiedeten sie sich voneinander. Dieser kurze Moment war ausgesprochen verräterisch – ihr Anwalt war das jedenfalls nicht!

Kapitel 5

Als ich wieder zurückkam, war die Einfahrt meines Campingplatzes komplett gesperrt. Auf der Straße draußen stand die Müllabfuhr, und die Müllmänner und Sepp, mein Mädchen für alles, schrien herum. Sepp, der leider einen IQ unter fünfzig hatte, wollte anscheinend, dass der Müll eingeladen wurde. Als Kind hatte ich wegen seines Aussehens größten Respekt vor ihm gehabt, denn mit seinem eingedrückten Schädel sah er aus, als könnte er jederzeit die Hauptrolle in einem Horrorfilm übernehmen. Die Müllmänner schrien auch, weil sie den Müll nicht mitnehmen durften und gleichzeitig aufgefordert wurden, genau das zu tun. Ein Streifenpolizist hatte sich breitbeinig vor meine Müllcontainer gestellt und schien den Müll gerade mit seinem Leben verteidigen zu wollen. Ich wusste, dass er Brunner hieß und eigentlich nicht besonders scharf auf Arbeit war. Aber zornig herumstehen konnte er perfekt.

»Wir kommen erst in vierzehn Tagen wieder!«, drohte mir der Fahrer des Müllwagens. Dann ließen sie meinen Müll einfach stehen.

»Das muss untersucht werden«, sagte der Polizist

Brunner griesgrämig. »Der Müll bleibt da, bis wir fertig sind.«

»Schon gut«, sagte ich und sah mich schon in vierzehn Tagen mit einem riesigen Haufen Müll dasitzen. Dem Sepp tätschelte ich nach Evelyn-Manier beruhigend die Schulter.

»Tüten Sie den Müll einfach für Ihre Asservatenkammer ein«, schlug ich dem Brunner vor, da das aus meiner Sicht die beste Lösung war. Aber dieser warf mir einen mörderischen Blick zu. Spaß verstand er keinen, das wusste ich bereits, bei Müll offensichtlich jedoch besonders wenig.

Als ich mit meinem Karton voller Einkäufe Richtung Rezeption ging, sah ich Evelyn vor der Tür stehen. Inzwischen hatte sie sich wieder in ihre Vampirjäger-Kluft geworfen. Das war ihr Lieblingsoutfit, seit sie sich mit Teufelsaustreibung beschäftigt hatte, und bestand aus hautengen schwarzen Leggins in Lederhosen-Optik, einem aufwendig verzierten Gürtel mit einem riesigen Totenkopf sowie einem schwarzen Top. Anscheinend trug sie einen Push-up, denn sie hatte plötzlich riesige Brüste. Außerdem flirtete sie gerade mit dem Bodybuilder Christian, der schon wieder alle seine Muskeln anspannte.

Der Schwarz lag noch immer vor der Schranke, aber inzwischen hatte die Polizei einen Sichtschutz angebracht, und es sah eher so aus, als hätte ich eine Baustelle vor der Rezeption. Ohne hinzusehen, ging ich an der Schranke und Evelyn vorbei und trug die Einkäufe in den Campingladen.

»Tschüssi«, flötete Evelyn an Bodybuilder Christian gewandt und folgte mir auf dem Fuß. Sie wechselte in ihren normalen Tonfall und sagte zu mir: »Chris ist ein ganz wunderbarer Fotograf. Ich habe mir eben Bilder von ihm zeigen lassen. Der hat eine richtige Profikamera, das sollten wir uns zunutze machen!«

»Und uns fotografieren lassen?«, fragte ich verständnislos.

»Nein. Den Campingplatz«, erläuterte Evelyn.

Wieso um alles in der Welt sollte ich den Campingplatz fotografieren lassen?

»Der Schwarz ist übrigens schon viele Stunden tot«, informierte sie mich umgehend über die weiteren Ereignisse. »Mindestens seit drei Uhr in der Früh.«

Sie schob mich vom Kühlschrank weg, um selbst die Frischmilch hineinzustellen.

»Dann muss er ja mitten in der Nacht hier umgebracht worden sein«, sagte ich aufgebracht.

»Genau«, sprach Evelyn in den Kühlschrank hinein. »Kannst du mir das nächste Mal so Eiweißriegel mit Fruchtgeschmack mitbringen, bitte? Und vielleicht Eiweißpulver ...«

»Was tut der hier mitten in der Nacht?«, fragte ich entnervt. »Also, drei Uhr in der Früh! Das ist doch keine Zeit, zu der man bei mir auf dem Campingplatz abhängen kann. Auch wenn er vorhatte, ihn zu kaufen!«

»Also, ich vermute ja, er wollte uns ausspionieren«, sagte Evelyn.

»So ein Unsinn«, entgegnete ich. »Was hätte er in der Nacht denn schon groß ausspionieren können? Da schlafen hier doch alle!«

Evelyn ignorierte meinen Einwand.

»Das ganze Dorf weiß schon alles über den Mord. Sogar, dass das Mordwerkzeug ein Messer war. Und im Hals steckte«, erzählte ich. »Ich versteh das nicht. Hast du das weitererzählt?«

»Hatte noch keine Zeit, dafür war hier heute zu viel los«, sagte Evelyn entschuldigend und machte den Kühlschrank zu. »Aber ich nehme mal an, dass der Brunner das gemacht hat.«

»Der Brunner?«, fragte ich. »Der Polizist?«

»Der hat doch die Cousine vom Meierbeck geheiratet. Damals, vor dreißig Jahren.«

»Meierbeck«, echote ich.

»Und wenn da was Größeres los ist, dann ruft ihn doch seine Frau so lange an, bis er ihr alles erzählt …«

Nur dem armen Sohn vom Schwarz, dem Georg Schwarz, hatte keiner was gesagt!

Ich trat vor die Rezeption, setzte mich auf mein Bänkchen und atmete einmal tief durch. Dabei sah ich den Campern zu, wie sie ihren Verrichtungen nachgingen. Anscheinend hatte die Mordermittlung ihre Attraktivität noch nicht eingebüßt, denn immer wieder kam ein Camper wie zufällig vorbei, um einen Blick auf die Absperrwand zu werfen. Die kleinen Kinder sausten mit ihren Fahrzeugen die leicht abfallende Straße hinunter zum Geschirrspülhäuschen. Manchmal überschlug sich eins und heulte furchtbar laut, und eine der Mütter kam angerannt. Die größeren waren mit ihren Fahrrädern unterwegs und probierten hauptsächlich die Fahrradklingeln aus.

Im Gegensatz zu meinen Campinggästen versuchte ich auszublenden, dass ich schon wieder einen Leichenwagen auf dem Platz hatte und einen Streifenwagen, die Spurensicherung plus einen Arzt.

Den Kommissar konnte ich nicht ausblenden, der setzte sich nämlich gerade neben mich auf das Bänkchen.

»Mich würde am meisten interessieren, was er mitten in der Nacht auf meinem Campingplatz gemacht hat«, sagte ich schlecht gelaunt. »Haben Sie schon seine Frau befragt?«

»Nein«, gab der Kommissar zu. »Können Sie sich vorstellen, was der Grund hätte sein können?«

»Nein. Meines Erachtens gibt es dafür keinen Grund.«

»Es sei denn, er wollte sich mit der Mafia treffen«, sagte Evelyn über uns aus dem ersten Stock und jagte mir einen Schreck ein. Sie war wohl in die Wohnung hochgegangen und hatte unser Gespräch belauscht.

»Mit der Mafia?« Der Kommissar sah nach oben. »Sie haben die Mafia hier auf dem Campingplatz?«

Ich verdrehte die Augen. »Nein!«

»Das können wir doch nicht sagen«, sagte Evelyn. »Oder meinst du, die stellen sich hier bei uns vor, bevor sie Leute umbringen?«

Ich formte mit den Lippen das Wort »Quatsch«, und der Kommissar lächelte mich nett an.

»Wenn ich Anlass zur Sorge hätte, dass Sie der Mafia angehören, könnte ich Sie in Sicherungsverwahrung nehmen«, sagte er leise, grinste aber dabei. »Denn damit wären Sie ein erhebliches Sicherheitsrisiko …« Anscheinend hatte er noch immer Verhaftungsfantasien, bei denen ich die Hauptrolle spielte.

»Ich bin aber nicht bei der Mafia.«

»Ich habe gehört, dass Ihre Großmutter aus Neapel stammte«, erwähnte er beiläufig und sah wieder entspannt über den See.

»Wenn ich bei der Mafia wäre, hätte ich ein Fass mit Salzsäure im Keller. Dann hätten Sie vom Schwarz absolut gar nichts mehr gefunden«, erklärte ich ihm ebenso entspannt.

»Er wurde erstochen«, verriet mir der Kommissar, als er hörte, dass Evelyn über uns das Fenster wieder schloss. »Mit einem sehr scharfen Messer mit Holzgriff.«

Ich nickte, das wusste schließlich inzwischen schon das ganze Dorf.

»Mir wurde mittlerweile aus mehreren Quellen bestätigt, dass das Ihr Messer ist.« Auch das war jetzt keine Überraschung.

»Ja. Damit hat meine Nonna immer das Brot geschnitten.« Ich im Übrigen auch. Aber ich würde es garantiert nicht mehr anfassen. »Sie können es behalten.« Mir fiel in dem Zusammenhang hauptsächlich ein, dass meine Nonna jetzt garantiert »*Porca puttana*« geschrien hätte, was »Verdammte Scheiße!« hieß. Wörtlich ja »Schweineschlampe«, aber es passte eigentlich in jeder Situation. Besonders in dieser.

»War das Messer leicht zugänglich?«, fragte der Kommissar. »Wo bewahrten Sie es auf?«, formulierte er es um, weil ich besonders verständnislos dreinsah.

»Eigentlich hier in der Rezeption. Ich habe da ein Spülbecken, eine Kaffeemaschine und eine Schublade mit ein bisschen Besteck. Wenn ich mir morgens eine Breze aufschneide, habe ich das bis jetzt mit diesem Messer getan. Ist wirklich verdammt scharf.«

Er nickte.

»Das war ein russisches Messer«, verriet ich ihm. »Das sieht man an dem breiten Griff, hat Nonna immer gesagt.« Vielleicht hatte das meine Nonna auch nur erfunden, aber so hatte sie stets gesagt: *Gib mir das russische. Mit den anderen kann man ja nicht schneiden!*

»Deswegen hat sie es auch so gerne verwendet. Also nicht wegen der Russen, sondern wegen des Griffs, sie mochte es, wenn Messer gut in der Hand liegen.« Ich hatte den Eindruck, dass ich mich verhaspelte. Vielleicht, weil mir das mit dem Messer richtig unangenehm war. Wie war es nur in die Hände eines Mörders geraten?

»Wann haben Sie es denn das letzte Mal gesehen?«, fragte er.

Oje! Jetzt lief ich auch noch knallrot an. Aber wahrscheinlich war es das Beste, bei der Wahrheit zu bleiben. Es hatten so viele Leute gehört, da flogen Ausflüchte schnell auf!

»Gestern. Herr Schwarz war hier und hatte mit Herrn Hetzenegger eine Diskussion. Und ich bin dazwischengegangen, weil ich Herumgestreite auf meinem Platz nicht dulde.« Ich machte eine Pause. »Ich dachte, die bringen sich um.«

Der Kommissar sah nach einem einzigen »Oh« aus. »Und deswegen hatten Sie also ein Messer dabei?«, vergewisserte er sich mit großen Augen.

»Ähm. Nein.« Jetzt hätte ich eigentlich zugeben müssen, dass Evelyn angedroht hatte, den Schwarz zu ermorden, und ich deswegen das Messer gepackt hatte. »Sondern wegen der Breze«, log ich und wurde noch röter. »Ich weiß, das klingt alles nicht gut für mich. Aber ich schwöre, ich hatte das Messer rein zufällig dabei und hatte keinerlei finstere Absichten!« Er sah mich noch immer nur an, und ich stellte erneut fest, dass er wirklich einmalig schöne Augen hatte. Vielleicht aus diesem Grund fügte ich hinzu: »Es war natürlich überhaupt nicht ernst gemeint, als ich sagte, ich bringe ihn um.«

»Sie haben gesagt, Sie bringen ihn um?« Die Augen des Kommissars wurden noch größer – wenn das überhaupt möglich war.

»Haben das die anderen nicht schon erzählt?«, fragte ich irritiert.

»Nein«, sagte er und sah mich intensiv an.

Ach, meine lieben Campinggäste! Voll auf meiner Seite! Eine wahre Gemeinschaft, die zusammenstand, auch wenn es einen Mord gegeben hatte. Dabei fiel mir auf, dass ich mir gerade selbst mein Grab schaufelte. Was war ich auch blöd!!

»Bis jetzt habe ich noch niemanden befragt«, erklärte er.

»Aha«, sagte ich nur, und meine Fantasie von Campern, die für mich durch dick und dünn gingen, löste sich in Luft auf.

»O. k. Das mit der Untersuchungshaft läuft ja besser als gedacht«, sagte der Kommissar nach einer kleinen Gesprächspause zufrieden, wandte seinen Kopf von mir ab und blickte mit einem Hauch von Grinsen über den See. Ich betete inständig, dass das alles von ihm aus gesehen ein Witz war!

»Ja. Ich hoffe, Sie kennen in Regensburg eine Bäckerei, die fantastische Croissants macht«, sagte ich mit gerunzelter Stirn.

»Ja. Das Opera. Ich werde Ihnen jeden Tag das beste Croissant Regensburgs besorgen. Damit Sie für die täglichen Befragungen gerüstet sind«, sagte er.

»Befragungen«, wiederholte ich.

»Ja. Hochnotpeinliche«, fügte er hinzu, und diesmal sah man deutlich, dass er grinste. Dann drehte er sich wieder zu mir. »Aber zurück zum Messer. Das haben Sie dann, ohne es zum Einsatz zu bringen, wieder mit in die Rezeption genommen?«

Ich runzelte die Stirn. »Nun ja. Nein. Nicht direkt. Danach habe ich nämlich Mohnschnecken bei den Hetzeneggers gegessen.«

»Mit dem Messer?«, fragte der Kommissar nach.

»Nein«, erwiderte ich triumphierend, weil ich plötzlich wieder wusste, was passiert war. »Das hat mir die Vroni weggenommen. Die Frau Hetzenegger.«

Ein bisschen sah es ja jetzt so aus, als hätte sie mich entwaffnet.

»Und danach bin ich mit Milo eine große Runde spazieren gegangen«, erklärte ich dem Kommissar. »Da habe ich übrigens beobachtet, wie sich Herr Schwarz mit Herrn Kern unterhalten hat. Irgendwie schienen sich die beiden zu kennen.«

»Kern?«

»Sebastian Kern. Ein junger Mann, der hier mit seinem Wohnwagen campt.«

»Und wann haben Sie dann das Messer wiederbekommen?« Der Kommissar ließ sich nicht von dem blöden Messer ablenken. Aber sosehr ich auch die Stirn runzelte, wollte mir nicht einfallen, ob ich das Messer jemals wieder mit zur Rezeption genommen hatte. Wahrscheinlich eher nicht.

»Da müsste ich die Vroni Hetzenegger fragen. Aber die sind gestern nach Regensburg gefahren und noch nicht zurück.«

Der Kommissar stand auf, um ein Weilchen weiterzuermitteln, und ich blieb kraftlos auf meinem Bänkchen sitzen. Als schließlich der Leichenwagen kam, ging ich frustriert ins Haus und schrieb ein paar Nachrichten an meine beste Freundin Klara, die immer ein offenes Ohr hatte für meine Probleme. Als Aufmunterung schickte sie mir einen halb nackten Mann mit gebräuntem Bodybuilder-Körper, der auf seine gestählte Brust den Namen »Sofia« tätowiert hatte. »Ich zünde ein paar Räucherstäbchen für dich an. Vielleicht wird dann dein Karma ein bisschen besser«, schrieb mir Klara.

Ein paar Räucherstäbchen würden da nicht helfen. Dazu brauchte es wahrscheinlich einen ganzen Wald von diesen Dingern.

Als ich nach einer Weile wieder ins Freie trat, erinnerte nichts mehr an den Mord. Nur die Petunien, die neben der Schranke gewachsen waren – liebevoll von mir gepflegt –, waren jetzt alle platt.

Kapitel 6

»Ich werde jetzt befragt«, verkündete Evelyn, die plötzlich hinter mir aufgetaucht war. »Ich hab uns schon einen Salat vorbereitet, schütte mir die Soße nicht weg.«

»Ich würde dem Kommissar gleich mal erzählen, mit wem du in der Tatnacht im Bett warst. Damit ersparst du ihm einiges an Ermittlungen«, schlug ich boshaft vor, mich an die letzte Mordermittlung erinnernd.

»Stimmt«, sagte Evelyn und drehte sich zum Kommissar um, den ich erst jetzt sah. Ich wurde ein bisschen rot, weil der Kommissar meine Worte bestimmt gehört haben musste.

»Also, in der Tatnacht war ich mit Chris Seewald von Platz 43 im Bett«, sagte sie laut und deutlich.

Ich öffnete den Mund und schloss ihn wieder.

Wie bitte? Mit dem Vater vom Maxl? Dem Bodybuilder, der zweiundzwanzig Jahre jünger war als sie?

»Nein. Jetzt nicht im Ernst«, stieß ich fassungslos aus.

»Doch.«

»Und was heißt hier im Bett?«, hakte ich nach. Der Typ hatte doch nur ein Zelt!

»Sex. Ich hatte Sex«, korrigierte sie ihren Ausdruck.

»Und um wie viel Uhr?«, fragte ich.

»Von 23 bis 24 Uhr. Vielleicht war es auch zehn nach zwölf.«

»Auf der Luftmatratze oder wie?«, wollte ich irritiert wissen.

»Ja«, sagte sie und verdrehte die Augen, als wäre ich spießig und prüde.

»Neben dem schlafenden Maxl?«, fragte ich spießig und prüde weiter.

»Der war unterwegs«, sagte Evelyn etwas schnippisch.

»Unterwegs? Das find ich jetzt echt nicht o. k. So kleine Kinder um die Uhrzeit …«

»Es war doch maximal ein Uhr«, sagte sie kopfschüttelnd. »So spät ist das auch wieder nicht. Ich meine, dafür, dass Schulferien sind!«

Gerade war es noch zwölf Uhr gewesen!

»Ein Kind gehört um die Zeit ins Bett«, beharrte ich.

Der Kommissar sah zwischen Evelyn und mir hin und her und sagte gar nichts.

»Bin ich die Super-Nanny, oder was?«, fragte Evelyn genervt. »Das muss doch Chris selbst wissen, wie er seinen Sohn erzieht.«

»Da geht's um Aufsichtspflichten. Der hätte ermordet werden können!«, sagte ich.

»Kann doch keiner ahnen, dass genau in dieser Nacht ein Mörder auf dem Campinggelände herumstrolcht«, sagte Evelyn unbeeindruckt und ging Richtung Rezeption. »Wir setzen uns in den Laden«, informierte sie mich noch, und der Kommissar warf mir einen etwas seltsamen Blick zu.

»Ich glaube, ich brauche einen Sicherheitsdienst«, sagte ich dumpf. »So geht das echt nicht weiter. Die armen Kinder! Und sehen Sie mich jetzt nicht so an, als würde es reichen, mich zu verhaften!«

Kommissar Schneider unterdrückte nur mit Mühe ein Lächeln und ging Evelyn hinterher.

Eine Weile war ich so gemein und hörte aus der Rezeption, dem Nebenzimmer zum Campingladen, zu, was Evelyn dem Kommissar zu berichten hatte. Außer dass der Bodybuilder nicht der Mörder war und dass der Schwarz vermutlich von einem vollkommen fremden, dahergelaufenen Irren umgebracht worden war, kam nichts Erhellendes dabei heraus. Denn Evelyn hatte, als sie nach ihrer nächtlichen Vergnügung zurück in ihr eigenes Bett gegangen war, nicht darauf geachtet, ob Tote bei der Schranke herumlagen oder nicht. Zugegeben, man konnte in unser Wohnhaus gelangen, ohne dass einem Tote bei der Schranke auffielen.

Im Anschluss an Evelyn machte der Kommissar mit seinen Befragungen weiter – es wurden die Schmidkunzens befragt, die geschlafen hatten, und der Gröning, der angab, um eins und um vier auf der Toilette gewesen zu sein, aber nicht nachgesehen zu haben, ob bei der Schranke Tote herumlagen. Danach lief der Kommissar über die Straße zu der Wiese, wo nur Zelte standen. Wenn von denen nämlich einer in der Nacht auf die Toilette gemusst hätte, wäre er direkt an der Leiche vorbeigekommen. Vor allen Dingen an einer schön beleuchteten Leiche, weil dort eine große Straßenlaterne stand.

Ich sah dem Kommissar hinterher und der Vroni entgegen, die gerade schick aufgebrezelt um die Ecke gesegelt kam, atemlos und aufgeregt.

»Der Schwarz ist tot!«, sagte sie mir, als wüsste ich das noch nicht.

»Ich weiß.«

»Wir sind gerade aus Regensburg gekommen und haben beim Meierbeck gehalten«, erzählte sie mir und schnappte dabei nach Luft. Ich setzte mich auf das Bänkchen neben der Tür. »Die Frau Meierbeck hat uns alles erzählt. Er ist neben der Schranke in den Petunien gelegen.«

Evelyn kam mit einem Teller Salat heraus und stellte ihn mir auf den Schoß.

»Der Meierbeck hat ja so was von Glück, dass der Schwarz tot ist …«

Sie schlug sich auf den Mund und senkte die Stimme.

»Seine Frau hat mir erzählt, dass sie heilfroh sind. Die Bäckerei steht vor dem Aus, wenn der Schwarz den Campingplatz und die Pension am Hirschgrund kauft.«

»Wieso das denn?«

»Weil der Schwarz gerade kürzlich erst erklärt hat«, sie senkte die Stimme noch weiter, »dass er die Verhandlungen mit dem Meierbeck über den Semmelpreis nicht weiterzuführen gedenkt, sondern komplett zu irgendeinem Großbäcker zu wechseln trachtet.«

Der Salat von Evelyn sah sehr appetitlich aus. Sie hatte knackigen Romanasalat mit gebratenen Champignons, Tomaten und einem leckeren Honig-Senf-Dressing angerichtet. Mit einem Seufzen legte sie mir noch ein Stückchen knuspriges Baguette vom Meierbeck obendrauf und schüttelte angewidert den Kopf. »Der Schwarz. Man soll ja nicht schlecht über Tote reden, aber dieser Typ …«

Sie verstummte, als eine junge Mutter vor uns stehen blieb. »Kann man den Salat kaufen?«, fragte sie.

»Nein!« Ich klammerte mich an meinen Teller. Das kam jetzt überhaupt nicht infrage, dass mein Mittagessen vertickt wurde!

»Nur mit Vorbestellung«, erwiderte Evelyn freundlich und warf mir einen ärgerlichen Blick zu, als hätte ich etwas vermasselt. Wir hörten zu, wie die junge Frau eine langwierige Salat-Bestellung aufgab. Anscheinend hatte jedes Familienmitglied eine andere Unverträglichkeit und Allergie.

»Angeblich hatten sie ja gestern noch einen Gesprächstermin«, flüsterte Vroni, als die junge Frau endlich gegangen war und Evelyn sich alles aufgeschrieben hatte.

»Wer?«

»Na, der Meierbeck und der Schwarz«, antworteten Evelyn und Vroni unisono.

»Hier am Campingplatz?«, fragte ich ironisch.

»Vielleicht«, sagte Vroni. »Soll ich mich mal umhören?«

Ich spießte einen gebratenen Champignon auf und schob ihn mir in den Mund. So ein Unsinn! Was hatte der Meierbeck für ein Interesse, sich mit dem Schwarz bei meiner Schranke zu treffen?

»Wenn er ihn hier ermordet, musst du statt ihm ins Gefängnis«, wandte Evelyn ein.

»Ich muss nicht ins Gefängnis«, sagte ich genervt und gabelte mir ein Salatblatt auf.

»Wieso war der Schwarz denn dann hier auf dem Campingplatz?«, wollte Vroni wissen. »Also, wenn er sich nicht mit seinem Mörder verabredet hat?«

Das war wirklich die Frage.

»Ich muss mich umziehen. Und mir einen Kaffee machen«, sagte Vroni. Und bestimmt eine Mohnschnecke essen, zur Beruhigung.

Während ich mich vor den Computer setzte und mich mit Bürokram beschäftigte, lud Evelyn die Polizisten zum Mittagessen auf die Terrasse ein. Kurz überlegte ich, wie ich dem Kommissar helfen könnte, verwarf die Idee aber schnell wieder. Schließlich hatte er mir ja mit Untersuchungshaft gedroht. Diesmal würde ich wirklich nichts riskieren!

Nach dem Essen machte Evelyn noch Kaffee für alle. Der Kommissar saß mit meiner Lieblingstasse auf meinem Lieblingsbänkchen vor der Tür, während ich mich vor dem Computer hockend mit Einnahmen und Ausgaben beschäftigte und gleichzeitig wirre WhatsApp-Nachrichten an Klara schrieb. Die hatten hauptsächlich zum Inhalt, dass mich Buchhaltung in den Wahnsinn trieb.

Als ich eine kleine Pause einlegte, sah ich, dass der Kommissar noch immer vor der Rezeption saß und in sein Notizbüchlein schrieb. Vielleicht eine Aufstellung, was er noch tun musste, damit ich endlich in Untersuchungshaft kam.

Dann kam Vroni mit ihren Mohnschnecken in die Rezeption gesegelt, noch immer aufgeregt und atemlos, zusammen mit Evelyn und Frau Schmidkunz. Gleichzeitig traten zwei junge Mütter herein. Sie waren auf der Suche nach Postkarten. Vroni nahm sich einen Teller, halbierte mit einem reichlich stumpfen Messer die Mohnschnecken, und wir machten uns gemeinschaftlich über die Schnecken her. Bis auf Evelyn, die mit den jungen Frauen in den Campingladen ging und ausführlich erläuterte, dass uns die Postkarten gerade ausgegangen waren. Was eine Lüge war, denn wir hatten noch nie welche im Angebot gehabt.

»Das hast du noch immer nicht in Angriff genommen«, hörte ich sie rügend drüben im Laden sagen, als die jungen Frauen wieder draußen waren. »Das mit den Postkarten ist total wichtig.«

»Ja, Postkarten vom Platz hätte ich auch gerne«, bestätigte Frau Schmidkunz.

»Ich bekomme Kopfschmerzen«, sagte ich nur und stopfte mir noch mehr von der Mohnschnecke in den Mund.

Dann hörten wir alle auf zu kauen und schwiegen, weil die Spurensicherungstanten sich gerade vom Kommissar verabschiedeten. Die Spusi-Frauen beschwerten sich darüber, dass die Spurensicherungslage auf diesem Campingplatz eine einzige Katastrophe sei. Leider verstand man sie nicht besonders gut, obwohl wir alle die Ohren spitzten. Vroni füllte besonders langsam und ausführlich die Bestellliste für Semmeln und Gebäck aus. Obwohl sie das schon längst erledigt hatte, strich sie jedes Teil noch einmal aus und schrieb es erneut hin. Man musste sich halt Gründe schaffen, um möglichst lange in der Rezeption bleiben zu können.

»Was bin ich froh, dass wir in der Nacht nicht hier auf dem Campingplatz waren!«, sagte Vroni laut und ganz offensichtlich an den Kommissar gerichtet.

»Meinst du, dass du sonst auch ermordet worden wärst?«, fragte Evelyn aus dem Campingladen, wo sie gerade an einem kleinen Tischchen einen Mixer einschaltete, sodass man für ein paar Sekunden gar nichts verstand.

»Nein. Natürlich hätte mich niemand ermordet«, sagte Vroni kopfschüttelnd. »Aber wir hätten gar nicht die Gelegenheit gehabt, den Schwarz zu ermorden. Das ist sozusagen das beste Alibi, das man haben kann! Wir haben massenhaft Zeugen, dass wir in Regensburg waren!«

»Keiner nimmt an, dass ihr den Schwarz umgebracht habt«, sagte ich halblaut.

»Du natürlich nicht, mein Herzchen, das ist klar«,

sagte Vroni mit herzlicher Stimme. »Aber der Kommissar kann ja nicht wissen, was wir für Menschen sind. Ich denke, dass jeder von uns ein Alibi braucht.«

Jetzt wusste der Kommissar es ganz sicher, denn sie hatte so laut gesprochen, dass es jeder im Umkreis von zehn Metern hatte hören können.

»Ich meine, du wärst wahrscheinlich froh, wenn du in der Nacht in Regensburg übernachtet hättest.«

Ja, oder beispielsweise bei Alex. Oder beim Kommissar. Dann wäre ich nämlich komplett raus aus der Sache! Dann hätte ich heute früh vielleicht auch das beste Croissant Regensburgs bekommen, statt eine Leiche zu finden. Vielleicht hatte Evelyn einfach recht, und ich hatte tatsächlich viel zu wenig Sex!

»Kein Mensch nimmt an, dass ich den Schwarz ermordet habe«, wies ich auf das Offensichtliche hin.

Ich stellte mich ans Fenster und sah zu, wie Maxls Vater seinem Sohn gerade die Drohne erklärte. »Wenn du so nach vorne fliegst …«, sagte er eben, »dann neigt sich die Drohne nach vorne …« Er ließ die Drohne kippen. »… und dann hast du die Rotorblätter im Bild. Wenn du dagegen rückwärtsfliegst …« Wieder ließ er die Drohne kippen. »… dann ist das nicht so.«

Maxl sah ihm andächtig zu. Er war bestimmt schon jetzt tausendmal besser im Filmen als ich. Und sein Vater hatte Brustmuskeln, wie ich sie noch nie in natura gesehen hatte! Aber ich würde trotzdem einschreiten müssen, das konnte doch nicht sein, dass der Kleine noch immer auf meinem Campinggelände filmte! Bevor ich aber nach draußen gehen konnte, dingelte die Tür der Rezeption, und der Kommissar kam herein.

»Ich muss noch mal auf das Messer zu sprechen kommen«, sagte er, und ich vergaß augenblicklich die Drohnengeschichte.

Das Lächeln in seinen Augen war verschwunden, und ich versuchte vor meinem inneren Auge heraufzubeschwören, was mit dem blöden Messer passiert war.

»Bei wem hatten Sie das Messer noch einmal liegen lassen?«

»Bei den Hetzeneggers. Wir haben Mohnschnecken gegessen. Vielleicht hat Frau Hetzenegger mit dem Messer die Mohnschnecken geviertelt.« Das hatte sie zwar nicht, aber ich konnte mich überhaupt nicht erinnern, was die Vroni mit dem Messer gemacht hatte.

Vronis Mund verzog sich zu einem erschrockenen »Oh«.

»Ja. Richtig«, sagte sie schließlich atemlos. »Das hatte ich dir abgenommen, weil du gesagt hast …«

Danach sah sie ein bisschen nach »Uuups« aus.

»Genau«, sagte der Kommissar freundlich. »Und was haben Sie damit gemacht?«

»Wir haben danach Kaffee getrunken«, sagte sie. »Evelyn, Sofia und ich.«

Es trat eine längere Pause ein, in der Evelyn wieder den Mixer aufheulen ließ, um ihre Smoothie-Bestellungen abzuarbeiten. Der Blick des Kommissars, der gerade auf mich gerichtet war, sah ziemlich nach »Croissant aus dem Opera« aus.

Als es wieder still wurde, seufzte Vroni: »Keine Ahnung. Das hört sich an, als hätte ich Alzheimer, aber ich habe wirklich keine Ahnung mehr, was mit dem Messer passiert ist! Evelyn?«

Evelyn, in einer geblümten Schürze, die ziemlich sexy über ihre halb durchsichtige Kleidung gewickelt war, kam in die Rezeption.

»Das Messer«, sagte sie freundlich, »lag neben meiner Kaffeetasse. Daran kann ich mich deutlich erinnern.«

»Oh«, sagten Vroni und ich gleichzeitig, während der Kommissar eine Augenbraue hob.

»Und nach dem Kaffeetrinken?«, fragte er.

»Keine Ahnung, ich bin zurück zur Rezeption gegangen«, erklärte Evelyn mit rauchiger Stimme und einem Augenblinkern. »In letzter Zeit mache ich für die Campinggäste immer gesunde Smoothies, das kommt sehr gut an, ich kann mich vor Aufträgen kaum retten! Das Messer hätte ich zum Schneiden der Früchte gut brauchen können.« Zufrieden wischte sie sich die Hände an der Schürze ab und zwitscherte dann freundlich: »Da muss ich passen. Keine Ahnung, was danach mit dem Messer passiert ist.«

»Ich war beim Schwimmen«, sagte Frau Schmidkunz entschuldigend. »Ich habe das Kaffeetrinken gar nicht mehr mitbekommen.«

»Vielleicht in meinen Abspüleimer?«, fragte sich Vroni. »Ich hab das Geschirr in meinen Abspüleimer gestellt. Aber ich habe es nicht gleich abgespült. Wegen drei Tassen und drei Tellern wollte ich nicht gleich wieder losgehen.«

Der Kommissar nickte und sah mich dann streng an. Himmelherrgott!, dachte ich mir. Was konnte ich dafür, dass über meinen Campingplatz Mörder schlichen, auf der Suche nach scharfen russischen Messern!

Evelyn machte sich wieder über ihre Früchte her, Frau Schmidkunz ging wieder mal zum Schwimmen und Vroni mit dem Kommissar zu ihrem Abspüleimer. Dabei erzählte sie lautstark, dass sie ihren Abspüleimer immer unbewacht direkt neben den Wohnwagen stelle und dass es ja so wunderbar wäre, wenn die Sofia endlich ein Einsehen hätte und eine kleine Geschirrspülmaschine anschaffen würde. Ziemlich entkräftet sank ich vor meinen Computer, während im Nachbarraum wieder der Mixer losjaulte.

Was für ein Schlamassel! Mein Handy dingelte, und dankbar über die Unterbrechung sah ich, dass mir Klara gerade geschrieben hatte.

»Süße, was ist eigentlich mit Martin, den habe ich schon seit zwei Tagen nicht mehr gesehen. Ist der krank oder mit seiner Neuen auf den Bahamas?«

Ich schickte ihr ein rotes Teufelchen mit dem Kommentar »Keine Ahnung, vielleicht isst er einfach mit seiner Neuen woanders«. Oder er hatte es einfach satt, mittags immer auf meine beste Freundin zu treffen und so zu tun, als würden sie sich nicht kennen.

Dann sah ich mir an, was Martin als Letztes geschrieben hatte, und bemerkte, dass er da seine Fahrt nach Bayern angekündigt hatte.

Mist!

Wenn ich Pech hatte, war er bereits auf dem Weg hierher! Mir fiel siedend heiß ein, dass ich ihm das nicht ausdrücklich verboten hatte!

»Den kann ich nicht auch noch hier brauchen!«, jammerte ich Klara per WhatsApp vor. »Es reicht doch, dass der Schwarz tot ist!«

Um mich aufzumuntern, schickte mir Klara ein Bild von einem gut aussehenden Arzt mit der Bildunterschrift: *An apple a day keeps the doctor away, but if the doctor is cute, forget the fruit.* Klara schickte ich ein Tränen lachendes Smiley und meinem Noch-Mann Martin eine Nachricht, in der ich ihm mitteilte, dass es keine so gute Idee sei, gerade jetzt nach Bayern zu kommen, weil ich gerade die Mordkommission auf dem Platz hatte. An den grünen Lesebestätigungs-Häkchen konnte ich sehen, dass Klara meine Nachricht gesehen hatte, während Martins grau blieben.

Nachdem der Kommissar mit dem Auto weggefahren war, um sich mit der Familie Schwarz zu unterhalten, setzte ich mich vor den PC, um noch ein bisschen zu arbeiten.

»Wir bräuchten hier Barhocker«, informierte mich Evelyn. »Dann könnten wir uns schön zu dir hier an die Theke setzen und unsere Smoothies trinken.«

Ich sah vom Computer auf und sagte lieber gar nichts. Die Tür ging mit einem Dingeln auf, und Vroni kam wieder herein. Sie sah noch weißer aus als vorher, und in ihren Augen schimmerten Tränen.

»Wie stehen wir jetzt da?«, fragte sie weinerlich. »Ich habe doch unserer Sofia nur das Messer weggenommen, damit nichts passiert.«

Mit einem beruhigenden Zungenschnalzen schob Evelyn ihr einen Smoothie zu. »Denk dir nichts. Kein Mensch nimmt an, dass ihr den Schwarz auf dem Gewissen habt. Aber du kannst wirklich froh sein, dass ihr in der Nacht nicht da wart. Wir können alle bestätigen, dass ihr erst heute zurückgekommen seid. Wieso eigentlich so früh?«

»Dem Franz war nicht so wohl«, sagte Vroni schniefend. »Wir wollten ja noch in die Kaisertherme, aber er hat gesagt, er habe so eine Magenverstimmung und wolle lieber nach Hause.«

»Ah«, machte ich, und überlegte mir, ob man in der Nacht schnell von Regensburg zum Campingplatz fahren konnte und wieder zurück, ohne dass die Vroni das merkte. Ich wurde ein klein bisschen rot, als mir auffiel, dass ich soeben den lieben Franz Hetzenegger des Mordes verdächtigt hatte. Natürlich tat ich das nicht!

»Ich weiß gar nicht, wieso ich das Messer überhaupt in den Abspüleimer gelegt habe«, jammerte Vroni weiter. »Das Messer war ja auch gar nicht schmutzig. Das war so ein Automatismus! Eigentlich hätte ich es gleich zu dir in die Rezeption tragen sollen.«

»Wer hat denn abgespült?«

»Der Franz. Ausnahmsweise. Und er hat nicht abgetrocknet.« Vroni runzelte ärgerlich die Stirn. »Das macht er nie. Er meint, das trocknet alles von alleine ab, und dann hat man die Wassertropfen dran kleben.«

»Und was hat der Franz mit dem Messer gemacht?«

»Er kann sich sogar daran erinnern, dass er es abgespült hat. Weil er sich schon gewundert hatte, was das für ein Messer sei.« Vroni schniefte noch immer vor sich hin. »Aber er hat den Eimer einfach wieder zum Wohnwagen gestellt und sich nicht weiter darum gekümmert.«

»Das Messer könnte also jeder genommen haben«, schlussfolgerte ich scharfsinnig.

»Aber wer geht schon zum Abspüleimer der Hetzeneggers und organisiert sich Mordwerkzeug?«, fragte Evelyn ebenfalls ziemlich scharfsinnig.

»Jemand, der zufällig mitbekommen hat, dass Sofia den Schwarz mit dem Messer umbringen wollte«, sagte Vroni spitz.

»Ich wollte den Schwarz doch nicht umbringen!«, wandte ich empört ein.

»Das weiß der Mörder ja nicht. Der hat gehört, was du gesagt hast, und hat sich wahrscheinlich gedacht: Gute Idee.«

Das hörte sich jetzt an, als wäre es meine Schuld!

»Aber das habt doch nur ihr gehört«, erinnerte ich sie.

»Das kannst du nicht mit Gewissheit sagen. Da waren alle möglichen Camper unterwegs.«

Evelyn tätschelte mir die Schulter. »Mach dir nix

draus! Der wäre so oder so irgendwann umgebracht worden.«

Ja, aber doch nicht ausgerechnet auf meinem Campingplatz!

Kapitel 7

Am nächsten Morgen war die Polizei schon vor Ort, als ich die Semmelchen vom Meierbeck holte. Nachdem alle Brötchen verkauft waren, schloss ich den Laden und ließ die Polizei dort ihre Befragungen fortführen. Nacheinander wurden diverse Camper reingebeten, die sich alle furchtbar wichtig vorkamen. In einer kleinen Befragungspause – Polizist Brunner holte gerade die nächste Person – stellte sich der Kommissar zur Schranke und unterhielt sich mit der Polizistin, mit der er die Befragungen durchführte. Ich öffnete leise ein Fenster der Rezeption und spitzte die Ohren.

»… keine Abwehrverletzungen«, sagte der Kommissar eben. »Der Angreifer scheint ihn überrumpelt zu haben.«

»Ein Rechtshänder also, der ihm körperlich so überlegen war, dass er mit einem einzigen Stich …«

»So sieht's aus«, bestätigte der Kommissar.

»Ein Mann also.«

»Oder eine starke Frau.«

Die beiden schwiegen eine Weile.

»Oder war er betrunken?«, wollte Frau Krönner, die Polizistin, wissen.

»Etwas alkoholisiert, ja. Aber nicht so stark, dass er nicht mehr handlungsfähig war. Ich denke, er hätte sich wehren können.«

»Vermutlich hat er den Angreifer gekannt und nicht damit gerechnet …«

»Wer rechnet schon damit, dass er mitten in der Nacht mit einem Messer angegriffen wird«, wandte der Kommissar ein. »Eine Verletzung an der Halsschlagader führt auch ganz schnell zum Tod …«

»Der Angreifer muss Blutspritzer abbekommen haben«, sagte Frau Krönner.

»Definitiv.«

»Aber in der Nacht begegnet man selten jemandem, dem das auffallen würde.«

Die Frage, die sich mir nach wie vor stellte, war, wieso ich nichts davon mitbekommen hatte. Man sollte doch meinen, dass man wenigstens laut aufstöhnte, wenn man erstochen wurde. Aber vermutlich ging das Verbluten so schnell, wenn man an der Halsschlagader verletzt worden war, dass man nicht viel zum Schreien kam. Trotzdem lag mein Schlafzimmerfenster so, dass ich etwas hätte hören müssen. Ich hatte das Fenster auch stets gekippt!

»Wissen Sie inzwischen, was Schwarz an dem Abend gemacht hat?«

Vor allen Dingen hier am Campingplatz! Ich spitzte meine Ohren noch mehr.

»In seinem Büro haben wir seinen Terminkalender bekommen«, sagte der Kommissar. »An dem Abend ist um acht Uhr ein Meeting mit einem künftigen neuen Mitarbeiter eingetragen.«

»Und wo?«, fragte Frau Krönner.

»Im Stöcklbräu vorne im Ort. Wir haben das auch abgeklärt, die zwei haben bis um 22 Uhr dort gesessen und gegessen.«

»Und dieser Mitarbeiter …«

»Es war anscheinend ein Einstellungsgespräch. Er wäre der zukünftige Geschäftsführer des Hotels am Hirschgrund geworden. Ein Luxushotel …«

Hotel am Hirschgrund? Moment mal! Es gab überhaupt kein Hotel dieses Namens hier! Und vor allen Dingen kein Luxushotel! Mir war natürlich klar, was für ein Hotel das sein sollte, nämlich das, das hier entstehen sollte.

»Sie haben gemeinsam die Wirtschaft verlassen, und dann …« Der Kommissar drehte sich weg, und ich verstand nichts mehr von dem, was er über meinen Campingplatz sagte. Zukünftiger Geschäftsführer. Das war ja echt ein Ding. Hatte ich etwa schon verkauft und wusste von nichts? Und außerdem, was hatte der Schwarz danach gemacht? Zwischen 22 Uhr und drei Uhr in der Früh! Da hatte er dem zukünftigen Geschäftsführer seinen zukünftigen Wirkungsort gezeigt, oder wie hatte man das zu interpretieren? Und dabei war ihm komplett entfallen, dass er das Gelände noch nicht einmal gekauft hatte. Obwohl es mir unter den Nägeln brannte, den Kommissar über diese Sache auszuquetschen, musste ich mich wohl noch bis nach den Befragungen gedulden. Denn in dem Moment kam Sebastian Kern in die Rezeption. Er hielt seinen kleinen Hund fest an die Brust gedrückt und sah unter seiner sonnengebräunten Haut kalkweiß aus. Milo knurrte den Papillon an, und der Papillon Milo, während ich Sebastian freundlich zunickte.

»Ich soll befragt werden«, sagte der etwas weinerlich. »Könnten Sie inzwischen auf meinen Hund aufpassen?«

Etwas besorgt sah ich zu Milo hinunter, der das für

keine gute Idee hielt. Der Kommissar hatte doch bestimmt nichts dagegen, wenn der kleine Hund bei der Befragung mit dabei war!

»Ich will nicht, dass Baby so einer psychischen Belastung ausgesetzt wird.«

Ich öffnete den Mund und schloss ihn wieder.

»Außerdem würde ich wirklich gerne wissen, weshalb ich befragt werden soll«, sagte er und drückte »Baby« noch enger an sich.

Das wusste ich schon, denn daran war wohl ich schuld. Schließlich hatte ich dem Kommissar gesteckt, dass sich Sebastian und Schwarz am Tag des Mordes vormittags im Wald unterhalten hatten. Ziemlich vertraulich noch dazu. Ich lächelte ihn noch immer an, obwohl mir ein paar mörderische Ideen durch den Kopf schossen. Man konnte einen Mörder schließlich nicht an seinem Aussehen erkennen. Sebastian sah unglaublich nett und süß aus. Aber das hieß ja noch lange nicht, dass der Schwarz nicht von einem netten, süßen Mörder erstochen worden war. Und ich meinte mich zu erinnern, dass Sebastian den Streit zwischen Hetzenegger, Schwarz und mir mitbekommen und auch das Messer gesehen hatte, mit dem ich herumgefuchtelt hatte.

Der Kommissar kam herein, und Sebastian reichte mir seinen Hund über den Tresen.

»Baby«, flüsterte er zärtlich. »Papi ist gleich wieder da.«

Milos Knurren wurde eine Oktave tiefer, als ich Baby auf den Arm nahm. Und auch Baby schien einen Testosteronschub zu haben, denn er knurrte in einer Lautstärke, die alles übertönte.

Schade! Zu gerne hätte ich gelauscht und erfahren, was der Kommissar Sebastian zu fragen gedachte! Stattdessen ging ich mit Baby auf dem Arm nach draußen, verfolgt von einem eifersüchtigen Milo.

Dort passierten mehrere Dinge gleichzeitig und überforderten mich kolossal. Die Hunde knurrten und bellten sich an, und ich wusste nicht, ob ich Baby nun lieber auf den Boden setzen oder mir über den Kopf halten sollte. Evelyn kam gerade den Weg vom See hoch – und strahlte intensive Gesprächsbereitschaft aus. Außerdem flog eine Drohne so knapp über meinen Kopf hinweg, dass Baby schier ausflippte von dem Lärm.

»Kannst du endlich damit aufhören?«, rief ich ärgerlich.

»Verdächtigen die jetzt etwa den Sebastian Kern?«, fragte Evelyn gegen den Radau der bellenden Hunde an.

»Was weiß ich denn … aber ich habe Sebastian mit dem Schwarz gesehen, sie schienen sich zu kennen«, sagte ich und erwog, dem kläffenden Baby einfach das Maul zuzuhalten.

»Baby! Ksch!«, machte Evelyn sehr autoritär, und Baby hörte erstaunt zu bellen auf. »Was für ein unmöglicher Name für einen Rüden! Der hat doch sein Leben lang ein Trauma, weil er Baby genannt wird.«

»Ich bin mir ziemlich sicher, dass Sebastian Kern der Spion vom Schwarz war«, flüsterte ich, während Evelyn Babys Kopf tätschelte.

»Darum sieht er jetzt ja auch so fertig aus«, mutmaßte Evelyn. »Weil er die ganze Zeit spioniert hat, und jetzt bekommt er sein Geld nicht.«

Schade eigentlich, dass er ein Spion war. Er war nämlich ein wirklich sympathischer junger Mann.

»Kannst du Baby betreuen?«, fragte ich, aber Evelyn hatte plötzlich ganz dringend etwas anderes zu tun. Baby fing wieder zu keifen an und hörte erst auf, als

Frau Schmidkunz bei mir stehen blieb und eine Weile den Hundekopf tätschelte.

»Ich weiß nicht. Dieses Telefon in der Früh, das bringt mich noch um«, sagte sie. »Das geht jetzt seit zwei Tagen so. In der Nacht wache ich auf, weil mein Mann so stark schnarcht.« Baby leckte ihr begeistert die Hand. »Und wenn ich dann in der Früh schlafen könnte, klingelt ein Telefon.« Kopfschüttelnd tätschelte sie weiter den Hundekopf. »Um sechs Uhr in der Früh! Und meinst du, da würde mal jemand hingehen? Ich werde demnächst aufstehen und nachschauen, in welchem Wohnwagen dieses Handy klingelt!«

In dem Moment kam Sebastian aus der Rezeption gesegelt, völlig aufgelöst und den Tränen nahe. Energisch nahm er mir Baby weg.

»Danke«, hauchte er und ließ sich von Baby das Kinn lecken, was diesen glücklicherweise daran hinderte, erneut herumzukeifen. Ich atmete erleichtert auf und ging in die Rezeption zurück.

Dort begegneten mir der Kommissar, Frau Krönner und Herr Brunner. Während Krönner und Brunner hinunter zum See gingen, blieb der Kommissar bei mir stehen.

»Kaffee?«, bot ich ihm an.

»Danke«, stimmte er erstaunlicherweise zu.

»Kannten sich Schwarz und Kern?«, fragte ich neugierig, während ich uns einschenkte.

»Ja«, sagte der Kommissar erst knapp und grinste dann, als er meine enttäuschte Miene sah. »Herr Kern sollte das Hotel führen. Das, das hier gebaut werden sollte«, erklärte der Kommissar nach einer kurzen Pause, in der ich offensichtlich ratlos dreinschaute. Er konnte schließlich nicht ahnen, dass ich sein Gespräch belauscht hatte und das bereits wusste.

»Schade um den Campingplatz übrigens.«

»Nicht schade, ungeheuerlich ist das! Denn ich habe ja noch nicht einmal verkauft.«

Der Kommissar sah so aus, als würde er an meine Untersuchungshaft denken.

»Davon wusste ich im Übrigen nichts«, fand ich wichtig zu ergänzen, um nicht noch mehr Motive für einen Mord zu haben. »Also, dass der Herr Kern Geschäftsführer werden soll.« Das war jetzt zwar ein klein wenig gelogen, aber immerhin hatte ich diese Information nicht vor dem Mord bekommen, und das war schließlich ermittlungsrelevant.

Der Kommissar zuckte nur bedauernd mit den Schultern und nahm mir die Kaffeetasse ab, die ich noch immer in der Hand hielt.

»Kein Wunder, dass Herr Kern so fertig ist«, murmelte ich und freute mich, dass der Kommissar nicht nachbohrte.

»Ja. Er hat schon bei seiner alten Arbeit gekündigt«, rutschte es dem Kommissar heraus, und jetzt war ich wirklich sprachlos.

»Aber …«, setzte ich an und legte gleich wieder eine Denkpause ein. »Deswegen also war der Schwarz so oft hier! Weil er sich mit seinem zukünftigen Geschäftsführer getroffen hat.« Jetzt ergab auf einmal alles einen Sinn für mich, und ich nahm – zufrieden über mein Ermittlungsergebnis – einen Schluck Kaffee. Auch wenn ich nicht wusste, was es groß zu besprechen gab, wenn man noch nicht einmal das Gelände für das Hotel gekauft hatte. Und der Gemeinderat den Plänen noch nicht zugestimmt hatte. Nun, das Letztere wäre für den Schwarz wahrscheinlich kein Problem gewesen, weil er sowieso all die Leute im Gemeinderat in der Hand hatte.

Nachdem wir noch eine kurze Unterhaltung über

Croissants in Regensburg und die wunderbare Unterbringung in einem Gefängnis gehabt hatten, bedankte sich der Kommissar für den Kaffee und ging hinauf zur Straße. Er wollte Frau Krönner beim Zeltlager auf der Wiese unter die Arme greifen. Vielleicht erhoffte er sich noch ein paar erhellende Aussagen. Ich hätte mich an den Computer setzen sollen, gönnte mir aber erst einmal einen kurzen Spaziergang zum See hinunter.

Ich kam nicht weit. Vor dem Toilettenhäuschen hatte sich eine richtiggehende Versammlung gebildet. Hoffentlich heckten die Camper nicht schon wieder irgendetwas aus! Als ich näher kam, sagte gerade der Schmidkunz: »Ich habe mir letztes Jahr eine Abdeckung für den Wohnwagen gekauft. Das muss reichen.«

»Wenn unsere liebe Sofia ein bisschen Einsehen hätte«, sagte der Hetzenegger, ohne mich direkt anzusprechen, aber dennoch offensichtlich an mich gerichtet, »könnten wir viel besser planen.«

Ich tat, als hätte ich nichts gehört.

»Wir reden über den Winter«, erklärte die Vroni und tätschelte mir liebevoll die Hand. »Viele von uns würden auch gerne im Winter kommen und ein paar Tage hier verbringen.«

»Silvester zum Beispiel«, sagte ihr Mann begeistert. »Das wäre toll. Wir könnten uns alle verabreden.«

»Eine Schneebar bauen«, begeisterte sich der Schmidkunz, während seine Frau nur eine Augenbraue hochhob.

»Bisschen Glühwein trinken.«

»Im Wohnwagen kuschelig einheizen«, schwärmte Vroni. »Draußen die schneebedeckten Bäume …«

Ich holte tief Luft, aber der Hetzenegger sagte sofort: »Sag nicht gleich Nein. Ich glaube, Wintercamping wird der totale Renner. Verschneite Wälder. Zugefrorene Seen.«

Klimawandel, dachte ich. Matschige Wege, Leute, die sich über das kalte Klohäuschen echauffierten, eine Putzfrau, die sich über den Schlamm auf dem Boden aufregte. Wintercamping war doch nichts für die Hetzeneggers!

»Mit unserem neuen Zelt wäre das alles kein Problem.«

»Das ist keins, das man am Wohnwagen einfädelt, das steht von selbst. Alle halbe Meter eine sooo dicke Stange«, prahlte der Hetzenegger und bekam rote Bäckchen bei der Schilderung aller Vorzüge. Ich schaltete auf Durchzug, und die anderen sahen aus, als würden sie es mir gleichtun.

»Jetzt gibt es sowieso keinen mehr, der den Campingplatz kaufen will«, sagte der Hetzenegger noch und sah sehr zufrieden aus.

»Sein Sohn ist ja mit dem Schwarz auf einer Linie«, wandte der Schmidkunz ein. »Kann mir gut vorstellen, dass der genauso weitermacht wie der Senior.«

Bis jetzt hatte sich der Junior in der Sache allerdings nicht erneut gemeldet. War vielleicht auch etwas viel verlangt, wenn sein Vater gerade auf jenem Campingplatz ermordet worden war.

»Sein Sohn«, sagten Vroni und die Schmidkunz wie aus einem Mund und rollten die Augen gen Himmel.

Was das bedeuten sollte, konnte ich mir nicht zusammenreimen, aber ich wollte mich eh nicht länger über Wintercamping unterhalten!

»Muss jetzt Bürokram machen«, erinnerte ich mich laut an mein eigentliches Vorhaben und ging ohne Seespaziergang zurück zur Rezeption. Glücklicherweise saß Evelyn vor dem PC und verhinderte mein ambitioniertes

Vorhaben. Gerade sah sie sich Bilder vom Campingplatz an. Der Bodybuilder Chris hatte sich voll ins Zeug gelegt und sogar reizende Camping-Bilder von seinem lachenden Sohn beigetragen sowie ein paar wirklich hübsche von meinem Wohnhaus. Und halb hinter den Pappeln versteckt hatte selbst das Klohäusl so etwas wie Charme. O. k., morbiden Charme, aber immerhin! Seufzend lehnte ich mich gegen den Tresen und wünschte mir, mein Leben wäre ein klein bisschen einfacher.

»Wieso hat meine Nonna eigentlich kein Wintercamping angeboten?« Wenn das so toll und easy war, wie Hetzeneggers taten.

»Hat sie doch. Ursprünglich«, antwortete Evelyn abgelenkt und schob sich eine Lakritzschnecke in den Mund. Sie klickte auf dem Bild herum, und plötzlich sah das Klohäusl wie frisch gestrichen aus.

»Aber die letzten Jahre hat sie das nicht gemacht?«

»Nein.«

»Wegen des Klohäuschens«, mutmaßte ich. Plötzlich gab es den Geranienkasten auf dem Bild viermal, und jedes Fenster des Klohäusls hatte seine eigenen Geranien. Das sah sehr hübsch aus, war aber gelogen.

»Nein«, sagte Evelyn und starrte konzentriert auf den Bildschirm. Mit der freien Hand suchte sie blind in der Lakritztüte nach Nachschub.

»Nein? Was nein?«

Ärgerlich drehte sich Evelyn zu mir um, als würde sie sämtliche Gehirnkapazitäten für die Bildbearbeitung benötigen. »Wegen der Eltern von den Hetzeneggers.« Sie hielt mir ihre Lakritztüte hin, aber ich schüttelte den Kopf. »Die sind doch damals im Winter auf dem Platz gestorben. Also, man kann von Glück sagen, dass es Winter war. Wenn man sich das vorstellt, liegen da beide 'ne Woche tot im Wohnwagen, und keiner merkt was.

Aber es hatte ja unter null Grad, und da waren die schön konserviert.«

»Konserviert?«, krächzte ich.

»Deswegen hat man auch nichts gerochen«, schwadronierte sie weiter und drehte sich wieder zu den Bildern von unserem Strand. Versehentlich kam sie auf eine Taste, und plötzlich schwamm mitten im See ein Kasten mit Geranien.

»Was gerochen?«

»Nun ja. Die sind im Winter im Wohnwagen gestorben. Eigene Dummheit, deine Großmutter konnte da natürlich nichts für. Schließlich hat ihnen keiner angeschafft, dass sie alles isolieren sollen!«

»Isolieren?«, echote ich wieder. Wieso konnte sich Evelyn nicht angewöhnen, einmal geradlinig zu erzählen!

Seufzend klickte Evelyn die Bilder weg, als hätte sie es aufgegeben.

»Der alte Hetzenegger hatte damals alle Belüftungsschlitze abgeklebt! Also wirklich jede einzelne Luftzufuhr. Und dann haben sie schön kuschelig warm eingeheizt.«

»Und?«, fragte ich atemlos, weil Evelyn aufhörte zu sprechen, als wäre bereits alles gesagt.

»Dann ging die Flamme aus, und Gas strömte in den Wagen. Und sie erstickten. Meines Erachtens war das Gruppenselbstmord«, erklärte sie mir. »Weshalb sollte man sonst alle Lüftungsschlitze zukleben? Das machen doch nur Selbstmörder. Aber der Hetzenegger hat gesagt, dass er sich das nicht vorstellen kann.« Sie stand auf und beugte sich vertraulich über den Tresen. »Damals kursierte auch das Gerücht, dass der Hetzenegger die ganzen Lüftungsschlitze zugeklebt hat, um seine Eltern umzubringen. Die waren nämlich unglaublich nervig, außerdem hatten sie viel Geld. Das hat er damals gut brauchen können, weil – er doch danach gleich seine Kanzlei eröffnet hat.«

Die Hetzeneggers! Man konnte doch nicht die netten Hetzeneggers verdächtigen, ihre Eltern beziehungsweise Schwiegereltern umgebracht zu haben! Ich starrte Evelyn eine Weile an. »Und weshalb hat dann meine Nonna den Campingplatz nicht mehr im Winter aufgemacht?«

»Das liegt doch auf der Hand«, sagte Evelyn in belehrendem Tonfall. »Wenn du einmal die toten Hetzeneggers gefunden hast, dann willst du das nicht mehr erleben. Musst dir doch nur vorstellen, wie das aussieht, wenn die da eine ganze Weile tot im Wohnwagen liegen. Und sich dann noch die Vorwürfe anhören, dass ihr das doch hätte früher auffallen müssen.«

»Wieso? Wegen des Gestanks?«, fragte ich atemlos.

»Nein. Wegen der Semmeln. Weil die Semmeln jeden Tag übrig bleiben hätten müssen. Aber die alten Hetzeneggers, die waren ja so knickrig, die haben immer selber ihr Brot mitgebracht. Deine Großmutter hätte das nicht früher merken können, du brauchst dir da echt nichts denken.«

Tat ich auch nicht. Ich freute mich vielmehr, dass ich jetzt ein Argument gegen Wintercamping in der Hand hatte!

»Am Montag ist übrigens die Beerdigung vom Schwarz. Da müssen wir Flagge zeigen«, erklärte mir Evelyn. »Du kannst dir von mir schwarze Klamotten ausleihen, wenn du willst.«

»Das ist ja schon übermorgen!«, sagte ich ungläubig. »Das kann doch gar nicht sein.«

»Ja, normalerweise nicht, aber seine Frau versucht halt den Kumpels von ihrem Mann zuvorzukommen.«

»Zuvorzukommen?«

»Sein allerbester Schulfreund ist doch eine richtige Tunte. Und jetzt hat sie Angst, dass der auf der Beerdigung erscheint. Soviel ich weiß, ist der nämlich in Berlin mit einer Dragqueen verheiratet, und ich bin mir hundertprozentig sicher, wenn der mitkriegt, dass der Schwarz tot ist, dann kommen da vielleicht ganz viele Dragqueens.«

Sie war total begeistert von dem Gedanken, eine kennenzulernen. »Deswegen müssen wir auch unbedingt dort sein, das wird unglaublich spannend. Wer weiß, was da noch für coole Gestalten aufkreuzen.«

Ich ging auf Evelyns Vermutungen nicht ein. »Das halte ich für komplett ausgeschlossen. Schließlich liegt der Schwarz doch bestimmt gerade in der Rechtsmedizin. Wie soll denn der in zwei Tagen schon beerdigt werden?«

»Die findet schon Mittel und Wege«, behauptete Evelyn und senkte ein wenig ihre Stimme. »Ich persönlich würde einen leeren Sarg hinstellen und so tun, als wäre der Schwarz da drin. Da fragt doch kein Mensch danach.«

Ungläubig schüttelte ich den Kopf. So einen Schwachsinn hatte ich ja noch nie gehört!

Kapitel 8

Zu meinem größten Erstaunen war die Beerdigung tatsächlich fünf Tage nach dem Mord. Wie Frau Schwarz das hinbekommen hatte, war mir ein riesiges Rätsel, und ich konnte mir auch nicht vorstellen, dass allein die Angst vor Dragqueens sie getrieben hatte. Aber die Neugier brachte mich nun doch dazu, mich Evelyn anzuschließen.

Vielleicht gab es ja einen Eklat! Vielleicht kam kein Mensch auf die Beerdigung, nachdem nur eine winzige Sterbeanzeige erschienen war? Oder würden lauter auffällig gekleidete Transvestiten auftauchen? Meine eigene Kleidungswahl entpuppte sich jedenfalls als schwieriger als gedacht. Denn alles, was ich von Evelyn anprobierte, schien aus mir eine Frau zu machen, die akut auf Männerfang war. Schließlich entschied ich mich für meine eigene schwarze Jeans und Evelyns Lederjacke. Das sah zwar auch ein bisschen zu sexy aus für eine Beerdigung, aber immerhin war ich ganz in Schwarz.

Mit meiner Vermutung, dass niemand kommen würde, hatte ich jedenfalls nicht recht: Trotz der unauffälligen Sterbeanzeige und dem viel zu frühen Termin schien sich der halbe Landkreis versammelt zu haben. Ich hatte Mühe, mit Evelyn einen Sitzplatz zu finden.

Unauffällig ließ ich den Blick über die Trauergemeinde schweifen, auf der vergeblichen Suche nach einer Dragqueen. Dafür, dass den Schwarz angeblich niemand gemocht hatte, war die Trauergemeinde riesig. Auf einer Seite aufgereiht stand eine ganze Prozession Fahnen tragender Männer und Frauen in dunklen Trachten. Sie tuschelten miteinander und sahen nicht besonders traurig aus. Ich erkannte unter ihnen den Bäcker mit seiner Frau, die Kassiererin vom Supermarkt und die Dame von der Post.

»Ich hatte ja gehofft, dass es einen offenen Sarg geben wird«, sagte Evelyn leise zu mir, als wir endlich einen Platz relativ weit vorne gefunden hatten. Evelyn wollte unbedingt die Familie vom Schwarz sehen.

»Er hatte eine sichtbare Stichverletzung«, sagte ich. »So was kannst du keinem zumuten!«

»Heutzutage können die so was. Die schminken den, und schon sieht man nichts mehr von blauen Flecken und Schnittverletzungen … So wissen wir ja überhaupt nicht, ob er überhaupt da drin ist.«

Ich starrte auf die unauffällige bronzefarbene Urne, die vor den Blumenornamenten stand, und dankte Gott dafür, dass der Schwarz eingeäschert worden war, anstatt geschminkt im offenen Sarg zu liegen. Direkt vor der Urne lehnte ein übergroßes Bild vom Schwarz in einem schwarzen Rahmen.

Natürlich hatte ich ihn nicht ausstehen können.

Aber das hier hatte ich ihm nicht gewünscht.

Außerdem war ich mir sicher, dass er von den meisten Leuten hier nicht geliebt worden war. Ziemlich sicher auch nicht von seiner Frau. Durch die Stuhlreihen hindurch sah ich, dass diese gerade unauffällig die Hand ihres Nachbarn hielt. Des Typen, den ich schon am Parkplatz mit ihr gesehen hatte! An ihrer anderen Seite saß ihre Tochter mit dem Herrn Dr. Feuser. Ich verkniff mir ein wütendes Schnauben, als ich den Rechtsanwalt sah. Neben Dr. Feuser saß Georg Schwarz Junior, seine Schultern hingen sichtlich nach unten, und er schien der Einzige zu sein, der wirklich trauerte.

Eigentlich war ich mir fast sicher, dass der Mörder auch in der Aussegnungshalle saß. Wie es aussah, hatte der Kommissar einen ähnlichen Verdacht, denn er stand seitlich an der Wand, in einer schwarzen Lederjacke und einer dunklen Hose, und sah ziemlich schick aus. Er warf mir einen düsteren bis warnenden Blick zu, als hätte ich schon wieder etwas falsch gemacht oder wäre kurz davor. Dann umfasste er mit seiner rechten Hand das linke Handgelenk und hob die Augenbrauen. Ich wurde ein bisschen rot, weil ich natürlich sofort verstand, dass er mir schon wieder mit meiner Verhaftung drohte.

»Glaubst du, man kann die Urne noch aufschrauben und hineinsehen?«, fragte Evelyn neben mir viel zu laut.

»Sag mal, spinnst du?«

»Ich bin mir hundertprozentig sicher, dass der Schwarz gar nicht in der Urne ist!«, palaverte Evelyn weiter. »Allein deswegen schon hätte ich einen offenen Sarg bevorzugt. Ich meine, du weißt ja überhaupt nicht, wer da beerdigt wird! Es könnte eine leere Urne sein.«

»Evelyn«, sagte ich resigniert. »Kein Mensch beerdigt leere Urnen.«

»Auf eine Einäscherung musst du warten«, sagte Evelyn. »So schnell geht das nicht.«

»Die haben halt ihre Beziehungen«, sagte ich und war heilfroh, dass ich nicht darauf eingegangen war, möglichst früh in die Aussegnungshalle zu gehen. Ich traute

Evelyn zu, dass sie in einem unbeobachteten Moment versucht hätte, die Urne aufzuschrauben.

Dann begann glücklicherweise eine Orgel zu spielen und unterbrach unser Gespräch. Ein ziemlich junger, beleibter Pfarrer kam herein und stellte sich ans Lesungspult.

»Der Gietl hat einen Hexenschuss«, verriet mir Evelyn, als die Musik endete. »Weiß nicht, ob der noch mal wird!«

Der junge Pfarrer schien das gehört zu haben, denn er lief leicht rosig an, sah dann starr auf sein Blatt Papier und begann abzulesen, was er sich notiert hatte.

»Gütiger Vater, in deine Hände empfehlen wir Georg Schwarz und hoffen zuversichtlich, dass er bei Christus ist. Wir danken dir für alles Gute, mit dem du ihn in seinem Leben beschenkt hast, und für das Gute, das wir durch ihn erfahren haben.«

Evelyn schüttelte den Kopf. Die Grabrede schien sie nicht zu überzeugen.

»Wir bitten dich, nimm ihn auf und gib ihm Wohnung und Heimat bei dir. Uns aber, die zurückbleiben, gib die Kraft, damit wir einander trösten mit der Botschaft des Glaubens, bis wir alle vereint sind bei Christus, unserem Herrn.«

Irgendjemand räusperte sich, und ich ließ meinen Blick erneut unauffällig über die Trauergemeinde gleiten.

»Herr Georg Schwarz wurde 1957 in Hirschlingen geboren und ist seiner Heimatgemeinde stets treu geblieben. Er wuchs mit zwei älteren Brüdern auf, hat hier im Ort die Schule besucht und bald im elterlichen Betrieb gearbeitet. Schon 1980 hat er geheiratet, seine geliebte Ehefrau Irene, und hatte mit ihr zwei Kinder, Georg Schwarz Junior und Brigitte.«

Ich konzentrierte mich auf die Rede, was mir zunehmend schwerfiel. Spürte ich da Spannungen zwischen den Angehörigen? Hatte Schwarz Junior eben einen Brief weitergegeben? Und wer war der Mann mittleren Alters neben Schwarz Junior? Dass ich mich nicht konzentrieren konnte, lag auch stark an Evelyn. »Liebender Ehemann – dass ich nicht lache«, kommentierte sie halblaut. »Der hat sich doch nicht um seine Kinder gekümmert. Ich will ja jetzt nicht ins Detail gehen, aber ich könnte dir da Sachen erzählen …«

Die Frauen in der Reihe vor uns warfen jedenfalls ziemlich ungehaltene Blicke nach hinten. Vielleicht, weil sie auch solche Sachen erzählen wollten.

Schließlich erhob sich die Trauergemeinde, ein schwarz gekleideter Mann trat vor die Urne und nahm sie mit respektvoller Miene in beide Hände. Mit ernster Miene schritt der junge Pfarrer voran, gefolgt von einem dünnen kleinen Ministranten mit roten Haaren, hinter dem wiederum der Urnenträger ging. Mein Blick schweifte zurück zur Familie Schwarz, und im allgemeinen Gedränge wäre mir fast nicht aufgefallen, dass Schwarz Junior der Urne nicht folgte! Unauffällig verschwand er gerade aus der Aussegnungshalle durch die Tür, durch die der Pfarrer vor der Feier gekommen war. Was tat er da? Holte er noch irgendetwas? Oder war ihm übel geworden, und er musste sich hinsetzen?

»Mich wundert ja, dass sie überhaupt schwarz trägt. Die muss doch direkt jubilieren, dass er endlich unter die Erde kommt«, machte Evelyn munter weiter. »Dann kann sie endlich ihren Freund heiraten, und es gibt keine Heimlichkeiten mehr.«

»Heimlichkeiten?«, fragte ich erstaunt. Gerade als ich mich zu ihr wandte, sah ich aus dem Augenwinkel, dass ein weiterer Mann durch diese andere Tür schlüpfte.

Was zum Teufel? Das sah ja geradezu nach einer Versammlung aus. Oder sie kippten gerade alle gemeinsam um, und ich musste den Rettungswagen rufen. Insofern sollte ich vielleicht einmal nachsehen.

»Wenn ich mir die Ähnlichkeiten ansehe, bin ich mir ziemlich sicher …« Wessen sich Evelyn ziemlich sicher war, hörte ich nicht mehr, denn während ich mit den Gedanken noch beim Schwarz Junior war, reihte sie sich bereits in den Strom der Trauernden ein. Wohin führte die Tür? Und wieso ging er nicht mit seiner Mutter und seiner Schwester zum Grab?

In dem Gedränge achtete niemand auf mich. Ich blieb eine Weile stehen, während die Masse sich hinausbewegte. Dann schlängelte ich mich in die Gegenrichtung, vorbei am Blumenschmuck, zu der unauffälligen Tür im hinteren Bereich der Aussegnungshalle. Natürlich nur, um andere Leute zu retten.

»Da geht's lang …«, sagte ein älterer Mann, der eine gewisse Ähnlichkeit mit einem Truthahn aufwies, vor allem am Hals, und zeigte mir die richtige Richtung.

»Danke«, erwiderte ich, ließ mich aber von meiner Route nicht abbringen und ging einfach weiter. Die Tür führte in einen fast leeren Raum, der dem Pfarrer wohl zum Umziehen diente. Es gab Kerzenständer sowie einen halb offen stehenden Schrank mit ein paar Ministrantengewändern.

Lauschend blieb ich stehen. Ich hörte das erregte Stimmengemurmel von mindestens zwei Personen. Als ich die nächste Tür öffnen wollte, wurden die Stimmen lauter, und ich erstarrte, um mich nicht zu verraten.

»Du musst dir keine Sorgen machen, das mit dem Geld ist kein Problem«, sagte gerade der eine.

»Für dich vielleicht!«, zischte der andere.

War das ein Streit um Geld? Und wer stand da? Wie

konnte ich das herausbringen, ohne dass ich an den Männern vorbeiging?

Eilig blickte ich um mich und entdeckte noch eine Tür. Das war die Toilette. Das Fenster war ziemlich hoch und klein, aber immerhin zeigte es genau in die Richtung, in der ich die Sprecher vermutete! Begeistert über die Möglichkeiten, die sich mir boten, kletterte ich auf die Kloschüssel, doch da stand ich leider zu niedrig. Vorsichtig prüfte ich mit einem Fuß, ob mich der Spülkasten tragen würde. Das tat er, und ich klammerte mich oben am Fensterrahmen fest. Juhu! Von hier aus hatte ich einen optimalen Ausblick auf die zwei Männer! Es waren tatsächlich Schwarz Junior und der jüngere Mann, der seitlich an der Wand gestanden und Abstand zur Familie Schwarz gehalten hatte. Ich spitzte mal wieder die Ohren.

»Pass auf, das dauert jetzt noch eine Weile«, sagte der Schwarz gerade ärgerlich. »Ich werde das regeln, sobald das mit der Firma geklärt ist. Aber momentan hängen wir da noch zwischen den Stühlen.«

»So viel Zeit habe ich nicht«, ätzte der andere zurück. »Ich gebe dir noch zwei Tage, um …«

Für was der Junior noch zwei Tage bekam, würde ich nie erfahren, denn im selben Moment packte mich jemand an meinen Knöcheln, und ich erschrak so sehr, dass ich zu schreien anfing und die Balance verlor. Ich rutschte vom Spülkasten, der ziemlich knackte und knirschte, und landete in den Armen des Kommissars.

»Was machen Sie denn hier!«, fragte er mich ärgerlich, während ich mich noch in sein schönes weißes Hemd krallte.

»Sie bringen mich noch einmal um!«, warf ich ihm vor. »Wieso schleichen Sie sich so an mich an?«

»Ich möchte mal behaupten, dass nicht ich es bin, der hier herumschleicht, sondern Sie.«

Ich drückte einen Finger auf meine Lippen. »Ich habe gerade mitgehört, was Schwarz Junior für finanzielle Verpflichtungen hat …«

»Ich kann Ihnen sagen, was Schwarz Junior für Verpflichtungen hat«, erklärte mir der Kommissar seufzend, während er mich noch immer im Arm hielt, als würde ich jederzeit umfallen, sobald er seinen Griff lockerte. »Wenn Sie mich meinen Job machen lassen würden, dann wäre es für alle am einfachsten. Sie brauchen sich nicht einzumischen.« Aha! Dann hatte Schwarz Junior anscheinend Schulden! Eine Weile sahen wir uns nur an, und ich fand, dass wir uns jetzt genauso gut hätten küssen können. Jedenfalls sah es so aus, als hätte der Kommissar ähnliche Gedanken. Dann ließen wir uns los und traten verlegen einen Schritt zurück.

»Und sagen Sie jetzt nichts von Untersuchungshaft«, sagte ich eilig, bevor er es tun konnte.

Er grinste.

Dann hörten wir Gebrüll von draußen, vermischt mit dem schrillen Kläffen eines kleinen Hundes.

»Sie! Dass Sie es wagen, hierherzukommen und das Andenken meines Vaters zu entehren!«, schrie ein Mann draußen. War das wieder Schwarz Junior? Wegen des Köters war das nicht genau zu hören, aber der andere Mann musste dann auf jeden Fall Sebastian Kern sein! Mit Baby. »Ohne Sie wäre das überhaupt nicht passiert!«

Der Kommissar hielt mich am Arm zurück, als ich nach draußen laufen wollte, um Sebastian zu retten.

»Sie trampeln auf meinen Gefühlen herum!«, hörte ich Sebastians weinerliche Stimme.

»Meine Gefühle interessieren hier auch niemanden!«, schrie Schwarz Junior ihn nieder.

Dann keifte Baby nicht mehr, und eine Frau redete leise, während ein Mann schluchzte.

»So, helfen Sie mir jetzt mal bitte auf das Fensterbrett!«, wies ich den Kommissar streng an. »Sonst erfahren wir nie, was da draußen passiert.«

Er schüttelte zwar den Kopf, machte aber trotzdem eine Räuberleiter, was es mir ermöglichte, aus dem hohen Fenster zu sehen. Draußen standen Schwarz Junior, Sebastian Kern und Frau Schwarz. Ich stellte mich wieder auf den Spülkasten, und der Kommissar hielt meine Beine fest. Das war zwar unnötig, fühlte sich aber gut an. Schwarz Junior hatte sicher gerade einen irre hohen Blutdruck, sein Gesicht war karmesinrot, und auf der Stirn standen ihm die Schweißperlen. Sebastian Kern klammerte sich noch immer an Baby und schluchzte in das Fell des kleinen Hundes.

»Ohne SIE wäre das alles nicht passiert!!«, stieß Schwarz Junior hervor, allerdings nicht mehr so laut wie vorher. Seine Mutter hatte den Arm um seine Schultern gelegt und reichte ihm ein Taschentuch.

»Wir beruhigen uns jetzt alle mal«, sagte sie mit strenger Stimme.

»Das habe ich doch nicht gewollt«, brachte Sebastian unter Tränen hervor.

»Das wissen wir«, sagte Frau Schwarz mit erstaunlich viel Verständnis in der Stimme. Wie bitte? Was hatte er nicht gewollt? Dass er selbst Geschäftsführer wurde? Dass der Schwarz erstochen wurde?

»Aber wie soll es denn jetzt weitergehen?«, schluchzte Sebastian.

»Das wird sich zeigen«, erklärte Frau Schwarz. Ihren Sohn sah sie streng an. »Geh zum Auto!«

Ich rutschte zurück in die Arme des Kommissars, weil es nichts mehr zu sehen und zu hören gab.

»Und?«, fragte er mich.

»Schwarz Junior ist der Meinung, dass es den Mord nicht gegeben hätte, wenn Sebastian Kern nicht hier gewesen wäre.«

Der Kommissar hielt mich noch immer fest, und mein Herz klopfte schneller. Nicht wegen Sebastian, sondern wegen Jonas Schneider, seines Zeichens Kriminalkommissar. War mir eigentlich schon mal aufgefallen, dass er wahnsinnig gut roch? Dass er ganz wunderbare Augen hatte? Außerdem war er unglaublich stark, wie es schien. Und hatte ich schon seine tollen Unterarme erwähnt, die man zwar gerade nicht sehen konnte, aber von deren Existenz ich wusste?

»Und Frau Schwarz war auf ihren Sohn sauer«, redete ich einfach weiter, als wäre es das Normalste von der Welt, am Brustkorb des Kommissars zu kleben. »Hat zumindest so ausgesehen. Sie war nicht überzeugt davon, dass Herr Kern was mit der Sache zu tun hat. Und ihr Sohn hat ausgesehen, als wäre er voll am Anschlag.«

Wobei man das auch nachvollziehen konnte. Der eigene Vater erstochen – und dann lungerte auch noch der Geschäftsführer in spe herum. Irgendetwas war da doch oberfaul!

Kapitel 9

Zu meinem größten Bedauern knutschten wir dann nicht eine Runde, denn der Kommissar trat einen Schritt zurück. Vielleicht hatte ich es mir auch nur eingebildet, dass er mich auch unbedingt küssen wollte. Jedenfalls war ich danach ziemlich verlegen. Vielleicht hatte ich mich ja an ihn rangeworfen und er mich nur festgehalten, weil er größere Verletzungen vermeiden wollte? Weil ich mich ein bisschen schämte, tat ich, als wäre nichts gewesen, und ging mit ihm Richtung Parkplatz. Evelyn hatte sich schon verdünnisiert, wahrscheinlich war sie mit den Schmidkunzens zurück zum Campingplatz gefahren. Ich fühlte mich noch immer zittrig, mehr wegen meines Drangs, unbedingt den Kommissar küssen zu müssen. Das war bestimmt eine Art Übersprungshandlung in Bezug auf das angespannte Verhältnis zu meinem Noch-Ehemann Martin.

Der Kommissar und ich verabschiedeten uns am Parkplatz vor dem Friedhof voneinander, und ich tuckerte langsam und in Gedanken versunken zurück zum Campingplatz. Milo nahm es mir nicht übel, dass er im Auto hatte bleiben müssen. Er setzte sich auf den Beifahrersitz neben mich und steckte den Kopf durch das offene Fenster. Nachdem ich das Auto abgestellt hatte, gingen wir gemeinsam Richtung Rezeption und liefen dabei Sebastian Kern in die Arme. Er hatte verheulte Augen und schniefte ins Fell seines Hundes.

»Könnten Sie vielleicht … Baby kurz halten. Ich muss mich mal frisch machen«, sagte er und drückte mir kurzerhand den Hund in die Arme.

Milo und Baby knurrten und bellten sich wieder an, und erneut flog urplötzlich Maxls Drohne so knapp über meinen Kopf hinweg, dass Baby schier ausflippte von dem Lärm. Während ich mich noch fragte, ob es einen Zusammenhang gab zwischen sich anknurrenden Hunden und tief fliegenden Drohnen, hielt oben an der Straße ein monströses Taxi, und ein Mann mit Anzug, Krawatte und einem riesigen Rollkoffer stieg aus.

Als ich Maxl ausreichend ausgeschimpft hatte und er sein Fluggerät in Richtung See hatte abdrehen lassen, stand der Anzug-Typ auch schon vor mir und entpuppte sich als mein Noch-Ehemann.

»Martin«, krächzte ich.

»Schatz«, sagte mein Noch-Ehemann mit einem breiten Lächeln und wollte mich umarmen. Da ihn Baby ziemlich ankeifte, ließ er das bleiben.

»Hast du die Steuerprüfung am Hals?«, fragte Evelyn mitleidig, die gerade aus der Rezeption gesegelt kam. Sie hatte ein untrügliches Gespür für spannende Entwicklungen auf dem Campingplatz.

»Ähm. Nein. Das ist mein Mann«, erklärte ich. »Martin, Evelyn. Evelyn, Martin«, stellte ich die beiden in Überlautstärke vor, während Baby weiterkeifte. »Baby! Ksch!!«

Ich wurde von einer ganzen Flut widersprüchlicher Gefühle erfasst. Anscheinend hatte ich in der Zeit hier längst verdrängt, dass ich ihn mit einer anderen Frau im Bett ertappt hatte. Und obwohl ich mit ihm gar nicht mehr zusammen sein wollte, empfand ich beim Gedanken an diesen Fehltritt seltsamerweise Eifersucht.

»Hast du einen Hund?«, fragte Martin mit großen Augen.

»Ja. Und nein. Das ist Baby.«

»Ich glaube ja, dass es für die Psyche eines Rüden ganz schlecht ist, wenn man ihn Baby nennt«, wurde Evelyn nicht müde, lautstark zu erwähnen. »Welcher Mann will schon Baby genannt werden.« Sie warf Martin einen bedeutsamen Blick zu. Die beiden begannen eine Unterhaltung, von der ich nur einen Bruchteil verstand, weil Baby nach wie vor so irrsinnig laut war. Nur einen Moment später kam glücklicherweise Sebastian aus dem Klohäusl, immer noch völlig aufgelöst. Energisch nahm er mir Baby weg, und ich atmete einmal tief durch.

Da Baby jetzt mit seinem Herrchen beschäftigt war und die Klappe hielt, verstand ich endlich auch, was mein Mann sagte. Anscheinend war er nämlich hochgradig traumatisiert von der Zugfahrt. Er konnte sich gar nicht mehr einkriegen, wie oft man von Hamburg bis hier umsteigen musste. Nämlich zweimal. Hatte er erwartet, dass ihn die Bahn persönlich bis zum Campingplatz kutschierte?

Und dass sechs Stunden und einundzwanzig Minuten Zugfahrt eine elend lange Zeit sei, um in so ein Kaff zu gelangen. Das fand ich überhaupt nicht. Schließlich waren es gute siebenhundert Kilometer, da konnte man mit dem Auto kaum mithalten! »Okay, ich mach mal einen Kaffee«, sagte ich, weil es das einzig Neutrale bis Nette war, das mir einfiel. Evelyn sah aus, als würde sie schon längst etwas Schlimmes ahnen, das es zu verhindern galt.

Während ich die Kaffeemaschine anstellte, lehnte Evelyn noch immer mit düsterer Miene am Tresen, als wollte sie uns nicht allein lassen. Als ich die Kaffeetassen durchspülte, fragte ich beiläufig: »Und wo wirst du übernachten?«, obwohl ich mir die Antwort schon denken konnte. Nämlich in meinem Bett. Der Blick von Evelyn setzte mich ganz schön unter Druck!

»Na, hier, bei dir«, strahlte Martin mich an. Ich kannte diesen Tonfall. Wenn er sich schon sicher war, dass alles so laufen würde, wie er es wollte.

»Das geht gar nicht«, sagten Evelyn und ich gleichzeitig, und ich sah sie erstaunt an. Schließlich wollte er ja nicht in ihrem Bett schlafen.

»Platzprobleme«, schnurrte jetzt Evelyn, »aber wir haben ja einen wunderschönen Landgasthof. Gleich hier im Ort.«

Martin warf ihr einen bösen Blick zu, dann lächelte er mich wieder an.

Evelyn verdrückte sich mit einem eisigen Blick in meine Richtung, der klar signalisierte, was sie von Martin hielt.

Es ist nicht so, dass Martin hässlich war. Er war ein attraktiver Mann mittleren Alters, der richtig charmant sein konnte. Stets gepflegt, sein Haar immer nach dem neuesten Trend geschnitten. Letztes Jahr war es noch ein Undercut gewesen, mittlerweile trug er einen dezenten Kurzhaarschnitt. Auch sein Bart, der mir nie an ihm gefallen hatte, war wieder weg. Trotzdem konnte ich mir nicht verkneifen, ihn mit Alex und dem Kommissar zu vergleichen. Alex, dessen Frisur immer aussah, als wäre er sich gerade mit der Hand durch die Haare gefahren.

Und der Kommissar mit seinem militärischen Kurzhaarschnitt, der bestimmt nie zum Friseur ging, sondern einen Langhaarschneider bemühte. Außerdem hatte ich das Gefühl, dass den beiden ihre Haare komplett egal waren. Eine unmoderne Frisur kam für Martin nicht infrage. Als Chef einer großen Firma war das bestimmt auch wichtig.

»Hast du meine Nachricht nicht bekommen?«, fragte ich.

»Nein«, behauptete er.

»Du hättest mir ein paar Jeans mitbringen können«, sagte ich abrupt, während ich ihm den Kaffee einschenkte. »Und eine dicke Jacke.«

Lieber hätte ich mich jetzt mit Evelyn darüber unterhalten, was ich inzwischen alles herausgefunden hatte. Während Martin Belanglosigkeiten erzählte, überlegte ich mir, wie ich ihm schonend beibringen konnte, dass seine Bemühungen um mich sinnlos waren.

Nach dem Kaffeetrinken schlenderten wir zusammen über meinen Platz, und es fühlte sich nicht nur komisch an, dass er neben mir ging, sondern richtiggehend falsch. Martin hatte eine Miene aufgesetzt, als wüsste er nicht, was er über die katastrophalen Zustände hier überhaupt noch sagen sollte. Er hatte sich dazu auch schon genug geäußert! Und ich wurde richtig sauer, denn inzwischen war ich selbst ziemlich stolz auf meinen Platz!

Ich blieb stehen, als wir an drei Kindern vorbeikamen, die am Wegesrand saßen und auf einer Decke vor sich sorgfältig Steine aufgereiht hatten. Für jeden Stein hatten sie ein Preisschild gebastelt. Die Steine sahen nach nichts Besonderem aus, sie waren auf dem Campingplatz aufgesammelt. Die verticken meinen Campingplatz, dachte ich grinsend und kaufte mir drei Steine zurück.

»Ich habe jetzt kein Geld dabei«, sagte ich. »Ich zahle in Eiscrème.«

Die Kinder jubelten, wahrscheinlich nicht nur wegen des Eises, sondern auch weil bis jetzt noch niemand bei ihnen eingekauft hatte.

Martin sah mich verständnislos an. »Du kannst ihnen doch keine Steine abkaufen, die sie gerade am Wegesrand aufgesammelt haben!«, beschwerte er sich.

»Natürlich kann ich das«, sagte ich, während ich die Steine wieder an den Wegesrand warf. »Siehst du doch.«

»Was machen wir heute Abend?«, ging Martin über meine Antwort hinweg.

»Ich habe eine Besprechung«, sagte ich, »und du kannst leider nicht mit.«

»Mit wem hast du eine Besprechung?«

»Dienstlich«, sagte ich, obwohl ich vorhatte, Alex zu zwingen, mich zu einer Bootsfahrt auf dem See einzuladen. Wahlweise hätte ich den Kommissar auch bitten können, mich zu verhaften. Das hätte mir im Moment große Freude bereitet.

»Wir haben früher immer alles zusammen gemacht«, behauptete er.

»Haben wir nicht«, verbesserte ich ihn, aber anscheinend hatte Martin eine andere Erinnerung an unsere gemeinsame Zeit als ich. Dann sah er einer jungen Mutter in einem äußerst knappen Bikini hinterher und versuchte danach, den Arm um meine Hüften zu legen. Ärgerlich vergrößerte ich den Abstand zwischen uns.

»Ich bin extra angereist in dieses schreckliche Kaff, um mit dir zusammen zu sein.«

Zugegeben, vor vier Monaten wäre das ein Grund für

Freudensprünge gewesen. Aber inzwischen hatte sich einiges geändert.

Gerade als ich sagen wollte, dass ich Zeit brauchte und mich erst einmal an den Gedanken gewöhnen musste, dass er hier war, begann die Drohne von Maxl uns beide zu umkreisen. Am liebsten hätte ich zu schreien angefangen! Diesmal waren aber sowohl Chris, der Bodybuilder, als auch Evelyn mit von der Partie.

»Das mit der Drohne am Campingplatz …«, brachte ich heraus, wurde jedoch sofort von Evelyn unterbrochen.

»Das ist jetzt dienstlich«, erklärte sie mir energisch, während sie sich bei Chris einhakte. Wie so oft stellte er seinen nackten, wohlgebräunten Oberkörper zur Schau, und wie sonst auch wurde mein Blick von den riesigen Brustmuskeln angezogen. Obwohl ich eigentlich überhaupt nicht auf ultramuskulöse Männer stand! Martin hatte eine verkniffene Miene aufgesetzt, als hätten alle hier etwas falsch gemacht. Das freute mich wiederum auf eine Art.

»Dienstlich?«, fragte ich skeptisch.

»Ja. Dienstlich. Wir machen dir ein hübsches Video für deine Campingplatz-Homepage.«

»Ich habe keine Homepage«, erinnerte ich sie.

»Schlimm genug. Daran müssen wir arbeiten«, sagte Evelyn.

»Vielleicht solltest du noch einmal beschwingt über den Platz gehen, dann filmt Maxl dich. Motto wäre: Die Besitzerin bei ihrer täglichen Inspektion der Plätze.«

»Ich inspiziere nie irgendwelche Plätze.«

»Du müsstest nur etwas beschwingter aussehen«, erwiderte Evelyn, ohne auf meinen Einwand einzugehen. »Gerade bist du dahergeschlurft, als wäre dein Leben ein einziges Jammertal!«

Genauso fühlte ich mich. Martin warf mir einen schrägen Blick zu, als wollte er sagen, dass das alles unglaublich nervig sei und er am liebsten abreisen würde. Vielleicht hoffte ich auch nur, dass er das sagen würde. Stattdessen kündigte er an: »Ich muss mich noch um einige Telefonate kümmern. Du kommst ja dann wohl und zeigst mir mein Zimmer.« Leider merkte ich erst mit Verspätung, dass ich mit meinem lapidaren »Ja« zugestimmt hatte, dass er doch in meinem Haus schlief.

Frustriert wandte ich mich wieder Evelyn zu, deren Begeisterung nicht nachgelassen hatte: »Außerdem werden Postkarten mit Luftbildern fantastisch aussehen. Der See wirkt einfach großartig von oben.«

»Postkarten«, echote ich entkräftet, weil ich gerade das Gefühl hatte, mein Leben in keinem einzigen Bereich auf die Reihe zu bekommen.

»Das ist eine GoPro«, sagte mir Chris stolz. »Super geeignet für Videos in außergewöhnlichen Situationen. Das werden tolle Aufnahmen für die Homepage.«

Ich nickte.

»Selbst in der Nacht kriegt man fantastische Ergebnisse.«

»Nacht«, echote ich.

»Wir machen ein paar super Videos, auf denen man eine beschwingte Camperschar auf dem nächtlichen Platz sieht«, schlug er vor.

»Bloß nicht«, widersprach ich energisch. »Nachts schlafen meine Camper. Da ist niemand beschwingt unterwegs.«

»Das würde aber junge Camper ansprechen«, entgegnete Chris. »Ich könnte mir vorstellen, dass so Tanzabende …«

Nichts da, wollte ich sagen. Das kam überhaupt nicht infrage! Gleichzeitig sah ich vor meinem inneren Auge bunte Lampions oben bei meinem Haus hängen. Trotzdem schüttelte ich den Kopf. »Ich habe gar keine Homepage«, wiederholte ich mich.

»Sie sollten sich erst mal die Nachtaufnahmen ansehen«, widersprach Chris energisch. »Maxl hat richtig geniale Einstellungen! Das macht sich auf einer Homepage eins-a-mäßig!«

Frustriert wollte ich nur mit den Achseln zucken, doch dann verstand ich, was das eigentlich bedeutete: Nachtaufnahmen!

»Maxl filmt auch nachts?«

Chris war wieder damit beschäftigt, seine Muskeln anzuspannen, und ich schaute ihm nicht in die Augen, sondern auf seinen glänzenden Bizeps. Das lenkte irgendwie unglaublich ab! Konnte er sich nicht wie ein ganz normaler Mann verhalten?

»Tagsüber ist ja was für Weicheier!«, behauptete Maxl mit einem breiten Grinsen. »Richtig spannend wird es erst in der Nacht.«

Mir fiel wieder ein, dass Evelyn mit Chris Sex gehabt hatte, während sich Maxl irgendwo am Campingplatz herumdrückte. Und das um Mitternacht. Anscheinend war das für Chris eine gute Möglichkeit, um mal im Zelt ungestört ein Nümmerchen zu schieben. Ich wollte nicht wissen, was die Mutter von Maxl dazu sagen würde.

»Tagsüber filmt er ja schon perfekt«, erläuterte Chris stolz. »Aber nachts muss man ein bisschen tricksen. Bei Dunkelheit verringert sich nämlich die Leistung stark, alles unscharf. Aber wenn man die Bildrate nach unten reguliert, werden die Nachtvideos besser.«

Wieder spannten sich die Muskeln an.

»Kommt natürlich nicht an die Videos ran, die tagsüber gedreht werden.«

»Und das kann Ihr Sohn?«, wollte ich wissen, obwohl

ich ihn gerade eigentlich auf seine Aufsichtspflicht hinweisen wollte. Und darauf, dass das alles auf meinem Campingplatz nicht gestattet war! Der konnte den Gröning doch nicht beim nächtlichen Toilettengang filmen.

»Na ja. Da muss man ihn natürlich heranführen«, erklärte mir der Technikfreak. »Aber inzwischen kann er schon selbst den automatischen Low-Light-Modus einstellen.«

»Und was filmt er dann bei Nacht?«, fragte ich. »Doch wohl nicht hier auf meinem Campingplatz?«

Aber ich hätte mir schon denken können, dass er das tut, denn der Vater verkündete ziemlich stolz: »Also, vor ein paar Tagen hat er mitten in der Nacht gefilmt. Das waren super Aufnahmen, also dafür, dass es nachts war …«

»Da haben sich zwei Männer gestritten«, erklärte Maxl begeistert. »Und die hab ich super im Bild.«

»Zwei streitende Männer im Bild«, sagte ich mit gerunzelter Stirn. »Man darf nicht irgendwelche Männer filmen hier auf dem Campingplatz. Besonders bei Unterhaltungen darf man nicht filmen. Man muss immer fragen, ob es den Leuten recht ist, dass sie gefilmt werden.«

Vater und Sohn sahen mich an, als wäre ich nicht ganz dicht. Demnächst würde ich auch meine Muskeln anspannen, wenn das so weiterging! »Hatte ich das nicht schon mehrfach gesagt, Maxl?«

»Aber da war noch gar niemand ermordet worden«, erklärte Maxl unschuldig. »Da wusste ich das noch gar nicht, dass ich das nicht darf.«

Auch wieder wahr.

»Im Übrigen habe ich es ihm verboten«, erklärte Chris. »Aber es war dennoch sehr interessant, was da für gute Aufnahmen herauskamen.«

»Außerdem wäre es doch super«, erklärte Maxl stolz,

»wenn die sich in genau dem Moment umgebracht hätten. Dann hätte ich jetzt ein Beweisvideo.«

»Wieso hätten die sich umbringen sollen?«, fragte ich, als wäre so etwas auf meinem Campingplatz komplett unmöglich. Aber plötzlich klopfte mir das Herz im Hals.

Maxl zuckte mit den Schultern. »Die waren richtig schön beleuchtet, von der Laterne.«

»Welcher Laterne?«

»Der da«, sagte er und deutete auf die Laterne direkt bei der Schranke. Genau hier war der Schwarz erstochen worden. Ich wollte mir nicht ausmalen, was der kleine Maxl da gefilmt hatte!

»An welchem Tag war das denn?«, fragte ich, nur um sicherzugehen, und mein Herz begann wild zu klopfen.

»Weiß nicht mehr«, sagte Maxl.

»Er filmt also jeden Tag nachts«, schlussfolgerte ich und sah streng zu Chris.

»Nein. Natürlich filmt er nicht jede Nacht!«

»Das war, als Evelyn uns besucht hat«, erinnerte sich Maxl.

»Evelyn«, sagte ich und warf Evelyn einen drohenden Blick zu.

Evelyn verdrehte die Augen. »Sei doch nicht so prüde!«

»Wie oft warst du denn zu Besuch?«

»Einmal«, sagte sie und warf mir einen bedeutsamen Blick zu.

Dann war das in der Mordnacht gewesen. Maxl hätte ermordet werden können!

»Und um wie viel Uhr?«, bohrte ich weiter.

Chris sah ziemlich schuldbewusst aus. Wahrscheinlich hatte er andere Dinge zu tun gehabt, als ständig auf die Uhr zu sehen. »Vielleicht so um zehn Uhr?«

»Um zehn Uhr hat da niemand gestritten«, sagte ich

streng, weil ich den Eindruck hatte, dass er die Uhrzeit beschönigte. Außerdem war ich um zehn Uhr noch wach gewesen, da hatte ich noch eine Runde mit Milo gedreht.

»Okay. Es war vielleicht so gegen halb zwölf.«

»Und da ist Ihr Junge noch allein unterwegs?«

»Nein, ich war ja mit dabei.«

»Und wer hat sich gestritten?«, fragte ich ihn.

»Also, ich war nicht richtig mit dabei«, erklärte Chris verlegen. »Nicht körperlich, will ich damit sagen. Maxl hatte nur sein Smartphone dabei, und ich konnte über meine App sehen, wo er war. Und er hat sich an meine Anweisungen gehalten, dass er den Campingplatz nicht verlassen darf.«

Du meine Güte! Mobiles Tracking als Erziehungsmethode?

»Ich habe ihm irgendwann eine WhatsApp geschickt und gesagt, er müsse jetzt heimkommen.«

»Und ich war ganz brav.«

»Hast du die Männer erkannt?«, fragte ich Maxl, und mir war plötzlich schlecht.

»Hab nicht so genau geguckt«, sagte Maxl desinteressiert. Er schien sich nur für die technischen Details zu erwärmen.

»Hast du vielleicht das Video noch?«

»Kann ja mal gucken.«

»Aber umgebracht hat auf dem Video niemand wen, wenn Sie das denken«, erwiderte der Vater mit gerunzelter Stirn.

Vielleicht nicht auf dem Video. Aber danach.

»Wir brauchen diese Aufnahmen«, sagte ich zu Chris mit meiner strengsten Miene. »Das könnte ermittlungsrelevant sein.«

Chris sah erschrocken drein, und Evelyn tätschelte ihm liebevoll die muskelbepackte Schulter.

Während Chris und Maxl zu ihrem Auto gingen, um das betreffende Filmchen zu suchen, schrieb ich dem Kommissar eine Nachricht, um ihn von meinen neuesten Ermittlungsergebnissen in Kenntnis zu setzen. Er antwortete mir sofort.

»Bleiben Sie, wo Sie sind!«

Klar, wohin sollte ich jetzt auch verschwinden? Hastig schrieb ich: »Natürlich«, und ergänzte ein Herzchen-Puste-Smiley.

Als ich das abgesendet hatte, hätte ich mir am liebsten auf die Stirn gehaut. Diese Smileys schickte ich sonst nur meiner Schwester und Klara! Am liebsten hätte ich ihm noch eine Nachricht geschrieben, um das Versehen zu erklären. Da sich das aber noch blöder anhörte, ließ ich es bleiben und schämte mich ein Weilchen alleine vor mich hin.

Ich setzte mich auf mein Bänkchen vor der Haustür und sah zu, wie Sebastian Kern mit seinem Baby langsam über den Campingplatz schlenderte. Selbst von hier aus konnte ich sehen, dass er noch immer totenbleich war und ganz offensichtlich geweint hatte. Es musste auch ein schreckliches Gefühl sein, seine Zelte abgebrochen zu haben, um etwas Neues anzufangen, und dann zerschlug sich das komplett!

Gerade kroch auch Maxl aus seinem Zelt, an seiner triumphierenden Miene konnte ich ablesen, dass er die betreffende Datei gefunden hatte.

Kapitel 10

Inzwischen war es schon so spät geworden, dass die Mütter ihre Kinder aus dem Wasser fischten und »nach Hause«? brachten. Das lief immer gleich ab. Sobald sie nicht mehr im Wasser waren, erinnerten sich die Kleinen, dass sie hungrig und müde waren und außerdem froren – und so konnte man zusehen, wie Mütter ihre heulenden Kleinkinder, eingehüllt in Zwergenbademäntel, über den Platz schleppten. Die ganz Eifrigen duschten ihre Zwerge erst mal ab, was noch größere Proteste auslöste.

Meine Ruhe vor dem Haus dauerte nur so lange an, bis Evelyn wutschnaubend aus dem Haus gestürmt kam.

»Wie lange soll dieser Martin bleiben?«, blaffte sie mich an.

»Keine Ahnung«, seufzte ich. Von mir aus konnte er sofort wieder abreisen.

»Er hat mich gefragt, was ich in der Wohnung zu tun habe!«

»Und, was hast du geantwortet?«, fragte ich neugierig.

»Ich wohne da!«, erwiderte sie eisig, als würde sie zu einem Idioten sprechen.

»Ihr passt ja auch so was von nicht zusammen«, machte sie weiter. »Das muss dir doch klar sein! Wenn du Alex haben kannst, dann … Na gut. Alex ist vielleicht nicht der treueste Mann. Aber du könntest auch den Kommissar haben.«

Ich schüttelte wortlos den Kopf. Woher wollte sie wissen, wie beziehungsgeeignet der Kommissar war?

»Du könntest jeden Mann hier am Platz haben«, machte sie weiter. »Jeden. Einzelnen.«

Das mochte ich nicht glauben.

»Den Chris«, stichelte ich deswegen ein bisschen.

»Nun, der ist auch nicht so das Wahre«, sagte sie grimmig.

»Wieso denn das?« War er ihr zu jung?

»Anscheinend nimmt er zu viele Anabolika. Anders kann ich mir seine mangelnde Standfestigkeit nicht erklären.«

Herr im Himmel!

Als der Gröning vom Spaziergang zurückkehrte, fuhr auch der dunkle BMW des Kommissars vor und hielt auf seinem angestammten Platz neben der Schranke.

Gleichzeitig stieß auch Chris, diesmal erfreulicherweise angezogen, mit seinem Laptop dazu, und wir gingen zu dritt in meine Wohnung. Der Kommissar setzte sich an meinen Esstisch, Chris zog sich einen Stuhl dazu und zeigte dem Kommissar, welche Dateien ihn interessieren könnten.

Ich wollte mich gerade verdünnisieren, als der Kommissar aufsah und mich bat, im Haus zu bleiben. Ich war mir nicht sicher, ob ich mir das Video ansehen wollte. Eigentlich verspürte ich keinen Wunsch zu wissen, wer bei der Schranke gestritten hatte. Vielleicht waren es ja der Gröning und der Schmidkunz gewesen. Die hatten zwar keinen Grund zu einem Streit, aber wieso nicht?

Chris verabschiedete sich – er wurde vorerst nicht gebraucht – und ging an mir vorbei hinunter in die Rezeption.

Eine Weile beobachtete ich den Kommissar, wie er die Videos sichtete, und irgendwie wurde ich dabei richtig nervös. Als könnte er mich bei etwas Illegalem beobachten.

»Und, was sehen Sie?«, fragte ich nach einer Weile atemlos, weil er überhaupt nichts sagte.

»Noch nichts«, murmelte er. »Setzen Sie sich doch einfach her.«

Vorsichtig, als wäre der Stuhl explosiv, ließ ich mich neben ihm nieder und starrte mit ihm auf das Display.

»Sie kennen Ihre Campinggäste besser als ich. Notfalls würde ich auch Frau Kaminski fragen.«

Er klickte sich gerade im Schnelldurchgang durch den kleinen Film, um einen Überblick über den Inhalt zu bekommen.

Es war noch tagsüber, und ich erkannte Evelyn. Sebastian und den Gröning. Badende Kleinkinder. Man sah mich, wie ich mich mit Maxl unterhielt, wahrscheinlich verbot ich ihm gerade das Filmen. Dann entdeckte ich auch Evelyn und Herrn Kern. Man konnte nicht so viel erkennen, aber ich war mir sicher, dass sie schon wieder im Flirtmodus war. Und das, wo der Typ gut und gerne ein Mörder sein konnte!

»Er hat ja unglaublich viel gefilmt«, sagte ich, »an den Tag kann ich mich erinnern, das war noch, bevor der Schwarz gestorben ist.«

Der Kommissar nickte und klickte auf eine andere

Datei. Ich sah vorsichtshalber zur Zimmerdecke, weil ich auf gar keinen Fall eine Leiche sehen wollte.

»Er hat die Leiche gefilmt, nicht wahr?«, fragte ich mit zusammengebissenen Zähnen und sah dem Kommissar fest in die Augen.

Er lächelte schweigend, vielleicht hatte er gerade den Verstand verloren oder so.

»Ja.«

»Was ist daran lustig?«

Seine Miene wurde abrupt wieder ernst. »Die Kamera zeigt ausführlich die umstehenden Menschen.«

Aha, die Menschen. Wir schauten uns weiter in die Augen. Dann blickte ich doch zum Display hinüber und erkannte eine Frau in einem gerüschten weißen Nachthemd, die gerade mit Maxl redete.

»Da verbiete ich Maxl gerade erneut das Filmen«, erklärte ich, jetzt mit noch fester zusammengebissenen Zähnen. Musste der Kommissar sich das so genau ansehen? Bei der Kameraeinstellung von schräg oben wirkte ich wie eine explodierte Elfe. Zumindest meine Frisur.

»Mist!«, entwich es mir.

»Ich habe Sie schon so gesehen«, erinnerte er mich.

Das stimmte, half dennoch gerade wenig.

Wir steckten unsere Köpfe vor dem Bildschirm zusammen, und ich hoffte, dass dem Kommissar nicht auffiel, wie verlegen ich gerade war.

Dann ließ der Kommissar das Video noch einmal von Anfang an laufen. Als Erstes flog die Drohne ziemlich schnell über den See, das sah toll aus. Das glitzernde Wasser direkt unter der Kamera, als würde der Flieger sofort eintauchen! Dann stieg die Drohne so rasant nach oben, dass mir allein vom Zuschauen schwindelig wurde, überflog die Bäume und kreiste eine Weile dicht über dem Geschirrspülhäuschen. Mit Stolz betrachtete ich meinen Campingplatz von oben. Die Wohnwägen in Reih und Glied, die Johannisbeersträucher am Hauptweg, schön geschnitten. Das miserable Klohäuschen, vor dem ich als Kontrast so schön meine Blumenkästen pflegte: Hängegeranien, Hängepetunien, hängendes Männertreu, gelbe Husarenknöpfe und weiße Schneeflockenblume. Dann näherte sich die Filmaufnahme dem eigentlichen Geschehen, ich kam gerade mit Nachthemdchen und vollkommen zerknittert aus der Rezeption gestolpert. Ich sah mir dabei zu, wie ich mich an den Arm von Evelyn krallte, die komplett cool blieb. In solchen Situationen war Evelyn wirklich eine Stütze. Schließlich kreiste die Drohne noch kurz über der Leiche. Das Video endete damit, dass ich Maxl das Filmen verbot.

Der Kommissar öffnete eine weitere Datei und klickte sich durch. Schließlich wurde die Aufnahme ziemlich düster, anscheinend war das die gesuchte Nachtaufnahme. Als Erstes flog die Drohne auf unsere Straßenlaterne zu, man sah Lichtringe aufblenden und wieder verschwinden. Mein Haus lag im Dornröschenschlaf da, nirgendwo brannte Licht. Dann blitzten Autoscheinwerfer auf, der Hintergrund wurde komplett dunkel und gleich darauf viel zu hell, als die Scheinwerfer wieder ausgingen. Dann normalisierte sich die Belichtung allmählich. Die Drohne flog wieder zu nahe an die Laterne, erneut die Lichtkreise, aber dann konnte man deutlich erkennen, dass oben auf der Straße ein lang gestrecktes Auto stehen geblieben war.

Mir wurde spontan schlecht. Natürlich war mir klar, dass wir jetzt den richtigen Film gefunden hatten.

Ein Mann stieg aus und ging auf den Campingplatz. Der Kommissar hielt das Video an, damit ich die Umrisse des Mannes studieren konnte. Das war jetzt wirklich schwierig, denn ich konnte das Gesicht nicht sehen, und ich wollte nicht bezeugen, dass das die Umrisse des Mannes waren, zu dem ich meinte, dass sie gehörten.

»Erkennen Sie den Mann?«, hakte der Kommissar nach, weil ich schwieg.

»Also, vor Gericht könnte ich nichts bezeugen«, wich ich aus.

»Und nicht vor Gericht?«, fragte er hoffnungsvoll.

»Sie bringen mich wirklich in die Bredouille«, sagte ich düster. »Ich kann doch nicht irgendwelche haltlosen Verdächtigungen aussprechen, oder?«

»Wenn es die Ermittlungen voranbringt?«, sagte er halb hoffnungsvoll, halb motivierend und sah mich treuherzig an.

»Aber dann schießen Sie sich vielleicht auf den falschen Verdächtigen ein.«

Die Drohne flog wieder sonst wo herum und verlor den Mann aus dem Fokus. Erst als die Drohne erneut die Straßenlaterne anflog, wie eine Motte das Licht, konnte man dort zwei Männer stehen sehen. Beide trugen einen ziemlichen Bauch vor sich her. Sie standen drohend voreinander, als würden sie streiten.

»Sie haben einen Verdacht!«, stellte der Kommissar triumphierend fest. »Raus mit der Sprache!«

Ich starrte noch immer auf die Umrisse. Jetzt konnte ich mich ganz schlecht rausreden. Ich wusste, wer die beiden Männer waren, der eine war der Schwarz, und der andere … aber er hatte das beste Alibi der Welt gehabt! Durch meine Aussage würde er ins Zentrum der Ermittlungen geraten.

Der Kommissar lehnte sich mit einem zufriedenen Lächeln zurück. »Sie brauchen nichts zu sagen. Ich weise Sie darauf hin, dass Sie das Recht zu schweigen haben, und …«

»Moment!«, rief ich empört.

»Croissant«, sagte er zufrieden. »Ich werde mir jedes Mal auch eines mitnehmen. Vielleicht sogar ein Pain au chocolat.«

Pain au chocolat?

»Sie können mich nicht festnehmen!«, sagte ich grimmig. Da war ich mir eigentlich ziemlich sicher.

»Das wäre ein Traum«, schwärmte er selig.

»Für wen?«, fragte ich mit zusammengekniffenen Augen. Schließlich war eine Gefängniszelle kein Wellness-Hotel. Andererseits hätte ich dann keine Pflichten mehr, keine Semmelchen holen, keine Kinder davon abhalten, mit Drohnen zu filmen. Keinen Streit schlichten.

»Für mich natürlich«, antwortete der Kommissar erstaunt, als läge das auf der Hand. »Dann wären Sie in Sicherheit. Außerdem könnten wir jeden Morgen zusammen frühstücken.«

Ich schlug ihm leicht auf den Unterarm, musste aber lächeln.

»Das können wir auch hier. Die Croissants vom Meierbeck sind nicht schlecht.«

»Nichts gegen die vom Opera, nehme ich an«, versuchte er mich zu ködern. »Die sind original französisch.«

Er wurde wieder ernst. »Außerdem verspreche ich Ihnen, dass ich den Mann nicht festnehmen, sondern nur befragen werde. Er wird durch Ihren Hinweis nicht gleich zum Hauptverdächtigen, verstehen Sie?«

»Das sagen Sie jetzt.«

»Und wenn er der Mörder ist, dann hat er es doch verdient, dass er ins Gefängnis kommt.«

»Die Vroni bringt mich um«, murmelte ich. Ich sah dem Kommissar an, dass es gerade in seinem Kopf furchtbar ratterte.

»Der Hetzenegger«, sagte er schließlich.
»Mann, sind Sie gut«, erwiderte ich düster.
»Die in Regensburg waren. Und so ein klassisch gutes Alibi haben.«
»Genau die«, bestätigte ich. Eigentlich war ich mir von den Körperumrissen her ganz sicher, dass es nur der Hetzenegger sein konnte.
»Elf Uhr«, murmelte der Kommissar. »Sie waren erst im Turmtheater. Und dann hat er sich anscheinend ins Auto gesetzt und ist hierher gefahren.«
»Aber er konnte doch gar nicht wissen, dass er den Schwarz antreffen würde!«, sagte ich verzweifelt, weil ich einfach nicht glauben wollte, dass die Hetzeneggers mit dem Mord zu tun hatten. »Oder glauben Sie, dass er sich mit ihm hier verabredet und sein Alibi strategisch geplant hatte?«
Mein Bild von den Hetzeneggers zerfiel gerade in sämtliche Bestandteile. Die lieben Hetzeneggers, die immer so nett waren. Die mir Kolatschen vom Meierbeck mitbrachten. Die nie ein böses Wort über irgendjemanden fallen ließen. Na, okay, über den Schwarz schon, aber sonst über niemanden!
Der Kommissar antwortete nicht auf meine Frage. Bestimmt war es nicht seine Aufgabe, irgendetwas zu glauben.

Kapitel 11

Seit so viel auf dem Campingplatz passierte, war die Terrasse hinter meinem Haus ein toller Ort geworden, um sich allem zu entziehen. Leider bekam man, wenn man wie ich gerade hier saß, von der Befragung nichts mit. Aber ich würde bestimmt alles später von der Vroni erfahren, bei einer leckeren Mohnschnecke. Statt eines entspannten Gesprächs mit meinen Frauen, saß Martin bei mir und hörte sich mit ärgerlich gerunzelter Stirn die Verwicklungen am Campingplatz an, die ich ihm etwas ungeordnet präsentierte. Dann entdeckte uns glücklicherweise Evelyn.

»Weißt du, was der Schwarz vor seinem Tod gegessen hat?«, trompetete sie, ohne Martin zu beachten.

»Nein«, sagte ich.

»Stöckls Brauerpfandl«, verriet sie mir. »Schweinemedaillons auf Schwammerlsoße mit hausgemachten Spätzle.«

Mir wurde schlecht bei dem Gedanken, dass die Rechtsmediziner das untersucht hatten.

»Außerdem ein Weißbier.«

»Gehst du jetzt auch mit dem Rechtsmediziner ins Bett?«, wollte ich wissen.

»Das hat die Bedienung vom Stöcklbräu der Cousine vom Meierbeck gesteckt, und die hat's der Frau vom Meierbeck gesagt, und die hat's der Vroni …«, erklärte sie und verdrehte die Augen. »Und weißt du, mit wem er beim Essen war?«

Sie sah mich sehr bedeutungsvoll an.

»Ja«, sagte ich.

»Mit dem Sebastian Kern«, wisperte sie.

»Ich weiß.«

»Gehst du neuerdings mit dem Kommissar ins Bett?«, wollte Evelyn wissen.

Jetzt verdrehte ich die Augen zum Himmel, und die Miene von Martin wurde zu meiner großen Freude um mehrere Grad eisiger. Evelyn ignorierte ihn und nahm ihr Handy. Sie musste sicher noch einen größeren Personenkreis über die Menüwahl vom Schwarz informieren.

Im nächsten Moment stapfte die Vroni durch meinen Garten zur Terrasse und ließ sich mit Tränen in den Augen auf einen freien Gartenstuhl fallen.

»Das darf doch nicht wahr sein!«

Ich bekam sofort ein schlechtes Gewissen.

Evelyn legte ihr Handy weg und tätschelte Vronis Arm. »Das klärt sich doch alles!«

»Nix wird sich klären«, schniefte Vroni. »Er war ja auch da.«

Evelyn und ich hielten den Atem an.

»Wegen der EC-Karte«, heulte Vroni. »Er hatte die Geldbörse vergessen, wir hätten am nächsten Tag das Hotel nicht zahlen können! Was sollte er denn machen, er musste zurückfahren und das Geld holen!«

Martin sah aus, als würde er sich am liebsten in Luft auflösen.

»Aber natürlich«, bestätigte Evelyn und seufzte. »Das sieht der Kommissar doch bestimmt auch ein!«

Allerdings wäre alles viel einfacher, wenn sie gleich zugegeben hätten, dass der Hetzenegger hier gewesen war.

»Der schießt sich jetzt richtig auf den Franz ein«, heulte Vroni laut auf. »Der kommt nicht mehr aus der Sache raus.«

Evelyn versuchte weiter, Vroni mit konstantem Tätscheln zu beruhigen.

»Und alles nur wegen der EC-Karte«, schluchzte Vroni. »Weil ich halt auch vergessen habe zu fragen! Ich habe ihn an alles Mögliche erinnert. Hast du die Theaterkarten dabei, habe ich gefragt. Hast du das Navi ins Auto gelegt? Warst du noch einmal auf dem Klo?«

Na prima! Das wollte doch jetzt kein Mensch wissen!

»Das Messer könntest du zurücktragen, habe ich gesagt!«

»Das Messer?«, fragten Evelyn und ich gleichzeitig.

Vroni sah beschämt aus.

»Was war mit dem Messer?«, bohrte ich weiter. Das wollte ich jetzt schon ganz genau wissen!

»Na ja«, sagte sie verlegen. »Ich hatte das Messer im Abspüleimer gesehen.«

Sieh an, sieh an!

»Und dann hab ich gesagt, bring es der Sofia, die schneidet damit immer ihre Brezen auf.«

Wir starrten sie an.

»Und dann?«

»Er ist bei der Schranke noch mal aus dem Auto ausgestiegen und hat es dir auf das Fensterbrett gelegt.«

»Das Fensterbrett hinter meiner Bank?«, fragte ich nach.

»Ja«, sagte sie.

»Dem Kommissar hast du aber ganz was anderes erzählt«, sagte ich kritisch.

»Ja, weil, wie sieht das denn aus!«

Nicht gut sah das aus für den Hetzenegger Franz. Er war zur Tatzeit am Platz gewesen. Er hatte mit dem Schwarz gestritten. Und er hatte gewusst, wo das scharfe russische Messer meiner Nonna abgeblieben war!

Wie nicht anders zu erwarten, konnte sich der Hetzenegger nicht aus dem Schlamassel herausreden. Vroni wurde fast ohnmächtig, als ihr Mann mit aufs Präsidium musste, um den ganzen Pipapo mit Fingerabdrücken über sich ergehen zu lassen.

»Wie ein Verbrecher. In U-Haft!«, kreischte sie. »Dabei hat er doch gesagt, dass der Schwarz gelebt hat, als er ins Auto gestiegen ist! Der war doch noch quicklebendig!« Sie schnappte nach Luft. »Der Franz war auch gar nicht lange weg, das können die doch bestimmt bezeugen, da im Hotel!«

»Bestimmt!«, bestätigte ich erschrocken.

»Der war so kurz weg, da kann man nur einmal hin- und herfahren. Und nicht noch jemanden niederstechen zwischendurch!«

»Das mit dem Erstechen kann auch ziemlich schnell gehen«, sagte Evelyn lapidar. »So eine Halsschlagader, da verblutest du in null Komma nichts.«

»Du willst doch wohl nicht sagen, dass der Franz ein Mörder ist? Der hat doch mit dem allem nix zu tun«, schluchzte die Vroni schon wieder.

Martin war inzwischen alles zu viel geworden, und er verzog sich ins Haus, um sich ein bisschen aufs Ohr zu legen. Ich fand das ganz großartig. Die Mordermittlungen erwiesen sich als ein überraschend effektiver Hebel, um mir Martin vom Hals zu schaffen. Evelyn hingegen engagierte sich weiter, wofür ich ihr dankbar war. Ruckzuck hatte sie wieder ihre unglaublichen Beruhigungsmittelvorräte angezapft und Vroni ruhiggestellt. Nach dem, was ich bei ihr an Vorräten gesehen hatte, musste sie eine Apotheke überfallen haben, weil die meisten der Präparate bestimmt verschreibungspflichtig waren.

»Der kommt schon wieder raus«, sagte Evelyn und reichte Vroni ein Glas Wasser zu den Tabletten.

»Woher hast du das ganze Zeug?«, fragte ich neugierig.

»Vorne am Ort, der Allgemeinarzt«, sagte sie und zwinkerte, damit ich verstand, dass sie weder Rezepte noch Geld benötigt hatte.

Vroni wurde nicht nur ziemlich ruhig, sondern in kürzester Zeit halb ohnmächtig. Wir parkten sie auf meiner Sonnenliege im Schatten, wo sie kurze Zeit später zu schnarchen begann.

»Ich habe echt ein schlechtes Gewissen«, sagte ich, während ich Vroni beobachtete.

»Das wird sich alles aufklären«, tröstete mich Evelyn.

Sie tätschelte jetzt mir die Schulter und schenkte noch einmal Kaffee ein.

»Der Kommissar kann doch nicht allen Ernstes annehmen, dass der Hetzenegger den Schwarz umbringt, nur um den Campingplatz zu erhalten«, murrte ich.

Evelyn sah mich von der Seite an.

»Nun«, sagte sie schließlich. »Die Feindschaft dauert ja jetzt schon Jahrzehnte.«

»Welche Feindschaft?«

»Zwischen den Hetzeneggers und den Schwarzens.

Ich kann dir nichts Genaues sagen, aber ich glaube, das hat schon mit der Hochzeit von Vronis Schwester angefangen.«

Verständnislos schüttelte ich den Kopf. Das hörte sich ziemlich absurd an.

»Was hat denn die Schwester von Vroni damit zu tun?«

»Die ist doch mit dem Schwarz verheiratet«, sagte Evelyn. »Die Vroni redet da nicht darüber, aber seit der Hochzeit hat sie keinen Kontakt mehr zu ihrer Schwester. Und zum Schwarz eigentlich auch nicht.«

»Der Schwarz ist der Schwager von Hetzeneggers?«, fragte ich ungläubig. »Das kann doch nicht wahr sein! Wieso sagt mir das denn keiner?«

»Wie sieht das denn aus«, rügte mich Evelyn. »Als hätten die was miteinander zu tun.«

Hatten sie ja auch!

In Momenten wie diesem ließen mich meine Camper einfach nur fassungslos zurück.

»Ich meine ja, dass den Hetzeneggers das mit der Hochzeit gerade wurscht war. Aber dass die Inge ständig mit dem schwarzen Coupé rumgefahren ist und nur noch Designerklamotten getragen hat. Da sind sich die Hetzeneggers halt blöd vorgekommen.«

Mir war gar keine Ähnlichkeit zwischen den beiden Schwestern aufgefallen. Vielleicht lag es auch daran, dass die Schwarz geradezu dürr war, die Vroni hingegen das andere Extrem ausfüllte.

»Und was könnte der Grund sein, dass der Hetzenegger den Schwarz umgebracht hat? Gerade jetzt?«, fragte ich resigniert.

»Wahrscheinlich im Affekt«, sagte Evelyn fachmännisch, und dann lauschten wir beide wieder dem Schnarchen von Vroni.

Am nächsten Morgen fuhr die Vroni in aller Früh mit dem Auto nach Regensburg, ganz ohne Mohnschnecken, Mehrkornspitz und Kaffee. Ich machte mir ziemliche Sorgen um sie. Martin war genervt davon, dass ich erst Semmeln verkaufte und mit jedem Campinggast ein paar Worte wechselte, während er darauf wartete, dass er sein Frühstück bekam. Als wir dann endlich gemeinsam beim Frühstücken saßen, moserte er weiter, anstatt sich darüber zu freuen, dass ich mir Zeit für ihn nahm.

»Das würde ich anders organisieren. Der Bäcker kann doch die Brötchen auch liefern. Das muss man eben aushandeln.«

»Hm«, machte ich nur.

»Evelyn musst du rausschmeißen«, erklärte er mir und legte seine Stirn in eine tiefe Falte.

Der Gedanke war mir zwar nicht fremd, aber jetzt, wo Martin es anregte, brodelte in mir der Unmut hoch. Wen ich hier im Haus wohnen ließ, ging ihn überhaupt nichts an! Evelyn moserte im Übrigen nie herum, wenn es um den Verkauf von Brötchen ging, und vor allen Dingen hatte sie auch nichts gegen einen gepflegten Tratsch mit den Campinggästen. »Das bist du ihnen schuldig«, hatte sie oft zu mir gesagt. »Das ist dein Alleinstellungsmerkmal. Die Leute kommen zu dir auf den Campingplatz, weil du eine wahnsinnig empathische Person bist. Die wollen das Gefühl haben heimzukommen. Du musst dir ihre Probleme merken. Dass ihre Mutter ins Altersheim gekommen ist und die Kinder keine Vokabeln lernen.«

»Es ist total unmöglich, dass sie sich überall einmischt«, machte Martin weiter, während er gleichzeitig Nachrichten auf seinem Smartphone abarbeitete. Auch ich griff zu meinem Handy und schrieb Alex eine Nachricht. »Ist heute nicht Tanzcafé? Oder hast du zufällig Lust auf eine Bootsfahrt?«

Das klang ziemlich nach: Bitte hol mich hier raus! Aber Martin nervte mich dermaßen, dass sich ein freier Abend fast schon wie ein Menschenrecht anfühlte …

»Und was ich auch anders machen würde …«, sagte Martin mit einem Blick auf das Display seines Handys und schwieg. Ich fragte mich, ob er mich und seine zahlreichen Anregungen vergessen hatte. »Du musst dafür sorgen, dass du nicht ständig gestört wirst. Du musst Bürozeiten haben …«

»Jaja«, sagte ich nur. Bürozeiten, was für eine tolle Idee! Die Angina-Anfälle vom Gröning ließen sich bestimmt prima mit Bürozeiten vereinbaren.

Bevor ich ihm antworten konnte, musste Martin dringend wohin und verschwand im Badezimmer. Ich legte mein Handy neben seins und sah über den schön gedeckten Frühstückstisch. Das hatte übrigens Evelyn gemacht. Ich wünschte, ich würde mit ihr hier sitzen und absurde Mordtheorien erzählt bekommen. Da hörte ich das Handy piepen, griff automatisch danach und strich über das Display. Erst war ich etwas irritiert über die Oberfläche, die ich zu sehen bekam, bis ich verstand, dass ich das Handy von Martin erwischt hatte. Ich konnte nicht umhin, den Anfang der Nachricht zu lesen, die Martin gerade erhalten hatte: »Die neue Texterin ist scheiße!« Dahinter waren mehrere rote Teufelchen eingefügt. Der Absender war Graumann, Martins Kompagnon. Ich starrte nach wie vor aufs Display. Natürlich durfte man nicht die Nachrichten anderer Leute lesen. Aber immerhin war ich früher die Texterin gewesen. Es betraf mich also irgendwie. Schließlich war ich noch immer Martins Frau. Außerdem fragte ich mich, wieso mir Martin das nicht erzählte. Ich überlegte, ob er noch immer dasselbe Passwort wie früher hatte, und gab unser Hochzeitsdatum ein.

Tatsache.

Ich scrollte durch den Gesprächsverlauf und sah eine lange Diskussion mit seinem Geschäftsführer über die »Neue«, die anscheinend alles falsch machte. Dann ging es darum, ob SIE nicht doch demnächst nach Hause kommen würde. Mit SIE war offensichtlich ICH gemeint. Martin hatte anscheinend nichts von unserer Trennung erzählt, denn es las sich alles so, als würde ich bald wieder in Hamburg sein und weitertexten. Vor einer Woche hatte Graumann schließlich die Nerven verloren, und Martin hatte gestanden, dass er keine Ahnung hatte, wie lange ich noch »auf diesem Campingplatz abhängen« würde.

Abhängen!, dachte ich mir ärgerlich. Ich arbeitete hier! Und hatte ständig Mordermittlungen am Hals!

Ich legte das Handy weg. Martin hatte tatsächlich die Anweisung, die »Alte« wieder mit nach Hause zu bringen. Damit wenigstens die Sache mit Gravenreuther und Söhne glimpflich über die Bühne ging.

Mit dem Blick auf meine Kaffeetasse fragte ich mich, ob ich geschmeichelt sein sollte, dass ich gebraucht wurde, oder verärgert darüber, dass Martin nicht aus Liebe nach Bayern gekommen war, sondern um mich als Arbeitskraft zurückzuholen.

Wieder klingelte eine Nachricht, diesmal auf meinem Handy. Es war Alex. »Ich dachte, du willst auf keine Veranstaltung mit Herzschrittmachern?«

Ich antwortete mit einer Unmenge alberner Smileys.

»Diese Woche geht nichts. Aber für nächste Woche ist das fest ausgemacht! Nimm das rote Kleid«, schrieb er zurück.

Blieb mir auch nichts anderes übrig. Schließlich hatte ich nur das rote Kleid dabei.

Am Abend lieh ich Martin mein Auto, damit er nach Regensburg fahren konnte – glücklicherweise fand er das dörfliche Ambiente bedrückend! Ich tat, als könnte ich mich unmöglich länger als eine halbe Stunde vom Campingplatz entfernen, und freute mich auf ein paar Stunden nörgelfreie Zone.

Jetzt, vollkommen ungestört, hängte ich mich als Erstes ans Telefon. Ich wollte noch einmal versuchen, einen Klempner und einen Elektriker zu finden. Und tatsächlich, nach dem Tod vom Schwarz hatte plötzlich keiner mehr eine derart kritische Auftragslage, dass er mich abweisen musste. Ratzfatz hatte ich Termine gemacht!

Danach ging ich eine Runde schwimmen, ohne einen miesmuffeligen Martin an der Backe, der nicht einmal seinen großen Zeh in den See gehalten hätte. Ich hatte eine gute Zeit erwischt – der See gehörte mir ganz alleine. Mit jedem der Ringe, die meine Bewegungen auf der glatten Wasseroberfläche hinterließen, fiel ein Stück Anspannung von mir ab. Ich fantasierte ein klein wenig davon, dass Alex spontan vorbeikam auf eine gemütliche Ruderpartie und wir hemmungslos knutschten.

Als ich bestens gelaunt, mit klitschnassen Haaren und dem Gefühl von Urlaub auf der Haut zur Rezeption zurückkam, war dort Evelyn zugange. Auf dem Bildschirm sah ich ein wunderschönes Luftbild von unserem Campingplatz. Am Bildrand wuchsen rote Rosen – woher die kamen, wusste ich nicht. Ich hatte nur Geranien und zerdrückte Mörder-Petunien auf dem Platz.

»Was hältst du davon?«, fragte Evelyn und klickte wild drauflos. Plötzlich erschien ein fast nacktes Bikini-Mädchen mitten auf dem Luftbild.

»Huch«, entfuhr es uns beiden gleichzeitig, und Evelyn ließ die Halbnackte verschwinden.

»So ist es besser. Was soll das überhaupt werden?«

»Postkarten. Da du ja deinen Hintern nicht hochkriegst, habe ich das in Angriff genommen.«

Tropfnass und gerührt stand ich neben dem Computer. Erst als sich unter mir eine Pfütze zu bilden begann, setzte ich mich in Bewegung, um mich umzuziehen.

Kapitel 12

Am nächsten Morgen übernahm Evelyn die Rezeption. Weil Martin noch schlief, beschloss ich, mir für ein Stündchen freizunehmen. Milo ließ ich in Evelyns Obhut und tuckerte auf der Landstraße in den Ort. Direkt neben der Bäckerei sah ich das Auto von Vroni stehen – was mich etwas wunderte, weil ich gedacht hatte, sie wäre zu ihrem Mann nach Regensburg in die Untersuchungshaft gefahren. Stattdessen saß sie vor der Bäckerei in der Sonne und trank einen Kaffee! Gerade als ich Gas geben wollte, erkannte ich, mit wem sie das tat. Mit ihrer Schwester Inge, mit der sie angeblich seit Jahrhunderten verkracht war! Von hier aus sah das allerdings nicht so aus.

Ich fuhr ein Stückchen weiter und parkte etwas gesetzeswidrig auf dem Bürgersteig. Ich würde jetzt ebenfalls einen gepflegten Kaffee vor der Bäckerei trinken! Als ich ausgestiegen war, dämmerte es mir, dass die beiden Schwestern garantiert nichts mehr besprechen würden, wenn ich ihnen derart auf die Pelle rückte.

Also parkte ich ganz unauffällig hinter der Bäckerei

neben dem Liefereingang. Mich an dem Bäckertresen vorbeizuschleichen würde mir wohl kaum gelingen.

Ich ging noch ein Stückchen weiter und kam zu einer Garage, die nachträglich an das Gebäude gebaut worden war. Sie hatte ein Flachdach, und wenn ich die Bierkästen, die dort standen, stapelte, hatte ich vielleicht eine Chance hinaufzukommen. Tatsächlich glückte es mir auf Anhieb – gerade noch im letzten Moment, denn als ich meine Füße hinaufzog, kam der Bäcker aus der Backstube und zündete sich eine Zigarette an.

Puh!

Ich robbte näher an den Rand des Daches vor. Von dort konnte man tatsächlich zu den Stühlen vor der Bäckerei linsen. Vorsichtig legte ich mich direkt an der Kante flach auf das Dach. Ich hatte gleich ein Szenario vor Augen, was die beiden Schwestern wohl gerade ausheckten. Inge hatte ihren Mann loswerden wollen, und Vroni war ihr dabei behilflich gewesen. Ein über Jahrzehnte geplanter Mord!

»Der kommt schon wieder raus«, sagte Inge gerade, während Vroni schniefte.

»Wenn der ins Gefängnis kommt, können wir uns gleich einen Strick kaufen«, schluchzte Vroni.

»Beruhige dich!«

Das hörte sich nicht an, als wären die beiden Schwestern zerstritten!

»Die können doch im Ausschlussverfahren zeigen, dass es der Franz nicht war. Der Mörder war doch ein Rechtshänder.«

»Franz ist ein Rechtshänder.«

»Aber Rechtshänder ist doch praktisch jeder«, erklärte Inge resolut. »Da könnte es ja genauso gut ich gewesen sein!«

»Aber er war auch noch genauso groß wie Holger«, widersprach Vroni genervt.

»So wie Franz«, erklärte Inge, und die beiden Frauen schwiegen. »Vielleicht solltest du dir tatsächlich einen Rechtsanwalt nehmen.«

Eine Weile waren die beiden Frauen wieder still, dann sagte Inge: »Mir tut Georg so leid. Er ist mir fast auf der Straße zusammengeklappt, als ich ihm gesagt habe, dass sein Vater ermordet wurde.«

Georg war der Junior.

»Er nimmt jeden Tag Beruhigungsmittel. Wenn er süchtig wird, ist das meine Schuld.«

Die Frau vom Meierbeck kam mit einem Tablett und einem frischen Kännchen Kaffee aus dem Laden und stellte es vor den beiden ab. Schade! Jetzt würden sie natürlich nichts mehr sagen.

Aber seltsamerweise meinte da die Frau vom Meierbeck, als wäre sie voll involviert: »Das habe ich mir schon immer gedacht, das hättet ihr ihm früher erzählen müssen.«

Was? Dass die beiden Frauen vorhatten, den Vater zu ermorden? Oder steckte hinter alldem der Meierbeck, der sein Geschäft retten wollte? Aber der konnte doch unmöglich die Frauen dazu angestiftet haben, den Holger Schwarz umzubringen! Oder hatten sie etwa jemanden angeheuert, der das für sie erledigte?

»Es hat sich einfach nie ergeben«, jammerte jetzt Inge. »Die Zeit vergeht so schnell, und man denkt nicht daran.«

»Der Brigitte habt ihr es doch auch gesagt.«

»Die hat's selbst gemerkt«, erklärte Inge. »Die ist zu mir gekommen und hat es mir einfach auf den Kopf zugesagt!«

Wie bitte? Die hatte die Mordpläne ihrer Mutter

schon durchschaut gehabt und hatte nichts unternommen? Mir fiel wieder ein, wie unglaublich schnell Inge Schwarz die Beerdigung organisiert hatte. Von der Rechtsmedizin in Rekordtempo ins Krematorium und unter die Erde. Wieso war das dem Kommissar nicht aufgefallen?

Mir wurde auf einmal furchtbar schlecht. Das hätte ich im Leben nicht gedacht, dass die Vroni in so etwas mit drinsteckte! Kein Wunder, dass sie Angst hatte, dass ihr Franz im Gefängnis vermoderte!

»Da muss sich doch jemand verplappert haben«, überlegte Vroni gerade. »Wie denn sonst soll jemand so was merken?«

Inge zuckte mit den Schultern, und die Bäckersgattin murmelte: »In eurer Haut möchte ich nicht stecken.«

Dann drehte sie sich um und ging zurück in die Bäckerei zu den zwei Frauen vom Campingplatz, die gerade ihre Fahrräder vor der Bäckerei abgestellt hatten.

»Aber jetzt ist was anderes wichtig«, erklärte Vroni, wieder voller Elan. »Und zwar, wie ich den Franz wieder aus dem Gefängnis bekomme.«

»Vielleicht hat ihn ja jemand in Regensburg gesehen. Wenn er gleich wieder zurückgefahren ist, sollte das doch kein Problem sein!«

»Stimmt, das ging ruckizucki«, sagte Vroni. »Und dann ist er gleich wieder nach Regensburg gefahren.«

Mir blieb die Spucke weg, mit welcher Eiseskälte die zwei die Tat besprachen.

»Aber wer könnte ihn da gesehen haben.«

»Irgendeiner von der Rezeption. Irgendwelche Leute auf der Straße.«

Im nächsten Moment packte mich jemand beim Fußgelenk, und ich begann leise zu fluchen.

»Herr im Himmel!«, schimpfte ich flüsternd los, als ich feststellte, dass es kein Mörder war, sondern die Polizei.

»Was machen Sie denn da schon wieder?«, fragte der Kommissar, nicht minder ärgerlich.

»Und was machen Sie hier auf dem Garagendach?«, wollte ich wissen, wandte mich aber im selben Moment wieder den zwei Frauen zu. Denn die standen gerade auf und verabschiedeten sich voneinander, Vroni sehr tränenreich.

»Ich habe einen verkehrswidrig abgestellten Kleinwagen entdeckt«, erklärte mir der Kommissar und seufzte tief. »Mir war sofort klar, dass Sie schon wieder irgendjemanden beschatten.«

»Unsinn«, sagte ich. »Ich genieße die Augustsonne.«

Er nahm ein paar Handschellen heraus und ließ sie an seinem Zeigefinger baumeln. Ärgerlich kniff ich die Augen zusammen. »Und wenn schon, das war jetzt reine Neugierde. Immerhin habe ich herausgefunden …«

Ja, was nur?

»Dass die Frau vom Schwarz ihrem Sohn irgendetwas nicht gesagt hat«, vervollständigte ich kleinlaut meinen Satz.

»Außerdem sind die Hetzeneggers und die Schwarzens verwandt.«

»Ich weiß«, antwortete der Kommissar, noch immer die Handschellen in der Hand. »Dazu muss man sich nicht auf ein Garagendach legen.«

Ich wurde rot.

»Vielleicht verrate ich Ihnen einfach noch ein paar Dinge, dann können Sie die Ermittlungen gegen die Hetzeneggers einstellen …«

Ich wurde noch etwas röter.

»Herr Hetzenegger wurde nämlich um 23 Uhr schon

wieder im Orphée gesichtet, von zwei Gästen und einem Angestellten. Und da Herr Schwarz frühestens um zwei Uhr ermordet worden ist, kann er es nicht gewesen sein.«

»Mir fällt ein Stein vom Herzen«, gab ich zu. Aber wie passte das jetzt zu der Unterhaltung der zwei Frauen? Vielleicht hatten sie einen Mörder beauftragt, und der Franz Hetzenegger hatte ihn nur bezahlt, um danach ganz schnell zurück nach Regensburg zu fahren!

»Soll ich Ihnen vom Dach helfen?«, fragte der Kommissar grinsend.

Humor hatte er. Das musste man ihm lassen.

Kapitel 13

Am nächsten Morgen wollte ich vor allen Dingen jedem Ärger aus dem Weg gehen. Deswegen setzte ich mich noch vor dem Frühstück auf den Steg und genoss die morgendliche Stille. Noch war es zu früh zum Baden – Eltern und Kinder lagen entweder in ihren Betten oder frühstückten gemütlich. Der Einzige, der schon wieder unterwegs war, war der kleine Maxl. Er blieb hinter mir stehen und ließ die Drohne landen. Leise setzte er sich neben mich. Anscheinend hatte er es sich zu Herzen genommen, dass er nicht mehr filmen sollte. Wahrscheinlich tat er es noch heimlich, aber das sollte ihm gegönnt sein.

»Na«, sagte ich, und er setzte sich neben mich. Er verstand es als Aufforderung, mir noch ein bisschen was über seine Drohne zu erzählen.

»Die habe ich zum Geburtstag bekommen. Nachdem die erste verbrannt war. Ich hatte vor einer Woche Geburtstag. Und ich kann schon voll gut damit umgehen, hat mein Papa gesagt.«

»Hm«, machte ich.

»Die hat ganz viele Sonderfunktionen«, prahlte er.

»Ah«, machte ich wieder, weil mich die Sonderfunktionen nicht besonders interessierten. Lieber beobachtete ich den einzelnen Schwan, der still über den See schwamm. Das sah so friedlich aus und so ruhig. Aber Maxl ließ schon wieder seine Drohne hochfliegen. Gerade wollte ich ihn zurechtweisen, da hielt er mir seine Steuerung hin. »Schau! Die kann sogar diesen Schwan verfolgen.«

Ich sah auf das Display, auf dem Maxl gerade mit dem Finger auf den Schwan klickte, und los ging's. Fasziniert beobachtete ich, wie die Drohne hinter dem Schwan herflog und diesen filmte.

»Das heißt Äktif träkking«, erklärte er mir.

»Active Tracking«, wiederholte ich murmelnd.

»Damit kann ich alles verfolgen, was ich will!«, sagte er. »Also Schiffe. Oder Motorräder.«

Und Schwäne.

Ich sah auf das Display, auf dem jetzt das Symbol »Active Track« leuchtete. »Hier gibt es nur keine Schiffe. Aber ich habe vor Kurzem einen Vogel verfolgt.« Seine Ohren begannen vor Begeisterung rot zu leuchten. »Der ist an Ihrem Schlafzimmer vorbeigeflogen. Da konnte man Sie in Unterwäsche sehen.«

Na prima! Ich hatte einen sechsjährigen Stalker!

»Das hat super funktioniert!!«, erklärte er, ohne sich einer Schuld bewusst zu sein.

»Du hast das doch wohl nicht gefilmt?«, fragte ich streng.

»Nein.« Er sah mich treuherzig an. »Oder doch. Aber mein Papa hat gemeint, dass Sie dann sauer sind …«

»Dein Papa war auch mit dabei?«, fragte ich ärgerlich.

»Ja. Der hat mir erklärt, wie man das macht.«

Noch besser. Verfolgt von einem frühreifen Erstklässler und seinem bescheuerten Vater. Den würde ich mir vorknöpfen!

»Ich häng mich mal an den da dran«, sagte er, vielleicht, um mich abzulenken, oder aber, weil die Begeisterung wieder mit ihm durchging. Er hielt mir das Display vor die Nase und tippte auf den Gröning, der gerade wieder einmal in Richtung Klohäusl unterwegs war. Ich öffnete den Mund, um Maxl zu widersprechen, beobachtete dann jedoch fasziniert, wie die Drohne in einem genau gleichen Abstand hinter dem Gröning herflog, bis zum Klohäusl. Bevor die Drohne dem Gröning bis ins Klo folgte, unterbrach ich die interessante Vorführung. Und erklärte dem Maxl gefühlt zum tausendsten Mal: »Du darfst nicht einfach so fremde Leute verfolgen. Das verletzt deren Privatsphäre!«

Maxl nickte, so wie die tausend Male vorher auch schon.

»Aber das funktioniert doch super!« Er tippte wieder auf das Display, und diesmal folgte die Drohne einer hübschen jungen Frau in engen Jeans und Lederjacke, die zielstrebig über den Campingplatz ging. Sie sah nicht aus wie eine Camperin, vor allen Dingen nicht wie jemand, der sich zum ersten Mal den Campingplatz anschaut, um einen Platz für den Wohnwagen zu finden. Stattdessen steuerte sie das kleine Holzhäuschen von Klaus und Gruber an, das mir gegen meinen Willen geschenkt wurde, und blieb davor stehen.

Wer war das?

»Also, wie gesagt, du darfst den Leuten nicht mit deiner Drohne hinterherspionieren«, wiederholte ich streng, während ich schon losging, um zu sehen, was die Frau da machte.

Ich ging am Wohnwagen der Hetzeneggers vorbei, wo

der arme Franz zusammengesunken auf seinem Stuhl saß und vor sich hin starrte. Die Untersuchungshaft hatte ihm ziemlich zugesetzt, und ich hatte ein richtig schlechtes Gewissen! Nach einem freundlichen Gruß, den er bedrückt erwiderte, schlug auch ich die Richtung zu meinem neuen Häuschen ein. Dort stand die fremde junge Frau noch immer und machte ein paar Bilder.

»Frau Ziegler«, sagte sie sehr freundlich zu mir. »Schön, Sie kennenzulernen. Jetzt musste ich mir endlich mal das Holzhaus ansehen, es sieht wirklich zauberhaft aus in dieser Umgebung!«

»Wie war Ihr Name?«, fragte ich etwas irritiert.

»Gruber«, sagte sie freundlich.

Gruber? Ich kannte keine Frau Gruber.

»Gruber. Von Klaus und Gruber«, lachte sie mich an.

Sie war mir sofort richtig sympathisch, obwohl ich eigentlich wusste, dass sie meine Erzfeindin war, die all die Kohle meiner Großmutter eingesackt hatte. Da sah man es mal wieder, wie man sich in Menschen täuschen konnte.

»Oh! Ich dachte, Gruber sei ein Mann.« Ein alter vor allen Dingen. Und insolvent. Stattdessen eine insolvente junge, sympathische Frau.

Sie lachte nur. »Sie haben ja noch Platz für andere Häuschen … ich bin nämlich gerade am Überlegen …« Ich sah, dass sie in einer Hand eine Mappe mit Unterlagen hielt. Wahrscheinlich die Entwürfe für weitere süße Häuschen, die sie bei mir aufstellen wollten.

»Da brauchen Sie gar nicht weiter überlegen«, unterbrach ich sie schroff. »Ich werde den Campingplatz verkaufen und auf keinen Fall weiter investieren. Stattdessen könnten Sie mir endlich meinen Vorschuss zurückzahlen. Den Sie vollkommen unberechtigt einbehalten haben.«

Ihr Blick war ziemlich erstaunt. »Ich dachte, Sie hätten ein neues Konzept für das Toilettengebäude?«

Eigentlich schon. Eigentlich hatte ich unglaublich viele Ideen, aber jetzt, wo der Schwarz tot war, konnte ich einen ganz normalen Käufer finden. Einen, der nicht vorhatte, das Moor auszutrocknen und den Campingplatz einzuplanieren.

»Schade«, murmelte sie. »Aber wenn Sie das schon ganz sicher wissen ...«

»Ja«, sagte ich bestimmt. Ich hatte den Eindruck, dass sie mir ihre Mappe mit weiteren Vorschlägen dalassen wollte. »Herr Klaus meint jedoch, er sei im Recht ...«

Gerade wollte ich weiter erklären, dass ich mir einen Anwalt nehmen würde, einen aus Regensburg, der nicht mit den Schwarzens unter einer Decke steckte, und dass der liebe Herr Klaus mir spätestens dann alles mit Zins und Zinseszins zurückzahlen müsste.

»Das stimmt natürlich nicht«, sagte Frau Gruber mit sanfter Stimme. »Selbstverständlich bekommen Sie Ihr Geld zurück. Das ist allerdings sehr schade, denn ich hätte schon einige wirklich spannende Ideen zum Campingplatz-Projekt.«

»Ich muss wieder zurück nach Hamburg«, murmelte ich, vollkommen aus der Kurve geworfen von Frau Grubers Freundlichkeitsoffensive. »Ich bin niemand, der es lange auf dem Land aushält ...«

»Kann ich verstehen«, strahlte sie mich an. »Ich habe ja ursprünglich in München als Architektin gearbeitet. Bis mich die Liebe hierher verschlagen hat.«

»Zu Herrn Klaus«, rutschte es mir ziemlich indiskret heraus.

Frau Gruber lachte. »Nein. Ich bin nicht mit Herrn Klaus verheiratet. Mein Mann ist hier geboren, früher war das Geschäft in Händen von Gruber und Gruber, also meinem Schwiegervater und meinem Mann. Aber inzwischen gibt es auch noch Herrn Klaus, das ist mein Schwager.« Sie senkte ein wenig ihre Stimme.

»Ich bereue keine Sekunde, dass ich hier bin.«

Das glaubte ich ihr.

»Kommen Sie morgen Nachmittag zu uns ins Büro, dann lasse ich den Papierkram fertig machen, und Sie bekommen Ihr Geld wieder.«

Ich öffnete den Mund und schloss ihn dann wieder. Nun hatte ich vier Monate darum gekämpft, das Geld zurückzubekommen, und dann kam einmal Frau Gruber über den Campingplatz geschlendert, und es ging ratzfatz?

»Danke«, sagte ich fassungslos. »Sie können mir die Entwürfe ja mal dalassen. Ich zeige sie meinem Nachfolger.«

Vielleicht war ich auch selbst ein klein bisschen neugierig, was Frau Gruber für Ideen hatte. Sie lächelte mich an, wir gaben uns einen festen Handschlag, und sie ging über den Platz zurück zu ihrem Auto.

So. Ab jetzt war alles ganz einfach.

Der Schwarz war tot.

Ich bekam mein Geld wieder.

Einem Verkauf stand nichts mehr im Weg.

Hamburg, ich komme!

Als ich wieder an der Rezeption war, trat gerade Martin ins Freie und blinzelte in die Sonne. Im selben Moment hielt vor der Schranke ein dunkler Pick-up, und Alex sprang elastisch heraus. Er winkte mir zu, und diese schlichte Geste ließ die Sonne in meinem Herzen aufgehen. Vroni spazierte vorbei und bedachte mich mit einem Lächeln. Der alte Gröning schlurfte vom Klohäusl zurück zu seinem Wohnwagen, während eine Horde kleiner

Kinder kreischend den Weg entlanggelaufen kam, verfolgt von ihren Müttern, die versuchten, gleichzeitig mit ihnen am See anzukommen. Einer der Zwerge lief in mich hinein, und ich konnte ihn gerade noch festhalten, bevor er hinfiel. Als ich ihn wieder auf die Füße stellte, stand Alex vor mir und sah mich mit einem breiten Lächeln an.

»Was für ein Wetterchen«, stellte er fest, nahm mich in den Arm und wirbelte mich einmal herum. Brav, wie es sich für eine Frau gehörte, die herumgewirbelt wurde, quietschte ich auf und krallte mich an ihm fest.

»Mann, Alex«, sagte ich, nach Luft schnappend und glücklich. »Was machst du da?«

»Evelyn hat gesagt, ich soll mir die dicke Pappel noch mal ansehen, ob die nicht beim nächsten Sturm auf ihr Wohnmobil kippt.«

»Ah«, machte ich nur, weil die betreffende Pappel nämlich am Strand unten stand, und es, egal, wohin sie kippte, faktisch ausgeschlossen war, dass ihr Wohnmobil in Mitleidenschaft gezogen wurde.

»Du könntest mitkommen und mit mir knutschen«, schlug er vor und grinste, als er meinen empörten Gesichtsausdruck sah.

»Doch nicht vor allen Kindern«, sagte ich.

Mit beschwingtem Schritt ging er weiter Richtung See, während sich Martin aus der anderen Richtung näherte.

»Wie furchtbar heiß«, jammerte er als Begrüßung.

»Geh doch eine Runde schwimmen«, schlug ich freundlich vor, weil ich gerade richtig bombige Laune hatte.

»In diesem See?«, fragte er kopfschüttelnd.

»Oder zieh dir eine kurze Hose an.«

Er runzelte nur die Stirn und sah ärgerlich Alex hinterher. Der sah zugegebenermaßen ziemlich flott aus in seiner Treckinghose und dem schwarzen T-Shirt. Und er war auch nicht miesepetrig gelaunt, sondern blieb kurz bei den Hetzeneggers stehen, grüßte dann den Gröning und ging schließlich mit dem Hetzenegger Franz hinunter zum Strand. Plötzlich war meine Lust, gerade jetzt nach Hamburg zurückzugehen, gleich null. Ich wollte im Moment nur eines: zum Strand gehen und Alex dabei zusehen, wie er den Baum begutachtete.

»Lass uns eine Runde mit Milo gehen«, schlug ich vor. Und obwohl Martin keine besondere Begeisterung zeigte, schlenderten wir los. Hinunter zum See. Vorbei an Alex, der Martin einen entspannten Blick zuwarf, und gefühlten hundert kleinen Kindern, die im Wasser standen und sich gegenseitig anspritzten. Vorbei am Lieblingspinkelbaum von Milo, wo dieser auch brav hinpinkelte. Bis zur kleinen Brücke, bei der ich stehen blieb, weil Milo mit Schnüffeln beschäftigt war.

»Kein bisschen Wind«, meckerte Martin. Er machte es mir gleich und stützte sich mit den Ellbogen auf dem Holzgeländer der Brücke ab. Wir blickten über den See, der in der prallen Hitze funkelnd vor uns lag. Zwischen den hohen Pappeln blitzten hier und da Wohnwägen auf, und leise wehte Kindergeschrei zu uns herüber.

»Wie du das nur aushältst.«

»Was? Das Wetter?«, fragte ich. Vielleicht, weil mich dieses heiße Wetter immer an meine Kindheit erinnerte. Und weil ich Vorfahren aus Neapel hatte, während Martin ein richtiges Nordlicht war.

»Die Camper«, erklärte er.

Ich drehte mich um, lehnte mich mit dem Po gegen das Geländer und sah in die andere Richtung. Dort blickte man in die tiefen Wälder, ein einziger Rausch von

Grün und Braun, und ich fragte mich, wieso mir jetzt erst auffiel, wie unglaublich schön das war.

Dann ließ ich meinen Blick zurück auf meinen Platz schweifen. Die Vroni hatte bestimmt ein Mohnschneckerl für mich übrig oder eine Kolatsche. Der Hetzenegger würde mir einen Vortrag über das Häuschen halten, dass ich das gefälligst einrichten müsste und vermieten. Die Schmidkunz würde mir erzählen, dass sie gerade die Ferrante ausgelesen hatte und wie es ihr gefallen hatte. Und mein Apotheker würde nicht von der »Zeit« aufblicken, sondern nur einen Gruß brummeln. Schließlich würde Maxl mir noch seine Drohne gegen den Kopf fliegen lassen, ich würde über ein Bobbycar stolpern, und irgendwelche Kinder würden begeistert »Eis« schreien, sobald ich zur Rezeption hochging.

Meine Camper waren eigentlich gut auszuhalten.

»Ich bin ja gespannt, wie der Winter wird«, sagte ich, um Martin ein bisschen zu ärgern. Aber bei näherer Betrachtung war das gar nicht so abwegig.

»Ich sehe mich schon über den Platz gehen und Leitungen kontrollieren«, geriet ich ins Schwärmen.

»Leitungen kontrollieren?«, echote Martin, und als ich mich zu ihm umdrehte, sah ich in seine schreckgeweiteten Augen.

Das hatte ich mir zwar eben erst ausgedacht, aber plötzlich kam mir das vollkommen normal vor. Ich würde mir dicke Moonboots kaufen und Thermohosen. Und wenn die Sicherung rausflog, würde ich warm eingepackt über den Campingplatz gehen und den Campern Vorträge über ihre Elektroleitungen halten. Und an Silvester würde ich mit den Hetzeneggers die Schneebar bauen und mit Evelyn anstoßen. Mit irgendwelchen Mixgetränken, die Evelyn bestimmt bis dahin erfunden haben würde. Was mit dem Klohäusl würde, wusste ich noch nicht. Aber bestimmt hatten Klaus und Gruber eine tolle Idee!

»Ach, Martin«, sagte ich behutsam. »Eigentlich lieben wir uns doch schon lange nicht mehr.«

Das war mir auch eben klar geworden. Dass ich schon lange nicht mehr zurückwollte. Vielleicht war es auch von Anfang an Quatsch gewesen, Martin zu heiraten. Es prickelte jedenfalls viel mehr, wenn Alex mich küsste. Und noch mehr prickelte es, wenn mich der Kommissar zufällig berührte.

Martin drehte sich von mir weg, er wirkte niedergeschlagen.

»Ich habe mir überlegt, vielleicht könnte ich die Gravenreuther-Kampagne ja auch von hier aus fertig machen. Was meinst du? Also, wenn dir das was hilft«, schlug ich vor.

»Das wäre … wirklich großartig«, brachte er überrascht hervor. »Und du bist dir wirklich sicher, dass du in diesem Kaff bleiben willst?«

Ja. Jetzt, wo ich einfach hätte verkaufen können, war ich mir sicher. Jetzt, wo klar war, dass ich mein Geld wiederbekommen würde und alle Schulden begleichen konnte. Plötzlich sah ich das Leben hier in einem ganz anderen Licht. In einem goldenen Glitzer-See-Funkel-Licht. Ich war nicht einmal beleidigt, dass Martin unseren See am Hirschgrund nicht zu würdigen wusste. Vielleicht musste man dafür anders unterwegs sein als er. Man musste die freiheitsliebenden Camper lieben, den Geruch von Kiefernzapfen und Kaffee und Ravioli. Vielleicht hatte ich auch einfach zu viele Sommer hier verbracht und konnte nicht mehr klar denken, wenn ich Kiefernzapfen, Kaffee und Ravioli roch.

»Wäre vielleicht eine Idee«, sagte Martin, und er sah

tausendmal entspannter aus als noch vor einer Viertelstunde.

»Ich muss mich jetzt um die Pappel kümmern.« Oder vielleicht auch mit Alex knutschen, je nachdem. »Du kannst gerne noch eine Runde mit Milo drehen.«

Milo sah ungemein beleidigt aus, als hätte er verstanden, dass ich ihn loswerden wollte. Ich war mir sicher, dass er mit Martin keinen einzigen Schritt gehen würde.

Kapitel 14

Martin ging keine Runde spazieren, sondern setzte sich ins Haus, um zu arbeiten – Telefonate erledigen, E-Mails verschicken. Wieso er sich dazu nicht nach draußen setzte, konnte ich nicht verstehen. Vielleicht, weil zu wenig Wind wehte. Evelyn verließ beinahe fluchtartig das Haus, weil sie mit diesem »Spießer«, wie sie Martin nur noch nannte, keine Sekunde unter demselben Dach verbringen wollte. Während ich Alex dabei zusah, wie er ein paar »höchst gefährliche« Äste absägte, und mich an seinem Körperbau erfreute, konzentrierte sich Evelyn lieber auf den Körperbau von Chris. Unter der eingeölten, nackten Haut ließ Chris seine Muskelpakete genüsslich tanzen.

»Vielleicht war es ja dieser Sebastian«, sagte Evelyn.

»Der ist ein ganz ein Lieber«, erwiderte ich. Das pflegte Evelyn über Leute zu sagen, die einen Schlag hatten.

»Ich habe ihn mindestens zweimal mit dem Schwarz zusammen gesehen«, erzählte Evelyn.

»Na ja. Er sollte Geschäftsführer vom Hotel werden.«

»Sah aber nach was anderem aus.«

»Dass er ein Mörder ist, oder wie?«

»Hm«, machte sie nur und setzte sich auf ein Bänkchen. Ich blieb stehen und blickte über den See.

»Ich glaube, der hat doch überhaupt keine Vorteile davon, den Schwarz umzubringen, oder? Die Wahrscheinlichkeit, dass er jetzt Geschäftsführer von einem Hotel hier wird, ist doch minimal. Oder glaubst du, dass der Junior das alles im Sinne seines Vaters weitermacht?«

»Oder es war der Junior«, schwenkte Evelyn um. »Der ist mir höchst unsympathisch.«

Das fand ich zwar auch, aber deswegen war man ja noch lange kein Mörder.

»Er hat mich an dem Morgen angesprochen, an dem sein Vater ermordet worden ist. Da wusste er noch gar nichts davon und hat mir noch verkündet, dass er jetzt die Verhandlungen übernehmen wird«, erzählte ich. »Und dann hat ihm seine Mutter eröffnet, dass sein Vater tot ist. Da ist er fast zusammengebrochen.«

»Ach«, machte Evelyn, noch immer den Blick auf Chris gerichtet. »Das glaube ich nicht.«

»Was?«

»Für den muss sich das doch super rentieren, dass er sein Erbe einsacken kann. Habe gehört, dass der Junior Schulden hat, die er begleichen muss.«

Hm. Das würde zumindest die Unterhaltung erklären, die der Junior bei den Beerdigungsfeierlichkeiten geführt hatte. Außerdem war das eine wirklich interessante Frage. Wer alles gehörte zu den Erben und hätte ein finanzielles Interesse daran gehabt, den Schwarz aus dem Weg zu räumen? Allerdings erklärte auch die Erben-Frage nicht, was der Schwarz mitten in der Nacht hier auf dem Platz gemacht hatte. Dass er nur wegen dem Hetzenegger hergekommen war, konnte ich mir einfach nicht vorstellen.

»Achtung! Der Spießer«, raunte Evelyn, und tatsächlich kam Martin auf uns zu. Anscheinend hatte er mit »Ich muss mal telefonieren« gemeint, dass er seine Sachen packen, die nächste Verbindung mit dem Zug heraussuchen und sich auf den Weg machen würde. Er stellte seinen Rollkoffer neben uns ab und lächelte mich an.

»Also, es bleibt dabei. Wenn du noch was brauchst, dann melde dich einfach. Ich habe immer ein offenes Ohr für dich!«

Wenn es die Kampagne betraf. Schon verstanden! Wir standen etwas linkisch voreinander. Keine Ahnung, wann wir uns wiedersehen würden.

»Klar«, sagte ich und hatte trotz aller Erleichterung einen Kloß im Hals. Schließlich waren wir fünf Jahre verheiratet gewesen und nicht alles war schlecht gewesen! Er umarmte mich, ein bisschen unbeholfen, als wüssten wir nicht, was wir taten. Dann hielt oben an der Straße auch schon ein Taxi.

»Mach's gut!«, sagte ich.

»Du auch!«

Als das Taxi gewendet hatte und verschwunden war, atmete ich erst einmal auf. Noch während Evelyn mir erklärte, was für ein irrsinniges Glück ich doch hatte, jetzt ein freies und selbstbestimmtes Leben zu führen, an der Seite von Männern, die wahre Männer waren, kam Maxl auf mich zugelaufen. Diesmal ganz ohne Drohne. Dafür hielt er etwas in der Hand.

»Hab ein Handy gefunden. Mit meiner Drohne. Stellen Sie sich das mal vor!«

»Wie geht denn das?«, fragte ich.

»Das lag auf dem Häuschen unten. Auf dem Dach. Hab ich auf meinem Film gesehen.«

Das Handy war ein nigelnagelneues iPhone, und ich konnte mir nicht vorstellen, wer so etwas auf dem Abspülhäuschen deponierte. Es sah komplett unbeschädigt aus, das Display war nicht zerbrochen oder zerkratzt. Und lange liegen konnte es da auch noch nicht, weil es sich problemlos einschalten ließ. Ich erinnerte mich an Frau Schmidkunz, die sich darüber beschwert hatte, dass sie morgens nicht schlafen konnte, weil ständig ein Handy klingelte. Dieses vielleicht?

»Danke, Maxl«, sagte ich. »Ich kümmere mich drum. Gut, dass du es gebracht hast, da wird sich jemand richtig freuen.«

Maxl strahlte mich an, erst recht, als ich zur Eistruhe ging und ihm als Finderlohn ein kleines Milcheis spendierte.

Heute ging es Schlag auf Schlag, denn just in diesem Moment ging auf meinem Handy eine SMS ein, in der Frau Gruber mir anbot, sofort die erste Rate auszuzahlen. Das fühlte sich ganz eigenartig und auch wunderbar an!

Mit leichtem Herzen stiefelte ich in die Rezeption. Um Frau Gruber würde ich mich mit Freuden später kümmern. Jetzt hatte erst einmal meine Neugier Vorrang! Ich setzte mich in die Rezeption, wo ich Ruhe hatte, und schaltete das gefundene Handy noch einmal ein, um herauszufinden, welcher Idiot sein Smartphone auf einem Dach ablegte. Wahrscheinlich war der Besitzer längst abgereist. Ein Telefon hatte niemand verloren gemeldet.

Ich kam jedoch nicht weit, denn zum Entsperren war ein Fingerabdruck oder die Eingabe eines Musters nötig. Eine Weile starrte ich auf die kleinen Punkte und überlegte mir, welches wohl das häufigste Muster war, mit dem Leute ihr Handy entsperrten. Ich hatte ja einen Zahlencode, weil mir Martin früher immer eingeschärft hatte, kein unsicheres Muster zu verwenden. Vor allen Dingen kein Z, hatte er mir eingeschärft, das macht nämlich jeder.

Z, dachte ich mir triumphierend, malte mit meinen Fingern eines auf das Display – und war drin.

Na dann! Ich tippte auf Einstellungen und suchte nach einem Hinweis, wem das Telefon gehören konnte. Unter »Privates« stand nur »Ich« und »Owner«, was mir nicht weiterhalf. WhatsApp nutzte der Besitzer nicht, allerdings gab es natürlich ein Telefonbuch. Die letzten Anrufe waren vor ein paar Tagen rausgegangen. »Schatzl« war der meistkontaktierte Teilnehmer. Das half mir auch nicht. Einige Anrufe waren von »Inge« und »Georg«.

Ich ahnte etwas und ging noch einmal zu den Einstellungen des Telefons. Die GPS-Daten waren ausgeschaltet. Aber hier: Google-Konten! Ich tippte mit dem Finger, und auf dem Display erschien eine E-Mail-Adresse. holger.schwarz@schwarz-immobilien.de.

Eine Weile starrte ich auf das Handy in meiner Hand. Tatsächlich! Das Handy vom Schwarz. Auf meinem Geschirrspülhäuschen! Was tat es da? Wer hatte es dort deponiert? Besser gesagt: Wer hatte es dort entsorgt?

Vermutlich wäre es jetzt das Beste gewesen, das Handy vorsichtig zur Seite zu legen und den Kommissar zu informieren. Aber meine Neugierde sagte mir ganz deutlich, dass fünf Minuten Schnüffeln nicht weiter ins Gewicht fielen. Schließlich hatte das Handy tagelang auf dem Dach gelegen. Und vielleicht ging es um meine Sicherheit. Oder die meiner Campinggäste!

Nachdem ich mir den moralischen Hintergrund für

mein unmoralisches Handeln fertig gebastelt hatte, schnüffelte ich weiter durch das Telefon. Da! Der letzte Anruf war am Tag des Mordes gemacht worden. An die Nummer von »Schatzl«. Aber er hatte doch Inge als eigenen Kontakt angelegt. Wenn sie keine zwei Telefonnummern hatte, handelte es sich bei Schatzl und Inge wohl um zwei verschiedene Personen! Es waren elf SMS eingegangen nach dem Tod vom Schwarz. Zehn von seinem Büro, in denen ihn die Sekretärin auf verschiedene Termine hinwies und wissen wollte, wann er kommen würde. Und eine von seiner Frau Inge, wo er denn steckte.

Außerdem hatte am Abend um zehn Uhr – da hatte der Schwarz noch gelebt – sein Sohn viermal angerufen, der Schwarz hatte jedoch das Telefongespräch nicht angenommen. Ich blickte mich um, aber es sah nicht danach aus, als würde demnächst jemand in die Rezeption kommen.

Also las ich schnell noch die ganzen Schatzl-SMS, in denen es hauptsächlich um Verabredungen ging. *15 Uhr SaH*, stand da. Und *22 Uhr SaH* und *Ich liebe dich, ich sehne mich nach dir. Ich warte auf dich.* Das war der häufigste Satz von »Schatzl«, und meistens war der Treffpunkt SaH. Was das sein sollte, wusste ich nicht. Vielleicht war es an der Zeit, dem Kommissar von meinem Fund zu erzählen.

Kapitel 15

Weil ich nun doch ein bisschen ein schlechtes Gewissen wegen meiner Neugierde hatte, drückte ich dem Kommissar das Handy einfach geschwind in die Hand und erklärte, ich hätte etwas Geschäftliches im Ort zu erledigen.

Ich war so schnell wieder weg, dass er gar nicht dazu kam, mich zu fragen, woher ich wusste, dass es das Handy vom Schwarz war.

»Muss zu Klaus und Gruber und mein Geld holen«, rief ich Evelyn zu, die gerade äußerst zufrieden am Computer saß und noch einmal die Postkarten, die sie bestellen wollte, kontrollierte.

»Wir könnten auch noch weitere Merchandising-Artikel produzieren lassen«, sagte sie.

»Merchandising?«, fragte ich verständnislos.

»Na ja. Tassen. See-am-Hirschgrund-Tassen.«

»Was soll denn das sein?«, fragte ich.

»Tassen, auf denen unser wunderbarer See abgebildet ist. Das kaufen die Niederländer bestimmt total gerne!«

Darauf würde ich nicht schwören.

»Der Maarten hätte das gekauft.«

O. k. Aber der Niederländer Maarten, der sein halbes Leben hier Campinggast gewesen war, war nun auch schon zehn Jahre tot. Evelyn fantasierte bereits, wo sie mit Chris die nötigen Bilder schießen könnte, am besten drüben im Naturschutzgebiet, ganz stimmungsvolle. So vergnügt, wie sie nun war, nahm ich an, dass sie mit Chris noch andere »stimmungsvolle« Dinge zu tun gedachte.

Darüber wollte ich gar nicht weiter nachdenken. Ich ging zum Auto, Milo trottete hinter mir drein, als wäre es abgemachte Sache, dass er mit von der Partie war. Auch als ich ihn mehrfach anschrie und zurückschickte, blieb er mit einem treuherzigen Blick neben dem Auto stehen.

»Na gut. Ausnahmsweise«, sagte ich. Obwohl er es jedes Mal schaffte, sich mit ins Auto zu drängen. Schließlich war nichts schöner, als seinen Kopf aus dem Autofenster zu halten und die Ohren im Wind flattern zu lassen.

Frau Gruber begrüßte mich in ihrem Büro mit Kaffee und einer Quarktasche vom Meierbeck. Milo sahnte drei Hundekekse ab und fiel Frau Gruber dann mit einem Stöhnen vor die Füße. Ihr Büro war hell und licht, und auf dem Schreibtisch standen zwei Bilder, auf denen man eine glückliche Frau Gruber mit Mann und Kind sah.

»Die letzten drei Monate waren etwas schwierig«, sagte sie und bedeutete mir, mich zu setzen.

Davon konnte ich auch ein Lied singen. Ich hätte sie für ihr strahlendes Lächeln umarmen können und natürlich für den Scheck, den ich schon neben der Kaffeekanne mit Vintage-Rosenmuster liegen sah.

»Ich bin schwanger und komplett ausgefallen – extreme Schwangerschaftsübelkeit.«

Herzhaft biss sie in ihre Quarktasche – offensichtlich hatte sich das mit der Übelkeit gelegt. Ich hatte seltsamerweise sofort eine Art Beste-Freundinnen-Gefühl und musste mich zusammenreißen, sie nicht alles Mögliche zu ihrer Schwangerschaft und ihrer Familie zu fragen.

»Tut mir leid«, sagte ich und nahm die süße Rosenmuster-Tasse in die Hand.

Das ist rein geschäftlich, ermahnte ich mich innerlich und legte die Mappe mit den Vorschlägen für die Klohäusl-Sanierung neben die Kaffeetasse. Seit ich die Entwürfe gesehen hatte, war ich der festen Überzeugung, dass Frau Gruber die perfekte Person für das Projekt Campingplatz war. Also, sollte ich den Campingplatz jemals sanieren …

Frau Gruber hatte zwei Vorschläge – der eine veränderte das Gebäude relativ wenig, bedeutete aber schon eine riesige Verbesserung. Ihr zweiter Vorschlag war auf jeden Fall mein Favorit, denn all das, was mir vorschwebte, war darin verwirklicht. Das Gebäude würde dadurch licht und einladend wirken, und die hellen Fliesen sorgten für die Anmutung einer Wellness-Oase. Sogar eine Familien-Abteilung war geplant, mit Babybadewanne und Wickeltisch, und ein großzügiger Bereich fürs Föhnen. An jedem Detail sah man, dass Frau Gruber ein Familienmensch war und alles kompetent und ansprechend umgesetzt hatte.

»Ich kann Ihnen das Geld jetzt nicht gleich komplett auszahlen«, sagte sie, während sie sich Puderzucker von den Lippen tupfte. »Ich habe Ihnen einen Scheck über 30 000 Euro ausgestellt, und in spätestens drei Wochen bekommen Sie den Rest.«

»Danke!« Damit waren alle meine momentanen Geldprobleme auf einen Schlag gelöst!

»Sie dürfen Herrn Klaus das nicht übel nehmen«, sagte sie freundlich und griff nach ihrer Teetasse. Es roch nach Zitronen-Verbene, als sie sich nachschenkte.

Ich nahm ein Schlückchen Kaffee. »Ich versuche es«, sagte ich. »Aber dieses Geldproblem hat mir die letzten Monate ziemlich vermiest.«

Okay. Das war gelogen. Vermiest hatten es mir all die Leichen. Und mein untreuer Ehemann. Bevor ich meine Aussage verbessern konnte, schob mir Frau Gruber den Teller direkt vor die Nase und sagte: »Aber er kann nichts dafür. Er hat sich nur an die Abmachung gehalten.«

»Abmachung?«, fragte ich verständnislos und biss in die Quarktasche. Schon der erste Bissen zerging mir auf der Zunge, und ich war mir nicht sicher, ob die Quarktasche nicht dazu diente, mich milder zu stimmen. Dieser Effekt stellte sich auf jeden Fall ein, denn der Meierbeck hatte einfach echt was drauf!

»Es war eine Bitte Ihrer Großmutter.«

»Von Nonna?«, fragte ich erstaunt und hörte auf zu kauen.

»Anscheinend war sie der Meinung, Sie seien optimal für die Leitung des Campingplatzes geeignet. Aber sie war sich sicher, dass Sie es nicht versuchen würden.«

Entschuldigend lächelte mich Frau Gruber an. »Tut mir leid, dass wir mitgespielt haben. Ich fand es von Anfang an keine besonders gute Idee, aber mein Schwiegervater und Ihre Großmutter waren schon sehr lange befreundet, und er wollte ihr unbedingt diesen Gefallen tun!«

Ich schluckte. Dazu fiel mir wirklich nichts mehr ein. Das alles wegen Nonna?

Es klopfte energisch an der Tür, und Herr Klaus stürmte herein. Als er mich sah, strahlte er über das ganze Gesicht, als wären wir schon seit Jahren beste Freunde.

»Was für eine Überraschung!«, dröhnte er, als wären die letzten drei Monate ein einziger Spaß gewesen. »Und ich an Ihrer Stelle würde mir das mit dem Häuschen-Projekt wirklich überlegen! Das ist richtig in, noch mehr als Mobilheime. Wir können uns da auch voll und ganz nach Ihren Wünschen richten ...«

Frau Gruber schüttelte den Kopf, und er klatschte einmal in die Hände. »Das muss ich jetzt schon noch loswerden. Ich finde, Sie haben unglaublich viel erreicht, Sie sollten das nicht einfach so wegwerfen!«

»Danke«, sagte Frau Gruber mit einem Unterton, der signalisierte, dass das Gespräch beendet war. Herr Klaus konnte es sich trotzdem nicht verkneifen, mir noch einen Katalog über seine Häuschen neben der Kaffeetasse zu platzieren.

»Tut mir leid«, sagte sie und verdrehte die Augen.

»Kein Problem«, antwortete ich, als die Tür hinter Herrn Klaus ins Schloss gefallen war. »Im Grunde decken sich meine Vorstellungen ja mit Ihren«, gab ich zu.

»Sie sollten sich darüber keinen Kopf machen«, lächelte sie mich an. »Wissen Sie, es geht doch um Ihr Leben und nicht um das Leben, das Ihre Großmutter für Sie geplant hatte.«

Sie senkte die Stimme.

»Ich kenne diese Kämpfe zwischen meinem Schwiegervater und meinem Mann. Man muss da hart bleiben. Sie müssen Ihr Leben so gestalten, wie Sie das wollen und nicht wie irgendjemand anders.«

Noch dazu aus dem Jenseits! Wir lächelten uns verschwörerisch zu.

Mit dem Scheck in der Hand und Milo an der Seite ging ich zurück zu meinem Auto, Kopf und Herz noch voller gemischter Gefühle und Gedanken an Nonna. Das hätte ich ihr nicht zugetraut. Natürlich hatte sie recht gehabt, ich hätte nie wirklich in Erwägung gezogen, länger hierzubleiben. Wäre der Campingplatz ohne ihre Einmischung schon längst verkauft? Ich hätte bestimmt nicht eine ganze Campingsaison hier verbracht. Allerdings war ich über die Erziehungsmethoden von Nonna schon ein bisschen sauer. Sie hätte es mir auch einfach mal in einer ruhigen Minute sagen können!

Als ich in die Rezeption zurückkam, saßen dort Evelyn, die Schmidkunz und Vroni einträchtig zusammen und tranken meinen Kaffee.

»Einfach einen Scheck«, berichtete ich, erleichtert darüber, die frohe Kunde gleich jemandem erzählen zu können. »Sie kann es mir zwar nicht auf einmal auszahlen, aber immerhin eine stattliche Vorauszahlung leisten.«

Ehrfürchtig starrten die drei auf den Lappen Papier, der so viel wert war. Dass das alles ein Erziehungsversuch meiner Nonna gewesen war, ließ ich mal unter den Tisch fallen, weil ich keine Kraft für Diskussionen hatte. Ich ließ mich auf den Drehstuhl vor dem Computer plumpsen und fühlte mich trotz allem ein klein wenig deprimiert.

»Okay« Evelyn klatschte in die Hände. »Dann kann's ja endlich losgehen!«

Wie jetzt? Wollte sie mit uns eine Kreuzfahrt buchen?

Sie setzte sich an den Rechner und fing an zu googeln.

»Das Häuschen«, erklärte mir Vroni. »Das müssen

wir doch hübsch einrichten. Dafür bräuchten wir die Kohle.«

»Ich habe Schulden!«, sagte ich.

»Ach was, Schätzchen«, antwortete Evelyn, wie immer meinen Namen ignorierend. »Du musst investieren! Wir brauchen Gäste für das Häuschen.«

»Aber … dann muss ich das Häuschen doch zahlen.«

»Er hat es dir geschenkt«, sagten Evelyn, Vroni und die Schmidkunz gleichzeitig.

»Ich such die Vorhänge aus, ich hab noch einen Katalog im Wohnwagen liegen«, rief Vroni und sprang schon auf.

»Wir messen das Häuschen aus!« Auch die Schmidkunz sprang auf und zog Evelyn vom Computer weg. »Du kannst dir ja schon mal überlegen, wie du deine Homepage konzipierst.«

Etwas überrumpelt blieb ich alleine in der Rezeption sitzen. Neben mir klingelte das Telefon.

»Herz-Marien-Krankenhaus«, sagte eine Frau am anderen Ende. »Herr Gröning wollte Ihnen mitteilen, dass er im Krankenhaus ist …«

»Abholen, hab ich gesagt«, hörte ich den Gröning im Hintergrund. »Ich will abgeholt werden. Ist da die Sofia am Apparat? Geben Sie mir mal den Hörer!«

»Wie bitte?«, fragte ich erschrocken.

»Herr Gröning soll über Nacht zur Überwachung im Krankenhaus bleiben.«

»Ich muss nicht überwacht werden!«, hörte ich den Gröning energisch widersprechen.

»Bleiben Sie sitzen, Ihre Tochter wird Sie morgen abholen.«

Dann legte die Dame ohne Verabschiedung einfach auf. Verwirrt und in Sorge lauschte ich dem Tuten aus dem Hörer. Um Gottes willen! Was war da passiert?

Natürlich machte ich mich gleich auf die Socken. Den Gröning im Stich zu lassen, kam überhaupt nicht infrage! In Windeseile organisierte ich mir von den Schmidkunzens ein Navi – bei den Hetzeneggers traute ich mich nicht mehr nachfragen – und war fünfzehn Minuten später bereits im Krankenhaus. Ein Wunder, dass mich keine Polizeistreife aufgehalten hatte. Als ich völlig außer Atem auf der chirurgischen Station ankam, hörte ich den Gröning schon von Weitem meckern. Weil er so renitent war, hatten ihn die Schwestern in einem Rollstuhl ins Schwesternzimmer gesetzt, wo sie ihn ständig im Blick hatten. Vermutlich, weil er ihnen gedroht hatte, aus dem Krankenhaus zu fliehen. Als ich ihn sah, holte ich erst einmal erschrocken Luft, denn er trug einen riesigen dicken Kopfverband. Und seine Laune war so schlecht, dass er einen absolut mörderischen Blick draufhatte.

»Ich hau ab!«, zischte er mir zu. »Wenn du mich zurücklässt, hau ich ab!«

»Ich glaube, ihm geht's wieder gut«, sagte ich zu einer der Schwestern, die schon komplett entnervt war.

»Nur auf eigene Verantwortung«, rief uns die Krankenschwester nach, nachdem der Gröning schon aufgestanden war und einfach losging.

Mit dieser Aktion galt ich vermutlich als Fluchthelfer, denn ich war mir ziemlich sicher, dass wir noch eine Unterschrift hätten leisten und auf Arztbriefe warten müssen! Aber ich hatte größte Mühe, den Gröning einzuholen, der schon in Höchstgeschwindigkeit dem Ausgang zusteuerte.

»Was ist denn passiert?«, fragte ich.

»Ich hab halt nicht auf die Bahnschranke geachtet«,

erklärte er mir knapp, »da war so ein interessanter Vogel, den ich noch nie gesehen habe.«

»Ein Vogel also.« Ich versuchte, mich bei ihm einzuhaken.

»Ich weiß auch nicht mehr, was es für einer war. Weil dann ist mir die Schranke auf den Kopf gefallen …« Entrüstet blieb er neben meinem Auto stehen. »Ich hätte auch gar nicht ins Krankenhaus gemusst. Wenn die nicht den Krankenwagen gerufen hätten.«

Das war seiner Meinung nach nämlich das eigentlich Empörende. Dass da irgendein Touri sofort den Rettungswagen rief, nur weil er kurz das Bewusstsein verlor.

»Fahr los! Bevor die uns noch zurückholen!«, sagte er und schnallte sich an.

Ich sah bedeutungsvoll auf seinen verbundenen Kopf. »Das sieht aber schon so aus, als wäre es gut gewesen, bei einem Arzt …«

»Ach was«, sagte er energisch. »Das hättest du mir auch rumwickeln können.«

Du meine Güte!

Auf der Rückfahrt verhielt ich mich fahrtechnisch sehr zivilisiert. Der Gröning spekulierte darüber, ob ihm wohl wieder einfallen würde, welchen Vogel er gesichtet hatte.

»Ich hab ja eigentlich ein gutes Gedächtnis«, sagte er zum wiederholten Mal. »Besonders mit Zahlen. Zum Beispiel das Pravasin, das ich einnehme. Das kostet 112 Euro 53 Cent. Das kann ich mir merken wie nix!«

Ich nickte.

»Und jetzt hältst noch beim Bankautomaten an. Wenn ich schon mal vor Ort bin, dann hole ich mir gleich Geld.«

Brav bremste ich vor der Raiffeisenbank, und der

Gröning ging in die Filiale, während ich mit meinem Handy herumdaddelte.

Da der Gröning ewig brauchte, schrieb ich Klara eine Nachricht, in der ich meine Notlage schilderte.

»Vielleicht sollte ich meine Erste-Hilfe-Kenntnisse auffrischen«, whatsappte ich ihr. Dann hörte ich aufgeregte Stimmen näher kommen.

Schwarz Junior, seine Schwester samt Mutter!

Sie waren alle so schick gekleidet, dass ich vermutete, dass sie gerade in offizieller Mission unterwegs waren. Schwarz Junior hatte schon wieder eine knallrote Birne und schien aufs Höchste empört zu sein. Die Schwester sagte nur knapp: »Also dann«, und stieg in ein schickes BMW Cabrio. Frau Schwarz und ihr Sohn blieben bei einem riesigen schwarzen Pick-up stehen, der zwei Autos neben mir parkte.

»Jetzt reg dich nicht auf!«, sagte seine Mutter gerade.

»Da kann man sich nur aufregen!«, giftete Schwarz Junior.

Das Erbe!, kam es mir. Die waren vielleicht gerade beim Notar gewesen und waren über das Testament vom Schwarz Senior informiert worden!

Kurz trommelte ich mit meinen Fingern auf das Lenkrad und dachte scharf nach. Natürlich konnte der Kommissar ganz leicht herausfinden, was in dem Testament stand. Aber er würde niemals erfahren, wie die Familie darauf reagiert hatte! Und das war ja durchaus erhellend. Ich ließ den Autoschlüssel stecken und schlängelte mich geduckt zwischen den parkenden Autos hindurch. Natürlich könnte ich besser verstehen, was gesprochen wurde, wenn ich näher am Auto stand. Also schob ich mich langsam geduckt auf die Ladefläche des Pick-ups. Wie ich erklären sollte, was ich dort zu suchen hatte, wusste ich nicht. Aber das war gerade nicht maßgebend, ich musste einfach wissen, was der Schwarz zu sagen hatte.

»Ich glaub das einfach nicht!«, echauffierte sich der Schwarz gerade bei offenem Fenster, und ich konnte jedes Wort glasklar verstehen. »Der kann das nicht dieser Ratte vererbt haben!«

»Beruhige dich«, wiederholte seine Mutter gelangweilt.

»Der hat das doch alles geplant! Der ist nur aus diesem Grund hierher …«

»Schrei nicht so rum!«, fuhr ihn seine Mutter an.

»Du hast ja dein Scherflein längst im Trockenen!«, fauchte er sie an. »Du hast ja schon vor Jahren …«

Dann ließ Schwarz Junior das Auto an, und der Motor heulte auf. Und ich verstand kein einziges Wort mehr!

Ups, dachte ich mir dann, als der Pick-up rückwärts aus der Parklücke herausschoss. Moment! Ich wollte noch absteigen!

Gerade trat der Gröning aus der Bank, und ich winkte ihm verlegen zu. Kopfschüttelnd sah er zu, wie der Pick-up wendete. Mist!

Dann kam eine rote Ampel, die einzige übrigens im Ort, und ich hörte den Schwarz Junior loslegen: »Ich sag dir eins …« Seine Stimme wurde etwas lauter. »Der hat gewusst, dass er erbt, und hat einfach Nägel mit Köpfen gemacht! Für ihn war es ja das Einfachste …«

Ja, wer denn nur? Ich kauerte mich hinter die Fahrerkabine und wagte nicht zu atmen.

»Du glaubst also, dass der …«, fing Frau Schwarz an, dann hupte jemand hinter uns, und ich hörte leider das nächste Wort nicht. »… umgebracht hat? Das kann ich mir einfach nicht vorstellen.«

Ich atmete aus. Gab's das? Dass genau im falschen Moment jemand hupte?

»Wieso liegt er denn tot bei der Spitzingerin?«, bellte der Junior entnervt.

Spitzinger hatte meine Nonna geheißen.

»Natürlich war er dort«, sagte seine Mutter.

Wo dort?

Ich sah den Sebastian Kern über den Marktplatz gehen, Baby fest an die Brust gedrückt. Direkt hinter uns erkannte ich mein eigenes Auto – mit dem Gröning am Steuer! Schon wieder hupte es. Das war der Gröning! Dabei gestikulierte er wild, als wollte er mir etwas mitteilen. Hatte der Gröning überhaupt einen Führerschein? Besorgt beobachtete ich, wie mein Auto einen Satz nach vorne machte, als er noch ein Stück näher heranfuhr.

»Das wird man doch mal sagen dürfen!«, hörte ich Schwarz über den Motorenlärm hinweg. »Wieso sonst sollte er die ganze Zeit schon hier sein? Dazu besteht doch auch gar kein Anlass!«

Konnte der Junior nicht einfach mal Namen nennen? Eine Weile war es ganz still, außer dem leisen Motorenbrummen hörte man nichts.

»Es war eine Liebesbeziehung«, sagte schließlich Frau Schwarz.

»Liebesbeziehung! Mit dem …«, fauchte der Junior.

Und wieder hupte es. Der Gröning gestikulierte weiter.

Das wäre jetzt echt wichtig gewesen! Mit wem sein Vater eine Liebesbeziehung gehabt hatte. Vielleicht hatte der betrogene Mann der Geliebten den Schwarz umgebracht. Wieso das alles auf meinem Campingplatz hatte passieren müssen, erklärte auch diese Theorie nicht, aber das war gerade auch nebensächlich. Oder die Liebhaberin hatte alles geerbt, und deswegen war der Schwarz von seiner Ehefrau ermordet worden. Schon wieder kein Grund, das auf meinem Platz zu machen. Aber immerhin kamen wir der Sache schon näher.

»Sag mir jetzt nicht, dass du das gewusst hast!«

»Vielleicht lässt du besser mich fahren«, erwiderte Frau Schwarz ruhig.

»Das war schon immer so, willst du mir damit sagen, dass das einfach schon immer …«

»Georg«, sagte Frau Schwarz energisch. »Das kann dir doch alles egal sein.«

»Nein!«, brüllte der Schwarz auf. »Nein!«

Ich sah die Ampel auf Gelb springen und schwang energisch mein Bein über die Begrenzung des Pick-ups. In dem Moment fuhr der Schwarz schwungvoll los, und ich landete mit einem Ächzen auf dem Bürgersteig. Neben mir machte mein Auto noch einen Satz, und der Motor erstarb. Kopfschüttelnd stieg der Gröning aus. Während ich nach Luft rang, reichte er mir die Hand.

»Was machst denn, Mädl?«, fragte er verständnislos.

Kapitel 16

Mir tat alles weh, und ich bat den Gröning, mich nach Hause zu fahren. Es war bestimmt ein Bild für die Götter, als wir aus dem Auto ausstiegen. Der Gröning mit seinem riesigen Kopfverband, der mich stützte, und ich humpelnd und ächzend neben ihm – und mir wünschend, dass der Schmidkunz ganz viele Schmerztabletten dabeihatte. Als wir bei der Rezeption ankamen, ging die Tür auf, und der Kommissar trat heraus.

»Sagen Sie nichts!«, sagte ich präventiv. »Haben Sie eigentlich Herrn Schwarz Junior schon befragt?«

Der Kommissar sah mich reichlich erschrocken an. Vielleicht dachte er, ich hätte eine Prügelei mit dem Gröning hinter mir.

»Ich glaube ja«, sprach ich schnell weiter, »dass der Mord mit dem Testament zu tun hat! Der Schwarz hatte nämlich keine Ahnung, dass er gar nicht Erbe des väterlichen Vermögens ist.«

Mein Fußknöchel pochte, und ich hüpfte zu der kleinen Bank, um den Fuß hochzulegen.

»Sie haben wieder irgendetwas Verrücktes gemacht«, sagte der Kommissar streng.

»Sie ist vom Pick-up vom Schwarz runtergesprungen«, petzte der Gröning mitleidlos.

Danke! Und das von jemandem, der im entscheidenden Moment hupte!

In dem Moment fuhr Sebastian Kern mit seinem Auto vorbei. Er ließ es langsam über den Platz rollen, bis es vor seinem Wohnwagen zum Stehen kam.

»Ich kenne das Testament.«

»Und?«, sagte ich und massierte stöhnend meinen Knöchel.

»Das darf ich Ihnen doch nicht sagen«, erklärte der Kommissar behutsam. »Soll ich Sie zum Arzt fahren?«

»Nein, Sie sollen mir sagen, wer der Haupterbe vom Schwarz ist«, entgegnete ich. »Dann würde es mir gleich besser gehen.«

»Das müssen Sie kühlen«, schlug der Kommissar vor, ohne auf meine Bitte einzugehen. »Soll ich Ihnen was aus dem Kühlschrank holen?«

»Hat die Schwester alles geerbt?«, fragte ich nach. »Oder die Geliebte vom Schwarz?«

»Ich hole mal was Kaltes aus dem Kühlschrank«, entschied der Kommissar.

»Das kann doch auch Evelyn ...«, fing ich an, aber der Kommissar war schon verschwunden. Jetzt in der Ruhe spürte ich den pochenden Schmerz im Knöchel so richtig. So etwas Verrücktes hatte ich wirklich noch nie gemacht.

Mir wurde plötzlich ganz schwach bei dem Gedanken, dass Frau Schwarz die Mörderin war und ich gerade auf der Ladefläche ihres Pick-ups gelegen hatte.

Der Kommissar kehrte mit einer Packung Tiefkühlerbsen und einem Geschirrtuch zurück und setzte sich neben mich. Dann nahm er meinen Fuß auf seinen Schoß und packte ihn ein. Seufzend blieb er so sitzen. Er wirkte, als verkniffe er sich gerade einen Kommentar dahingehend, was ich in meiner Freizeit tun und vor allen Dingen was ich lassen sollte.

Es fühlte sich toll an, wie er einfach nur meinen Fuß hielt. Wir sahen uns eine Weile schweigend an, dann sagte ich etwas zerknirscht: »Sicher, dass Sie mir nicht verraten wollen, wer der Haupterbe ist? Ich meine ja nur, wenn der Gröning nicht gehupt hätte, wüsste ich es jetzt sowieso.«

Er hob eine Augenbraue. Wahrscheinlich, weil ihm der Zusammenhang zwischen Gröning und dem Erbe nicht ganz klar war. Dann nickte er. »Sicher.«

»Der Schwarz denkt jedenfalls, dass der Haupterbe der Mörder ist. Haben Sie daran auch schon gedacht?«

»Ja«, gab er zu.

»Und, haben Sie sie befragt?«

»Sie?«, fragte der Kommissar verständnislos.

»Die Geliebte. So wie ich das verstanden habe, hat der Schwarz schon seit langer Zeit eine Geliebte. Und der hat er alles vermacht. Außerdem hatte ich den Eindruck, dass Frau Schwarz das bereits wusste und sich darüber auch überhaupt nicht aufgeregt hat. Ihrem Sohn zufolge, weil sie ihr Scherflein bereits im Trockenen hat.«

Die Hand des Kommissars lag noch immer auf meinem Knöchel, und er sah mir intensiv in die Augen.

»Wussten Sie das schon?«

»Ich wusste, dass Frau Schwarz das Testament kannte.«

»Ach. Und der Junior?«

»Der kannte das Testament angeblich auch.«

»Hat sich aber nicht so angehört.«

»Das ist natürlich interessant.«

Er sah mich noch immer intensiv an.

»Was ist?«, fragte ich misstrauisch.

»Und wer ist die Geliebte vom Schwarz?«

»Na ja. Die Haupterbin des Schwarz-Imperiums«, sagte ich und wunderte mich ein wenig über den verständnislosen Blick des Kommissars. »Was ist?«

Er zuckte mit den Schultern. »Der Haupterbe ist keine Frau.«

Mehr wollte der Kommissar mir nicht verraten, und leider hielt er meinen Knöchel nicht noch ein paar Stunden fest, sondern musste wieder arbeiten. Sah aber mehr danach aus, als würde er unmotiviert durch die Gegend latschen.

An seiner statt setzte sich Evelyn neben mich, brachte mir einen leckeren Salat, einen Smoothie sowie eine Schmerztablette, die mir der Schmidkunz spendiert hatte. Nichts war praktischer, als seinen eigenen Apotheker am Platz zu haben.

»Kann ja nicht verstehen, wieso man mit so einem kleinen Säugling Campingurlaub macht«, tratschte Evelyn über eine frischgebackene Mutter, die zusätzlich noch einen zweijährigen Jungen hinter sich herschleppte. »Das Baby hat sie die ganze Zeit vor den Bauch geschnallt. Das kann doch nicht gesund sein, so was! Und sie ist immer angezogen, also, wieso mache ich Campingurlaub am See, wenn ich nicht mal in einen Bikini schlüpfe?«

Ich verkniff mir den Kommentar, dass sie wahrscheinlich die Frau beim Baden schlichtweg nicht wiedererkennen würde, weil sie kein Baby vor dem Bauch hatte.

Mein Knöchel war inzwischen runtergekühlt auf Kühlschranktemperatur und pochte noch immer schmerzhaft.

»Hat er jetzt mal den Kern befragt?«, wollte Evelyn

wissen, als Sebastian gerade mit seinem Baby an uns vorbei zu seinem Wohnwagen ging.

»Ja«, antwortete ich träge, da langsam die Schmerztablette zu wirken begann.

»Ich glaube ja, es war ein Eifersuchtsdrama.«

»Frau Schwarz«, fragte ich nach.

»Nein. Sebastian Kern«, sagte sie.

»Wie bitte?« Ich öffnete erstaunt die Augen. »Und wer war dann auf wen eifersüchtig?«

»Keine Ahnung, vielleicht hatte der Schwarz noch eine andere Beziehung.«

»Nicht nur mit Frau Schwarz und seiner Geliebten?«, fragte ich.

»Kann mir nicht vorstellen, dass der Schwarz eine Geliebte hatte«, sagte Evelyn.

»Aber hatte er. Hab ich doch auf seinem Handy gesehen, er schrieb sich regelmäßig mit einer Person namens ›Schatzl‹.«

»Kann schon sein. Aber das wird dann wohl ein Mann gewesen sein.«

»Ein Mann?«

»Ja. Vielleicht hatte er nicht nur was mit dem Kern, sondern auch mit einem anderen, und dann ist der ausgeflippt.«

Ich sah Evelyn an, als wäre sie ein Alien.

»Aber der Schwarz … also … wieso sollte der mit seinem Geschäftsführer eine Beziehung führen?«, fragte ich kopfschüttelnd angesichts dieser absurden Idee.

»Nicht mit seinem Geschäftsführer. Sondern er hat seinen Liebhaber zum Geschäftsführer gemacht. So stell ich mir das vor. Er sieht ja auch süß aus. Oder?«

»Der Schwarz?«

»Nein. Der Kern.« Sie verdrehte die Augen. »Du bist

echt ein bisschen hinterwäldlerisch. Ich dachte, du kommst aus Kiel.«

»Hamburg«, verbesserte ich sie automatisch. »Aber … also, ich mein ja nur, der Schwarz war mit der Schwarz verheiratet und hatte zwei Kinder …«

»Das haben doch gerade früher viele Schwule so gemacht«, erklärte sie mir behutsam.

»Aber du kannst ihm doch keine Homosexualität andichten«, sagte ich energisch.

»Was heißt hier andichten?«, fragte sie empört. »Ich hab's doch selber gesehen. Die beiden haben drüben im Wald rumgeknutscht.« Sie machte eine bedeutsame Pause. »Und gefummelt. Und ich erkenne, wenn jemand fummelt!«

»Der Schwarz und der Kern?«, fragte ich fassungslos.

»Ja«, erklärte Evelyn zufrieden.

»Manchmal beneide ich meine Großmutter«, sagte ich, während mein Rücken genauso schmerzhaft pochte wie mein Knöchel.

»Wieso?«

»Die liegt in aller Ruhe auf dem Friedhof«, sagte ich.

Mein Kopf wurde schwer. Vielleicht war die zweite Tablette von Evelyn ja auch eine Kombination aus Schlaftablette und Beruhigungsmittel gewesen. Evelyn begann neben mir mit den Armen zu wedeln, sie hatte Vroni entdeckt und machte sie auf uns aufmerksam.

»Wir brauchen dich hier, Vroni«, rief Evelyn, als diese schnaufend bei uns ankam. »Erzähl ihr doch mal die ganze Geschichte; nicht, dass sie meint, ich denke mir irgendetwas aus!«

Mit einem Seufzen setzte sich Vroni zu uns.

»Ich will damit nichts zu tun haben. Ich bin froh, dass der Franz wieder da ist. Das reicht mir jetzt!«

»Aber du könntest ihr sagen, dass der Schwarz schwul ist. Mir glaubt sie das nicht.«

Vroni zog eine Leichenbittermiene. »Also, ich habe gar nichts gegen Schwule.«

»Das behauptet ja auch keiner.«

»Ja«, nickte Vroni. »Ja.«

»Und die Inge hat ihn trotzdem genommen«, ergänzte Evelyn zufrieden. »Wegen der Abmachung.«

»Ja«, nickte Vroni. »Jeder macht sein Ding, und in der Öffentlichkeit steht der Schwarz als hetero …« Das Wort »sexuell« verschluckte sie fast. »… da.«

»Und warum das Ganze?«, fragte ich neugierig, weil ich den Sinn dahinter nicht kapierte.

»Weil, wie sieht das denn aus!«, riefen Vroni und Evelyn gleichzeitig.

»Was? Dass eine Frau einen Schwulen heiratet?«, fragte ich verständnislos.

»Nein, wenn einer schwul ist.«

Ich schwieg eine Weile. Vermutlich war ich zu jung, um diese Gedankengänge verstehen zu können.

»Vielleicht hat er mal vorgehabt, Bürgermeister zu werden.«

»Und das können nur Heterosexuelle?«

»Na ja, zumindest wird er hier am Land wahrscheinlich nicht gewählt, wenn er schwul ist.«

Ach du meine Güte! In die Richtung hatte ich ja noch gar nicht gedacht.

»Deswegen also auch deine Vermutung, es könnte eine Dragqueen auf der Beerdigung auftauchen«, fiel mir wieder ein.

»Die Berliner Freunde«, raunte Evelyn. »Da hatte die Inge echt Angst, dass die kommen, oder, Vroni? Alle mit rosa Federboa und so auf die Beerdigung, und deswegen hat sie in aller Eile das Begräbnis organisiert. Und eine leere Urne beerdigen lassen, während ihr Mann noch in der Rechtsmedizin lag … Oder, Vroni, war's nicht so?«

»Nein«, antwortete Vroni und wurde knallrot.

»Aha«, erwiderte Evelyn zufrieden. »Wusste ich es doch.«

»Pscht«, zischte Vroni mit einer abwehrenden Handbewegung.

»Und du hast ihr das vorgeschlagen, nicht?«, machte Evelyn hartherzig weiter, obwohl es offensichtlich war, wie peinlich Vroni das Thema war.

»Woher weißt du denn das?«, fragte ich erstaunt.

»Die Inge ist doch viel zu spießig, die hat doch niemals so gute Einfälle. Ist er denn jetzt unter der Erde, der Schwarz?«

»Nein, der wartet doch noch immer auf die Einäscherung«, flüsterte Vroni und bat dann: »Erzählt das bloß nicht rum! Wie stehen wir denn dann da!«

Ich nickte souverän, als wäre ich alle Tage auf Beerdigungen, bei denen leere Urnen bestattet wurden.

»Und deswegen wart ihr zerstritten«, ergänzte Evelyn.

»Wegen der Urne?«, fragte ich verständnislos.

»Nein. Doch nicht deswegen«, widersprach Vroni augenrollend. »Die haben halt ständig auf uns herabgeschaut, und ich hab der Inge dann mal gesagt, auf dein Cabrio, da würd ich pfeifen, wenn ich dafür einen Mann daheim hätte, der …«

Den Satz ließ sie unbeendet in der Luft hängen.

Aha!

»Und dann noch diese komischen Arrangements. Dass sie einen Freund hat. Und er einen Freund hat. Und dann sind die Kinder gar nicht von ihm.«

»Echt?«, staunte ich. In meinem Kopf war ein seltsames Sausen. Vielleicht hatte ich zu viele Schmerzmittel konsumiert.

»Sag ich doch«, sagte Evelyn zufrieden, auch wenn ich mich nicht daran erinnern konnte, dass sie so etwas je erwähnt hatte.

»Ich dachte ja, die Kinder hätten das alle gewusst, aber nein.«

»Ich hätte es ihnen gesagt«, sagte Evelyn sehr zufrieden.

»Dass ihr Vater schwul ist?«, wollte ich wissen.

»Nein, dass ihr Vater nicht ihr Vater ist«, korrigierte mich Evelyn.

»Die Brigitte hat's gewusst«, erklärte uns Vroni. »Seit der zehnten Klasse, da haben sie in der Schule Blutgruppen durchgenommen, und da ist sie draufgekommen, dass sie gar nicht die Tochter vom Schwarz sein könnte. Wegen der Blutgruppen.«

»Außerdem hat die doch ganz anders ausgesehen. Mehr wie der Steiner Konrad.«

»Der Steiner Konrad«, hakte ich ein. »Ist das der mit dem dunklen BMW?«

»Keine Ahnung, was der fährt. Aber er ist zumindest der Vater von der Brigitte.«

»Und der vom Georg?«

»Vielleicht auch von dem. Das weiß ich aber nicht«, erklärte Vroni. »Ich will jetzt nicht tratschen. Aber sie hat halt auch Kinder gewollt, das muss man schon verstehen.«

Ich hob nur seufzend den Blick und sah über den See. Das war mir grade eigentlich alles egal. Hauptsache, auf meinem Campingplatz lagen nicht irgendwelche Leichen herum.

»Und dem Junior haben sie nichts erzählt?«, fragte ich weiter. Inzwischen verstand ich das Gespräch der beiden Schwestern beim Bäcker etwas besser. Vielleicht hatten Inge und Vroni doch nicht den Mord an Holger Schwarz geplant.

»Was heißt ›nichts erzählt‹! Der war ja so was von vernarrt in den Schwarz, der hatte überhaupt keinen Verdacht, dass er nicht der Sohn war …«

»Der wollte das gar nicht hören«, erzählte Evelyn und schnalzte mit der Zunge. »Aber fies ist das schon. Der hat alles für seinen Vater gemacht. Also, für den Vater, der gar nicht sein Vater war! Das muss doch ein riesiger Schock gewesen sein. Da stirbt der Vater, und dann heißt es plötzlich, man ist gar nicht der Sohn!«

Mir schwirrte der Kopf von der Unterhaltung so stark, dass ich nicht mehr klar denken konnte.

»Ja. Der Brigitte war das irgendwie egal, die mochte den Schwarz sowieso nicht besonders. Aber der Junior …« Vroni seufzte. »Und dann noch der Schock mit dem Testament.«

»Was ist mit dem Testament?«, fragte ich.

»Er hat doch die Firma diesem Sebastian vererbt«, erklärte Vroni mit gesenkter Stimme. »Das hat ja nicht mal die Inge gewusst! Sie hat sich zwar so was gedacht, weil es irgendwie klar war, dass er den beiden Kindern, die gar nicht seine Kinder waren …« Mann, langsam überforderte mich dieses Thema! »… nicht sein ganzes Geld hinterlassen würde. Inge hatte ja schon vorher alles Mögliche bekommen.«

»Nur damit sie den Mund hält«, sagte Evelyn zufrieden, »und der Schwarz weiter seine Beziehungen führen kann! Deswegen auch der Streit mit euch, oder?«

»Der Franz war damals halt a bisserl besoffen. Bei der Hochzeit.« Der Vroni war das Thema richtig unangenehm. »Das hätte er auch nicht sagen müssen. Dass sie aus reiner Geldgier einen schwulen Sack heiratet.«

»Hat er nicht schwule Sau gesagt?«, half Evelyn aus.

»Weiß nicht mehr«, murmelte Vroni. »Außerdem kann uns das ja auch egal sein, was die für Arrangements haben.«

Mir fiel wieder ein, dass Alex sich beschwert hatte, dass der Schwarz ihm immer den Arm um die Schulter gelegt und die Hand zu lange gehalten hatte. Anscheinend hatte dem Schwarz der Alex auch gefallen.

»Vielleicht hat er ihn ja auch wirklich geliebt«, seufzte die Vroni.

»Den Sebastian?«, fragte ich.

»Den Sebastian«, bestätigte Vroni. »Der ist ja auch ein Netter. Aber der Georg, der steht halt jetzt da und hat kein Geld! Und das, wo er so viele Schulden hat!«

Wir schwiegen wieder ein Weilchen. Immerhin verstand ich jetzt auch die Unterhaltung bei der Beerdigung. Da hatte Schwarz Junior anscheinend noch gedacht, er könnte seine Schulden bezahlen. Langsam wurde es dämmrig, und die Laterne, unter der der Schwarz tot gelegen hatte, sprang schon an, obwohl es eigentlich noch hell war. Über uns sah ich die erste Fledermaus sausen.

Wenn ich so über die ganze Misere nachdachte, war der Hauptverdächtige eigentlich der Schwarz Junior. Wenn er denn geerbt hätte. Aber ich hatte selbst mitbekommen, dass er als Einziger nicht gewusst hatte, dass sein Vater ermordet worden war.

Ich sah zu, wie die kleine Fledermaus über die Baumwipfel schoss und schließlich verschwand.

Dann konnte es in meinen Augen eigentlich nur noch der Sebastian sein. Bestimmt hatte er gewusst, dass er alles erben würde. Denn welcher Typ kündigte schon seine Arbeit, wenn seine künftige Wirkungsstätte noch nicht einmal gebaut war?

Das machte mich einigermaßen fertig, weil der Sebastian war ja wirklich unglaublich nett. Und süß. Und wo würde er seinen Hund hingeben, seinen geliebten, wenn er jetzt im Gefängnis vermoderte? Ich konnte mir nicht vorstellen, dass er irgendjemanden niederstach. Wahrscheinlich war er danach ohnmächtig geworden, wegen des ganzen Blutes. Hatte er Baby in der Zwischenzeit im Wohnwagen eingesperrt? Wenn er schon Angst davor hatte, dass das arme Kerlchen von einem polizeilichen Verhör ein Trauma bekam, dann doch erst recht von einem Mord.

»Dass der Kommissar den Sebastian noch nicht festgenommen hat«, sagte ich verständnislos. Das alles musste der Kommissar schließlich auch schon wissen! Immerhin wusste er bereits, dass der Schwarz und der Sebastian am Tag des Mordes zusammen beim Essen waren. Stichwort Brauerpfandl. Rausreden konnte sich der Sebastian da schwerlich.

»Ich weiß auch nicht«, sagte Evelyn. »Das ist ja jetzt wirklich offensichtlich, oder?«

Kapitel 17

Evelyn verabschiedete sich, um mit Chris noch einen Abendspaziergang zu machen – die Details dazu wollte ich gar nicht wissen. Und Vroni ging zurück zu ihrem Franz, der seit seinem Aufenthalt in der Untersuchungshaft eine posttraumatische Belastungsstörung entwickelt zu haben schien. Ich dagegen blieb auf meinem Bänkchen sitzen und whatsappte dem Kommissar, um ihm brav alles weiterzutratschen, was ich gerade erfahren hatte. Mein Knöchel pochte bei jedem Herzschlag, und ich hatte den Verdacht, dass ich ihn mir angeknackst hatte. Oder zumindest ziemlich verstaucht.

Inzwischen war die Sonne am Untergehen, und der Kommissar kam tatsächlich noch einmal persönlich vorbei.

»Lassen Sie das alles meine Sorge sein«, empfahl er mir. »Ich habe das voll im Griff.«

Ich hatte eher den Eindruck, dass er überhaupt nicht mehr wusste, was zu tun war. Von irgendwelchen jüngsten Befragungen hatte ich zumindest nichts mehr mitbekommen.

»Soll ich Sie wirklich nicht ins Krankenhaus fahren?«, vergewisserte er sich.

»Ich war heute schon mal im Krankenhaus«, sagte ich, »das reicht eigentlich. Und Sie meinen nicht, dass Sie heute noch jemanden festnehmen sollten?«

Er sah mich intensiv an und schien dabei an Handschellen zu denken.

»Ich meine damit nicht mich«, maulte ich, und er zwinkerte mir zu.

»Keine Dummheiten!«, empfahl er mir, und ich nickte, weil mir gerade so nach Nicken war. Danach verabschiedete er sich, und ich sah ihm nach, wie er zu seinem Auto ging und einstieg.

Als er rückwärts vom Campingplatz fuhr, noch einmal die Hand hob und grüßte, dachte ich mir, wie schade, dass er wegfährt. Es hätte sich sehr viel sicherer angefühlt mit ihm. So mit einem Mörder auf dem Platz.

Schließlich kam noch Maxl vorbei, seine Drohne im Arm, und erzählte mir wieder von seinen Heldentaten und Filmaufnahmen und was er später für ein cooler Drohnenfilmer werden würde.

Ich konnte mich auf das Gespräch überhaupt nicht konzentrieren, weil ich ständig über den Sebastian nachdenken musste. Der einzige Grund, wieso der Schwarz ständig hier gewesen war, war der Sebastian! Welches andere Bedürfnis hätte er sonst haben sollen. Die WhatsApp-Nachrichten verstand ich jetzt auch: SaH war natürlich »See am Hirschgrund«. Sie hatten sich ständig am See verabredet! Deswegen hatte Sebastian auch gleich seine alte Arbeitsstelle gekündigt. Weil, wenn er die Arbeit vom Schwarz nicht bekommen hätte, mangels Hotel, dann hätte sich der Schwarz schon was anderes überlegt.

»Dann muss ich nur noch ein bisschen Geld sparen, und dann kann ich mir …«, sagte Maxl eben.

»Kannst du mir das noch mal mit dem Active Trakking erklären?«, unterbrach ich abrupt. Von Maxls Erzählung hatte ich absolut nichts mitbekommen.

»Ähm. Klar.«

»Das ist jetzt ganz wichtig. Am besten sagst du erst mal niemandem etwas davon«, bläute ich ihm ein, während ich die Beine von der Bank gleiten ließ. Mist, tat das weh!

»Wen wollen Sie denn verfolgen?«

»Den … Sebastian«, flüsterte ich.

»Den mit dem kleinen Hund?«, fragte Maxl interessiert. »Ist das der Mörder?«

»Nein, nein«, beeilte ich mich zu versichern.

»Aber Sie glauben, dass er der Mörder ist«, stellte Maxl äußerst hellsichtig fest. Für einen Sechsjährigen war er echt auf Zack!

»Keine Ahnung. Kannst du mir das noch mal zeigen?«

»Aber Sie dürfen sich nicht in Gefahr bringen.«

Wir rutschten näher zusammen, und Maxl zeigte mir noch einmal, wie man die Active-Tracking-Funktion einstellte. Wir wählten als Zielperson den Gröning, der wieder einmal aufs Klo ging. Er sah gerade ziemlich wild aus mit seinem Kopfverband und der finsteren Miene. Als er im Klohäusl verschwand, die Drohne knapp hinter sich, ließ Maxl sie schnell abschwenken.

»Ah«, machte ich. »Okay.«

»Sollen wir das noch einmal üben?«, fragte Maxl, und ich stimmte zu. Wir ließen die Drohne noch dem Schmidkunz aufs Klo folgen und der Evelyn, die gerade aus dem Zelt von Maxls Vater kroch. Anscheinend war der Spaziergang zugunsten der Inspektion des Zeltes kurz ausgefallen. Als Evelyn urplötzlich vor uns stand, ließ Maxl die Drohne abschwenken und sah sie mit Unschuldsaugen an. Der Kleine hatte es wirklich faustdick hinter den Ohren!

»Ich geh jetzt ins Bett«, sagte Evelyn. »War ein harter Tag. Du solltest jetzt auch schlafen gehen, Maxl.«

Maxl nickte, und wir warteten darauf, dass Evelyn verschwand.

»Hast du mich gehört?«, insistierte Evelyn.

»Ja«, sagten wir beide sehr laut. Evelyn schüttelte nur den Kopf, ging aber an uns vorbei in die Rezeption.

»Und wie weit kann ich damit fliegen?«

Maxl sah mich besorgt an. »Also, ich hab mal drei Kilometer geschafft. Luftlinie. Dann ist das Signal schwächer geworden. Das hängt natürlich davon ab, wo man die Drohne fliegen lässt. Die ganzen Bäume da …« Er zeigte hinunter zum Seeufer. »… mit den Blättern und so … da wird das Signal ganz schnell schlechter.«

Er sah plötzlich besorgt aus.

»Ich krieg die aber schon wieder heil wieder?«, wollte er wissen.

»Klar«, versprach ich. Wahrscheinlich würde Sebastian den Wohnwagen überhaupt nicht mehr verlassen, und ich würde einfach ins Bett gehen. Humpeln. Kriechen. Oder was auch immer.

»Vielleicht sollte ich auf Sie aufpassen«, meinte Maxl. Sicher galt seine Besorgnis mehr der Drohne als mir.

»Sie sind ja gerade total behindert.«

So konnte man das auch nennen.

»Ich hab doch Milo«, entgegnete ich und deutete auf meinen schlafenden Hund, der überhaupt nichts von der Welt mitbekam.

»Okay«

Maxl wirkte nicht überzeugt.

Viel lieber, als den Campingwagen von Sebastian zu beobachten, hätte ich jetzt einfach geschlafen. Vielleicht noch eine Schmerztablette und irgendeine Seifenoper, das wäre jetzt nett gewesen.

Auf meinem Handy ploppte eine Nachricht auf. Der Kommissar hatte sie mir geschickt. »Machen Sie keine Dummheiten! Ich habe immer meine Handschellen dabei«, schrieb er, und auf meinem Gesicht breitete sich erst einmal ein Lächeln aus.

»Handschellen hört sich gut an«, tippte ich, ließ meinen Zeigefinger über dem »Senden«-Button schweben, seufzte dann aber und löschte die Nachricht.

»Vielleicht sollten Sie lieber auch in der Nacht auf mich aufpassen«, tippte ich stattdessen. Wahrscheinlich waren das die Schmerzmittel, die mich solches Zeug schreiben ließen! Auch diese Nachricht löschte ich nach einiger Überlegung wieder, bevor ich sie in meinem Drogenrausch abschicken konnte. Stattdessen schickte ich ihm ein unverfängliches, Tränen lachendes Smiley.

Dann kam Sebastian doch aus seinem Wohnwagen. Baby sah ihn erwartungsvoll an. Wer wohl Baby nehmen würde, wenn Sebastian des Mordes überführt war? Ich hätte im Prinzip nichts dagegen, aber Milo bestimmt. Und ich musste schließlich auch auf seine Gefühle Rücksicht nehmen!

Hastig tippte ich auf das Display, startete die Drohne und ließ sie nach oben surren. Mist, war die laut! Ich konnte mir nicht vorstellen, dass Sebastian nicht merkte, dass er verfolgt wurde.

Aber Sebastian befestigte seelenruhig die Leine an Babys Halsband, und die zwei gingen hinunter Richtung See. Ich konnte sehen, wie sie beide stehen blieben und über den See blickten. Dann bog Sebastian nach rechts ab, nicht nach links, wie ich erwartet hatte. Das war die

Richtung, auf der man auf dem Seeweg zum Dorf kam. Ich hätte erwartet, dass er eine kleine Pinkelrunde drehen würde und dabei in den Wald hineinging. Nun ja, aber wieso nicht. Vielleicht wollte er sich im Stöcklbräu noch ein Bierchen genehmigen.

Langsam ging Sebastian weiter, hielt immer wieder an, wenn sein Hund stehen blieb. Auf dem Display sah das alles sehr friedlich aus, als würde er sich Zeit nehmen und in aller Ruhe spazieren gehen. Erst verspätet fiel mir auf, dass noch eine Person mit im Bild war. Noch weit entfernt, aber auf dem Weg zum Dorf stand ein Mann und blickte Sebastian entgegen. Wer war das? Sein neuer Liebhaber?

Ich wurde ganz aufgeregt.

Wusst ich's doch, dass er noch irgendetwas am Laufen hatte! Wahrscheinlich war die Liebe zu Schwarz nur vorgetäuscht, um an das Erbe zu kommen, in Wirklichkeit hatte er einen anderen Liebhaber, mit dem er sich dann die Kohle teilen würde. Das war alles von langer Hand geplant!

Der Mann in der Ferne blieb einfach stehen, und ich versuchte herauszubringen, wie ich aus der Active-Trakking-Funktion herauskam, um näher an den unbekannten Typen zu gelangen … Außerdem hatte ich die Befürchtung, dass die Drohne das wegen der Reichweite nicht schaffen würde. Eilig stand ich auf, und in meinen Fuß schoss der Schmerz.

Ich humpelte, den Blick immer auf das Display gerichtet, zum See hinunter. Der fremde Mann stand noch immer in weiter Ferne, und ich konnte ihn nicht erkennen.

Vielleicht war auch gar nicht Sebastian der Mörder, sondern sein Geliebter! Sebastian traute ich die ganze Sache ohnehin nicht zu, man musste ja schon einen ziemlichen Hass auf jemanden haben, um ihm mit einem Messer in den Hals zu stechen. Und auch der Kommissar hatte bestätigt, dass es jemand sein musste, der emotional tief drinsteckte. Das war keine Selbstverteidigung gewesen und auch kein kaltblütiger Mord.

Ich weiß nicht, wieso ich das dem Sebastian nicht zutraute. Vielleicht, weil er so nett mit seinem Hund Baby umging und so nah am Wasser gebaut war. Mein Knöchel schmerzte inzwischen so stark, dass ich das Gefühl hatte, keinen Meter mehr gehen zu können. Aber das war jetzt egal!

Dann war Sebastian nahe genug an den anderen Mann herangekommen, und ich musste meine vorherige Einschätzung revidieren. Auch wenn auf dem Display alles ziemlich klein war, erkannte ich den Mann: Das war auf gar keinen Fall der Mörder und ebenfalls auf gar keinen Fall der zweite Liebhaber von Sebastian, sondern das war Schwarz Junior. Wieso der sich hier herumtrieb, war mir ein Rätsel! Sah nicht so aus, als hätte sich Sebastian mit ihm hier verabredet, denn nach einem kurzen Gruß ging er einfach weiter.

Na gut! Vielleicht wollte Sebastian tatsächlich nur seinen Hund ausführen, das war schließlich auch nicht auszuschließen.

Gerade als ich herausfinden wollte, wie ich diese Drohne wieder zu mir zurück bekam, sah ich, dass Schwarz Junior Sebastian am Arm packte.

Ich stutzte. Was wollte er von ihm?

Leider konnte ich nur sehen, was passierte, und nicht hören. Ich humpelte den Seeweg entlang, noch immer den Blick fest auf das Display gerichtet.

Die beiden Männer schienen miteinander zu reden, Schwarz hielt Sebastian noch immer am Oberarm gepackt, und die Auseinandersetzung wirkte nicht besonders friedlich. Sollte ich die Polizei verständigen? Oder lieber abwarten? Vielleicht war es ja auch gar kein Streit. Vielleicht wollte der Schwarz Junior an die Liebesbeziehung seines Vaters anknüpfen. Dazu fiel mir ein, dass die drei eine Dreiecksbeziehung geführt haben könnten, bis der Junior seinen Vater aus Eifersucht ermordet hatte.

Bevor ich diesen Gedanken ganz zu Ende führen konnte, sah ich, dass der Junior Sebastian am Hals packte, gerade so, als wollte er ihn erwürgen! Ich beschleunigte erschrocken mein Humpeln, und aus einiger Entfernung hörte ich bereits das keifende Bellen von Baby, der um die beiden Männer herumsprang wie ein kleiner Hüpfball.

Das durfte doch jetzt nicht wahr sein! Vermutlich war das die Racheaktion von Junior, weil Sebastian seinen Vater ermordet hatte! Mir fiel es wie Schuppen von den Augen!

Endlich kamen die rangelnden Männer in Sichtweite, und ich begann zu brüllen.

»Aufhören!«, schrie ich wie am Spieß, während Baby noch immer hysterisch keifte. Milo stand unerschrocken neben mir und schnupperte an einem Baumstamm.

Junior erstarrte und sah mich an.

»Lassen Sie ihn sofort los!«, befahl ich mit autoritärer Stimme und gehörigem Sicherheitsabstand.

»Die Polizei ist verständigt und bereits unterwegs …« Das war gelogen, aber das konnte er ja nicht wissen! »… also lassen Sie Herrn Kern einfach los, und wir werden eine Lösung finden.«

Wir starrten uns ein paar Sekunden an, und Sebastian schien tatsächlich wieder Luft zu bekommen, denn ich hörte ein Geräusch, als würde jemand krampfhaft Sauerstoff in die Luftröhre saugen.

»Machen Sie sich nicht unglücklich«, sagte ich zu Junior. »Es gibt für alles eine Lösung!«

»Lösung?« Junior lachte bitter auf, als hätte ich gerade einen Witz erzählt. »Ich bin komplett pleite! Und nur wegen dieser schwulen Sau!«

Ich zuckte bei den Worten zusammen.

»Herr Kern ist der Haupterbe«, sagte ich.

Schwarz Junior schoss mir einen sehr wütenden Blick zu.

»Aber … Sie bekommen doch bestimmt auch …«

»… einen Pflichtteil«, sagte er dumpf und mit blutunterlaufenen Augen. »Ohne diese schwule …«

»Jaja«, unterbrach ich ihn hastig und versuchte, Milo am Umdrehen zu hindern. Aber der blöde Köter hatte anscheinend genug gehört und trottete einfach zurück zum Campingplatz. Als Schutzhund war er komplett ungeeignet!

»… wäre ich jetzt generalsaniert.«

Sebastian schien die Augen zu verdrehen, und seine Beine sackten unter ihm zusammen. Erst dachte ich, er würde das spielen, um aus den Fängen des verrückten Schwarz zu entkommen, aber als er so schlaff am Boden lag, wurde mir klar, dass die Lage ernst war.

»Sebastian«, flüsterte ich, während Baby ihm begeistert das Gesicht leckte. Noch als ich überlegte, wie ich Sebastian retten konnte, kam Junior auf mich zu, und ich interpretierte seinen Gesichtsausdruck als mordlüstern.

»Die Polizei ist gleich da«, log ich wieder, aber er schien zu wissen, dass das alles nur erfunden war. »Denken Sie doch an Ihre Familie! Sie machen Ihre Familie unglücklich …«

»Familie!«, fauchte mich der Junior an. »Das, was ich

immer für eine Familie gehalten habe, ist überhaupt keine Familie! Die sind ein Haufen gewissenloser, geldgieriger …«

Nun ja. Er wollte das Geld seines Vaters ja auch haben! Vorsichtig ging ich einen Schritt rückwärts. Und dann noch einen.

»Meine Mutter, diese Schlampe, lebte mit meinem Vater nur pro forma zusammen! Das war alles ein abgekartetes Spiel!«

»Aber sie hat Sie doch immer geliebt«, versuchte ich ihn durch ein paar Emotionen freundlich zu stimmen.

»Sie hatte ein gutes finanzielles Auskommen, lebte mit meinem *Vater* …« Er zog das Wort mit einem bedeutungsvollen Blick in die Länge. »… zusammen, aber in Wirklichkeit hatte sie einen Freund! Und ich …« In seinen Augen sah ich den Wahnsinn glitzern. »Und er war auch gar nicht mein Vater!«

»Der Schwarz«, fragte ich blöde, obwohl ich das alles ja schon wusste.

»Natürlich der Schwarz«, äffte er mich nach. »Dieser schwule Sack hatte auch ständig seine Beziehungen, und wir sind überhaupt nicht seine Kinder, sondern …«

Die Kinder vom Freund der Frau Schwarz, vervollständigte ich den Satz in Gedanken.

»Auch schwule Männer wollen Kinder haben«, versuchte ich es psychologisch. »Er wird Sie genauso geliebt haben wie seinen eigenen Sohn. Das ist ja auch bei adoptierten Kindern der Fall …«

Aber Schwarz Junior beachtete mich überhaupt nicht. Wahrscheinlich hörte er nicht einmal, was ich gerade sagte.

»Deswegen erben wir auch nicht!«, brüllte er mich an. »Die Firma, seine Häuser, das Geld … nichts davon hat er uns zugedacht! Obwohl ich mich aufgearbeitet habe für ihn und seine beschissene Firma!«

»Sie haben ihn also vollkommen umsonst umgebracht«, kam es mir völlig unbedacht über die Lippen. Der Gedanke war plötzlich so klar in meinem Kopf, dass mir ganz schlecht wurde. Und gleichzeitig war mir klar, dass ich schon wieder denselben Fehler machte, wie immer, wenn ich es mit Mördern zu tun hatte. Weil ich einfach nicht den Mund halten konnte!

»Sie haben gedacht, Sie erben«, sprach ich weiter, obwohl es das einzig Sinnvolle gewesen wäre, Gummi zu geben und von hier zu verschwinden.

»Das Erbe war mir damals doch egal!«, brüllte er mich an. »Ich dachte, er betrügt meine Mutter! Und macht sie unglücklich. Hat reihenweise seine Freundchen, mit denen er sich hier und da getroffen hat!«

»Ja«, sagte ich nur und humpelte ein paar Schritte rückwärts.

»Meiner Mutter war das egal«, fauchte er mich an. »Eine Scheinehe!«

»Und dann haben Sie ihm auf dem Campingplatz aufgelauert«, wollte ich wissen.

»Ich wollte ihn zur Rede stellen! Ihn mit Sebastian in flagranti erwischen! Ich wollte, dass er mir mein Erbe schon jetzt auszahlt … aber er hat nur gelacht.«

Schwarz Junior spuckte mir die Worte hin und kam drohend näher.

»Gelacht! Ich sei nicht sein Sohn! Und nichts würde er mir zahlen!«

Eine Weile war es totenstill zwischen uns. In meinem Kopf ratterten die Gedanken, aber Junior schien längst schon verstanden zu haben, dass es jetzt aus war.

Jedenfalls, wenn ich mit diesem Wissen zur Polizei ging. Ich musste daran denken, dass ich nicht laufen konnte mit meinem verstauchten Knöchel und den blöden Flipflops an den Füßen. Dass Milo sich längst aus dem Staub gemacht hatte. Und dass ich leider den Kommissar über meine Ermittlungsaktion nicht informiert hatte.

Schwarz Junior hielt inne und schwieg, und ich sah in seinen Augen, dass er gerade fieberhaft nach einem Ausweg suchte. Dummerweise hatte er mir gerade alles gestanden. Es wäre alles so einfach gewesen, wenn ich nicht aufgetaucht wäre. Er hätte in aller Ruhe Sebastian Kern umbringen können. Ich kannte zwar das Testament nicht, aber wenn Sebastian Kern tot war, konnte es ja durchaus sein, dass das Erbe auf die Kinder und die Ehefrau überging. Dann wäre zumindest für Schwarz Junior die Welt wieder in Ordnung gewesen.

Allerdings müsste er dann nicht nur Sebastian umbringen – und so schlaff, wie der am Boden lag, war er vermutlich schon tot –, sondern auch mich. Während ich noch ein paar zaghafte Schritte nach hinten machte, erkannte ich an seinem Blick, dass er genau zu demselben Ergebnis gekommen war.

Nichts wie weg von hier!

Schon während ich mich umdrehte und zu laufen beginnen wollte, wusste ich, dass ich das unmöglich schaffen konnte. Statt richtig Gas zu geben, knickte ich einfach um, und Schwarz Junior warf sich mit voller Wucht auf mich drauf. Ein stechender Schmerz fuhr mir in die Wirbelsäule und in den Knöchel, und ich schrie auf. Der Boden kam näher, und dann wurde gnädigerweise alles schwarz.

Als ich wieder die Augen aufschlug, sah ich über mir den noch hellen Abendhimmel hinter den tiefschwarzen Ästen und ein Gesicht, das mich besorgt ansah. Ich wusste sofort wieder, wo ich war. Neben mir kniete der Kommissar, keine Ahnung, wo der plötzlich hergekommen war. Und eine Hundezunge schleckte mir quer über die Nase. Baby.

»Sebastian!«, krächzte ich, und eine sehr schwächliche Stimme antwortete mit »Ja«.

»Herr im Himmel«, brachte ich hervor und versuchte mich aufzusetzen. Mein Knöchel tobte, mein Rücken schmerzte, und der Kommissar legte seine Hand auf meine. »Langsam«, empfahl er mir. Direkt neben mir tauchte Milo wieder auf, der mich mit wässrigen Augen ansah.

»Treulose Tomate«, sagte ich. Er begann ganz tief zu knurren. Allerdings nicht, weil ich sauer auf ihn war, sondern weil es sein Privileg war, mir das Gesicht zu schlecken und sich Baby aus unserer Beziehung rauszuhalten hatte!

»Milo ist keine treulose Tomate«, verbesserte Maxl mich. Es hörte sich an, als würde er aus dem Off sprechen. Wahrscheinlich war ich doch stärker mit dem Kopf auf den Boden geknallt als gedacht. »Der hat mich geholt, und ich habe die Polizei verständigt.«

Als ich meinen Kopf verdrehte, sah ich Evelyn und Chris hinter Maxl stehen. Maxl hatte seine Drohne in der Hand und leuchtete von innen heraus voller Stolz. Evelyn dagegen sah nach einem riesigen Kopfschütteln aus, angesichts meiner eigenartigen Vorstellungen von Abendgestaltung.

»Hab ich nicht gesagt, geh ins Bett?«, murrte sie. »Weil du halt meine ganzen guten Ratschläge in den Wind schlägst! Dabei ist der Schlaf vor Mitternacht der gesündeste.«

»Dann wäre ich jetzt tot«, erklärte Sebastian. »Danke, dass Sie nicht ins Bett gegangen sind.«

Ich krächzte irgendetwas, das nicht einmal ich verstand.

»Das hast du toll gemacht«, sagte Chris zu seinem Sohn. »Ich versteh nur nicht, wieso du darauf gekommen bist, dass du gleich die Polizei verständigen musst, nur weil du den großen Hund gesehen hast ...«

»Weil sie doch den Mörder beschattet hat!«

»Du hast Maxl gesagt, dass du einen Mörder beschattest?«, fragte Evelyn kopfschüttelnd. »Sag mal, und über mich regst du dich auf, nur weil ich die Luftmatratze seines Vaters ausgetestet habe.«

Das war doch mal eine passende Beschreibung.

»Nein. Natürlich habe ich Maxl nicht gesagt, dass ich einen Mörder ...«

»Das habe ich mir zusammengereimt«, erklärte Maxl. »Dass sie mit Milo zusammen den Mörder fangen will.«

»Ich wollte niemanden fangen!«, sagte ich an den Kommissar gerichtet, der schon wieder seinen speziellen Blick bekam.

»Und dann ist der Milo alleine zurückgekommen«, erklärte Maxl. »Ich dachte, sie hat ihn nach Hause geschickt, damit ich die Polizei hole.«

Schlaues Kerlchen, dachte ich erschöpft, während mein Blick wieder zurück zum Kommissar glitt. Gerade führten Brunner und Bauer, die Dorfpolizisten, den Schwarz Junior ab. Besonders der alte Brunner strahlte eine ganz tiefe Zufriedenheit aus. Breitbeinig und mit brummiger Miene ging er neben Schwarz her. Der Schwarz murmelte etwas von »Ich bin unschuldig!«.

Und Maxl hielt begeistert seine Drohne nach oben. »Ich habe alles aufgezeichnet! Sofia ist der volle Crack!«

Mit Hilfe des Kommissars rappelte ich mich stöhnend auf. Mein Knöchel war richtig geschwollen, und ich wusste nicht genau, ob ich den Weg hinauf zum Campingplatz schaffen würde. Aber egal. Bestimmt waren die Nächte noch warm genug, sodass ich auch hier im Freien überleben würde. Und der Schwarz war ja jetzt verhaftet, da konnte eigentlich gar nichts mehr schiefgehen!

Im nächsten Moment hob mich jemand hoch. Der Kommissar! Wer hätte gedacht, dass er jemanden mit meinem Gewicht tragen konnte!

Kapitel 18

Als wir oben bei der Rezeption ankamen, waren wir alleine. Evelyn war unterwegs, um alle über den Verlauf der Ermittlungen zu informieren, und Chris wollte seinen Sohn endlich ins Bett stecken. Milo war sowieso verschwunden, vermutlich lag er schon längst in meinem Bett.

Der Kommissar stellte mich direkt auf meine Füße, und ich atmete einmal tief durch.

»Danke schön«, sagte ich mit einem schiefen Lächeln.

»Sie sind verhaftet«, erwiderte der Kommissar ohne ein Lächeln. Vielleicht mit etwas Erleichterung in der Stimme. Jedenfalls dachte ich das eine Zehntelsekunde. Denn dann klackten plötzlich die Handschellen, das Metall lag kühl um mein rechtes Handgelenk.

»Wie bitte?«, brachte ich heraus. Das konnte jetzt wirklich nicht wahr sein!

»Ich hab's Ihnen gesagt«, erklärte er. »Tausendmal. Ich werde Sie verhaften, wenn Sie sich nicht raushalten und endlich die Polizei ihre Arbeit tun lassen!«

»Der Sebastian wäre jetzt tot!«, warf ich ihm vor. »Ich konnte mich nicht raushalten!«

»Sie wären jetzt auch tot«, erklärte er mir mit finsterer Miene und ließ die andere Seite der Handschelle um sein eigenes Handgelenk zuschnappen.

»So«, sagte er sehr zufrieden.

»Machen Sie das wieder ab!«, befahl ich ihm mit autoritärer Stimme. »Sofort!«

»Den Schlüssel habe ich nicht dabei«, sagte er und klang weiterhin sehr zufrieden.

»Den Autoschlüssel?«, fragte ich. Ich bekam wackelige Knie.

»Von den Handschellen. Na ja. Morgen auf dem Präsidium wird sich da bestimmt eine Lösung finden.«

»Morgen?«, fragte ich mit großen Augen. »Auf dem Präsidium?«

»Hm«, machte er.

»Und bis dahin?«

Er sah mich noch immer so seltsam an, und mir fiel auf, dass sich inzwischen unsere Körper berührten.

»Erst mal bringe ich Sie ins Obergeschoss«, erklärte er mir. »Und dann sehen wir weiter.«

Natürlich war das mit dem Schlüssel ein Witz gewesen, aber darüber hatte er mich erst aufgeklärt, nachdem wir bei mir im Bett gelandet waren.

Am nächsten Morgen jedenfalls gab es kein Croissant vom Opera, sondern zwei vom Meierbeck, die uns Evelyn sehr zartfühlend auf einem Tablett vor die Zimmertür gestellt hatte. Zusammen mit Kaffee und Orangensaft.

Als der Kommissar sich in die große, gefährliche Stadt aufgemacht und mich in meinem Landidyll alleine gelassen hatte, humpelte ich aus der Rezeption direkt in die Sonne und blinzelte gegen die Morgenstrahlen. Auf dem Bänkchen saßen bereits Evelyn, Vroni und die

Schmidkunz und blätterten in einem Gardinenkatalog. Sie sahen nicht einmal auf, als ich herauskam, und schienen dankenswerterweise vorzuhaben, mein Ding mit dem Kommissar komplett zu ignorieren.

»Ich bin für eine romantische, leicht bayerisch angehauchte Linie«, erklärte Vroni eben. »Vollholzmöbel und so.«

»Duschvorhang such ich im Internet«, sagte Evelyn. »Da hab ich ganz tolle Designs gesehen.«

Anscheinend war meine Meinung überhaupt nicht gefragt, aber ich fühlte mich trotzdem irrsinnig wohlig. Gerade kam der Gröning vom Klohäusl zu uns herauf, und auch der Hetzenegger und der Schmidkunz warfen einen Blick auf die Gardinen.

»Vielleicht ist ja Wintercamping doch nicht so schlecht«, sagte ich ins Blaue hinein, weil ich gerade von einer wahnsinnigen Zuneigung zu meinen Campern erfüllt war. Vermutlich auch deswegen, weil ich bestimmt öfter verhaftet werden würde, wenn ich hier wohnen blieb.

»Unsere Sofia«, sagte der Hetzenegger, als wäre ich seine Lieblingsschülerin, die gerade wieder eine richtige Antwort gegeben hatte.

»Aber erst, wenn das Klohäusl saniert ist.«

»Damit fangen wir Mitte September an«, sagte die Vroni zufrieden. »Wenn die bayerischen Schulferien rum sind. Dann sind nur wir da, der harte Kern ...«

Alle brummelten zufrieden.

»... und wir können auch mal eine Zeit lang bei Sofia duschen.«

Moment! So hatte ich mir das eigentlich nicht vorgestellt. Aber meine wohlige Laune verflog trotzdem nicht.

»Aber dass du uns nicht mehr so viel Kummer machst«, sagte der Gröning und hob drohend den Zeigefinger, als wäre ich an den ganzen Entwicklungen der letzten vierundzwanzig Stunden schuld.

»Ja. Auf dich muss man wirklich aufpassen«, bestätigte mir Evelyn. »Gut, dass du uns hast.«

»Ich bestell dann mal die rot-weiß karierten Vorhänge«, verkündete Vroni.

»Bis April muss das auf jeden Fall alles stehen«, erklärte Evelyn. »Weil sich da nämlich eine riesige Gruppe angemeldet hat. Ein Familientreffen! Eltern mit sieben erwachsenen Kindern und noch acht Enkelkindern!«

Herr im Himmel! Wer hatte diese Reservierung denn angenommen? Ich hatte wieder das vertraute Gefühl, dass mir alles entglitt.

»Ob das so gut ist?«, zweifelte Vroni. »Bei Familienfeiern, da gibt es doch oft Mord und Totschlag, wenn die Leute so auf einem Fleck hocken und sich ganztags nur nerven!«

Herr im Himmel!, dachte ich zum zweiten Mal in drei Sekunden.

Dann kam der Sebastian Kern, um seinen Ausweis zu holen und zu zahlen. Er sah totenbleich aus und wirkte so wackelig, wie ich mich fühlte.

»Machst du das mal, Evelyn?«, bat ich sie, da ich nicht richtig auftreten konnte und mein Knöchel noch immer total pochte. Evelyn nickte gnädig und verschwand.

»Wo geht's denn jetzt hin?«, fragte ich.

Er zuckte etwas ratlos mit den Schultern. »Ich habe ja meine Stelle gekündigt. Und meine Wohnung.«

Wie man für jemanden wie den Schwarz gleich alles hinschmeißen konnte, wollte einfach nicht in mein Hirn.

»Aber Sie sind doch der Erbe vom Schwarz …«, sagte Vroni. »Sie brauchen sich doch keine Stelle mehr suchen.«

Wir sahen ihn alle neugierig an.

»Vermutlich muss ich hierbleiben und alles regeln«, nickte er schließlich, und man sah ihm an, dass er sich äußerst unwohl fühlte.

»Das war alles nicht so geplant.«

Er schien kurz vor dem Heulen zu sein, besonders weil jetzt erst die Evelyn seine Schulter tätschelte und dann der Hetzenegger etwas ruppig. Glücklicherweise fing Baby an herumzukeifen, und die sentimentale Stimmung war vorbei.

»Dann ziehen Sie wahrscheinlich ins Hotel«, sagte ich.

»Oh nein!«, wehrte Sebastian erschrocken ab. »Ich weiß gar nicht, wohin ich soll. Wenn ich hier Geschäfte leiten werde, werde ich mir wohl eine Wohnung suchen müssen.«

Evelyn hielt ihm die Rechnung und seinen Ausweis entgegen, und er nahm diese schniefend in Empfang.

»Mit dem Geld vom Schwarz muss doch eine riesige Villa drin sein«, sagte Evelyn mit tadelnder Stimme. »Und am besten bleiben Sie erst mal hier und regeln das alles vom Campingplatz aus.«

Sie zupfte ihm seinen Ausweis wieder aus der Hand und reichte ihn mir. »Kaffee steht in einer Thermoskanne drinnen, mein Lieber. Setzen Sie sich zu uns, dann besprechen wir, wie es weitergeht!«

Ziemlich selbstbewusst tätschelte sie weiter seine Schulter und schob ihn in die Rezeption hinein. Ich seufzte. Evelyn hatte anscheinend ihre neue Aufgabe gefunden. Lebensberatung von Sebastian Kern!

»Das kriegen wir schon hin!«, sagte sie tatsächlich, als wäre sie in diesem Moment zum Manager aufgestiegen, der alles im Griff hatte.

Ich überließ meinen Damen die Sache mit den Vorhängen und den Kisschen und den Deckchen und was auch immer sie sonst noch planten, und suchte mein Handy.

Klara hatte mir einen halb nackten Mann geschickt, der nur in eine Schürze gewickelt kochte – da konnte mein Kommissar wirklich mithalten, dachte ich zufrieden.

Der kleine Maxl hatte mir ein Foto geschickt, auf dem sein Vater und er vor dem Zelt saßen und beide breit in die Kamera grinsten.

Mein Noch-Mann Martin hatte geschrieben: Denkst du bitte an Gravenreuther?

Gerade gar nicht, musste ich zufrieden feststellen, als ich die nächste Nachricht anklickte. Die war nämlich von meinem Kommissar. Jonas, erinnerte ich mich. Jetzt waren wir nämlich per Du, und ich sagte Jonas zu ihm, auch wenn ich noch immer »der Kommissar« dachte. Die Nachricht lautete: »Bis heute Abend«, was mein Herz hüpfen ließ.

Nachdem ich die Rechnung für zwei abfahrende Campinggäste ausgedruckt hatte, hing ich noch in einem seltsamen Schwebezustand – denn schließlich war ich in den letzten vierundzwanzig Stunden dem Tod von der Schippe gesprungen und hatte fantastischen Sex gehabt. Als ich den Blick hob, sah ich durchs Fenster, dass ein riesiges Wohnmobil vor der Schranke gehalten hatte. Ich humpelte hinaus. Als sich die Tür öffnete, purzelte eine ganze Reihe von Kindern heraus.

Hier gehöre ich her, dachte ich mir plötzlich, während ich ein Kind auffing, das auf mich zustolperte. Woher diese plötzliche Gewissheit kam, wusste ich nicht. Schließlich war ich gestern noch fast erwürgt worden und hatte einen meiner Camper vor dem sicheren Tod bewahrt. In den letzten vier Monaten war ich sogar dreimal beinahe ermordet worden, fiel mir auf. Es war nicht auszuschließen, dass das noch einmal passieren würde. Oder hatte sich das jetzt erledigt, hatte ich quasi die Kinderkrankheiten überwunden, und ab jetzt würde alles einfach nur noch traumhaft werden?

Aber egal, was die Zukunft bereithielt, mir war klar geworden, dass ich mit jeder Pore hierbleiben wollte!

Am Ende hatte meine weise Nonna doch richtiggelegen damit, mich das mit dem Campingplatz einfach mal zwangsweise probieren zu lassen. Möge sie in Frieden ruhen.

Lesejury